AF610382

RAPPORT

A M. LE COMTE DE MONTALIVET, PAIR DE FRANCE,

MINISTRE SECRÉTAIRE D'ÉTAT AU DÉPARTEMENT DE L'INTÉRIEUR,

SUR LES PRISONS

DE L'ANGLETERRE, DE L'ÉCOSSE, DE LA HOLLANDE, DE LA BELGIQUE ET DE LA SUISSE.

RAPPORT

A M. LE COMTE DE MONTALIVET, PAIR DE FRANCE,

MINISTRE SECRÉTAIRE D'ÉTAT AU DÉPARTEMENT DE L'INTÉRIEUR,

SUR LES PRISONS

DE L'ANGLETERRE, DE L'ÉCOSSE, DE LA HOLLANDE, DE LA BELGIQUE ET DE LA SUISSE,

PAR M. L. MOREAU-CHRISTOPHE,

INSPECTEUR GÉNÉRAL DES PRISONS DE FRANCE.

PARIS.

IMPRIMERIE ROYALE.

M DCCC XXXIX.

TABLE DES MATIÈRES

CONTENUES DANS CE RAPPORT.

Ire PARTIE.

PRISONS DE L'ANGLETERRE ET DE L'ÉCOSSE.

IIe PARTIE.

PRISONS DE LA HOLLANDE.

IIIe PARTIE.

PRISONS DE LA BELGIQUE.

IVe PARTIE.

PRISONS DE LA SUISSE.

1. CANTON DE GENÈVE.

2. CANTON DE VAUD.

3. CANTON DE BERNE.

FIN DE LA TABLE.

NOTE

SUR LA VALEUR COMPARATIVE DES MESURES ET DES MONNAIES ÉTRANGÈRES CITÉES DANS CE RAPPORT.

ANGLETERRE.

Les abréviations suivantes, *l. s. p.*, signifient *livre sterling, schelling, pence.*

La *livre sterling,* autrement dite le *souverain,* vaut 25 francs 20 centimes.

Le *schelling,* 1 franc 23 centimes.

Le *pence* (pluriel de *penny*), un décime.

Le *penny,* un sou de France.

Le *pied* anglais vaut un peu plus de 304 millimètres, c'est-à-dire environ un *pouce* de moins que le *pied* français.

HOLLANDE.

Les monnaies le plus usitées en Hollande sont le *florin* et le *cent.*

Le *florin* vaut 2 francs 11 centimes.

Le *cent* de florin, un peu plus de 2 centimes.

Le *sou* hollandais, 2 sous de France.

BELGIQUE.

Le système monétaire de la Belgique est le même que celui de la France. Le *florin* et le *cent,* dont on peut se servir encore, y ont la même valeur qu'en Hollande.

SUISSE.

Le *franc* de Suisse vaut 1 franc 45 centimes de France. Le *rappe,* un centime et demi.

GENÈVE. — Le florin de Genève vaut 45 centimes environ ou $\frac{45}{100}$ de franc.

VAUD. — Le *franc* et le *rappe* de Suisse.
Le pied vaudois est de 3 décimètres.

BERNE. — Le *crone* vaut 25 *batz* ou *baches.* Le *batz* vaut 3 sous de France, ou 15 centimes.

RAPPORT

A M. LE COMTE DE MONTALIVET, PAIR DE FRANCE,

MINISTRE SECRÉTAIRE D'ÉTAT AU DÉPARTEMENT DE L'INTÉRIEUR,

SUR LES PRISONS

DE L'ANGLETERRE, DE L'ÉCOSSE, DE LA HOLLANDE, DE LA BELGIQUE ET DE LA SUISSE.

MONSIEUR LE MINISTRE,

Par la lettre que vous m'avez fait l'honneur de m'écrire, sous la date du 11 novembre 1837, vous avez bien voulu me charger de visiter les principales prisons de la Hollande, de la Belgique, de la Suisse et de la Grande-Bretagne, dans le but spécial « de recueillir l'opinion des « hommes les plus expérimentés sur les effets des divers systèmes adoptés dans ces prisons, sur « leur régime intérieur, sur la disposition des bâtiments, sur les moyens, en un mot, qui paraissent « le plus propres à atteindre le double but que se propose toute législation pénale : celui de « produire l'intimidation au dehors, et celui d'obtenir l'amendement moral du coupable, lorsque « cet amendement est possible. »

Par cette même lettre, votre excellence me recommande également « de vérifier s'il est vrai « que le gouvernement anglais fasse construire, en ce moment, un certain nombre de prisons « d'après le système de Philadelphie; d'examiner les dispositions principales des constructions ou « des projets, et de porter surtout mon attention sur les moyens par lesquels on se propose de « donner du travail à chaque condamné dans sa cellule. » Quant aux prisons construites dans un autre système, votre excellence me recommande « de m'informer avec soin de la manière dont il « est pourvu aux travaux des condamnés; si c'est par régie ou par entreprise; des industries le plus « généralement exploitées; des avantages pécuniaires qu'en retirent l'État et les condamnés, etc »

Enfin vous m'invitez à ne rien négliger pour connaître « si la prévoyance du gouvernement, « de l'administration locale, ou d'associations de patronage ou de charité, s'est portée sur l'état « d'abandon dans lequel se trouvent souvent les libérés, au moment de leur sortie de prison; en « quoi consistent les secours qui leur sont destinés; l'usage qu'ils en font généralement, et si « cette mesure a pour effet, ainsi qu'elle se le propose, de diminuer le nombre des récidives, et « de rendre l'opinion publique moins défavorable aux libérés. »

Je viens, Monsieur le Ministre, vous rendre compte aujourd'hui du résultat de la mission que vous m'avez confiée.

Ire PARTIE.

PRISONS DE L'ANGLETERRE ET DE L'ÉCOSSE.

(1er juin 1838.)

En ce qui touche les prisons de l'Angleterre et de l'Écosse, ma mission s'est trouvée singulièrement simplifiée pour moi par l'analyse et la traduction que votre excellence m'avait auparavant chargé de faire des rapports des inspecteurs généraux des prisons de la Grande-Bretagne.

Mais, ainsi que vous l'avez exprimé dans vos instructions, ces rapports, quelque consciencieusement rédigés qu'ils soient, laissent beaucoup à désirer sur certains points, qu'il nous importe le plus de connaître.

D'abord la classification qu'ils présentent, et que j'ai dû suivre dans ma traduction, en prisons de la métropole, prisons de comtés, prisons des bourgs, ne fait nullement connaître les divers degrés d'emprisonnement préventif ou pénal, tels qu'ils sont établis par les lois anglaises; elle peut dès lors contribuer à entretenir dans les esprits l'erreur ou la confusion.

En second lieu, les rapports des inspecteurs sont muets sur l'organisation des *stations de police* et des *pontons*, ces deux points extrêmes de l'échelle pénale de l'emprisonnement chez les Anglais.

En troisième lieu, ces rapports gardent un silence absolu sur la seule prison nationale qui soit ouverte au système pénitentiaire en Angleterre, je veux parler du pénitencier de Milbank, si souvent cité dans l'histoire de la réforme des prisons.

Enfin les inspecteurs, écrivant pour des lecteurs anglais, n'ont accompagné leur travail d'aucunes notes, d'aucunes observations préliminaires relatives à la législation sur l'administration des prisons, et celle de la justice criminelle qui en est le principe ou le corollaire obligé : législation que les Anglais sont censés connaître, mais que les Français ignorent généralement.

C'est pour cela, Monsieur le Ministre, que, dans les instructions écrites que vous avez bien voulu me donner avant mon départ, vous ajoutez : « L'examen auquel vous vous livrerez sur « les lieux mêmes vous mettra à portée de rendre plus facile, pour des lecteurs français, l'intel- « ligence des rapports que vous avez traduits textuellement et que je me propose de faire distri- « buer aux deux Chambres. »

Pour entrer aussi avant que possible dans les vues de votre excellence, à ce sujet, je me suis attaché à vérifier par moi-même l'exactitude des faits mis en avant par les inspecteurs, et à remplir les lacunes qu'ils ont laissées dans leurs rapports.

Pour ce qui est du premier point, je me hâte de déclarer que pas un fait avancé par les inspecteurs anglais n'a été trouvé par moi inexact, dans les diverses prisons que j'ai visitées. Je n'aurai donc qu'à me référer, sur ce point, au résumé que j'ai fait, dans ma traduction, de leurs observations et de leurs enquêtes.

Pour ce qui est des omissions, je me suis appliqué à les réparer toutes; de sorte que le rapport que j'ai l'honneur de vous adresser forme, je l'espère du moins, avec les rapports des inspecteurs anglais, un travail complet sur les prisons de l'Angleterre et de l'Écosse.

Mais cette tâche eût été au-dessus de mes forces, surtout en ce qui concerne les institutions pénales et la procédure criminelle de l'Angleterre, si je n'avais rencontré une sorte d'empressement à me seconder et à m'éclairer dans les personnes distinguées avec lesquelles je me suis trouvé en relation, et dont je me suis plu à citer les noms à votre excellence.

Veuillez me permettre, à cette occasion, Monsieur le Ministre, de m'acquitter ici d'une véritable dette de reconnaissance envers l'honorable lord John Russel, ministre secrétaire d'état de l'intérieur, pour l'accueil plein de bienveillance que sa seigneurie a daigné me faire, et pour la circulaire qu'il a adressée à tous les magistrats, à l'effet de m'ouvrir les portes et de m'initier à tous les détails administratifs et disciplinaires des prisons de la Grande-Bretagne.

Quant à mon travail, je l'ai divisé en deux portions distinctes.

La première contient mes observations personnelles et le résultat de mes investigations sur ce qui fait l'objet de ma mission ; je les ai rangées sous divers chapitres.

La seconde se compose d'un Appendice, et comprend, 1° les plans et dessins qui s'y réfèrent; 2° les documents officiels dont il m'a paru important de citer les dispositions textuelles.

CHAPITRE Ier.

DES LOIS PÉNALES ET DE LA PROCÉDURE CRIMINELLE EN ANGLETERRE ET DANS LE PAYS DE GALLES.

§ 1er.

NOMENCLATURE ET TARIF DES OFFENSES ET DES PEINES.

Les lois anglaises divisent les torts ou offenses en deux classes : les *torts privés* et les *torts publics*.

Les premiers donnent lieu à une action civile, les seconds à une action criminelle. Je n'ai à m'occuper que de ceux-ci.

En France, les offenses publiques sont de trois sortes : *crimes, délits, contraventions*.

En Angleterre, les offenses publiques sont de deux sortes seulement : *félonies* et *misdemeanors*.

Le mot *felony* correspond au mot *crime*, et le mot *misdemeanor* au mot *délit;* mais il n'y a rien de commun dans la nature des offenses qu'ils caractérisent. Par exemple, le vol, qui n'est le plus souvent qu'un *délit* en France, est le plus souvent une *félonie* en Angleterre, etc.

La peine de l'amende et de l'emprisonnement est généralement prononcée contre le *misdemeanor*.

La *félonie,* indépendamment des autres peines, emporte de droit commun celle de la confiscation ; et comme la confiscation est le plus ordinairement prononcée concurremment avec la peine de mort, la *félonie* implique généralement l'idée d'un crime capital.

Mais la peine de mort peut être ou n'être pas appliquée aux *félonies.*

Les *félonies* sont punissables de la peine de mort, 1° dans le cas où l'offense était exclue du bénéfice clérical, par la loi commune ou par quelque statut, avant le 14 novembre 1824; 2° dans les cas où, depuis cette époque, les *félonies* ont été déclarées passibles de la peine de mort, pourvu que cette peine n'ait été abrogée par aucun statut subséquent.

Dans les autres cas, les *félonies* sont passibles, 1° de la peine spéciale prononcée par les statuts qui les concernent; 2° de la peine *arbitraire* qu'il convient à la cour d'infliger, lorsqu'aucune peine particulière n'est prévue par la loi. Dans ce cas, la cour ordonne que le condamné sera déporté pour sept ans, ou emprisonné pour un temps qui ne peut excéder deux années; et, s'il est du sexe masculin, fouetté une, deux, ou trois fois, publiquement ou en particulier, selon que la cour le juge convenable. La cour peut aussi ordonner que le condamné sera appliqué au dur travail (*hard labour*) et gardé dans un confinement solitaire (*solitary confinement*), pendant toute la durée ou partie seulement de sa détention.

Outre les distinctions ci-dessus, les *félonies* et les *misdemeanors* se divisent : en offenses contre Dieu et la religion ; — offenses contre la loi des nations ; — offenses contre les prérogatives du Roi et contre le gouvernement; — offenses contre la justice publique; — offenses contre la paix publique; — offenses contre le commerce public; — offenses contre la santé publique et la police; — offenses contre les personnes; — offenses contre la propriété.

Je joins ici (n° 2 de l'*Appendice*) la nomenclature des actes qui constituent chacune de ces sortes d'offenses, et le tarif des peines qui y sont attachées, tels qu'ils résultent de la loi commune et des statuts.

§ 2.

OBSERVATIONS SUR LES PEINES QUI PRÉCÈDENT ET SUR LEUR APPLICATION.

Ce qui frappe le plus, en parcourant les divers degrés de cette longue échelle pénale, c'est, d'une part, l'excessive rigueur du châtiment prononcé, comparativement au délit commis; et, d'autre part, la latitude laissée à l'arbitraire du juge pour la détermination, en certains cas, de sa durée, de son mode, de sa nature, de son intensité.

Mais, pour pouvoir porter un jugement raisonné à ce sujet, il faut envisager la question du point de vue anglais, c'est-à-dire sous le rapport de la criminalité et de la pénalité, telles qu'elles sont établies par les mœurs et les institutions de l'Angleterre.

En Angleterre, le but ou la cause finale des peines établies, est moins de faire expier le crime commis, que d'empêcher le retour du crime pour l'avenir. C'est pour cela qu'on y range les peines en trois classes. Elles tendent, ou à corriger le coupable, ou à lui ôter le pouvoir de faire le mal à l'avenir, ou à contenir les autres par l'exemple du châtiment; ce qui conduit, dit Blacstone, à un seul et même but; c'est-à-dire à empêcher la répétition du crime, ou par la réforme du malfaiteur, ou par la répression des moyens de nuire, ou par la terreur de l'exemple. « La sûreté, dit le même commentateur, est égale pour le public, soit que l'on ramène « l'offenseur à la bonne voie par une utile correction, soit qu'il perde le pouvoir de faire encore le « mal ; et si la peine infligée n'opère ni l'un ni l'autre de ces effets, comme cela peut arriver, du « moins la terreur qu'elle inspire restera pour servir d'avis aux autres citoyens. *Ut pœna ad « paucos, metus ad omnes perveniat.* »

Cette dernière considération explique pourquoi certaines peines nous semblent disproportionnées avec certains délits. Le vol, par exemple, est puni de mort, en certains cas, non en raison de l'importance de son objet, mais en raison de la facilité que le malfaiteur a de le commettre, ou de la gravité des circonstances accessoires dont il l'accompagne en le commettant. Les peines ayant pour but principal, dans l'esprit de la législation anglaise, d'empêcher la réitération des crimes, il est raisonnable qu'entre les crimes de différente nature, on punisse plus sévèrement ceux qui nuisent à la sûreté et à la félicité publiques, et, à degré égal de perversité, ceux que le délinquant peut commettre plus fréquemment et plus facilement, ou qu'on ne peut empêcher aussi aisément que d'autres crimes, et que, par cette raison, l'offenseur est plus tenté de commettre. Ainsi le domestique qui vole son maître est exposé à la peine capitale, dans plus d'un cas où ne le serait pas un étranger. Voler un mouchoir, ou tout autre objet de la plus mince valeur, en le dérobant à une personne, avec les circonstances qui constituent le *robbery*, c'est un crime capital, et si l'on emporte hors d'un champ une charge de blé, d'une valeur beaucoup plus forte, la peine se réduit à la déportation. Et cette règle était autrefois portée si loin, dans l'île de Man, que le vol d'un bœuf ou d'un cheval n'y était pas regardé comme un crime de félonie, mais seulement comme un acte de la nature du *trespass* (1), à cause de la difficulté de cacher ces animaux dans ce petit territoire, ou de les en faire sortir; tandis que le vol, facile à faire, d'un porc ou d'une volaille, était un crime capital et puni de mort.

Mais en Angleterre, encore plus qu'en France, et même en matière criminelle, la loi pénale se modifie dans son application par la seule volonté du juge. Il est de principe, par exemple, que la violence de la passion ou les causes de tentation peuvent faire admettre, par le juge, des exceptions que la loi n'admet point. Le vol que fait commettre la faim est bien plus digne de pitié que s'il a eu pour cause l'avarice ou la prodigalité. Tuer un homme dans un violent accès de colère n'est pas un acte aussi punissable que s'il était commis de sang-froid et par l'effet d'une méchanceté réfléchie. L'âge, l'éducation, le caractère de l'offenseur, la répétition ou d'autres circonstances accessoires de l'offense; le temps, le lieu, la compagnie, et mille autres incidents, sont autant de motifs d'appréciation qui déterminent la durée et la nature de la peine dans l'opinion et la sentence du juge.

Le vol est de tous les crimes celui qui prête le plus à l'élasticité de l'interprétation. Les circonstances qui peuvent établir qu'il y a vol sont, en effet, tellement variées, tellement compliquées et mêlées, qu'on ne peut assigner celles qui doivent être regardées comme des preuves d'une intention de félonie, ou qui annoncent *animum furandi;* c'est à la cour, c'est au jury qu'il appartient d'en juger, sur examen convenable et réfléchi.

Cet arbitraire laissé au juge est, en Angleterre, la plus précieuse garantie qui soit offerte à l'accusé. Il est vrai que si le juge peut atténuer, il peut aussi aggraver la peine. Sous ce rapport

(1) *Trespass* signifie, dans les lois anglaises, l'entrée illégale et dommageable sur la propriété d'autrui. C'est une espèce de quasi-délit justiciable des tribunaux civils.

peut-être, notre pratique judiciaire offre plus de sûretés à l'accusé(1); mais il existe en Angleterre un juge suprême de qui relèvent tous les juges, et dont les arrêts sont si redoutés, qu'aucun pouvoir ne voudrait s'exposer à les enfreindre : je veux parler de l'OPINION PUBLIQUE, qui règne là en souveraine. L'opinion publique est la loi que consulte tout magistrat anglais, avant la prononciation de son jugement; aussi l'on doit dire à la gloire de l'Angleterre que, dans aucun pays du monde, la magistrature n'est entourée d'autant de confiance, d'autant de vénération, et que nulle part les arrêts de la justice ne sont exécutés avec plus de soumission et de respect.

Cependant, il est une peine que le juge prononce encore, soit comme accessoire d'une autre peine, soit comme peine principale elle-même, et contre laquelle se révoltent notre humanité et notre raison : je veux parler de la peine du fouet. Mais c'est encore ici le cas de faire observer que les institutions pénales d'une nation ne peuvent se juger par la seule comparaison des institutions pénales d'une autre. En France, la peine du fouet est aussi antipathique aux mœurs de la généralité des citoyens que le serait la question, l'écartellement ou tout autre supplice du moyen âge. Notre horreur est telle, sur ce point, que nous avons banni de nos écoles jusqu'à la férule et au martinet classiques, naguère si redoutés, et que nous ne voulons employer aujourd'hui d'autre argument que la raison, même auprès des enfants qui en sont le plus privés. En Angleterre, au contraire, la peine du fouet est dans les habitudes de la majeure partie de la population, et ce n'est que chose simple et toute rationnelle d'en faire usage dans les prisons, lorsqu'on en fait usage dans les écoles. Ce ne sont pas seulement les écoles élémentaires qui ont recours à ce procédé de discipline et d'enseignement, mais des colléges aussi ont le fouet pour auxiliaire des leçons et des *pensum*, et des jeunes gens de seize ans s'y soumettent avec autant ou plus d'obéissance que s'il s'agissait pour eux de copier ou d'apprendre par cœur deux cents

(1) Les juges de paix surtout semblent être affranchis de toute règle pour la détermination des peines qu'ils prononcent. Je n'ai assisté qu'une fois, le 30 novembre, à l'audience tenue par le magistrat du principal *police office* de Londres, dans Bowstreet, et, sur les dix affaires jugées ou instruites en ma présence, dans l'espace d'une heure, cinq au moins l'ont été par des jugements qui seraient bien certainement cassés, en France, pour excès de pouvoir. Il s'agissait, dans l'une, d'un nommé Anning, réexaminé pour avoir volé un mouchoir. Le vol n'étant pas prouvé, le juge le déchargea de l'accusation portée contre lui pour ce fait; mais il le condamna, comme *incorrigible vaurien*, à garder prison jusqu'aux prochaines sessions de Westminster. *Discharged from this : but convicted as an incorrigible rogue, and committed until the next Westminster sessions.* — Dans une autre affaire, il s'agissait d'un nommé Maccarthy, prévenu de vol de deux paquets de sauge. Le juge l'acquitta comme *félon;* mais il le condamna à trois semaines de prison comme *misdemeanor. Discharged as to the felony, but convicted as a misdemeanor, and committed to the house of correction for three weeks.* — Dans une troisième affaire, il s'agissait de deux individus nommés Westbrook et Leary, dont le seul crime était d'être *suspects* à la police, et d'avoir été trouvés, la nuit précédente, *fréquentant* le Strand, dans *l'intention* de commettre une félonie. Le juge les condamna, le premier à un mois et le second à trois semaines d'emprisonnement. *With being suspected persons, found last nigt, frequenting the Strand, with intent to commit felony. Convicted and committed to the house of correction : Leary for one month, and Westbrook for three weeks.* — J'ai cru devoir citer textuellement le dispositif de ces jugements, tant j'ai craint qu'ils ne parussent incroyables. Cependant, quelque exorbitantes que soient ou du moins que nous semblent ces décisions, elles sont très-fréquentes en Angleterre, et ce que j'ai entendu avec tant de surprise dans Bowstreet, se passe journellement dans tous les autres tribunaux de paix de la métropole et des comtés, en vertu du *Vagrant Act,* sans exciter surprise aucune, et, qui mieux est, à la grande satisfaction des justiciables. Cette note n'implique donc aucune critique de la manière dont la justice s'administre dans le *police office* qu'elle concerne; c'est seulement un fait qu'elle constate. Les prévenances toutes courtoises et toutes distinguées dont j'ai été l'objet, ainsi que mon ami M. Diard, de la part du respectable juge de paix de ce tribunal, m'ont fait un devoir et une nécessité de cette explication. — M. Hyp. Diard, substitut du procureur du Roi à Tours, qui a obtenu de M. le garde des sceaux l'autorisation de venir, en même temps que moi, en Angleterre, pour y étudier les institutions judiciaires de ce pays, n'a cessé de me prêter, pendant tout le cours de notre voyage, l'appui de ses lumières et de son amitié.

vers d'Horace ou de Virgile (1). Il ne faut donc pas nous étonner de voir la peine du fouet prononcée souvent par les juges (2). Ce n'est point par inhumanité, mais, en quelque sorte, par nationalité qu'ils en ordonnent l'application; et quand ils s'abstiennent de l'infliger dans le cas où la loi la prononce, c'est encore nationalement qu'ils agissent, puisque l'application en est laissée à leur sagesse par la loi commune ou les statuts.

Toutefois, la latitude discrétionnaire laissée au juge pour l'application de la peine ne porte habituellement que sur la somme des amendes et la durée de l'emprisonnement prononcées par la loi commune (*common law*); encore cette latitude est-elle circonscrite, dans un grand nombre de cas, pour la peine d'emprisonnement, dans les limites convenues d'un maximum (deux années), et, dans tous les cas, pour les amendes, par le texte du *bill des droits,* lequel porte que l'amende arbitraire, imposée à un condamné, ne doit jamais excéder ce que sa position ou ses moyens lui permettent de payer. Quant aux peines prononcées par la loi écrite, les statuts en déterminent toujours la nature et le quantum, en ce sens seulement que la déportation, par exemple, est toujours précisée, quant à sa durée, par la fixation d'un maximum et d'un minimum, et que l'emprisonnement, aussi quant à sa durée, est toujours précisé par la fixation d'un maximum seulement. Le juge ne peut donc, en principe, altérer la nature et le montant de la peine déterminée par les statuts, pas plus que le jury ne peut, en principe, altérer par son verdict la nature de l'offense commise.

Le scrupule des juges et du jury est tel, sur ce point, qu'ils déclarent journellement coupables de *félonies,* et condamnent comme tels à la peine de mort une foule d'invidus qu'ils voudraient, mais qu'ils ne peuvent soustraire au texte précis de la loi (3).

Ce pouvoir est l'attribut exclusif de la couronne, et la couronne en use avec largesse. Il ne reçoit de restriction qu'en un cas; c'est lorsque la condamnation a été prononcée sur la poursuite et au profit de la partie lésée.

Dans tous les autres cas, le *pardon* s'exerce par la remise totale ou partielle, ou par la commutation de la peine prononcée.

§ 3.

STATISTIQUE DES DÉLITS ET DES PEINES EN ANGLETERRE ET DANS LE PAYS DE GALLES.

Les tableaux suivants donneront la mesure exacte de l'usage fréquent que la couronne fait

(1) Je tiens d'un jeune homme de dix-sept ans, élève interne du célèbre collége de Eaton, que, sur cinq cents étudiants dont se compose l'établissement, il y en a au moins de cinq à sept par jour auxquels le gouverneur donne le *fouet*: c'est à nu et avec un balai que se fait l'opération. La même règle disciplinaire est observée dans un grand nombre d'établissements d'éducation. Les colléges nouvellement institués s'en affranchissent; mais les pères de famille de la vieille Angleterre considèrent cette réforme comme un signe de décadence dans les études, et se donnent de garde d'y envoyer leurs enfants.

(2) Les chiffres 59, 58, 33, portés dans le premier tableau ci-après (page 8), n'expriment que le nombre des individus fouettés par suite de sentences *criminelles*. Le chiffre en est bien plus élevé quand on y ajoute celui résultant des condamnations *correctionnelles*. Le nombre total des individus condamnés au fouet, par les diverses cours judiciaires, a été de 779 en 1837. Il n'y en a eu que deux fouettés publiquement; les autres ont subi cette peine dans l'intérieur de la prison.

(3) Ce principe souffre des exceptions nombreuses. En voici une dont j'ai été témoin, le 12 décembre 1837, à l'audience de la cour centrale criminelle de Old Bailey. Deux jeunes gens avaient volé, nuitamment et de complicité, un pain et une bouteille de bière dans un café-restaurant où l'un d'eux était employé comme domestique. La *félonie* était constante; cependant la cour l'a convertie en *misdemeanor,* et n'a puni les coupables que de quelques semaines de prison.

de ses prérogatives, quant au droit de grâce ou de commutation, en même temps qu'ils feront connaître avec précision, pendant le cours de plusieurs années, la répartition de chaque peine appliquée par le juge, dans la somme totale des peines prononcées par la loi; ainsi que l'âge, le sexe et le degré d'instruction des coupables, de même que le nombre et la nature des offenses commises, etc. J'ai dressé moi-même ces tableaux, avec le plus grand soin et sur le vu de pièces officielles.

Ier TABLEAU,

INDIQUANT LE NOMBRE DES ACCUSÉS, DES CONDAMNÉS, DES ACQUITTÉS, DES COMMUÉS ET DES GRÂCIÉS CRIMINELS, PENDANT LES ANNÉES 1825, 1827, 1829, 1831, 1834, 1835 ET 1836.

(Population de l'Angleterre en 1831. — Hommes, 6,763,469. — Femmes, 7,125,105. — Armée, 277,017.)

	ANNÉES						
	1825.	1827.	1829.	1831.	1834.	1835.	1836.
Accusés	14,437	17,924	18,675	19,647	22,451	20,731	20,984
Condamnés à mort	1,036	1,529	1,385	1,601	480	523	494
——— à la déportation à vie	126	198	396	334	864	746	770
——— pour 14 ans	129	293	691	638	688	554	585
——— pour 7 ans	1,419	2,232	2,285	2,340	2,501	2,325	2,249
——— pour autres périodes	//	2	3	3	7	4	7
Condamnés à l'emprisonnement avec ou sans addition du fouet, de l'amende, du travail forcé, etc.:							
Pour plus de 3 ans	//	1	//	//	1	//	1
De 2 ans à 3	7	11	7	5	5	11	//
De 1 an à 2	365	296	235	226	308	290	285
De 6 mois à 1 an	1,193	1,433	1,277	1,311	1,582	1,543	1,455
6 mois et au-dessous	5,408	6,251	6,646	7,012	8,825	8,071	8,384
Condamnés au fouet (1)	//	//	//	//	59	58	33
——— à l'amende	//	//	//	//	413	351	303
Libérés sous caution	281	321	336	360	255	242	199
Sentences rapportées	//	//	//	//	7	11	6
TOTAL des condamnés	9,964	12,567	13,261	13,830	15,995	14,729	14,771
Acquittés	2,788	3,407	3,614	3,723	4,347	4,034	4,039
Bills de non-lieu	//	//	//	//	1,695	1,526	1,652
Défaut de prosécuteurs	1,685	1,950	1,800	2,094	393	417	491
Aliénés	//	//	//	//	21	25	31
TOTAL	4,473	5,357	5,414	5,819	6,435	5,977	6,182
Exécutions à mort	50	73	74	52	34	34	17
Commutations en déportation pour la vie	(Les renseignements m'ont manqué pendant ces années.)				312	306	344
——— pour 14 ans					43	52	46
——— pour 7 ans					30	44	35
Commutations en emprisonnement de 2 à 3 ans					//	3	1
——— de 1 à 2 ans					11	32	12
——— de 6 mois à 1 an					38	25	28
——— de 6 mois et au-dessus					11	22	5
Pardon complet					1	5	4

(1) Voir ci-dessus, page précédente, note 2.

IIᴱ TABLEAU,

INDIQUANT L'ÂGE ET LE SEXE DES INDIVIDUS COMPRIS DANS LES TROIS DERNIÈRES ANNÉES DU TABLEAU PRÉCÉDENT.

	ANNÉES.		
	1834.	1835.	1836.
Nombre total des accusés	22,451	20,731	20,984
Dont... Hommes	18,880	17,275	17,248
Dont... Femmes	3,571	3,456	3,736
Agés de 12 ans et au-dessous :			
Mâles	337	295	335
Femelles	63	51	51
Agés de 16 ans et au-dessus de 12 :			
Mâles	1,899	1,707	1,722
Femelles	305	303	315
Agés de 21 ans et au-dessus de 16 :			
Mâles	5,598	5,257	5,123
Femelles	875	890	969
Agés de 30 ans et au-dessus de 21 :			
Mâles	5,942	5,524	5,458
Femelles	1,127	1,093	1,134
Agés de 40 ans et au-dessus de 30 :			
Mâles	2,537	2,371	2,399
Femelles	609	533	628
Agés de 50 ans et au-dessus de 40 :			
Mâles	1,221	1,042	1,070
Femelles	304	327	349
Agés de 60 ans et de plus de 50 :			
Mâles	535	514	522
Femelles	151	159	178
Agés de plus de 60 ans :			
Mâles	247	212	235
Femelles	56	57	58
Age inconnu :			
Mâles	564	353	384
Femelles	81	43	54

IIIe TABLEAU,

INDIQUANT LE DEGRÉ D'INSTRUCTION DES INDIVIDUS COMPRIS DANS LES DEUX DERNIÈRES ANNÉES DU TALEAU PRÉCÉDENT.

ACCUSÉS.	ANNÉES	
	1835.	1836.
Nombre total des accusés	20,731	20,984
Sachant lire et écrire :		
Mâles	7,896	10,984
Femelles	906	400
Sachant lire seulement :		
Mâles	3,159	"
Femelles	1,162	"
Ne sachant ni lire ni écrire :		
Mâles	5,745	5,598
Femelles	1,325	1,435
Degré d'instruction non constaté :		
Mâles	475	490
Femelles	63	72
Instruction supérieure :		
Mâles	"	176
Femelles	"	15

IVE TABLEAU,

INDIQUANT LE NOMBRE ET LA NATURE DES OFFENSES COMMISES PAR LES INDIVIDUS COMPRIS DANS LES TROIS DERNIÈRES ANNÉES DES TABLEAUX PRÉCÉDENTS.

NATURE DES OFFENSES.	ANNÉES								
	1834.			1835.			1836.		
	Condamnés.	Acquittés.	TOTAL.	Condamnés.	Acquittés.	TOTAL.	Condamnés.	Acquittés.	TOTAL.
1° OFFENSES CONTRE LES PERSONNES.									
Meurtre ou homicide volontaire prémédité	13	73	86	25	53	78	20	53	73
Tentative de meurtre..........	66	93	159	60	74	134	51	67	118
Homicide volontaire non prémédité....	109	119	228	72	117	189	99	102	201
Avortement forcé..........	5	2	7	1	4	5	1	5	6
Naissance d'enfant tenue cachée.......	23	21	44	20	17	37	33	12	45
Sodomie..........	8	20	28	6	12	18	5	26	31
Tentative de sodomie et autres *misdemeanors* contre nature..........	44	52	96	29	32	61	41	37	8
Rapt et abus charnel de jeunes filles au-dessous de 10 ans..........	8	55	63	4	52	56	9	46	55
Tentative d'enlèvement et de viol......	62	53	115	82	49	131	78	47	125
Abus charnel de jeunes filles de 10 à 12 ans..........	4	3	7	3	2	5	2	1	3
Enlèvement..........	2	0	2	1	1	2	0	3	3
Bigamie..........	29	6	35	25	9	34	20	9	35
Vol d'enfant..........	6	1	7	1	0	1	4	2	6
Rixes. (*Assaults.*)..........	595	357	952	540	304	844	475	225	700
Rébellion contre les officiers de paix dans l'exercice de leur devoir..........	469	157	626	325	96	421	375	102	477
TOTAL du n° 1..........	1,443	1,012	2,455	1,194	822	2,016	1,219	737	1,956
2° OFFENSES CONTRE LES PROPRIÉTÉS COMMISES AVEC VIOLENCE.									
Sacrilége..........	6	6	12	8	1	9	19	6	25
Vol avec effraction, bris de maison habitée.	628	185	813	563	187	750	566	195	761
Bris de boutiques, magasins, comptoirs, etc., suivi de vol..........	139	25	164	103	20	123	83	33	116
Misdemeanors, avec intention de commettre les crimes ci-dessus..........	19	10	29	19	5	24	15	5	20
Vol qualifié. (*Robbery.*)..........	168	173	341	202	176	378	203	131	334
Attaques et menaces dans l'intention de voler..........	67	33	100	39	31	70	27	27	54
TOTAL du n° 2..........	1,027	432	1,459	934	420	1,354	911	399	1,310

NATURE DES OFFENSES.	1834.			1835.			1836.		
ANNÉES	Condamnés.	Acquittés.	TOTAL.	Condamnés.	Acquittés.	TOTAL.	Condamnés.	Acquittés.	TOTAL.
3° OFFENSES CONTRE LA PROPRIÉTÉ, COMMISES SANS VIOLENCE.									
Vol de bétail	21	9	30	25	15	40	19	16	35
Vol de chevaux	123	47	170	120	43	163	110	38	148
Vol de moutons	162	67	229	173	48	221	219	79	298
Larcin d'une valeur de 5 liv. dans une maison habitée	123	44	167	144	42	186	129	41	170
Larcin sur les personnes	1,163	561	1,724	1,049	485	1,534	1,023	495	1,518
Vol domestique	661	160	821	683	190	873	776	218	994
Vol simple	8,959	2,945	11,904	8,309	2,725	11,034	8,591	3,006	11,597
Vol dans les vaisseaux, dans les manufactures, dans les champs, etc.	109	74	183	124	30	154	126	55	181
Abus de confiance	186	74	260	156	59	215	161	68	229
Recel d'objets volés	386	344	730	333	320	653	297	321	618
Filouteries	284	106	390	256	149	405	258	121	379
TOTAL du n° 3	12,177	4,431	16,608	11,372	4,106	15,478	11,709	4,458	16,167
4° OFFENSES MALICIEUSES CONTRE LA PROPRIÉTÉ.									
Incendie, tentatives et menaces d'incendie	31	56	87	23	90	113	17	69	86
Révolte, bris de machines, destruction d'effets fabriqués, etc	8	3	11	7	11	18	7	5	12
Destruction d'arbres, de plants, etc.	8	4	71	3	2	5	8	16	24
Mort et mutilation des animaux	15	26	41	19	15	34	15	20	35
Autres offenses malicieuses	4	7	11	3	1	4	3	10	13
TOTAL du n° 4	66	96	162	48	108	156	46	122	168
5° FAUX, FAUSSE MONNAIE, CONTREFAÇON ET AUTRES OFFENSES DE CE GENRE.									
TOTAL des offenses de cette catégorie	361	70	431	287	81	368	294	65	359
6° OFFENSES DIVERSES, NON COMPRISES DANS LES 5 CLASSES PRÉCÉDENTES.									
TOTAL des offenses de cette catégorie	921	415	1,336	894	465	1,359	592	432	1,024
TOTAL des offenses comprises dans les 6 classes ci-dessus	15,995	6,456	22,451	14,729	6,002	20,731	14,771	6,213	20,984

Ce qui ressort principalement de ce tableau, c'est le petit nombre des offenses contre les personnes, comparativement à celui des offenses contre les propriétés. Les meurtres et les homicides sont plus rares en Angleterre qu'en France. On attribue généralement ce résultat à la peine de mort, qui atteint sans rémission le meurtrier.

Ve TABLEAU,

INDIQUANT LE NOMBRE DES OFFENSES CRIMINELLES JUGÉES DANS CHAQUE COMTÉ, PENDANT L'ANNÉE 1836. (Angleterre et pays de Galles.)

COMTÉS.	OFFENSES.	POPULATION.	COMTÉS.	OFFENSES.	POPULATION.
Bedford	162	95,483	Rutland	24	19,385
Berks	205	145,389	Salop	228	222,938
Buks	193	146,592	Somerset	796	404,200
Cambridge	279	143,955	Southampton	545	314,280
Chester	554	334,391	Stafford	636	410,512
Cornwall	198	300,938	Suffolk	528	296,317
Cumberland	143	169,681	Surrey	984	486,334
Derby	192	237,170	Sussex	381	272,340
Devon	527	494,478	Warwick	728	336,610
Dorset	193	159,252	Westmoreland	20	55,041
Durham	164	253,910	Wilts	354	240,156
Essex	619	317,507	Worcester	328	211,365
Gloucester	578	282,641	York	1,252	1,371,359
Bristol (cité)	245	104,378			
Hereford	154	111,211	Anglesey	19	48,335
Hertford	324	143,341	Brecon	27	47,763
Huntingdon	68	53,192	Cardigan	5	64,780
Kent	872	479,155	Carmarthen	19	100,740
Lancaster	2,265	1,336,854	Carnarvon	32	66,448
Leicester	310	197,003	Dinbegh	55	83,629
Lincoln	411	317,465	Flint	31	60,012
Middlesex	3,350	1,358,330	Glamorgan	82	126,612
Monmouth	120	98,130	Merioneth	12	35,315
Norfolk	739	390,054	Montgomery	48	66,482
Northampton	187	179,336	Pembroke	67	81,425
Northumberland	170	222,912	Radnor	15	24,651
Nottingham	302	225,327			
Oxford	244	152,156	TOTAL	20,984	13,897,187

Les chiffres de ce dernier tableau ne donnent que la mesure judiciaire des crimes jugés dans chaque comté. Quant à la mesure réelle des crimes commis, il peut se faire que les comtés qui présentent, dans ce tableau, le chiffre le plus élevé soient, au fond, ceux où le chiffre réel est le plus bas, *et vice versâ.* Ceci tient à des causes que j'expliquerai ci-après.

§ 4.

PETITES OFFENSES.

En regard de ces tableaux, qui ne contiennent que les offenses *criminelles* du ressort des cours d'assises et des *quarter sessions,* il serait curieux de placer celui des offenses *correctionnelles,* qui sont portées, en bien plus grand nombre, devant la juridiction sommaire des juges de paix.

Mais je n'ai pu me procurer d'autre document, sur ce point, que celui qui résulte de la note suivante, relative aux prisons de Londres (1).

Outre les individus qui sont détenus dans les prisons de Londres sous le poids d'accusations criminelles, il en est un grand nombre d'autres qui sont pareillement détenus par la police métropolitaine, et qui, conduits devant les magistrats, sont, quand les magistrats ne les acquittent pas immédiatement, ou mis en prévention pour être jugés devant une cour supérieure, ou jugés sommairement par le juge de paix. Un rapport présenté à la chambre des communes, et que j'ai en ce moment sous les yeux, contient l'état numératif des personnes ainsi emprisonnées, avec l'indication des charges qui ont motivé l'emprisonnement, et de la suite qu'elles ont reçues devant les magistrats, pendant les années 1831 et 1832. — Il résulte de cet état que le nombre total des personnes emprisonnées a été, en 1831, de 72,824, et, en 1832, de 77,543. Dans ce dernier nombre, les cas d'ivresse comptent pour 25,702; les acquittements par les magistrats pour 24,727; les condamnations sommaires (*summary convictions*) pour 23,458; les renvois devant la cour criminelle pour 3,656. Sur les 23,458 individus condamnés sommairement (*summarily convicted*), il y avait 16,052 hommes et 7,406 femmes, dont 2,505 prostituées; 5,859 ont été condamnés pour vagabondage; 3,842 pour rixes et batteries; 3,505 pour ivrognerie; 2,177 comme étant de désordonnés caractères (*disorderly characters*); 1,511 comme étant de réputation suspecte (*suspicious characters*); 1,009 pour avoir commis des actes de dommages volontaires (*acts of wilful damage*); 933 pour indue possession; et 932 comme étant réputés voleurs (*being reputed thieves*).—Dans le nombre total des personnes emprisonnées préventivement par la police, en 1832, on compte 49,890 hommes et 27,653 femmes. Dans le nombre des cas d'ivrognerie portés devant les magistrats, les hommes sont compris pour 4,893 et les femmes pour 2,041. Dans le nombre des autres cas d'ivrognerie, non portés devant les magistrats (les délinquants emprisonnés ayant été relâchés par les *police-men*, après l'ivresse passée), les hommes comptent pour 15,411 et les femmes pour 10,291.

Tout ceci, Monsieur le Ministre, me semble d'un grand intérêt à constater; mais ce qui ne me le paraît pas moins, c'est ce dont il me reste à vous entretenir, sur la manière même dont la justice criminelle est rendue en Angleterre.

§ 5.

PROCÉDURE CRIMINELLE ET JURIDICTIONS.

La justice criminelle, en Angleterre, est aussi prompte qu'elle est bonne. Non-seulement elle a des juges pour tous les cas et pour tous les lieux; mais encore, pour que les affaires marchent plus vite, elle va trouver elle-même les justiciables, et c'est pour ainsi dire toujours sur place et à domicile qu'elle a coutume de rendre ses arrêts.

Juges de paix.

Il n'y a pas une cité, pas une ville, pas un bourg, pas une paroisse, qui n'ait son juge ou plutôt ses juges de paix. Tous les juges de paix d'un même comté composent, pour ce comté, une

(1) J'ai reçu depuis un document précieux à ce sujet. Voir chapitre II, § 1, *Des stations de police*, page 25.

commission permanente appelée *Commission de la paix.* Cette commission a une juridiction à la fois civile, criminelle et administrative; elle se compose souvent de plus de cinq cents membres, selon l'étendue de sa juridiction. Tous ces magistrats, autrefois électifs, sont à la nomination du chancelier, sur la présentation du *lord-lieutenant* du comté (préfet). Leurs fonctions sont gratuites et ne sont conférées qu'aux personnes qui justifient d'un revenu foncier de 2,500 fr. au moins (1).

Lorsqu'un individu leur est dénoncé comme un mauvais sujet ou comme un homme dangereux, ils ont le pouvoir de lui faire souscrire un engagement, pécuniaire ou sous caution, de bien se conduire, et de le condamner à la prison, s'il manque à cet engagement.

Lorsqu'un individu leur est dénoncé comme ayant commis un crime ou un délit, ils le font arrêter et amener devant eux pour l'interroger et le juger.

A cet effet, les juges de paix tiennent, tous les quinze jours environ, et plus souvent si le besoin l'exige, des réunions appelées *petty sessions*, dans les villes de marché ou les autres petites villes de quelque importance. Deux juges suffisent pour la tenue de ces *petty sessions.* L'instruction et le jugement ont lieu sans l'assistance d'aucun jury. Un seul juge de paix peut même acquitter ou condamner l'accusé, sur la seule déclaration des parties ou les seules dépositions des témoins. La loi commune est étrangère à cette juridiction; des statuts spéciaux en déterminent les cas et l'étendue. Les cas sont très-nombreux, et l'étendue est telle que Blacstone n'hésitait pas à dire qu'elle menace sérieusement l'institution du jury. Que dirait-il donc aujourd'hui? . . . .

Si le délit dont est chargé l'accusé rentre dans la catégorie des *summary convictions,* c'est-à-dire des offenses que le juge de paix est autorisé à juger sommairement, le juge de paix, après avoir entendu le plaignant, l'accusé et les témoins des deux parties, renvoie l'accusé de la plainte, s'il le juge innocent, ou le condamne, s'il le juge coupable, à un emprisonnement dont la durée ne peut excéder un an; ou à une amende dont le quantum n'excède pas ordinairement cinq livres sterling et peut s'élever jusqu'à cent livres et plus, selon les termes du statut; ou à des dommages-intérêts dont le quantum n'est fixé que par la valeur même de l'objet qu'ils concernent; ou à l'une et à l'autre de ces peines à la fois. L'emprisonnement peut même excéder une année; c'est quand le juge de paix ordonne que le prévenu donnera caution et gardera prison jusqu'à ce qu'il la fournisse (2).

(1) Dans toutes les villes de quelque importance, il y a un juge de paix salarié; il serait impossible sans cela d'expédier les affaires nombreuses qui ressortissent à la juridiction de la paix. A Manchester, par exemple, il y a des jours où le juge de paix expédie 20, 100 et jusqu'à 150 affaires: nous n'avons pas d'idée en France de cette prodigieuse célérité. Le juge de paix actuel, M. Foster, qui exerce depuis douze ans ses honorables fonctions, avec autant de savoir que de sagesse, touche par an 25,000 francs de traitement. Ses collègues des autres villes touchent un traitement équivalent, eu égard à la population des justiciables. C'est ainsi que l'Angleterre sait reconnaître le mérite et rehausser la position de ses magistrats salariés. (Le juge de paix de Manchester est le seul qui soit payé par le gouvernement; tous les autres juges de paix salariés le sont par le comté, la ville ou la corporation où ils exercent leurs fonctions.)

(2) Sur 58,611 condamnations sommaires, prononcées en 1837 (voir ci-après, chapitre II, § 1), il y en a eu, savoir:

Au-dessous de quatorze jours d'emprisonnement	13,843
De quatorze jours à un mois	12,622
D'un mois à deux	18,799
De deux mois à trois	6,886

Si l'affaire n'est pas suffisamment éclaircie, ou si l'inculpé invoque des moyens ou que le juge n'est pas à même de vérifier sur-le-champ, l'affaire est renvoyée à une dience pour être réexaminée (*for reexamination*). L'inculpé garde prison jusque-là (1), qu'il ne soit mis en liberté provisoire par le juge, avec ou sans caution (*bail*).

L'inculpé ne peut être admis à caution que par deux juges, lorsque le fait qui lui est constitue une félonie ou une grave présomption de félonie. Il peut être admis à caution seul juge, lorsque le fait dont il s'agit n'est qu'un *misdemeanor*.

Refuser d'admettre à caution une personne cautionnable (*a person bailable*) serait, du juge, une offense punie par la commune loi et par les statuts.

Les garanties exigées ne doivent pas être excessives; mais si celles admises sont le magistrat est pécuniairement responsable de la non comparution de l'accusé.

Le magistrat est également responsable du mal jugé de ses décisions, lorsque la damnée en appelle devant la cour du banc de la Reine, et qu'il est reconnu par la cour a agi sans droit.

Qand la caution est admise, une reconnaissance doit être signée par elle, contenant ment de se présenter à l'audience, pour répondre personnellement des suites de l'accus

L'accusé n'est généralement reçu à donner caution que devant les juges de paix.

Si le juge ou les juges de paix trouvent que le fait imputé à l'accusé excède les leur compétence, l'accusé est renvoyé devant la cour des *general quarter sessions* ou celle des *assises* (2).

Quarter sessions.

La cour des *general quarter sessions* est un tribunal de paix qui doit siéger une mestre, en chaque comté ou subdivision de comté, pour l'expédition des affaires civiles nelles, aux époques et dans les villes, cités ou bourgs, déterminés par les statuts. Ce compose de deux juges de paix ou d'un plus grand nombre (3). Les juges de paix s'y quelquefois au nombre de 12 ou 15, et quelquefois au nombre de 30 ou 40; ils ne juger sans l'assistance du jury. Leur juridiction s'étend, en général, à tous les actes de l'exception de la trahison, du faux et du parjure, aussi bien qu'à tous les *misdemean*

De trois mois à six	5,791
De six mois à un an	601
De un an à deux	164
De deux ans à trois	2
De trois ans et au-dessus	3

(1) Ordinairement, dans ce cas, c'est dans la maison d'arrêt que demeurent les inculpés pendant dure l'information. A Londres, ils sont déposés à Clerkenwell, à Westminster-Bridewell, et quelquefois Fields; on ne les conduit directement à Newgate qu'en cas de renvoi immédiat devant la cour criminelle *sessions*.

(2) Très-souvent, pour soustraire l'accusé aux conséquences d'une action criminelle, le juge de l'offense, et la range dans la catégorie de celles qu'il est compétent pour juger. Par exemple, un un vol. Le vol est une félonie dont les cours criminelles peuvent seules connaître. Que fait le juge de paix, peu considérable et si le voleur lui paraît digne de pitié ? il déclare le coupable vagabond (*vagrant*); et comme tel et non comme voleur. (Voir la note de la page 8.)

(3) Le président du tribunal des *quarter sessions* (*chairman*) est un magistrat choisi *ad hoc* par la paix du comté. Celui de Manchester touche un traitement annuel de 20,000 francs; c'est la seule exception autres *chairmen* président gratuitement.

comme l'acte de leur commission porte toujours que, s'il se présente quelques cas difficiles, ils ne procéderont au jugement qu'en présence du juge d'assises, ils renvoient ordinairement aux assises les crimes de meurtre ou autres félonies capitales, et ne jugent que les affaires correctionnelles et toutes les affaires criminelles qui n'offrent pas un certain caractère de gravité.

Assises.

Les assises se tiennent deux fois par an, dans tous les comtés de l'Angleterre. A cet effet, l'Angleterre est divisée en sept *circuits*, qui comprennent tous les comtés. A chaque circuit sont attachés deux des 15 grands juges des trois grandes cours de Londres (1), qui quittent leur siége ordinaire et vont tenir les assises aux époques fixées par le parlement, et aux jours qu'ils déterminent eux-mêmes, auxdites époques. Les assises se tiennent successivement dans les villes des différents comtés composant chaque circuit; elles ont pour objet de juger, à l'aide du jury, les affaires civiles et les affaires criminelles. L'un des deux grands juges siége dans la cour civile, l'autre dans la cour criminelle. Tous les juges de paix d'un comté où se tiennent les assises sont obligés par la loi d'y être présents, à peine d'amende, pour assister les juges dans les matières de leur connaissance et juridiction. Les juges d'assises ont principalement la mission de s'enquérir, entendre et juger (*oyer and terminer*), et d'opérer l'évacuation générale des prisons (*general gaol delivery*).

Banc du Roi.

Il y a une autre cour, la cour du *banc du Roi* (aujourd'hui *banc de la Reine*), qui, divisée en côté de la couronne et en côté des affaires civiles, connaît (comme côté de la couronne ou exerçant l'office de la couronne) de toutes les causes criminelles, depuis les crimes de haute trahison jusqu'aux délits les plus communs. Les accusations au criminel peuvent aussi être évoquées des tribunaux inférieurs à cette cour. Les juges de cette cour sont les *coroners* suprêmes du royaume; et ce tribunal est, pour le criminel, la principale cour que connaissent les lois de l'Angleterre (2).

Juridiction spéciale de la cité de Londres.

A Londres, la juridiction criminelle des *juges de paix*, des *quarter sessions* et des *assises*, est établie sur d'autres bases, ou reçoit du moins plusieurs importantes altérations.

D'abord, la cité de Londres jouit de priviléges administratifs, municipaux et judiciaires tout à fait étrangers au comté de Middlessex, qui forme la plus grande partie du reste de la métropole.

(1) Il y a trois grandes cours à Londres : la cour du *banc du Roi*, la cour des *plaids communs*, et la cour de l'*échiquier*. Chaque cour est composée d'un président, appelé *lord chief justice*, et de quatre juges. Tous ces juges réunis forment les quinze grands juges d'Angleterre (il n'y en avait autrefois que douze), chargés de juger *toutes* les affaires du royaume, tant civiles que criminelles. Un seul juge reste à Londres, pendant que ses quatorze collègues vont présider les assises dans les sept circuits qui leur sont assignés. Le traitement de chaque grand juge est de 5,500 liv. sterl. Il leur est en outre alloué des frais de tournée.

(2) Je ne crois pas devoir m'occuper, autrement qu'en les mentionnant ici, des autres cours criminelles ordinaires ou d'exception de l'Angleterre, telles que celle de la chambre des lords, celle du lord grand sénéchal, celle des universités d'Oxford et de Cambridge, celle de l'amirauté, celle du coroner, et celle des shérifs pour les cas déterminés par les statuts.

Par exemple, dans la cité, ce sont des *aldermens*, au nombre de 24, élus par les citoyens, et présidés par le lord-maire, qui remplissent gratuitement les fonctions de juges de paix (1), tandis que ce sont des magistrats salariés et nommés par la couronne qui remplissent ces fonctions, au nombre de 27, dans le reste de la ville, composé en majeure partie du comté de Middlessex et d'une partie des comtés de Kent et de Surrey (2).

En second lieu, une *cour criminelle centrale*, connaissant des crimes commis dans les comtés de Middlessex, Kent, Surrey, Essex et Sussex, à 12 milles à la ronde, se réunit tous les mois dans la cité de Londres, et tient lieu, pour ces comtés, et dans les limites tracées, des cours d'assises qui siégent deux fois par an dans les autres comtés du royaume. La cour criminelle centrale tient ses séances dans Old-Bailey, attenant à la maison d'arrêt de Newgate; elle est partagée en deux cours, l'*ancienne* et la *nouvelle*, noms qui viennent du vieux et du nouveau bâtiment où chacune d'elles rend ses arrêts. — Toutes deux jugent les mêmes affaires criminelles; mais il n'y a que la vieille cour qui ait l'honneur d'être tenue par l'un des 15 grands juges d'Angleterre; encore le grand juge ne siége-t-il que deux jours après l'ouverture de la session, c'est-à-dire le mercredi. Le lundi et le mardi, c'est le *recorder* de la cité qui siége. Le *recorder* n'est point à la nomination de la couronne, mais à l'élection des citoyens; le *recorder* est le premier juge de la cité de Londres; il jouit de 3,000 livres sterling d'appointements par an (environ 75,000[f]). La nouvelle cour est tenue, pendant toute la durée de la session, par le second juge de la cité, appelé *common sergeant*, élu comme le premier par les citoyens, et recevant 1,500 livres de traitement. Le troisième juge, appelé *sergeant*, reçoit 1,800 livres, parce qu'il est en même temps juge de la cour des shérifs; (il y a deux shérifs dans la cité de Londres : l'un d'eux est en même temps shérif du comté de Middlessex). Deux des 24 aldermens assistent chaque juge de l'une et de l'autre cour d'assises, pendant tout le temps de la session. L'un des deux shérifs est aussi toujours présent pour faire à la justice les honneurs de *chez lui*.

Le shérif est le représentant de la cité : c'est à la cité qu'appartiennent les bâtiments de la cour centrale; c'est donc chez lui que le shérif reçoit la justice quand elle y vient siéger chaque mois (3).

Quant aux *general quarter sessions*, elles se tiennent à Londres, de la même manière que dans les comtés de province; seulement les aldermens remplacent les juges de paix pour la cité. Les audiences ont lieu quatre fois par an à Guildhall, à Clerkenwell et à Westminster.

Observations communes à toutes les juridictions. — Grand jury.

Quelle que soit la juridiction qui doive être saisie de la connaissance du crime ou du délit commis, l'accusé ne peut être traduit en jugement et condamné que sur la poursuite de la partie

(1) Ils tiennent leurs audiences dans Guildhall et dans Mansion-House.

(2) Le traitement annuel des juges de paix de la métropole est de 800 livres sterl. (25,000 fr.); celui du premier juge de paix de Bowstreet est seul de 1,200 livres (30,000 fr.)

Les vingt-sept juges de paix sont répartis et siégent dans neuf bureaux de police (*police offices*), lesquels sont indépendants de ceux de Guildhall et de Mansion-House dans la cité, et sont placés dans les divers quartiers de la métropole.

(3) Chose étrange! Dans ce pays, l'une des prérogatives des shérifs est de payer, de leurs deniers, tous les frais de bureau, d'éclairage, de gens de service, etc., etc., auxquels donne lieu la tenue mensuelle des assises, et de donner, chaque mois, pendant toute la durée de la session, à dîner aux juges des deux cours. Chaque dîner se compose habituellement de quinze à vingt-cinq couverts. Le lord-maire paye quatre de ces dîners; les deux shérifs se partagent la dépense des huit autres.

lésée, appelée pour cela *prosecutor*. Point de *prosecutor*, point de condamnation : telle est la règle générale (1).

Mais, lorsque la partie lésée n'est pas connue ou ne se plaint pas, les administrateurs de la paroisse sur laquelle le crime a été commis peuvent devenir *prosecutors*.

De même, le *police man* qui arrête le coupable devient *prosecutor*, lorsqu'il le livre à la justice, en l'absence de tout autre plaignant.

Il en est de même du dénonciateur (2), du témoin à charge et de toute personne, même désintéressée, qui porte l'affaire à la connaissance du juge.

De cette manière, il y a toujours un *prosecutor*, et c'est toujours au nom du roi (aujourd'hui de la reine) que l'action se suit à la requête du *prosecutor*, quel qu'il soit.

La reine n'a pas d'autre procureur.

Toutefois, l'attorney général a le droit de poursuivre, d'office, devant tous les tribunaux criminels, toutes les offenses qui se commettent dans toute l'étendue du royaume. Sous ce rapport, l'attorney général est le procureur universel de la couronne (3); mais il n'use de cette prérogative que très-rarement, et dans les cas seulement où il s'agit de trahison ou autre félonie politique, dans laquelle l'honneur de la couronne ou la sûreté de l'État se trouvent compromis.

Mais, que le *prosecutor* soit la partie intéressée ou une personne étrangère, le délinquant ne peut être traduit devant la cour d'*assises*, ou celle des *sessions*, pour y passer en jugement, qu'après qu'un grand jury l'a mis en accusation.

Le grand jury, autrement dit le jury d'accusation, se compose de 24 jurés spéciaux; il fait tout à la fois l'office de procureur du roi et de juge d'instruction; il entend des témoins, procède aux interrogations, fait les confrontations, etc., dans la salle qui lui est destinée à cet effet. L'acte de mise en accusation rendu, dans ce cas, par le grand jury, s'appelle *indictement*.

Les grands jurés peuvent aussi dénoncer d'office à la justice un délit quelconque, d'après leur propre connaissance ou observation. La déclaration ou dénonciation faite par les grands jurés, dans ce cas, s'appelle *presentement*.

Sous ce rapport, le grand jury est *prosecutor* du crime qu'il dénonce, et il procède à son enquête d'accusation, comme si la dénonciation lui venait du dehors.

L'attorney général ou le coroner de la cour du banc du Roi (4) peuvent seuls porter directe-

(1) Cette règle souffre peu d'exceptions. J'ai été témoin de son application absolue à l'une des *petty sessions*, tenue à Manchester par le juge de paix. Une femme avait volé 20 shellings à son voisin. Traduite pour ce fait devant le juge, sur la *prosecution* de la partie lésée, elle avoua le vol et promit de rendre sous quinzaine la somme volée. Le juge ordonna qu'elle gardât prison jusque-là. La quinzaine expirée, la femme comparut de nouveau devant le juge : c'était le 23 décembre ; j'étais présent à l'audience. A l'appel de la cause, la femme justifia qu'elle avait payé 14 shellings sur 20 ; et comme le *prosecutor* ne parut pas pour réclamer les 6 shellings restants, le juge de paix ordonna sa mise en liberté immédiate.

(2) La *dénonciation* est une sorte d'institution en Angleterre ; c'est même, dans les grandes villes, une branche de commerce. Il y a des gens qui ne font pas d'autre métier que d'*informer* la justice des contraventions qui se commettent journellement aux lois ou règlements sur l'éclairage, sur le pavage, sur l'entretien des routes, sur la police des voitures, etc., etc. : on les appelle pour cela *informers*. Ils gagnent à cela beaucoup d'argent ; c'est le délinquant qui paye. Il y a à Londres plusieurs entreprises générales de dénonciations. L'entrepreneur a sous ses ordres une bande d'*informers* à gages, dont il exploite l'activité à son profit.

(3) Le même droit est ouvert au *coroner*, ou maître d'office pour la couronne, à la cour du banc du Roi.

(4) Voir page 17.

ment l'action criminelle qu'ils instruisent devant la cour, sans la formalité préalable de la mise en accusation du coupable par le grand jury. Cette poursuite directe est dite « poursuite par dé« nonciation ou *information* ».

Toutefois, il est une sorte de poursuite criminelle qu'un particulier peut intenter contre un autre, avant tout *indictement*, dans le but principal d'obtenir une indemnité pécuniaire pour raison du crime commis : cette poursuite est désignée sous le nom d'*appeal*. Dans le cas de cette action, si le poursuivi est déclaré coupable, son jugement doit être le même que s'il eût été convaincu d'après *indictement;* si au contraire le poursuivi est acquitté, le poursuivant doit être emprisonné pour un an, et payer une amende au Roi, indépendamment des dommages dus à la partie, tant à raison de sa détention préventive que pour le tort fait à son honneur; et si le poursuivant est hors d'état de payer, ses garants doivent le faire pour lui; ils peuvent aussi être emprisonnés. Voilà pourquoi, sans doute, les poursuites par voie d'*appeal* sont devenues aujourd'hui si rares.

L'absence et le besoin d'une police préventive, organisée dans tous les comtés comme elle l'est dans celui de Middlessex (Londres), se font de plus en plus sentir en Angleterre.

Une commission a été nommée par le Roi, en 1836, à l'effet de s'enquérir des meilleurs moyens à prendre pour établir, dans tous les comtés de l'Angleterre et du pays de Galles une gendarmerie ou plutôt une *constablerie payée* (*constabulary force*), chargée spécialement de prévenir les crimes, de découvrir les coupables et de les dénoncer à la justice.

Il résulte du premier aperçu de l'enquête à laquelle la commission s'est livrée dans ce but, aperçu qu'elle a fait récemment imprimer sous ce titre : *Constabulary force. First draught*, que, dans l'état actuel des choses, le nombre des offenses poursuivies en Angleterre est loin de représenter le nombre des offenses commises. Par exemple, le relevé du nombre des faux billets de banque présentés ou retournés à la banque d'Angleterre, comparé au nombre des poursuites intentées pour fabrication de ces billets, de 1811 à 1837 inclusivement, constate que la proportion du nombre des condamnations comparé à celui des crimes est, moyennement, de 1 sur 200. Elle a été de 1 sur 462 en 1806, et de 1 sur 613 en 1830. De même, il est tel district populeux et étendu où l'on a *constaté* une seule *félonie* et un seul *misdemeanor* en un an, tandis qu'il s'en *commet* annuellement un très-grand nombre : cela tient, dit un magistrat, à l'absence d'une police payée, et au refus que font les parties lésées de se porter *prosecutors*. Ce refus s'explique par l'incertitude où est la partie lésée d'obtenir condamnation, par la perte de temps que sa poursuite lui occasionne, et par la difficulté de rentrer dans les frais qu'elle entraîne, etc.

On évalue à 700,000 livres sterling par an le montant des vols non punis, qui se commettent en Angleterre.

Et cependant le *varrant-act* est une loi de suspects qui met à la discrétion des autorités locales la liberté de « tout individu *réputé* voleur, ou trouvé *fréquentant* toute rivière, canal, « eau navigable, dock ou bassin, ou tout quai, port ou magasin y attenant, ou toute rue, voie « ou avenue y conduisant, ou toute place publique ou lieu en dépendant, avec *l'intention* de « commettre une félonie ».

Et les commissaires rapportent qu'un grand nombre de maires font, en vertu de cet acte, un *balayage* général (*a sweep*) de tous les individus mal famés de leurs communes, qu'ils mettent sous clef, la veille des foires, des fêtes ou des courses de chevaux, et qu'ils relâchent ensuite quand la fête est passée.

Et quand on demande à l'un d'eux quelle loi l'autorise à en agir ainsi, il répond : Je prends tout cela sur moi.

Quelque longues que soient les notes dont j'ai composé ces observations préliminaires, je regrette vivement, Monsieur le Ministre, de ne pouvoir leur donner plus d'étendue, tant sont curieuses et intéressantes les institutions qu'elles auraient pour but de faire connaître. Mais il faudrait pour cela décrire, dans leurs moindres détails, les rouages à la fois simples et compliqués qui composent le mécanisme de l'administration de la justice criminelle en Angleterre. Une telle tâche serait au-dessus de mes forces en ce moment, et dépasserait, au surplus, le but de la mission que vous avez bien voulu me confier.

CHAPITRE II.

DES DIVERS DEGRÉS D'EMPRISONNEMENT, ET DES DIVERSES SORTES DE PRISONS EN ANGLETERRE ET DANS LE PAYS DE GALLES.

Il résulte des tableaux statistiques insérés dans le chapitre précédent que la peine d'emprisonnement est celle qui a la plus grande part dans la répartition générale des peines.

C'est aussi de la peine d'emprisonnement que le parlement anglais s'est le plus sérieusement occupé, et les actes successifs qu'il a rendus sur le régime des prisons, depuis Édouard III, attestent son incessante sollicitude pour en opérer la réforme.

De tous ces actes, dont j'ai dressé la table chronologique (n° 3 de *l'Appendice*), deux seuls ont aujourd'hui force de loi générale pour le régime intérieur des prisons de l'Angleterre. Ce sont le statut de la 5ᵉ année de George IV (21 juin 1824), et le statut des 5ᵉ et 6ᵉ années de Guillaume IV (25 août 1835).

Le premier de ces statuts adopte et consacre le système des classifications par sexes et par nature de délits; le second attribue, entre autres pouvoirs, à l'autorité centrale le droit exclusif de *réglementer* toutes les prisons.

Ces deux actes formant la charte *actuelle* de toutes les prisons de l'Angleterre, j'ai cru devoir les traduire textuellement, non-seulement comme pièces utiles, mais encore comme documents curieux. M. le ministre de l'intérieur les trouvera ci-après classés sous les nᵒˢ 4 et 5 de l'*Appendice*, et pensera sans doute, après les avoir lus, que le parlement anglais n'a pas que des réformes de *fond* à introduire dans la rédaction de ses lois (1).

Un autre motif m'a déterminé à donner une copie textuelle de ces deux lois; c'est que non-seulement la première n'est nullement connue en France, mais encore que la seconde ne nous est connue que par des publications françaises qui ont pris les expressions d'une circulaire ministérielle pour son texte, et qui ont, sous ce rapport, induit tout le public en erreur.

(1) Il faut reconnaître pourtant que, sous le rapport de la *forme*, la rédaction des lois anglaises s'est immensément améliorée. Naguère encore tous les actes du parlement étaient écrits en style d'actes notariés, en un seul contexte, sans distinction, par numéros ou par paragraphes, des articles les plus dissemblables entre eux, et sans autre date que celle de l'année du règne du souverain; de plus, ils étaient imprimés en caractères gothiques.

L'emprisonnement en Angleterre comprend trois degrés : l'emprisonnement *préventif;* l'emprisonnement *répressif;* — l'emprisonnement *pénitentiaire.*

Au premier degré appartiennent les *stations de police* et les *maisons d'arrêt.*

Au second degré appartiennent les *maisons de correction.*

Au troisième degré appartiennent les *pénitenciers.*

Il y a encore un autre degré, ou plutôt une autre espèce d'emprisonnement, qu'on peut appeler *intermédiaire :* c'est celui qu'on subit à bord des *pontons* et lors des *transfèrements.*

Je parlerai successivement de ces diverses sortes de prisons.

Je dirai aussi un mot des *prisons pour dettes.*

§ 1er.

STATIONS DE POLICE.

(Police stations. — Lockups.)

On appelle *station de police* le lieu où l'on dépose provisoirement les individus en état d'arrestation, avant leur comparution devant le magistrat.

Il n'y a pas de ville, il n'y a pas de bourg un peu populeux, en Angleterre, qui n'ait son *lockup* ou son *dépôt de police.*

Il y en a même dans les villes où se trouve une *maison d'arrêt.*

On s'occupe fort peu de ces prisons, parce qu'elles ne renferment qu'un petit nombre d'individus, et que ces individus n'y séjournent que fort peu de temps. Et cependant c'est là que plus d'un prisonnier a reçu les premières leçons qui l'ont conduit aux *pontons* ou à l'échafaud.

Les *stations de police* de la métropole laissent autant à désirer, sous ce rapport, que les *lockups* des bourgs et des villes de comté.

Il est vrai que le gouvernement en a grandement atténué les dangers à Londres, en les multipliant de telle sorte que chacune d'elles ne doit recevoir qu'un petit nombre d'individus à la fois.

Mais chaque station ne s'en compose pas moins de plusieurs chambres communes, lesquelles ne présentent d'autre séparation que celle des sexes.

Sous ce rapport donc le mal est aussi grand à Londres que dans les provinces.

A Londres, il y a 52 dépôts ou stations de police.

Ces 52 stations sont disséminées dans toute l'étendue de la métropole, de manière qu'en quelqu'endroit qu'un délit soit commis, il y a toujours près de là un dépôt pour recevoir le délinquant dès qu'il est arrêté.

Ces 52 stations relèvent, par division de 5 à 7, de 9 *bureaux de police* distincts, également situés dans les divers quartiers de la capitale, et le plus à proximité possible de chaque station, afin que l'individu arrêté ait le moins de chemin possible à faire pour se rendre de la station au bureau du magistrat.

Lorsqu'un délit quelconque est commis à Londres, il est rare qu'il échappe à l'œil vigilant de l'un des 3,400 *police-men* qui enveloppent la métropole comme d'un immense réseau; aussi presque tous les malfaiteurs viennent-ils s'y prendre. L'individu arrêté est immédiatement conduit à la station la plus voisine. Chaque station se compose d'un greffe, où l'on enregistre le nom de l'inculpé, sa demeure, la cause de son arrestation, etc. (1), et de plusieurs salles de police, dans l'une desquelles on l'enferme. Ces salles, ainsi que je l'ai dit, sont communes à plusieurs détenus, et ne permettent d'établir d'autre séparation que celle des sexes. La station de *Bowstreet,* qui est la principale, se compose de 8 salles ou chambres ayant chacune environ 12 pieds sur 8, et 7 de hauteur. Quatre ou cinq personnes sont habituellement réunies dans la même chambre. Il y en a quelquefois jusqu'à 12. La moyenne de la population totale de la station est de 12 à 20 par jour. Le chiffre s'élève par fois jusqu'à 50. Il n'y en a jamais moins de trente le dimanche. Le lundi qui avait précédé ma visite, il y en avait eu jusqu'à 100.

Un calorifère placé dans les caves, échauffe, par des conduits, toutes les chambres de la station; ces chambres sont sans fenêtres, mais l'air y circule au moyen d'un ventilateur pratiqué dans le plafond. Un banc de bois, fixé le long de la muraille, sert à la fois de siége et de lit. Il y a une fosse d'aisance dans l'intérieur de chaque salle. J'ai trouvé chaque fosse sans odeur, comme son siége sans souillures. Les murs étaient pareillement dans un parfait état de propreté. C'est un double phénomène que j'ai remarqué dans toutes les prisons que j'ai visitées.

L'administration ne fournit de vivres aux détenus que le dimanche, parce que, le dimanche, toutes les maisons étant fermées, les prisons ne peuvent être ouvertes aux parents qui en apportent. Les vivres qu'on donne aux détenus ce jour-là se composent d'un morceau de pain et de fromage, et d'une cruche d'eau. Les autres jours les détenus peuvent faire venir des vivres du dehors.

Toutes les autres stations sont établies sur le même pied; mais celle-ci est la plus importante et la mieux tenue.

La cité de Londres a deux bureaux de police distincts, comme elle a des magistrats de paix spéciaux.

Elle a aussi une station de police particulière.

C'est la prison de *Giltspur-street-compter* qui en tient lieu. Sa population moyenne est de 150 détenus par jour, et de 5,300 par an.

Il y a une autre prison à Londres (*Mill Lane Tooley street*) qui sert de station de police pour les individus arrêtés dans le bourg de Southwark. Cette prison est placée sous la juridiction du lord-maire et de la cour des aldermens de la cité de Londres, et sous la surintendance du haut baillif du bourg de Southwark. On l'appelle *Borough-Compter.* La population moyenne, par jour, est de 50. La population moyenne, par an, est de 1,500. L'association des détenus de toute classe, l'imparfaite séparation des sexes, l'exaction de la bienvenue, le nombre et la présence presque continuelle des visiteurs qui sont pour la plupart des voleurs ou des prostituées, l'ivrognerie provoquée par la facilité qu'ont les détenus de se procurer des spiritueux, la profanation du saint jour du dimanche, etc., etc.; tels sont, au dire des inspecteurs, les principaux abus du régime de cette prison, et de celle de *Giltspur-street-compter.* Le dire des inspecteurs n'a rien d'exagéré.

(1) Le greffe est tenu par un *inspecteur* de police, dont les attributions vont jusqu'à pouvoir mettre en liberté sous caution l'individu qu'on vient d'arrêter, lorsqu'il n'est pas inculpé d'une félonie. Il a, à cet effet, un registre des cautions. Si l'inspecteur connaît l'inculpé, il peut se contenter de son engagement écrit, qu'il signe sur le registre; s'il ne le connaît pas, il peut recevoir de la même manière l'engagement d'un tiers. Si ce tiers n'est pas d'une solvabilité notoire, l'inspecteur exige qu'il justifie de sa taxe d'impôt. Dans tous les cas, l'inspecteur peut refuser la caution offerte. J'ai lu sur le registre un acte portant cautionnement de 20 livres sterlings pour un fait de rixe et de batterie.

Une autre station de police existe dans Londres; celle-ci est d'un degré plus élevé. Elle sert d'intermédiaire entre la station ordinaire et la maison d'arrêt : c'est la nouvelle prison de *Clerkenwell.* Sa destination spéciale est de garder en prison ou en sûreté les délinquants et les malfaiteurs de toute sorte (autres que les accusés de crimes capitaux, de trahison ou de félonie) que les juges de paix du comté de Middlessex y envoient pour être réexaminés avant leur jugement ou leur renvoi devant la cour criminelle. La population moyenne de cette prison est, par jour, de 150, et par an, de 6,000 détenus, hommes et femmes. Les vices de cette prison sont ceux de *Giltspur-street* et de *Borough-Compter.*

Indépendamment de ces divers dépôts, il y a, attachées à chacun des divers bureaux de police de la métropole, 3 ou 4 chambres ou cellules particulières, réservées aux individus qui attendent la voiture qui doit les transférer à la maison d'arrêt ou à la maison de correction. Trois cellules de cette nature existent au bureau de police de la rue Lambeth. La plus grande a 16 pieds de long sur 8 de large, et 9 de haut; la plus petite a 6 pieds 8 pouces de long sur 6 pieds de large, et 7 1/2 de haut. Des infamies se commettent dans ces cellules, où les sexes et les âges sont confondus. Dans l'un des derniers jours de décembre, deux hommes et une femme étaient enfermés dans la cellule n° 1 du bureau de police de *Lambeth-street*. . . .

Je ne sais si la métropole tardera encore longtemps à introduire dans ses stations de police la réforme qu'exige un si déplorable état de choses; ce qu'il y a de certain, c'est que plusieurs comtés ont déjà pris l'initiative sur ce point, et que deux projets arrêtés par les magistrats et approuvés par le ministre sont à la veille de recevoir leur exécution dans la cité de Hereford et dans le bourg de Ludlow. Ces projets présentent la double combinaison et le double avantage d'une station de police et d'une maison d'arrêt réunies dans une même enceinte et dans un même corps de bâtiment. Je suis heureux, Monsieur le Ministre, de pouvoir vous adresser l'un de ces plans. Vous le trouverez sous le n° 15 de l'Appendice; l'autre plan est établi d'après le même système.

Du reste, les détentions ne sont pas longues dans les stations de police de la métropole. Si c'est la nuit que l'arrestation a lieu, l'inculpé reste enfermé jusqu'au lendemain matin seulement. Le lendemain matin, il est conduit devant le magistrat, à moins que ce ne soit un dimanche, auquel cas il reste en prison jusqu'au lundi. Si l'arrestation a lieu pendant le jour, la comparution devant le magistrat a lieu presque toujours immédiatement, à moins encore que ce ne soit un dimanche. Chaque bureau de police tient ses audiences, tous les jours ouvrables, de 11 heures du matin à 5 heures de l'après-midi.

Je ne répéterai point ici ce que j'ai dit dans le chapitre précédent, pages 15 et 16, sur la procédure suivie devant la juridiction sommaire des juges de paix.

J'ajouterai seulement quelques faits à ceux que j'ai déjà cités, pour prouver à quel point la liberté individuelle est compromise, dans certaines localités, en Angleterre, par l'absence d'une *constablerie* régulièrement organisée, et exercée par des officiers capables, responsables et payés.

On lit, dans le rapport de la commission des corporations municipales, qu'en 1833, les magistrats du bourg de Wenlock ayant, par inadvertance, signé en blanc et remis au constable un mandat de dépôt au lieu d'un mandat de comparution, le constable garda le mandat depuis juin jusqu'au milieu d'août, époque à laquelle il le mit à exécution contre deux pauvres filles qui n'avaient rien fait pour cela. Comme ce fut le matin même des courses de Shrewsbury qu'il mit ces filles en prison, et qu'il se rendit de suite après aux courses, nous sommes certains, disent les commissaires, que son but, en exécutant le mandat, fut de se procurer l'occasion d'assister aux courses aux dépens du public.

Un autre constable, dans une autre occasion, garda un individu plusieurs jours en prison, avant de donner avis de sa capture aux magistrats. Pendant ce temps, il fit passer la nuit au prisonnier dans le *lockup* du bourg, et le tint, pendant le jour, enchaîné à la grille de la cuisine de sa propre maison (*First draught*, page 7).

J'ajouterai également ici un document précieux que m'ont fourni, depuis mon retour d'Angleterre, les statistiques criminelles de la Grande-Bretagne.

Ce document consiste dans le nombre des prisonniers condamnés par les juridictions sommaires dans tout le royaume, pendant l'année 1837 (1).

	HOMMES.	FEMMES.
Par les cours martiales	1,421	"
Déserteurs	839	"
Contraventions aux lois sur le jeu	2,888	2
Idem aux lois sur les taxes	545	78
Idem aux lois sur la *bâtardise* (*bastardy laws*)	513	7
Idem à l'acte sur le vagabondage	10,951	7,499
Idem à l'acte sur les dommages malicieux	2,311	570
Idem à l'acte sur les vols simples (*larceny act*)	1,981	341
Idem aux lois sur la police locale ou métropolitaine	1,319	350
Pour rixes et tapages	6,030	998
Pour manque de cautions	2,524	724
Connus ou réputés voleurs	2,386	469
Autres condamnations sommaires	9,890	2,564
Réexaminations	1,729	435
TOTAL	45,327	14,037

Ce chiffre, comparé à celui de l'année précédente, indique un accroissement considérable dans le nombre des individus qui se rendent coupables de petites offenses, en même temps qu'il démontre la nécessité de prendre des mesures promptes et efficaces pour qu'ils ne se corrompent pas entre eux, pendant le court séjour que la sûreté publique exige d'eux dans les stations de police ou dans les prisons. Ces mesures, d'après MM. Crawford et Russell, doivent se réduire à une seule dans tout le royaume, celle de la séparation continue, au moyen de cellules individuelles.

§ 2.

MAISONS D'ARRÊT COMMUNES.

(Common gaols.)

De même qu'il y a en France, par chaque département, une maison de justice commune, où sont détenus tous les accusés du département qui doivent passer en jugement devant la

(1) Sauf, sans doute, les *condamnations* prononcées sommairement par les juges de la métropole, autres peut-être que ceux de la cité. (Voir ci-dessus, page 14.)

cour d'assises, de même il y a, en Angleterre, par chaque comté (1), une maison d'arrêt commune où sont détenus tous les accusés du comté qui doivent passer en jugement devant la cour d'assises ou celle des *quarter sessions*.

Il en était ainsi, du moins, avant l'acte du parlement du 25 août 1835.

Mais comme il arrive souvent que les assises ou les *quarter sessions* tiennent dans un autre lieu que celui où se trouve la maison d'arrêt commune du comté, il en résultait, avant cet acte, de grands inconvénients et d'énormes dépenses, provenant du déplacement qu'il fallait opérer en faisant conduire à la maison d'arrêt du comté des personnes accusées de crimes ou délits, qui devaient être jugées aux assises ou aux sessions, tenues à des distances souvent fort éloignées de ladite maison d'arrêt.

Ce sont ces inconvénients et ces dépenses que l'article 3 de l'acte susrelaté a eu pour but de faire cesser, en décidant qu'à l'avenir tous juges de paix ou coroners, agissant dans l'étendue de leurs juridictions, pourraient faire détenir préventivement, dans toute maison de correction située près du lieu où les assises ou sessions doivent être tenues, tous les accusés de crimes ou délits qui devront être jugés auxdites assises ou sessions.

Ainsi, aujourd'hui, les accusés peuvent n'être pas envoyés dans la maison d'arrêt spéciale du comté; et, de fait, ils sont maintenant répartis, soit dans les maisons de correction les plus voisines de la cour, et confondus dans ces maisons avec les condamnés, soit dans les prisons des bourgs qui ont obtenu le privilége d'avoir des *quarter sessions*.

Si cette mesure est bonne quant à ses effets économiques, il me semble qu'elle est insuffisante quant à ses résultats moraux.

Il est vrai que les accusés occupent, dans les *maisons de correction*, un quartier distinct de celui des condamnés; mais, d'une part, cette distinction n'est pas toujours observée, et, d'autre part, quand elle l'est, la ligne de démarcation est si fragile dans le plus grand nombre de ces prisons, qu'elle se trouve à chaque instant brisée.

Le même inconvénient existe dans presque toutes les *maisons d'arrêt*, c'est-à-dire que ces maisons ne renferment pas que des accusés : des condamnés y séjournent en grand nombre, et ces condamnés sont les plus coupables de tous, puisque ce sont ceux qui sont frappés de la peine de la déportation. C'est dans la maison d'arrêt qu'ils attendent leur transférement à Botany-Bay; c'est aussi dans la maison d'arrêt que les condamnés à mort sont enfermés jusqu'au jour de leur supplice; c'est enfin dans la maison d'arrêt que sont enfermés les détenus pour dettes, lorsqu'il n'y a pas pour eux de prison spéciale dans le comté. Les condamnés doivent avoir un quartier séparé dans les maisons d'arrêt; mais il en est où ce quartier n'existe que nominativement; il en est même où il n'existe pas du tout. Je citerai pour preuve l'une des plus belles et des plus modernes maisons d'arrêt qui existent dans les trois royaumes, la maison d'arrêt d'Édimbourg, où l'on n'admet d'autre classification que celle de la nature des délits, sans distinction de prévenus ou de condamnés; et cela n'est pas accidentel; c'est la règle de la maison, approuvée par les magistrats.

La maison d'arrêt de comté la mieux organisée que j'aie vue, d'après le système des classifications, est celle du comté d'Yorck. Comme toutes les maisons d'arrêt modernes, construites d'après ce système, se rapprochent plus ou moins de celle-ci, je crois devoir en donner l'esquisse

(1) L'Angleterre se divise en cinquante-deux *shires* ou *comtés*, y compris les douze comtés du pays de Galles. (Voir ci-dessus, page 13.)

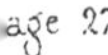

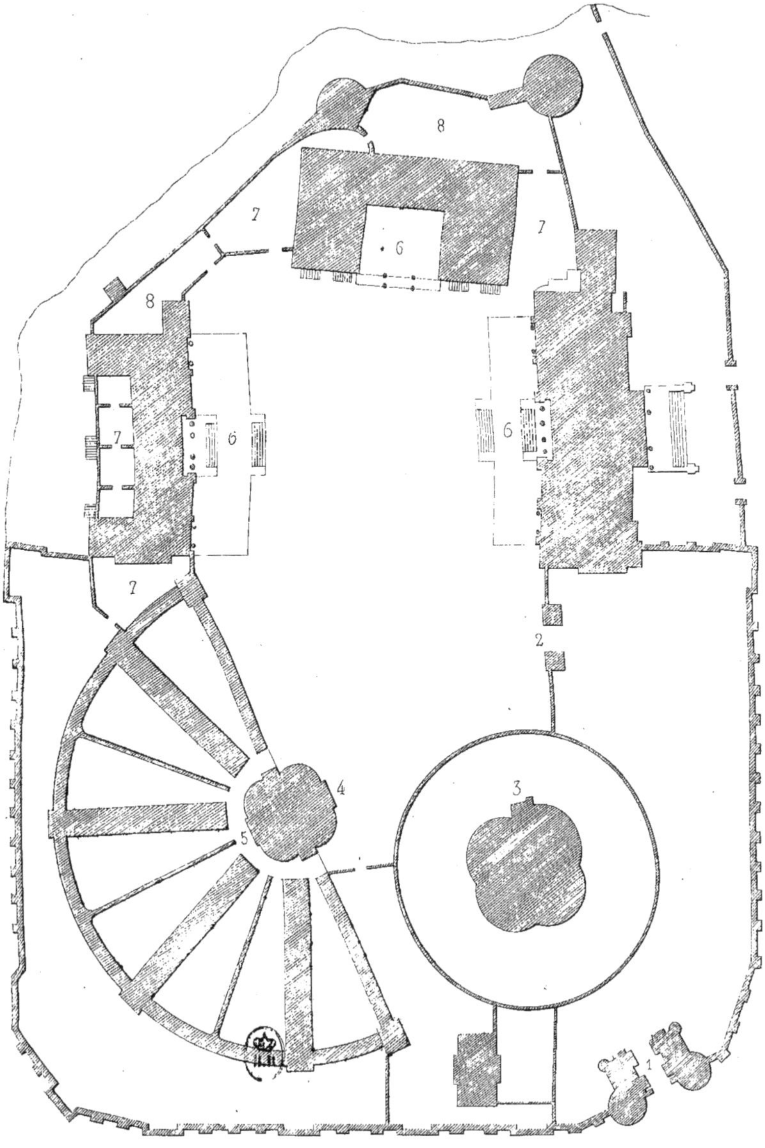

MAISON D'ARRÊT D'YORCK.

telle que je l'ai prise moi-même sur les lieux; j'y joins celle de la cour criminelle enfermée dans la même enceinte, et celle de la tour de Clifford, bâtie par Guillaume le Conquérant, que l'architecte a su respecter lorsqu'il a été chargé, en 1826, de donner au vieux chateau d'Yorck sa forme et sa destination actuelles (voir n° 6 des plans). — La prison est construite sur le plan rayonnant, le bâtiment d'administration formant un centre d'où divergent les ailes de la prison, et d'où l'on peut voir tout ce qui se passe dans les cours. La prison est divisée en huit cours ou quartiers distincts, pour les huit classes particulières de détenus qui en forment la population habituelle. Ces huit cours aboutissent à une large et longue grille circulaire longeant le passage d'inspection qui sépare chaque cour du bâtiment d'administraton. Chaque cour a 110 pieds anglais de long, sur 50 pieds de large, à celle de ses extrémités qui se termine par une grille, et deux pieds à son extrémité la plus étroite. Une chambre de jour commune (*day room*) est attachée à chaque cour, au rez de chaussée de chaque aile de bâtiment; 188 cellules de nuit, ayant chacune 8 pieds sur 5, et ouvrant sur un corridor, sont réparties dans les deux étages de la prison, y compris ceux du bâtiment des femmes et du bâtiment des débiteurs, qui sont à côté, et permettent d'isoler, pendant leur sommeil, les détenus des diverses classes. Malheureusement ces cellules sont insuffisantes pour le chiffre de la population, qu'on a vu s'élever jusqu'à 248 : il était de 223 le jour de ma visite dans la prison. Alors on est forcé de faire coucher les détenus deux dans le même lit. Ce sont toujours les débiteurs qu'on soumet à cette communauté quand la prison est encombrée. Les débiteurs sont les plus nombreux. Leur total était, le jour de ma visite, de 135 hommes et de 9 femmes; les autres détenus étaient nombrés ainsi qu'il suit : prévenus, hommes, 52; femmes, 0; condamnés à la déportation, hommes, 13; femmes, 9; aliénés, 5. Il n'y a aucun atelier de travail, tous les détenus sont oisifs. La chapelle est au second étage du bâtiment des femmes. Elle est divisée en autant de compartiments distincts qu'il y a de quartiers distincts dans la prison. Tous les détenus criminels hommes prennent leur repas dans un long couloir qui conduit au bâtiment de la chapelle; les condamnés sont à un bout et les prévenus à l'autre : ils mangent debout et sur une table scellée à la muraille et longeant tout le côté gauche du couloir. Le silence est rigoureusement prescrit; mais est-il, mais peut-il être observé? Je ne dois pas omettre de constater ici que l'opinion du gouverneur et du député-gouverneur, que j'ai interrogés ensemble et séparément sur le système des classifications avec silence obligé, est tout à fait contraire à ce système, et que tous deux pensent qu'il n'y a d'amélioration possible qu'avec le système de l'isolement individuel de jour et de nuit.

Dans mon analyse des rapports des inspecteurs généraux des prisons de la Grande-Bretagne, j'ai tracé, d'après eux, le tableau hideux de l'intérieur de *Newgate*. Newgate est la maison d'arrêt de la capitale de l'Angleterre, comme *la Force* est la maison d'arrêt de la capitale de la France. Ces deux prisons ont entre elles ce point de ressemblance que toutes deux sont les deux prisons les plus vicieuses de leur pays : on les dirait construites sur le même plan et par le même architecte. Vous pouvez en juger, Monsieur le Ministre, par le plan de Newgate que je joins à ce rapport (voir n° 4 *bis* des plans). Heureusement que bientôt Paris donnera à Londres, comme modèle à imiter, une maison d'arrêt contenant 1,200 cellules séparées, pour tenir isolés les uns des autres, aussi bien le jour que la nuit, les 1,200 prévenus qui composent le chiffre le plus élevé de sa population quotidienne.

Londres imitera-t-il cet exemple? Je l'espérerais si les abus signalés dans le rapport des inspecteurs étalaient encore à Newgate leur hideuse nudité; mais, depuis ce rapport, on s'est empressé de jeter un voile sur toutes ces souillures. Ce voile les dérobe aujourd'hui à la vue du public, et le public croit qu'elles n'existent plus, parce qu'elles ont pris le nom et la couleur de ce qu'on est convenu d'appeler des améliorations. Newgate, en effet, est amélioré; c'est-à-dire que ses murs sont reblanchis, que ses dortoirs sont mieux aérés, que l'ordre physique est mieux observé, que le mélange des détenus présente un aspect moins choquant, que les condamnés à mort n'y sont plus soumis à des outrages, qu'enfin la nourriture est meilleure, les vêtements plus chauds, l'infirmerie moins remplie; mais c'est présisément en raison de ces réformes que les amis de la réforme désespèrent de voir prochainement leurs plans réalisés à Newgate.

Les magistrats de la cité se font les plus étranges illusions sur ce point. Pour eux Newgate est une maison d'arrêt modèle; il n'y a plus rien maintenant à y refaire. *The said gaol has been properly cleansed and lime-whited,* disent-ils dans leur dernier rapport, *and has been kept in good order and condition* (1).

Le comté de Surrey, dont la métropole couvre une portion du territoire, et dont la maison d'arrêt est située dans l'une des rues de la ville de Londres (*Horsemonger-Lane*), a fait de grandes dépenses pour mieux faire que la cité; mais le système des classifications d'après lequel sa maison d'arrêt est construite n'a pour effet que d'isoler pendant la nuit, dans ses 230 cellules, les 230 détenus qui composent la moyenne de sa population: mais cette population, dont le chiffre annuel s'élève à près de 4,000, peut s'élever par jour à plus de 360, et quand le chiffre de 230 est dépassé, les détenus couchent plusieurs dans le même lit ou dans la même cellule. Cependant l'administration du comté a fait tout ce qui était en elle pour construire la prison de manière à éviter le contagieux effet du rapprochement des détenus entre eux. Pour cela, elle a divisé sa maison d'arrêt en 13 quartiers distincts, subdivisés en plusieurs chambres et préaux; mais ces divisions et subdivisions, dont les inspecteurs ont signalé toute l'insuffisance, ne tendent, comme il arrive dans toutes les prisons construites d'après ce système, qu'à mettre plus d'ordre dans le désordre, et cet ordre est un désordre de plus. Aussi le chapelain et le gouverneur de *Horsemonger-Lane* s'accordent-ils à reconnattre, le premier, que les détenus n'y deviennent pas meilleurs, et le second, qu'ils y deviennent pires.

Dans leur troisième rapport, distribué aux deux chambres du parlement par ordre de Sa Majesté, dans le cours du mois de mai 1838, MM. Crawford et Russell insistent de nouveau et avec une nouvelle force sur la nécessité d'appliquer aux *prévenus, avant tous autres,* le principe de la séparation individuelle. Pour faire sentir davantage l'urgence de cette nécessité,

(1) Ce qui atténue les inconvénients de ce déplorable état de choses, c'est l'extrême célérité que la justice de Londres apporte dans l'instruction des affaires criminelles. L'exemple suivant suffira pour en donner une idée:

Le 30 novembre j'assistais à l'audience du bureau de police de Bowstreet. Un nommé Newman, arrêté de l'avant-veille, comparut sous le poids d'une accusation de vol de billets de banque. Après l'audition du plaignant et des témoins, Newman fut renvoyé devant la cour criminelle pour être jugé. Huit jours après, je revis Newman à Newgate. Il y avait quatre jours qu'il était jugé! seulement sa condamnation n'était pas encore prononcée, la cour étant dans l'usage de remettre au dernier jour de chaque session la condamnation de tous les individus *jugés coupables.* — Autre exemple. Le 17 novembre deux enfants volent un gilet dans une boutique. Une heure après ils sont arrêtés, conduits à la station, traduits devant le magistrat. Le magistrat renvoie l'affaire au 22 pour une réexamination. Le 22 des témoins sont entendus et les deux enfants envoyés à Newgate devant la cour. Le 2 décembre ils étaient jugés. Je les ai vus quelques jours après; ils étaient condamnés à trois ans de prison.

En province, la durée des détentions préventives est beaucoup plus longue; c'est ce qui fait le sujet de la pétition que quarante-trois magistrats du comté de Sussex ont adressée à la chambre des lords, et dont le duc de Richmond a été le rapporteur dans la séance du 19 janvier 1838.

ils donnent le tableau suivant du nombre des individus emprisonnés avant condamnation (*untried*), dans le cours de la seule année 1837, dans toutes les prisons de l'Angleterre :

	HOMMES.	FEMMES.
Ce nombre s'est monté à	26,344	7,329
Sur ce nombre, furent renvoyés de la plainte, après emprisonnement pour *réexamination*	4,398	1,806
Acquittés	3,284	798
Bills de *non-lieu*	1,162	374
Défaut de *prosécuteurs*	869	331
TOTAL	9,713	3,309

Tous ces individus étaient innocents devant la loi, et l'on ne peut nier qu'il n'y en eût un certain nombre qui ne le fût réellement.

La durée de leur détention préventive a été notée ainsi qu'il suit :

	HOMMES.	FEMMES.
Au-dessous de quatorze jours	12,230	3,955
De quatorze jours à un mois	5,181	1,367
De un mois à deux	4,505	1,082
De deux mois à trois	2,431	471
De trois mois à six	719	166
De six mois à un an	102	13

« Tel est, disent les inspecteurs anglais, le nombre des individus de tout sexe, de tout âge, de « toute condition, qu'une preuve ou un *soupçon* a fait détenir, plus ou moins longtemps, *avant « jugement*, dant toutes les prisons de l'Angleterre. Il vient naturellement à l'esprit de toute per- « sonne sensée de s'informer du traitement qu'y subissent tant de malheureux; si ce régime auquel « ils sont soumis rend les bons mauvais, les mauvais pires, les pires incorrigibles; et si le tort « que la société se plaint d'en avoir reçu, en dehors de la prison, est plus grand que celui qu'elle « leur cause, dans la prison même. Or, tel est l'effet que produit le mode actuel d'emprisonnement « appliqué aux simples prévenus, dans la plupart des prisons du royaume; nous voulons dire le « système de la vie en commun ; système qui n'a pas seulement pour effet d'associer entre eux des « gens corrompus, mais de forcer à entrer dans cette association une foule de gens dont le germe « d'innocence et de vertu qu'ils ont encore au fond du cœur s'y étouffe, et n'y peut plus renaître. « Et cependant, ce système trouve encore de chauds partisans, comme s'il n'impliquait pas toutes « les injustices, toute la barbarie, toute l'inhumanité qu'ils reprochent à celui qui a précisément « pour but de les faire cesser ! . . . »

§ 3.

MAISONS DE CORRECTION.

(Bridewells.)

Le nom de *Bridewell* (1), donné d'abord par l'usage, est aujourd'hui donné par la loi aux *maisons de correction* destinées à garder enfermés, pendant le temps fixé par la justice, les individus des deux sexes *condamnés* à la peine d'emprisonnement.

J'ai dit que depuis l'acte du parlement, du 25 août 1835, les maisons de correction renfermaient à la fois des condamnés et des prévenus; mais elles renferment plus spécialement, et en bien plus grand nombre, des condamnés.

La métropole contient trois *bridewells* ou maisons de correction, savoir: *Coldbath fields' house of correction*, pour le comté de Middlessex; *Westminster bridewell*, pour la cité de Westminster; et *Bridge street's bridewell* pour la cité de Londres.

Il y a, dans chaque comté, une ou plusieurs maisons de correction selon la population et l'étendue de leur territoire. Par exemple, le comté d'York, dont j'ai déjà fait connaître la maison d'arrêt, est divisé en trois arrondissements (*ridings*). Les villes de Wakefield, de Beverley et de Northallerton sont les chefs-lieux de ces trois arrondissements. Chacun de ces chefs-lieux a une maison de correction pour les condamnés de son ressort.

Indépendamment des maisons d'arrêt communes et des maisons de correction de comté, dont le nombre s'élève à 136, il y a 171 prisons de corporation qui appartiennent aux juridictions locales, et qu'on appelle *prisons de bourgs*.

On distingue en Angleterre la ville (*town*); la cité (*city*); et le bourg (*borough*).

La *ville* ne jouit d'aucun privilége spécial; elle est administrée, comme toutes les autres villes, sous l'empire des lois communes à toutes les villes de comtés. La *cité* et le *bourg* jouissent de priviléges spéciaux déterminés par les chartes qui les leur concèdent. Leur administration est indépendante de l'administration générale du comté. La *cité* et le *bourg* ne diffèrent que par l'importance de leur population.

J'ai fait connaître ci-dessus les prisons de la *cité* de Londres. Quant aux prisons des *bourgs*, on peut se reporter aux détails que contient à leur sujet ma traduction des documents anglais, pages 175 et suivantes.

Je parlerai, dans les chapitres suivants, du régime de ces prisons, en parlant de la discipline des maisons de correction de comté.

Toutes les maisons de correction de comté sont construites d'après le système des classifications, à l'exception de celle de Glasgow, en Écosse, qui seule, dans le Royaume-Uni, est établie d'après le système de la séparation individuelle.

(1) Ce nom vient de l'endroit appelé *St Bridget's well* (puits de Sainte-Brigitte), près duquel est situé un établissement de bienfaisance dont le genre de construction se rapproche beaucoup d'une maison de correction moderne. C'est ainsi qu'on a donné en France le nom de *Bicêtre* à la prison construite près de l'ancien château de *Winchestre*, et que le nom de *Bicêtre* est passé, dans la langue de Molière, comme synonyme de prison. Il en est de même des noms de *Newgate*, de *la Force*, etc.

Coldbath-Fields.

Cette prison, la plus vaste et la plus importante du royaume, pour les détenus criminels, se compose de 25 quartiers distincts, indépendamment des 4 quartiers réservés pour les malades; de 28 cours ou préaux; de 24 chambres de jour et réfectoires, et de 520 cellules de nuit, réparties dans les divers étages et quartiers de la maison. Voici la dernière statistique officielle qui a été publiée sur sa population :

1° Nombre des détenus que la maison peut contenir, la nuit, dans des cellules séparées		520
2° Nombre des détenus que la prison peut contenir, autrement que dans des cellules séparées		1,150
3° Nombre total des prisonniers le jour de la Saint-Michel dernier		953
4° Nombre des *misdemeanors*	Hommes	555
	Femmes	177
5° Nombre des *félons*	Hommes	137
	Femmes	84
6° Nombre des détenus emprisonnés dans le cours de l'année		7,931
7° Nombre de *condamnés*	Hommes	266
	Femmes	100
8° Nombre de *prévenus*	Hommes	426
	Femmes	161
9° Nombre de prisonniers au-dessus de 17 ans.	Hommes	600
	Femmes	249
10° Nombre de prisonniers au-dessous de 17 ans.	Garçons	92
	Filles	12
11° Chiffre le plus élevé des prisonniers séjournant à la fois		1,105
12° Nombre des récidives	Pour la 1re fois	1,490
	Pour la 2e	472
	Pour la 3e	121
	Pour la 4e et plus	612
13° Nombre des prisonniers employés	au travail forcé	810
	au travail non forcé	111
14° Punitions	Fouet	9
	Fers	4
	Confinement solitaire	3,232
	Autres punitions	8,760
15° Nombre des malades	dans le cours de l'année	617
	à la fois	23
16° Décédés		23

Assurément tout ce qu'une bonne discipline peut faire est accompli chaque jour dans cette prison; mais la meilleure discipline du monde ne peut rien contre des vices de construction ou de système, et si l'administration de Coldbath-Fields était confiée à des mains moins habiles et moins fermes que celles du gouverneur actuel, M. Chesterton, ces vices déborderaient de toutes parts, et les règles de la maison seraient une digue impuissante pour en arrêter les ravages.

Westminster Bridewell.

Si la prison de Coldbath-Fields est la plus vaste, celle de Westminster est sans contredit [illegible] plus magnifique qui soit dans le Royaume-Uni (voir n° 1 des plans); mais ni la grandeur [illegible] beauté d'une prison n'en constituent l'excellence, et ce n'est pas parce que tout est fer [illegible] granit dans les constructions de ce bridewell superbe, que tout y est réforme et discipline [illegible] son régime intérieur. Le comité de surveillance était assemblé le jour que je le visitai; j'eus [illegible] plusieurs de ses membres une longue conversation au sujet de ce monument, qui a coûté au [illegible] de Middlessex la somme énorme de 200,000 livres sterling.

M. Tulck, président de la commission et l'un des magistrats les plus distingués de la [illegible] de Westminster, reconnut avec moi que les 20 divisions de la prison, que ses 24 préaux, [illegible] 44 chambres de jour, que ses deux tread-wheels, etc., etc. ne pouvaient avoir d'autre résultat [illegible] de grouper les vices par catégories, et de les mélanger seulement par nature. M. Tulck [illegible] que le seul moyen efficace d'arrêter les ravages de la contagion des prisons est de poser [illegible] barrière complète entre chaque détenu, et de les préserver tous de leur contact mutuel, en [illegible] parant tous individuellement. C'est aussi l'avis du gouverneur du bridewell, lequel est entré [illegible] fonctions en même temps que la prison a été ouverte, et qui s'est convaincu de ses vices [illegible] l'expérience qu'il en fait journellement.

Wakefield.

La maison de correction de Wakefield, construite à deux époques différentes sur un [illegible] offre le mélange des plans circulaires, parallèles, et rayonnants, est la première prison en [illegible] terre qui ait fait l'essai du système du silence; mais cet essai a été aussi malheureux là [illegible] et l'administration en a tellement senti l'inutilité, qu'elle a imaginé, pour isoler les travailleurs, [illegible] construire de petits ateliers séparés, où chacun d'eux se trouve isolé, au moyen de [illegible] 6 à 7 pieds de haut. Mais on comprend combien ces cloisons sont insuffisantes pour [illegible] toute communication entre les détenus. Au surplus, l'obstacle momentané qu'elles [illegible] libre cours de leurs conversations ne rend pour eux que plus impétueux et plus [illegible] besoin de se dédommager de cette privation lorsqu'ils se retrouvent et qu'ils se rencontrent, [illegible] autre entrave que celle du silence, dans les autres parties de la maison. L'occasion [illegible] souvent offerte, non-seulement dans les chambres de jour, dans les préaux ou au tread-[illegible] encore dans les cellules de nuit. Aussi, malgré la rigueur avec laquelle sont maintenues [illegible] diciplinaires de la maison, le chiffre des punitions constate que ces règles sont souvent [illegible]

Manchester.

Il est une autre prison de comté qui a coûté des sommes énormes à construire, et qui [illegible] maintenant des efforts superflus à diriger : c'est le *New-Bailey* de Salford, à Manchester, [illegible] le Lancashire. Cette prison, bâtie sur les plans d'Howard, constitue la machine la plus [illegible] quée qui se puisse imaginer. C'est un amas de fer, de bois et de briques, tellement [illegible] ment confus, que les murs prennent toute la place du vaste terrain qu'ils couvrent, et [illegible] en laissent le moins possible aux détenus. J'aurais voulu, Monsieur le Ministre, [illegible]

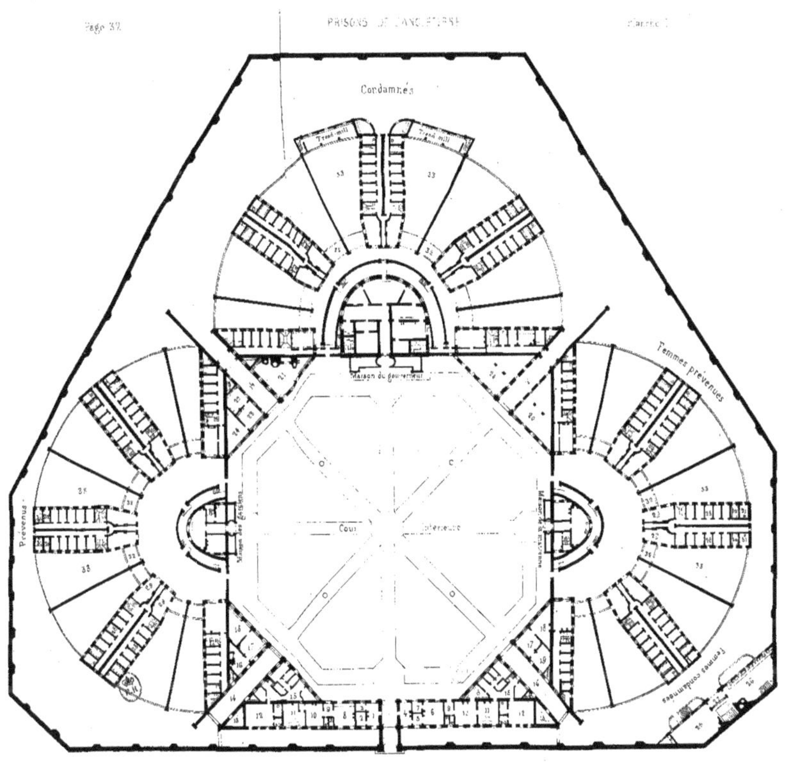

PRISON DE WESTMINSTER

joindre à mon rapport le plan de cette bastille pénitentiaire; mais je n'ai pu en prendre que le croquis sur les lieux, et ce croquis ne pourrait vous en donner qu'une faible idée. Il n'y a pas moins de 24 divisions pour établir, dans la prison, les classifications commandées par la différence des sexes, des âges et des natures de délits, etc. Il y a aussi 24 chambres de jour, 24 préaux, 150 chambres de travail, 4 tread-mills, une chapelle à compartiments et 522 cellules de nuit. Mais, dans cette prison comme dans toutes celles que j'ai visitées en Angleterre, le chiffre de la population dépasse toujours celui des cellules; de sorte que, la plupart du temps, les détenus sont forcés de coucher deux ou plusieurs dans le même lit, ou du moins dans la même cellule. Alors, on peut imaginer les désordres qui naissent d'un tel ordre de choses, et à quoi aboutissent dans cette prison les rêves vertueux de son fondateur. L'une des choses qui m'ont le plus frappé dans le cours de ma visite, c'est la quantité prodigieuse de menottes, de manilles, de chaînes de toutes sortes, qui sont appendues menaçantes dans une des chambres du greffe. La pièce la plus curieuse et la plus significative qui soit dans cet arsenal disciplinaire, est un *instrument de silence*, consistant en plusieurs bandes de fer circulaires enserrant la tête du coupable depuis la nuque jusqu'au front, et reliées entre elles par une autre bande de fer qui se partage en deux pour donner passage au nez, et qui se termine au-dessous par une langue de fer recourbée entrant dans la bouche jusqu'au palais. Le vieux guichetier qui me fit voir ce baillon, de manière à me faire comprendre qu'il l'avait vu fonctionner plus d'une fois, me dit, en souriant, que ce n'était que pour les femmes. Est-ce que l'on s'en sert encore, demandai-je? *Very few* (très-peu), répondit le vieux guichetier. *Never* (jamais)! se hâta de reprendre le greffier...... Jamais! ce serait affreux de ne pas le croire.

Liverpool.

J'ai vu dans la maison de correction de Liverpool un semblable appareil de fers et de chaînes, moins la langue de fer, toutefois. J'ai vu deux jeunes gens, enfermés chacun dans une cellule solitaire, et portant aux pieds des *entraves* de fer, et aux mains de longs anneaux de fer qui se rattachaient aux *entraves*. Ces deux détenus s'étaient rendus coupables, l'un d'avoir causé, l'autre d'avoir sali les lieux d'aisance : 21 détenus ont été mis aux fers, l'année dernière, pour des contraventions de cette nature. La prison est construite sur le plan de la maison d'arrêt d'York. (Voyez Appendice, plans n° 6.) Les prévenus sont séparés des condamnés, et les jeunes gens au-dessous de seize ans, des adultes. La chapelle présente autant de compartiments qu'il y a de quartiers distincts dans la prison. La prison est parfaitement tenue, et si l'ordre physique impliquait nécessairement l'ordre moral, je dirais : l'ordre moral est là. Mais le député-gouverneur, qui m'a accompagné dans ma visite, a acquis, par une expérience de plusieurs années, la conviction de l'insuffisance et même du danger du système des classifications, même quand ce système a pour appui la loi du silence, loi enfreinte chaque jour de mille manières. Cette conviction, il me l'a exprimée en termes non douteux, en me déclarant que, selon lui, pour empêcher le crime d'engendrer le crime, il fallait indispensablement empêcher le criminel de communiquer avec le criminel, et que pour cela il ne connaissait qu'un moyen, c'était de les séparer tous les uns des autres, aussi bien le jour que la nuit : c'est aussi l'avis du chapelain.

Je prendrai occasion de tout ce que je viens de dire pour rappeler ici, en passant, que le nombre toujours croissant des crimes, en Angleterre, entraîne après lui un chiffre toujours croissant de dépenses; ce qui démontre arithmétiquement aux comtés que le système qui produit de tels résultats est aussi immoral que ruineux, et qu'il est aussi économique que moral d'en adopter un meilleur au plus vite. Il résulte du rapport des commissaires chargés de faire une enquête sur les taxes des comtés en 1836, qu'en 1834 le tiers du revenu des comtés fut exclusivement consacré à couvrir les dépenses des prisons de comté, et que, de 1792 à 1832, ces dépenses ont augmenté de 178 pour 100; celles de l'entretien des détenus de 218 pour 100; enfin celles du tranférement des prisonniers de 525 pour 100. Ces chiffres sont significatifs, et si l'on s'obstine à ne pas les comprendre, c'est plutôt faute d'être connus que d'être clairs.

§ 4.

MAISONS PÉNITENTIAIRES.

(Penitentiary houses.)

Depuis que le principe pénitentiaire a pris rang dans la législation pénale et dans la discipline des prisons de plusieurs états modernes, le nom en a été adopté en France comme l'expression collective de toutes les réformes qu'appelle le régime actuel de nos prisons. Ainsi entendu, l'adjectif *pénitentiaire* reçoit un sens que son étymologie lui refuse; car il signifie, dans son sens propre, réforme fondée sur le *repentir*. Le repentir du coupable n'est que l'effet possible de la peine; mais il n'en est pas le but légal. Voilà pourquoi les Anglais n'emploient le mot *penitentiary* que dans son sens restreint de *pénitence* ou de *repentir;* et quand il s'agit, dans leurs lois, de toute autre réforme de prison que de celle qui a le repentir pour principe, ils se servent du mot spécial qui la désigne, ou du mot générique qui les embrasse toutes, *discipline des prisons*. Chez les Anglais, la peine d'emprisonnement n'est point une peine *pénitentiaire,* c'est tout simplement une peine *répressive,* ayant pour but d'infliger au coupable le *châtiment* qu'il a encouru, et de tirer de ce châtiment une leçon sévère pour lui-même et un exemple pour ceux qui seraient tentés de l'imiter. Quant à la contrition qui fait naître en l'âme du coupable le repentir ou la détestation de sa faute, la législation anglaise ne s'en préoccupe pas; et en effet, les emprisonnements à courtes durées qu'elle prononce, et que les juges infligent dans le plus grand nombre des cas (voir ci-dessus, page 8), ne permettent pas de supposer qu'elle ait eu autre chose en vue que d'infliger par là aux délinquants une peine proportionnée à leurs offenses. Quant aux délits plus graves, la loi les punit de la mort ou de la déportation, et il n'y a rien de pénitentiaire dans l'une ou l'autre de ces peines; tout y est pour l'exemple, et pour préserver la société du retour de crimes pareils, tant par l'extirpation de son sein de l'être nuisible qui s'en est rendu coupable, que par la terreur que ce châtiment doit inspirer aux âmes perverses que l'impunité ou un châtiment plus doux pourrait encourager à commettre des crimes nouveaux.

Toutefois, le parlement anglais n'a pas voulu rejeter entièrement la pensée qu'un criminel ne pût redevenir honnête homme. Il a donc admis le principe pénitentiaire dans ses lois pénales, mais il ne l'a admis que comme principe accessoire et non comme base fondamentale de toute peine d'emprisonnement.

Il n'y a qu'un seul pénitencier en Angleterre, celui de Milbank (1), et un autre pénitencier projeté, celui des *jeunes délinquants*.

PÉNITENCIER DE MILBANK.

(General penitentiary.)

Le premier acte du parlement où il soit question de prisons pénitentiaires, est l'acte rendu dans la 19e année du règne de Georges III (1776), à l'effet d'instituer une commission de trois personnes pour acheter le terrain et proposer les bases, dans l'un des comtés de Middlessex, Essex, Kent ou Surrey, de deux maisons pénitentiaires (*penitentiary houses*), l'une pour les hommes et l'autre pour les femmes, dans le but de convertir en *emprisonnement solitaire* la peine de la déportation prononcée contre certains condamnés, et de faire servir cet emprisonnement, accompagné de travaux industriels et d'instructions religieuses, non-seulement à l'intimidation des individus qui seraient tentés de devenir criminels, mais encore à l'amélioration morale des condamnés.

Le comité institué par cet acte, et dont le célèbre Howard faisait partie, n'ayant pu remplir le but de sa mission, un second acte fut promulgué dans le même but, dans la 36e année du règne du même roi (7 juin 1794); mais Jérémie Bentham, qui avait fait adopter par le gouvernement son plan panoptique pour l'érection de l'un des pénitenciers, ayant voulu, dit-on, être tout à la fois le chef de la prison, l'entrepreneur et le directeur de la régénération morale des prisonniers, l'acquisition que le gouvernement avait faite d'un terrain *ad hoc* resta sans emploi jusqu'en 1812 (52 Georg. III, c. 44), époque à laquelle un nouvel acte du parlement prescrivit l'érection d'un *pénitencier central* sur l'emplacement précédemment acquis dans le quartier de Westminster, sur la rive gauche de la Tamise. C'est le *general penitentiary* de Milbank. Les travaux de construction commencèrent en 1815, et, dès le mois de juin 1816, on logea des prisonniers dans le premier des six pentagones dont se compose l'établissement; les cinq autres ne furent achevés et occupés qu'en 1822, époque à laquelle la prison, qui avait coûté la somme énorme de 788,000 livres sterling (2) [19,700,000 francs de notre monnaie, à raison de 25 francs la livre sterling], se trouva en état de recevoir 1,000 prisonniers, dont les deux cinquièmes étaient des femmes; mais, au mois de février 1823, éclata la contagion qui fit tant de bruit dans le temps, et dont les véritables causes sont encore si peu connues. Elle eut pour résultat l'éloignement des prisonniers, et ce ne fut qu'en 1825, après avoir fait subir à la construction de nombreux changements, qu'on repeupla l'établissement de détenus pour la plupart nouveaux.

Depuis, le pénitencier de Milbank n'a eu à subir d'autre accident que l'incendie qui brûla, en 1835, au mois d'octobre, le troisième étage de deux pentagones (le 3e et le 4e), désastre que l'on a réparé récemment, au grand avantage de la discipline de la prison.

Le pénitencier de Milbank est, à ma connaissance, la seule prison d'Angleterre qui présente,

(1) Je ne mentionne pas ici le pénitencier de Gloucester, attendu qu'il n'est plus aujourd'hui qu'une maison de correction (voir ci-après chapitre IV). Je ne mentionne pas non plus la prison de Maidstone, qu'on a citée à tort comme un pénitencier, attendu que c'est une simple maison de correction, et l'une des plus vicieuses de l'Angleterre, bien qu'elle ait coûté très-cher (voir ma traduction des rapports anglais, pages 148, 154, 155, 160).

(2) Je trouve ce chiffre dans les *Leçons* du docteur Julius, t. II, pape 47. M. Holford, dans son ouvrage sur le pénitencier de Milbank, ne le porte qu'à 458,000 livres (page 26).

dans son régime intérieur, la réunion des deux systèmes combinés de la classification et de la séparation individuelle.

Ainsi qu'on peut le voir par le plan ci-joint (n° 3), le pénitencier forme un hexagone, contenant six pentagones qui constituent autant de quartiers séparés, garnis de 18 tours comme des châteaux forts, et partagés en deux étages, non compris le rez-de-chaussée. Les cellules sont rangées à la circonférence de chaque pentagone d'après le plan circulaire, plan qui offre beaucoup moins d'avantages pour la surveillance que le plan rayonnant. Le tout est environné d'une muraille d'enceinte de forme octogone, laquelle s'élève à 18 pieds au-dessus du sol. Autour de cette muraille se trouve un fossé d'environ 10 pieds de profondeur qu'alimentent, par une écluse, les eaux de la Tamise. Ce vaste établissement ne couvre pas moins de 16 acres de terrain. La surveillance s'exerce à Milbank au moyen d'une tour d'observation élevée dans chaque quartier. Chaque quartier ou pentagone est divisé en cinq cours ou préaux. Ces cinq cours sont fermées par des murs de séparation qui, partant du milieu de chaque côté du pentagone, se dirigent en forme de rayons vers la tour du centre et vont aboutir à des grilles de fer placées à l'extrémité qui s'en rapproche le plus : chacune des 30 cours obtenues par ce moyen occupe une surface de 70 pieds carrés. Au centre du 5ᵉ et du 6ᵉ pentagone se trouvent des moulins à bras, qui servaient autrefois à moudre le blé nécessaire à la consommation de la maison. Dans le 1ᵉʳ et le 2ᵉ pentagone se trouvent deux autres moulins à bras, qui servent à monter de l'eau dans les différents réservoirs de la prison : on peut y occuper de 16 à 32 détenus.

Des cinq côtés dont se compose chaque pentagone, quatre servent au logement des prisonniers; le cinquième qui contribue à former l'hexagone du centre, est destiné au logement du gouverneur, du chapelain, du chirurgien et de plusieurs autres employés, ainsi qu'aux différents services économiques de la prison, tels que les magasins de l'économe, les magasins du directeur des travaux, la boulangerie, etc., etc. La buanderie ayant causé l'incendie de 1835 a été supprimée; le linge de la maison est donné à blanchir à un entrepreneur, comme celui des prisons de Paris. Au milieu de l'hexagone du centre s'élève la chapelle. La chapelle a autant de divisions séparées qu'il y a de pentagones; les femmes occupent le haut et les hommes le bas. Le gouverneur et les principaux employés ont des bancs réservés aux deux côtés de l'autel. Un surveillant est attaché à chaque pentagone; il a le dos tourné contre l'autel et les yeux toujours fixés sur les détenus.

Chaque détenu couche, mange et travaille dans une cellule solitaire. Cette cellule est figurée sous le n° 4 des plans.

Mais les détenus d'une même catégorie se réunissent deux fois par jour dans la cour qui leur est assignée pour la promenade : cette promenade a lieu en silence. Elle consiste en marches et contre-marches que les détenus font à la suite l'un de l'autre, sous la surveillance d'un gardien.

Nous avons vu qu'ils se réunissent aussi à la chapelle.

Ils se réunissent pareillement à l'école, à la machine à pomper de l'eau, dans les corridors de passage, dans les lieux où on se lave les mains, etc., etc.

Ces réunions, quoique momentanées et soumises aux lois d'une discipline sévère, n'en ont pas moins pour résultat d'établir entre les détenus des relations dangereuses, sinon pendant la durée de la peine, au moins pour l'époque de leur mise en liberté. Aussi je ne doute pas que le peu de fruit qu'on a retiré jusqu'à ce jour de cette institution ne doive être attribué,

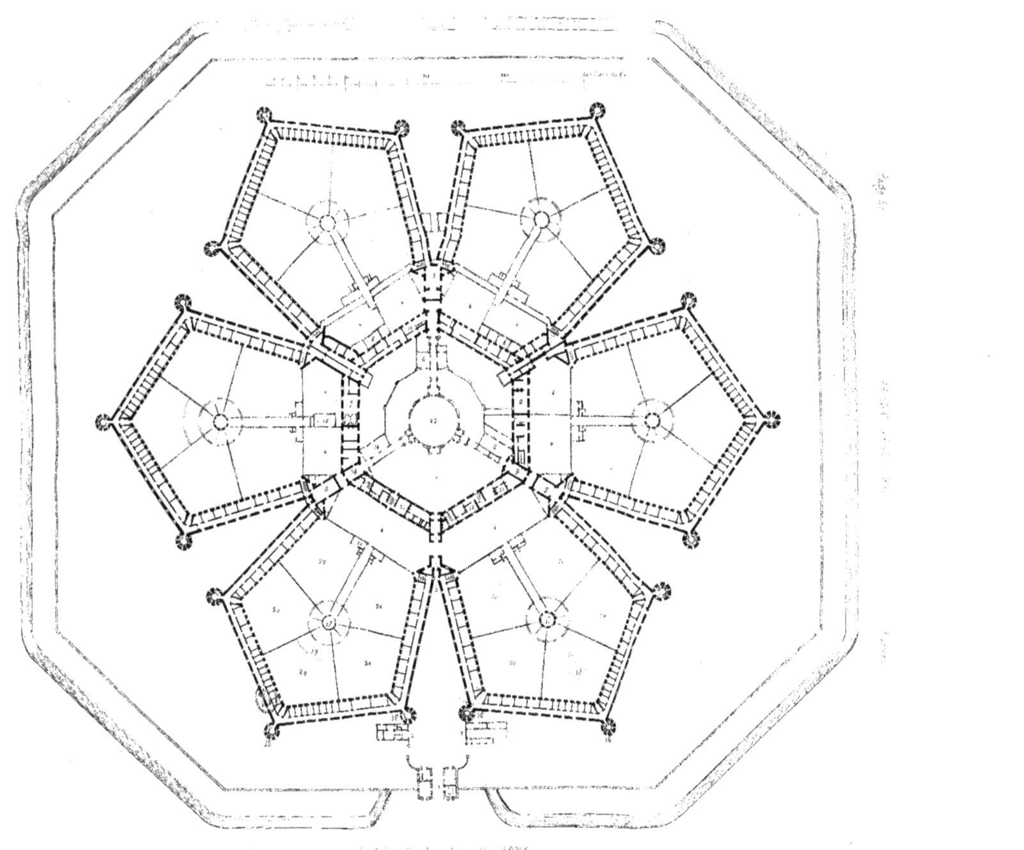

en majeure partie, aux vices que le pénitencier a de commun avec les maisons de correction ordinaires.

Le pénitencier de Milbank reçoit les individus des deux sexes, condamnés à la déportation, dont la peine a été commuée à cet effet. L'acte du parlement de la dix-neuvième année de Georges III portait que l'on n'admettrait dans le pénitencier, alors projeté, que ceux des condamnés à la déportation qui y auraient été envoyés par l'ordre ou la sentence même de la cour. Mais comme le nombre des places disponibles dans le pénitencier était nécessairement inconnu des magistrats des divers comtés, lesquels, du reste, ne pouvaient être à même de connaître les antécédents des condamnés, on ne tarda pas à reconnaître l'impraticabilité de cette disposition, et le parlement décida, par un autre acte de la cinquante-sixième année du règne du même roi, que ce serait la couronne qui déterminerait seule dans quel cas et pour quelles causes tel ou tel condamné à la déportation subirait sa peine dans le pénitencier. Un troisième acte de la septième année de Guillaume IV (8 juin 1837) modifie les dispositions du précédent, en ce qui touche le mode et l'étendue de la commutation, et décide qu'à l'avenir « il sera loisible à Sa Majesté, sur « un ordre écrit du secrétaire d'état, d'ordonner que toute personne qui peut se trouver sous le « poids d'un ordre ou d'une sentence de déportation, pour une offense commise dans la partie du « Royaume-Uni appelée Angleterre et pays de Galles, et qui, ayant été examinée, par un expéri- « menté chirurgien ou apothicaire, paraîtra exempte de toute maladie putride ou contagieuse, et « capable d'être extraite sans inconvénient de la maison d'arrêt ou de correction dans laquelle « cette personne peut être emprisonnée, sera transférée dans ledit pénitencier, pour y rester, sa- « voir : pendant trois ans, si la sentence de déportation est pour sept ans seulement; pendant « quatre ans, si la sentence est pour quatorze ans; et pendant cinq ans, si la sentence est pour « la vie : le tout à partir du jour de la condamnation. »

Le même acte fait réserve du droit de grâce, droit que Sa Majesté peut exercer sans avoir besoin de la recommandation du comité de surveillance, comme ci-devant. Sa Majesté peut aussi réordonner la déportation du condamné commué, s'il se conduit mal dans le pénitencier, avant d'avoir subi la moitié de sa peine.

Enfin le même acte rapporte la disposition de l'acte précédent qui divisait les condamnés du pénitencier en deux classes, dont l'une comprenait les *nouveaux venus,* qu'on tenait dans l'isolement, et l'autre les *éprouvés,* auxquels on permettait de travailler ensemble le jour.

Aujourd'hui tous les détenus, anciens ou nouveaux, hommes ou femmes, sont soumis à la même règle, et les ateliers communs, convertis en cellules, ont porté le nombre total des cellules à 1,200 : auparavant il n'était que de 1,000 (V. le plan n° 3 [1]).

Je ferai connaître, dans le chapitre suivant, les autres parties du régime intérieur du pénitencier de Milbank.

PÉNITENCIER DE JEUNES DÉTENUS.

(Reformatory for juvenile offenders.)

Lorsqu'on parcourt les tables de criminalité que le gouvernement anglais publie depuis quelques années, on est péniblement affecté de voir le nombre véritablement effrayant des

(1) Les ateliers qui étaient au rez de chaussée figurent encore sur le plan : chacun d'eux contenait cinq ou six détenus.

jeunes gens, et même des enfants qui y figurent, surtout lorsqu'on vient à penser qu'un nombre égal, ou supérieur peut-être, échappe à la mise en accusation, et est jugé seulement par la juridiction sommaire des juges de paix. Le docteur Lushington, dans un rapport présenté à la Chambre des communes, porte à plus de 8,000 le nombre de jeunes criminels âgés de moins de dix-sept ans qui résident dans la métropole (1).

Un autre spectacle afflige profondément, lorsqu'on assiste aux audiences d'une cour d'assises anglaise, et qu'on voit assis sur les bancs des criminels, au milieu de scélérats vieillis dans le vice, de jeunes enfants de dix à douze ans, qui paraissent là pour une première faute, et pour le jugement desquels on ne fait aucune exception. On peut être *felon* à sept ans, conséquemment on peut être pendu à cet âge. Blacstone rapporte que, de son temps, le jury a condamné à mort des enfants de huit ans qui ont été exécutés. J'en ai vu de cet âge condamnés à la déportation!...

Ce qui afflige le plus encore, lorsqu'on visite les maisons d'arrêt et les maisons de correction de l'Angleterre, c'est de voir confondus, dans une cour commune, les enfants avec les hommes faits. Il est vrai que, dans plusieurs de ces prisons, les enfants ont une cour à part; mais cette division est loin d'exister partout, et quand elle existe, ce sont de vieux condamnés qu'on leur donne pour surveillants et pour précepteurs : cet enseignement affreux existe surtout à Newgate; je l'ai vu aussi pratiqué dans la prison de Liverpool. A Liverpool les enfants sont assujettis à des exercices militaires et de vaisseau, qui sont vraiment curieux, et que j'ai admirés pendant plus d'une heure. Mais la réforme morale n'est pas là, surtout quand le maître est un vétéran de Milbank ou de Bontany-Bay.

Les abus qui résultent d'un tel état de choses préoccupent depuis longtemps le gouvernement anglais.

L'honorable lord John Russell, dont le nom est pour toujours attaché à la réforme des prisons, a voulu surtout qu'on effectuât sans délai, et pour ainsi dire d'un seul coup, la réforme judiciaire et la réforme pénitentiaire, en ce qui touche les jeunes délinquants.

Pour cela, il a fait deux choses qui témoignent hautement de sa sollicitude et de sa sagesse.

Le 23 novembre 1836, il fit nommer par le Roi une commission de cinq membres à l'effet de donner leur avis, après enquête faite et informations prises, sur la question de savoir s'il convenait d'établir une différence entre les jeunes criminels et les adultes, quant à la manière de procéder contre eux en justice, et d'indiquer les moyens à prendre pour arriver à ce résultat. Quelques mois auparavant, le ministre de l'intérieur avait chargé M. Bullar, architecte, de lui soumettre un plan et un devis pour l'établissement d'un pénitencier de jeunes délinquants.

La commission nommée a adressé son rapport au Roi le 10 mars 1837, et je ne doute pas que ce rapport ne fasse l'objet d'un bill dans la présente session du parlement.

L'opinion de la commission est qu'il n'y a d'autre distinction à apporter entre les adultes et les jeunes délinquants, en ce qui touche la procédure criminelle à suivre contre eux, que d'étendre le cercle des *summary convictions,* et par suite la juridiction des juges de paix.

Bien que cette opinion, si elle est adoptée, doive avoir pour résultat de soustraire une partie

(1) Il résulte des tableaux statistiques annexés au troisième rapport des inspecteurs anglais que, dans le cours de l'année 1837, le nombre de jeunes délinquants, détenus dans les diverses prisons de l'Angleterre, a été de 1,196 âgés de moins de douze ans, de 2,465 âgés de douze ans et de moins de quatorze, enfin de 8,332 âgés de quatorze à dix-sept ans. Le nombre de jeunes délinquants détenus à la fois dans les prisons de la métropole, dans le cours de la même année, s'est élevé à plus de 3,000.

des jeunes délinquants à la contamination des prisons préventives, cependant le danger sera le même pour ceux d'entre eux qui ne se trouvent pas dans la catégorie voulue. Et puis les stations de police, qui serviront, dans les cas prévus par la commission, de maisons d'arrêt aux *police-offices* des magistrats, présentent, dans leur régime actuel, des vices de telle nature que les enfants qui y séjournent s'y dépravent nécessairement. Il faut donc, quelque manière de procéder qu'on adopte pour les faire passer en jugement, que les prisons préventives dans lesquelles sont déposés les jeunes délinquants soient construites et disposées de telle sorte qu'on n'ait jamais à craindre qu'ils puissent communiquer entre eux ou avec les autres détenus.

C'est à cette condition seulement qu'on pourra tirer quelque fruit de l'établissement du pénitencier dont j'ai à parler maintenant.

J'ai dit que l'architecte Bullar avait été chargé, au commencement de 1835, de dresser le plan de ce pénitencier.

L'architecte a en effet présenté plusieurs projets au secrétaire d'état de l'intérieur, mais ces projets ayant été soumis à l'examen des inspecteurs des prisons, MM. Russell et Crawford en démontrèrent l'inapplicabilité et l'insuffisance, et, d'après leur avis, le même architecte dressa un autre plan qui fut approuvé et mis immédiatement à exécution.

Copie de ce plan est joint à ce rapport (n° 5).

La prison qu'il concerne est en ce moment en construction, et l'on espère qu'elle sera achevée et qu'elle pourra être définitivement occupée avant le mois de janvier 1839.

Elle est destinée à recevoir 320 enfants, dont 200 de douze ans et au-dessus, et 120 au-dessous de cet âge.

C'est un essai qu'on veut faire; s'il réussit, on construira de semblables pénitenciers partout où le besoin s'en fera sentir.

On a commencé par la capitale; mais ce sera bien peu qu'un pénitencier de 320 enfants, lorsque plus de 3,000 de ces malheureux séjournent à la fois dans les prisons de la métropole!..

L'établissement est situé dans l'île de Wight, non loin de Porthsmouth, en un lieu appelé *Parkhurst.*

Les inspecteurs ne le désignent point sous le nom de *pénitencier* dans leur dernier rapport; ils l'appellent *Parkhurst reformatory.*

Voici en quels termes ils expliquent le but de cette nouvelle institution :

« La discipline du *reformatory* consistera dans un système vigilant de surveillance personnelle, « d'instruction morale, de devoirs religieux, et d'occupations industrielles de diverses sortes. Il « y a toutes facilités pour employer les enfants comme tailleurs, cordonniers, cordiers, relieurs, « menuisiers, et aussi comme agriculteurs. Quatre-vingts acres de terre sont annexés à la prison, « pour que les enfants puissent être employés à leur culture. Comme on a l'intention d'encourager « les enfants à émigrer dans nos colonies à l'expiration de leur peine, il devient indispensable de « leur enseigner tout ce qu'ils doivent savoir pour pouvoir se placer comme garçons de ferme ou « laboureurs. En même temps que l'établissement se distinguera d'abord par son caractère pénal, « il aura pour objet d'appeler les soins les plus attentifs sur la santé, sur la moralité, et sur le

« bien-être des jeunes détenus. Ce ne sera pas, dans le sens injurieux du mot, une prison, mais « ce sera une maison de correction et de réformation tout à la fois, où les éléments de la peine « seront combinés avec les récréations et les exercices du jeune âge. »

Comme on le voit par le plan, le pénitencier des jeunes détenus n'est point établi d'après le système de la séparation individuelle, mais il n'en faut rien induire de défavorable à ce système. C'est sur la proposition de MM. Crawford et Russell, inspecteurs des prisons pour le district de l'intérieur, que ce pénitencier a été construit, et MM. Crawford et Russell sont les premiers propagateurs en Angleterre du système de la séparation. Si donc le pénitencier des jeunes détenus est établi sur le système contraire, c'est que les inspecteurs ont jugé, et que le ministre de l'intérieur a pensé comme eux, qu'il y a une grande différence, quant au mode de discipline à adopter, entre de jeunes criminels et des adultes. Assurément, si la réforme peut être tentée avec chance ou espoir de succès, c'est sur de jeunes âmes que le vice a pu flétrir déjà, mais qu'il n'a pu entièrement corrompre. Pour opérer cette réforme, il faut mettre surtout en jeu le ressort de l'amour-propre et de l'émulation; c'est le seul qui réussisse dans les écoles; c'est le seul qui puisse réussir dans le pénitencier des jeunes détenus. Le système de la vie en commun, le jour, avec séparation cellulaire la nuit, semble le meilleur qui puisse être appliqué dans ce but. Londres a donc sagement fait d'imiter Paris sous ce rapport.

§ 5.

PONTONS.

(Hulks.)

Un ponton est un vaisseau démâté, dans lequel sont enfermés, en attendant leur transfèrement, les individus condamnés à la peine de la déportation.

L'emprisonnement sur les pontons n'est donc pas, à proprement parler, une peine; c'est un dépôt provisoire, et un intermédiaire obligé entre la cour d'assises et la colonie pénale. C'est à ce titre seulement que l'usage en est admis, par plusieurs lois encore en vigueur, rendues sous le règne de Georges III, et dont la dernière est datée de la 46e année de son règne, chapitre XXVIII.

Il n'y a plus aujourd'hui, en Angleterre, que trois stations de pontons :

La première, située près de l'arsenal de Woolwich, à quelques milles de Londres, se compose de deux pontons, dont le plus grand (*Justicia*) est de 44 canons, et peut contenir jusqu'à 600 prisonniers.

La seconde, située au port de Chatham, se compose d'un ponton de 80 canons (*Fortitude*), qui peut contenir jusqu'à 900 prisonniers, et d'un autre ponton de 36 canons (*l'Euryale*), destiné spécialement aux jeunes déportés.

La troisième, située à Portsmouth, se compose de deux pontons de 72, pouvant contenir chacun plus de 700 détenus.

A chacune de ces stations est attaché un ponton séparé, servant d'infirmerie pour les malades.

Chaque ponton se compose de deux ou trois étages, selon l'étendue du vaisseau; et chaque étage est divisé en deux rangées de chambres ou de cellules partagées par un corridor.

Chaque chambre est éclairée par une ou deux fenêtres grillées donnant sur la mer, et ventilée par les cloisons à claire voie qui les séparent du corridor.

Une chambre peut contenir de huit à douze détenus, suivant son étendue.

La même chambre sert de réfectoire et de dortoir aux détenus qui l'occupent.

A cet effet chaque chambre contient un certain nombre de tables-bancs, sur lesquelles les détenus prennent leurs repas en commun, et un certain nombre de hamacs, dans lesquels ils couchent séparément. Les hamacs sont ordinairement décrochés pendant le jour, et déposés dans une chambre spéciale, d'où on les retire chaque soir à l'heure du coucher.

Dans quelques pontons il y a une chapelle dans laquelle les détenus se réunissent, le dimanche, pour assister à l'office divin, et entendre des instructions morales et religieuses.

Dans le ponton *l'Euryale*, il y a une école où l'on apprend à lire et à écrire aux jeunes condamnés.

Dans le principe on avait pensé qu'il était inutile d'établir aucune distinction parmi eux. Mais l'expérience a démontré que les jeunes gens ont besoin d'une classification encore plus sévère que les autres prisonniers.

Aujourd'hui les jeunes condamnés sont séparés en douze divisions, et l'on en admettrait un plus grand nombre, si le bâtiment qui leur est affecté était plus vaste.

Mais, quelque soin qu'on prenne de leur moralisation, la détention des jeunes détenus sur les pontons ne produit sur eux aucun effet salutaire et durable. « Il m'est triste d'avouer, écrit « M. Capper, inspecteur général des pontons de l'Angleterre, que leur détention ne produit pas « sur eux beaucoup d'effet; car sur 10 d'entre eux qui ont été graciés, 8 ont repris leurs an- « ciennes habitudes, et ceux-là sont, pour la plupart, des enfants qui avaient encore des parents « pour les recevoir. »

Dans les pontons affectés aux adultes, le nombre des divisions dépend de la forme du bâtiment. Un vaisseau de 74 admet quarante divisions, qui sont graduées d'après la nature du crime, et, autant que possible, d'après le caractère individuel des condamnés.

Pendant le jour les adultes sont occupés aux divers travaux des chantiers, sous les ordres du département de l'artillerie. Ils sont aussi occupés à peindre les vaisseaux dans le port, à mettre le lest dans les vaisseaux et à l'en extraire, à nettoyer les bâtiments, à tirer les chaînes de l'ancre, à transporter des madriers, etc., etc. Tous portent, au-dessus de la cheville du pied gauche, un anneau en fer, auquel on n'attache de chaîne que quand le prisonnier est dangereux ou mis en punition. Quelquefois on en attache deux avec la même chaîne.

Les enfants apprennent des métiers; le plus habituel est celui de tailleur.

La punition la plus sévère et, selon les employés, la plus efficace qu'on puisse infliger aux condamnés, pour infraction aux prohibitions du règlement, est la peine des *verges*. Le fouet est encore appendu à la cheminée de la chambre de discipline à Woolwich; mais il n'est plus là que comme souvenir. On l'a trouvé trop indulgent; les verges sont beaucoup plus énergiques. Pour que le patient ne puisse se soustraire à la punition, et que l'exécuteur ait plus de facilités pour accomplir son œuvre, on place sur le carreau un châssis composé de plusieurs madriers; puis on pose un tonneau vide sur le châssis; on met ensuite le ventre du patient sur le tonneau; on attache ses pieds et ses mains aux madriers du châssis, et l'exécuteur (c'est l'un des surveillants du ponton) applique, à bras redoublés, son faisceau de verges sur le derrière nu du patient..... Le gouverneur est toujours présent; toujours aussi l'on fait venir les autres prisonniers dans la cour, pour qu'ils soient témoins et profitent de la leçon. La leçon consiste ordinairement en trente-huit coups de verges; elle va souvent jusqu'à quarante-huit. Le gouverneur de Woolwich affirme que celui qui l'a reçue une fois ne s'y expose jamais une seconde, surtout lorsqu'on l'a donnée jusqu'au sang.

Voici l'état de la population des pontons à l'époque du 1er janvier 1838 :

NOMS DES PONTONS.	STATIONS.	NOMBRE des convicts.
Leviatam..................	Portsmouth..............	525
York.....................	*Idem*...................	258
Fortitude..................	Chatam..................	408
Euryale....................	*Idem*...................	188
Justicia....................	Woolwich..............	305
Ganymède.................	*Idem*...................	324

La nourriture que les prisonniers reçoivent à bord des pontons est fixée ainsi qu'il suit :

JOURS.	ORGE.	FARINE de gruau.	PAIN.	BŒUF.	FROMAGE.	SEL.	BIÈRE.
	liv. onc.	liv. onc.	liv. onc.	liv. onc.	liv. onc.	liv. onc.	pintes.
Dimanche....................	0 4	0 3	1 4	0 14	//	0 1/2	1
Lundi.......................	0 4	0 3	1 4	//	0 4	*Idem.*	*Idem.*
Mardi.......................	0 4	0 3	1 4	0 14	//	*Idem.*	*Idem.*
Mercredi....................	0 4	0 3	1 4	//	0 4	*Idem.*	*Idem.*
Jeudi.......................	0 4	0 3	1 4	0 14	//	*Idem.*	*Idem.*
Vendredi....................	0 4	0 3	1 4	//	0 4	*Idem.*	*Idem.*
Samedi......................	0 4	0 3	1 4	0 14	//	*Idem.*	*Idem.*
TOTAL de la semaine...	1 12	1 5	8 12	3 8	0 12	0 3 1/2	7

Je m'étais fait des pontons la même idée que je m'étais faite des bagnes. Les pontons rappellent en France d'affreux souvenirs, et c'est sous l'empire de l'impression qu'ils m'avaient depuis longtemps laissée que je les ai vus pour la première fois. Je croyais que c'était un séjour affreux, où les hommes étaient entassés, empilés, asphyxiés, nus, et mourants de faim. Quelle surprise n'a donc pas été la mienne lorsque, de la barque dans laquelle je voguais, j'aperçus près de l'arsenal de Woolwich les trois rangées de fenêtres du vaisseau *Justicia*, et que je vis sortir de ce vaisseau, sur le pont, puis descendre sur le port, trois cents détenus bien vêtus (1), bien chaussés, bien propres, bien portants, se suivant à la file, et se tenant à la rampe de l'escalier élégant et de la galerie peinte qui communique du ponton aux chantiers de l'arsenal. Ma surprise fut bien plus grande lorsque, parcourant les trois étages du ponton, je fus reçu à sa proue dans les appartements *comfortables* du gouverneur, par sa femme et sa fille, jeune et belle personne, s'occupant de peinture et de musique, et que je pus admirer l'exquise propreté qui règne à bord des pontons anglais, aussi bien que dans les prisons les mieux tenues de ce pays.

Autrefois la mortalité était grande dans les pontons; mais, depuis les améliorations qui y ont été introduites, elle n'est pas plus élevée là qu'ailleurs.

Du reste, je ne puis mieux faire connaître le régime intérieur de ces prisons flottantes qu'en citant textuellement le rapport adressé en 1832, à la chambre des communes, par les commissaires nommés dans son sein, à l'effet de s'enquérir des réformes à introduire dans la législation relative aux peines de second ordre :

« Votre comité, en arrivant à cette partie de son enquête, se trouve dans la nécessité d'exprimer, de la manière la plus formelle, sa désapprobation de l'ensemble du système adopté relativement aux condamnés à bord des pontons.

« Les grands principes que votre comité s'est empressé d'établir sont la nécessité de la séparation individuelle des convicts, et la nécessité d'une peine qui soit assez sévère pour intimider ceux qui seraient tentés de le devenir. Sous ce double rapport, le régime des pontons n'est pas seulement inefficace, mais il va directement contre le but proposé. — Tout ce qui a été dit des malheureux effets de l'association des criminels, dans les prisons de terre, l'irréligion, le vice, la démoralisation qui en sont l'inévitable conséquence, s'applique entièrement aux pontons.

« Le nombre moyen des prisonniers, ordinairement détenus à bord des bâtiments de condamnés, est de 80 à 100; les bâtiments sont divisés en chambres dont chacune contient de 12 à 30 individus; c'est là qu'ils sont enfermés quand ils ne travaillent pas à l'arsenal, et l'on peut se figurer quels peuvent être les résultats fâcheux de telles associations, quand même la discipline la plus sévère y serait observée.

« Mais votre comité a été informé que cette discipline est loin d'exister; que les condamnés, après avoir été enfermés pendant la nuit, ont, à bord de quelques pontons, la permission d'avoir de la lumière entre les ponts jusqu'à dix heures; que, contre les règles précises de l'établissement, ils ont des instruments de musique; que des chants joyeux, la danse, le jeu ne leur sont pas interdits; que des rixes fréquentes ont lieu; que les anciens condamnés volent habituellement les nouveaux venus; que des journaux et des livres obscènes sont introduits à bord clandestinement; qu'une communication constante a lieu entre les condamnés et leurs anciens compagnons de débauche à terre, et que de temps à autre ils parviennent à introduire des spiritueux.

« Il faut dire que la plus grande partie de ces habitudes est contraire aux règles de l'établissement, mais leur pratique, en dépit de ces règles, prouve qu'il y a un vice inhérent au système.

« D'un autre côté, la faculté d'acheter du thé, du pain et du tabac, est accordée aux prisonniers; les condamnés peuvent aussi recevoir des visites de leurs parents et amis, et quand ceux-ci sont

(1) Chaque condamné reçoit pour un an les vêtements suivants : deux vestes, trois pantalons, trois chemises, quatre paires de bottes, trois paires de souliers, deux chapeaux, deux mouchoirs, une redingote et une couverture de lit.

avec eux, ils sont dispensés de travailler. On ajoute qu'il y a des exemples fréquents de cette exemption de travail pendant plusieurs jours, à la demande des amis des condamnés. Il est évident que de pareilles communications doivent produire le plus mauvais effet, non-seulement à cause de l'indulgence dont elles sont l'occasion, et qui ne devrait jamais être accordée à un condamné, mais encore parce qu'elles entretiennent des rapports dangereux entre chacun d'eux et ses anciens compagnons de vie, dont il serait si important de le détacher.

« Les plus grands soins, les instructions les plus attentives de la part des ministres de la religion, seraient insuffisants pour arrêter le torrent de corruption qui découle de ces sources multipliées; mais, à moins qu'il ne soit impossible d'ajouter la moindre foi à la déposition de trois témoins différents, il paraît certain qu'il n'est apporté que très-peu d'attention au développement des sentiments religieux et moraux des prisonniers, et qu'excepté pendant un court espace de temps, le dimanche matin, les aumôniers n'ont avec eux aucune communication.

« Ce tableau lamentable est le résultat de témoignages qui, au premier aspect, peuvent paraître suspects, puisqu'il est tracé sur l'autorité de ceux qui, ayant eux-mêmes pris part aux scènes d'infamie qu'ils décrivent, ne sauraient être considérés comme très-dignes de foi. Aussi votre comité serait-il injustifiable s'il avait subi l'influence de telles dépositions, sans qu'elles fussent corroborées par des preuves très-fortes; mais la chambre remarquera, en se reportant aux interrogatoires, que rien de ce qui a été déclaré par un condamné n'a été admis comme vrai, qu'après avoir été confirmé par d'autres qui ne pouvaient avoir eu avec le premier aucune communication d'aucune nature.

« La déclaration du premier témoin AB, condamné libéré, qui a été de quatre à cinq ans à bord des pontons, étant à beaucoup d'égards contredite par les employés de l'établissement, votre comité a examiné trois prisonniers transférés récemment des pontons au *pénitencier*, et qui, au dire du capitaine Chapman, gouverneur, « n'ont jamais eu entre eux la moindre communi- « cation, étant dans des pontons séparés, et probablement n'ayant jamais eu même occasion de se « voir »; aucune part de la déposition du premier témoin n'a trouvé place dans ce rapport qu'après avoir été pleinement confirmée par les détenus du *pénitencier;* de même, les nouveaux renseignements fournis par aucuns de ceux-ci n'ont été reproduits qu'autant qu'il ont été appuyés par le témoignage des deux autres.

« Le comité pense que les condamnés ont trop d'argent à leur disposition; car, indépendamment de celui que, lorsqu'ils sont conduits à bord, ils peuvent assez facilement cacher sur eux, et de celui qu'ils peuvent recevoir de leurs amis, il est alloué, sur le produit de leur travail, 3 d. (30 c.) par jour aux condamnés de première classe, et 1 et 1/2 d. (15 c.) à ceux de seconde classe. Sur cette allocation, les premiers reçoivent par semaine 60 c. et les seconds 30 c. pour acheter du thé, du tabac, etc., et le reste est placé en réserve, pour leur être remis au moment de leur libération.

« Pendant le jour, les condamnés sont employés dans les ports et les arsenaux, mais il n'y a rien, dans la nature ou la sévérité de leurs occupations, qui mérite le nom de punition ou de travail forcé. Ils sont supposés travailler de 8 à 10 heures par jour, suivant la saison; mais tant de temps est perdu dans les différents appels qu'il faut faire pour les conduire au lieu du travail et les ramener, que le nombre d'heures réellement employées au travail n'excède pas huit heures trois quarts pendant l'été, et six heures et demie pendant l'hiver. Or, un journalier ordinaire, travaillant communément dix heures par jour, et beaucoup plus que cela, quand il est à la tâche ou dans le temps de la moisson, le comité partage entièrement l'opinion qui a été exprimée devant lui : « que la situation d'un condamné à bord des pontons ne peut être considérée comme « pénale; que c'est un état de *restreinte,* mais non de châtiment réel. » Trois sur quatre condamnés, interrogés par le comité, sont convenus que le travail auquel ils sont assujettis est tout au plus suffisant pour les employer régulièrement, et beaucoup moins rigoureux que celui des journaliers ordinaires.

« Cette esquisse rapide de la manière dont un criminel condamné à la déportation pour crime emportant la peine de mort passe son temps, bien nourri, bien vêtu, consacrant une partie de la nuit à la débauche, et n'ayant à se livrer qu'à un travail modéré pendant le jour, convaincra facilement la chambre que la détention à bord des pontons est loin d'inspirer un sentiment de crainte convenable à ceux qui sont menacés d'y être condamnés.

« Les témoignages recueillis par votre comité montrent que les pontons ne sont pas redoutés; que la vie qu'on y mène est considérée comme assez agréable, et que si un criminel peut surmonter le sentiment de honte qu'une pareille dégradation est de nature à exciter, il est dans une situation meilleure qu'une grande partie de ceux qui appartiennent aux classes laborieuses, et qui n'ont d'autre ressource pour assurer leur subsistance que leur travail journalier.

« Ce genre de peine est si loin d'agir d'une manière préventive qu'il a été déposé, devant votre comité, que plus d'un journalier libre, en voyant un condamné au travail, a envié son sort. Suivant les termes de M. Lang, maître constructeur de l'arsenal de Woolwich, sous la direction duquel sont placés les condamnés de ce port, « beaucoup de journaliers seraient satisfaits de « changer de sort avec eux et seraient beaucoup plus heureux qu'auparavant. »

« Quels que soient les faits que votre comité ait été dans la pénible nécessité de relater, concernant le régime suivi jusqu'à présent à bord des pontons, il est loin de proposer la suppression de l'établissement des condamnés aux travaux publics; car la peine de simple déportation à la Nouvelle-Galles méridionale n'est pas assez sévère pour prévenir le crime, et, d'un autre côté, il n'a encore été suggéré aucun moyen d'infliger des peines plus efficaces dans les colonies pénales, sans imposer au pays une dépense considérable.

« Il est donc nécessaire que la part la plus essentiellement pénale de la condamnation des criminels destinés à la déportation soit subie avant leur départ pour la Nouvelle-Galles méridionale; mais comme le *pénitencier* n'est pas assez étendu pour recevoir, même pour un temps très-court, tous ceux qui sont condamnés à la déportation, et que, de plus, son régime est très-coûteux, votre comité pense qu'il convient d'établir un meilleur système de travaux forcés dans les ports et arsenaux, combiné de manière à ce que le pays y trouve le remboursement d'une partie des frais d'entretien des condamnés. Il est convaincu que, dirigé avec discernement, ce système de travaux peut à la fois devenir une peine efficace et concourir à l'amélioration morale des condamnés.

« Le premier pas et le plus indispensable vers un meilleur régime, est la séparation individuelle des prisonniers pendant la nuit; cette séparation paraissant impossible à bord des pontons, il sera nécessaire de construire à terre des prisons spéciales, autant que possible sur le plan de celles des États-Unis, qui paraissent ne rien laisser à désirer sous le rapport de l'utilité et de l'économie, et dont la disposition est réglée de manière à empêcher strictement toute communication entre les détenus.

« C'est dans les prisons de ce genre que les condamnés devraient être enfermés, hors des heures consacrées aux travaux, et l'ordre et le silence devraient y être rigoureusement imposés, comme le comité l'a recommandé souvent, en traitant des prisons et du pénitencier de Milbank. La permission de recevoir les visites de leurs amis, susceptible de tant d'abus, devrait être formellement interdite aux condamnés, de même que toute autre communication, même par correspondance. Un criminel, subissant la peine que la loi lui a imposée, a droit aux soins indispensables pour la conservation de sa santé, mais votre comité ne saurait comprendre pourquoi il serait traité avec faveur; et comme aucun des condamnés qui sont envoyés pour un temps aux travaux forcés n'est destiné à rester dans le pays, il n'y a aucune raison de réserver à son profit une somme quelconque pour lui être payée au moment de sa libération, comme cela a eu lieu jusqu'à présent. Enfin il faudrait augmenter les heures de travail, de manière à placer, au moins sous ce rapport, les condamnés sur le même pied que les journaliers libres.

« Le comité pense qu'à l'avenir aucun criminel condamné à la déportation, à l'exception de ceux qui auront été désignés pour subir leur peine dans le pénitencier, ne devra être autorisé à rester dans le royaume d'une manière permanente, et que les travaux forcés doivent être un intermédiaire entre la prison et la déportation. La sévérité de la peine devant nécessairement s'augmenter par l'adoption des restrictions qui viennent d'être indiquées, il suffira probablement d'y soumettre les condamnés pendant une période de dix-huit mois à quatre ans, suivant la nature de leurs crimes; mais l'inefficacité de la peine simple de la déportation étant évidente, votre comité est d'avis qu'aucun criminel mâle, quel qu'ait été son rang dans la société et quelle qu'ait été antérieurement sa conduite, s'il s'est rendu coupable d'un crime passible de la déportation, ne soit désormais exempt de la peine préalable des travaux forcés, modifiée suivant les recommandations qui précèdent. »

Il ne paraît pas que ce rapport remarquable ait eu, jusqu'à ce jour, d'autre résultat que d'attirer sur lui l'attention du public et des chambres.

Aucune mesure n'a encore été prise pour assurer l'exécution des vues qu'il renferme.

C'est sans doute que, dans l'opinion du gouvernement, la question des pontons se rattachant à celle de la déportation, on ne peut s'occuper de l'une sans s'occuper surtout de l'autre.

Or la grande question des colonies pénales s'agite, depuis bien des années, sans pouvoir sortir des termes de la discussion contradictoire qu'elle soulève.

Ce serait le cas, peut-être, d'en dire un mot ici, et de faire connaître les derniers documents officiels qui ont été publiés sur cette matière importante.

Mais ces documents, et les hautes considérations qui s'y rattachent, sont de nature à exiger un travail spécial et approfondi.

J'ai recueilli sur ce sujet de curieux et nombreux matériaux; je me propose, monsieur le ministre, de les coordonner, et de vous les présenter prochainement.

§ 6.

VOITURES DE TRANSFÉREMENT.

Rien de plus ignoble et de plus odieux que le mode suivi à Londres et dans les provinces pour le transférement des prévenus et des condamnés. Les inspecteurs anglais en ont fait une peinture affreuse et fidèle dans leurs rapports (pages 56 et suivantes de ma traduction).

§ 7.

PRISONS POUR DETTES.

Les prisons pour dettes, formant une classe tout à fait distincte de celle des prisons pour peines, je prendrai la liberté, monsieur le ministre, de vous faire part, dans un rapport particulier, de mes observations sur celles que j'ai visitées à Londres, et du résultat des recherches auxquelles je me suis livré sur l'exercice de la contrainte par corps en Angleterre.

CHAPITRE III.

DU RÉGIME INTÉRIEUR DES PRISONS DE L'ANGLETERRE.

§ 1er.

ADMINISTRATION; CENTRALISATION; INSPECTEURS GÉNÉRAUX.

Avant la loi du 25 août 1835, les maisons d'arrêt, les maisons de correction de comté, les prisons des bourgs, et autres appartenant à des villes à corporations, étaient construites et gouvernées exclusivement par l'ordre et au gré des autorités diverses préposées, par les statuts ou les usages en vigueur, à l'administration des villes, des cités, des bourgs ou des comtés. Le gouvernement central n'avait à s'immiscer en rien dans le régime intérieur de ces prisons; il n'avait même pas le droit d'en viser les règlements; de sorte que la discipline de ces prisons variait selon les localités, sans être soumise à aucune règle générale et uniforme. Les abus qui résultaient de cette disparité disciplinaire sont trop évidents pour avoir besoin d'être énumérés. C'est pour les faire cesser que lord John Russell, ministre secrétaire d'état au département de l'intérieur, fit rendre par le parlement l'acte susrelaté. Cet acte confère au gouvernement central des pouvoirs extraordinaires, et tout à fait en dehors, sinon de la constitution, au moins des usages consacrés par elle. Les articles 1 et 2 attribuent à l'un des secrétaires de Sa Majesté le droit d'arrêter les règlements de toutes les prisons. L'article 5 impose aux greffiers de paix de chaque comté, district ou division de comté, ainsi qu'aux greffiers de chaque session trimestrielle, et aux premiers magistrats de chaque cité, ville, bourg, port ou corporation, où il existe une prison quelconque, l'obligation de transmettre au secrétaire d'état, le 1er novembre de chaque année, une copie de tous les règlements en vigueur dans ces prisons, pour lesdits règlements être changés, amendés rapportés par lui, s'il y a lieu. Et, si cet envoi n'est pas effectué à l'époque dite, le secrétaire d'état peut faire les règlements *d'office*, et ces règlements sont obligatoires pour les shériffs et tous autres magistrats (art. 6).

Pour assurer l'exécution de ces mesures, il était indispensable d'organiser une inspection administrative centrale, afin d'en faire l'agent le plus actif de la réforme.

C'est ce qu'on a compris, il y a plus de quinze ans, en Irlande. Il y a plus de quinze ans, en effet, que deux inspecteurs généraux (1) exercent, dans les prisons de ce pays, une surveillance à laquelle sont dues les améliorations qui ont placé ces prisons au premier rang de celles du royaume-uni de la Grande-Bretagne.

C'est ce qu'on a également compris, pour l'administration et le régime des pontons, dont l'inspecteur général, M. Capper, nommé en exécution d'un acte du parlement, passe à bon droit pour avoir puissamment contribué à corriger tous les vices qui ne tiennent pas à l'essence même de l'institution.

Les prisons de l'Angleterre et de l'Écosse étaient seules abandonnées à la surveillance multiple, et par cela seul mal exercée, de visiteurs bénévoles, et d'autorités locales impuissantes à réformer des abus qu'elles-mêmes avaient créés, lorsque l'acte du 25 août 1835 vint centraliser entre les mains du ministre de l'intérieur la surveillance des diverses prisons de l'Angleterre, et créer, comme une conséquence nécessaire, des inspecteurs de prisons, dépendant et tenant leurs pouvoirs de l'autorité centrale (art. 7).

Cinq inspecteurs ont été nommés, en conséquence de cet acte, par lord John Russel, savoir : quatre pour l'Angleterre et le pays de Galles, et un pour l'Écosse (2).

Ainsi, il y a aujourd'hui huit inspecteurs généraux des prisons dans la Grande-Bretagne, y compris l'inspecteur spécial des pontons.

Chaque inspecteur est tenu de faire un rapport annuel sur le résultat de ses visites dans les diverses prisons de son district. Ce rapport est imprimé aux frais du Gouvernement et distribué à chacun des membres des deux chambres.

Trois de ces rapports ont déjà paru, pour les années 1836, 1837 et 1838.

Le parlement a voulu que les fonctions des inspecteurs fussent sérieuses et respectées. Les articles 7, 8 et 9 de l'acte susrelaté (voir Appendice, n° 5) contiennent à ce sujet des dispositions remarquables.

Le ministre de l'intérieur, de son côté, a voulu que cette institution produisît tous les fruits qu'on est en droit d'en attendre, et, pour cela, il a adressé à tous les magistrats de la Grande-Bretagne un exemplaire du même acte, avec invitation de s'y conformer scrupuleusement dans toutes ses parties. De plus, le ministre a adressé à chacun des inspecteurs une instruction détaillée sur l'objet et le but de leurs attributions. Cette instruction m'a paru un document utile à mettre sous les yeux de Votre Excellence. Elle en trouvera la traduction complète sous le n° 7 des pièces officielles annexées à ce rapport.

L'acte du 25 août 1835 a été reçu avec une défaveur marquée, et par les magistrats muni-

(1) MM. James Palmer et B. B. Woodward.

(2) Les inspecteurs nommés pour les prisons de l'Angleterre sont répartis ainsi qu'il suit : MM. W. Crawford et W. Russel, pour le district de l'intérieur ; M. Williams, pour le district du nord et de l'est ; M. Bisset Hawkins, pour le district du sud et de l'ouest.

M. Frédéric Hill a dans ses attributions l'inspection générale des prisons de l'Écosse.

Les deux inspecteurs généraux du district de l'intérieur, qui comprend Londres et le comté de Middlesex, etc., reçoivent seuls 800 livres sterl. de traitement par an (20,000 fr. de notre monnaie) ; les autres ne reçoivent que 600 livres (15,000 fr.). Il est en outre accordé à tous des frais de tournée : ces frais ne sont point fixés à l'avance ; ils consistent dans le montant de la dépense justifiée que chacun d'eux fait en route, et dont ils fournissent l'état au ministre de l'intérieur, qui en ordonne le remboursement.

cipaux qui administrent les prisons dans les villes à corporations, et par les autorités des comtés et les juges de circuit qui administrent les prisons dans les autres villes. Cet acte est considéré par les autorités locales comme un envahissement de l'autorité centrale sur leur domaine. Aussi son exécution est-elle entravée à chaque pas par des difficultés de telle nature, que la loi, qui les a prévues, confère aux inspecteurs le droit de requérir et de faire prononcer contre leur auteur la peine d'amende ou de la prison (art. 8 et 9).

Les employés qui composent le personnel de chaque prison se prêtent plus volontiers aux exigeances de l'autorité centrale et à l'exécution des mesures uniformes qui leur sont prescrites par les inspecteurs. Malgré cela, la plus incroyable bigarrure se remarque encore dans l'administration et dans le régime des prisons. Il faudra bien des années et bien des efforts pour les ramener toutes à une complète unité de système (1).

§ 2.

DISCIPLINE; PROPRETÉ; SALUBRITÉ, ETC.

L'un des obstacles les plus sérieux qui s'opposent à l'adoption d'un nouveau système, dans le régime intérieur des prisons de la Grande-Bretagne, c'est celui qui résulte, dans l'opinion de beaucoup de gens, de ce fait incontestable, que les prisons de l'Angleterre, construites d'après le système qu'on condamne, sont admirablement tenues, et qu'il n'y a rien à redire sous le rapport de l'ordre, de la salubrité, de la discipline. Le fait est que, sous ce rapport, non-seulement il n'y a rien à redire, mais que tout, ou presque tout, est à admirer. La propreté surtout est quelque chose d'inimaginable. Rien, dans nos maisons centrales, ne peut donner l'idée de la *neatness* et de la *cleanliness* qui règnent dans les cellules, dans les corridors, dans les ateliers, dans les cours, dans les escaliers, sur toutes les grilles, sur toutes les portes, sur toutes les dalles, sur toutes les murailles de la plus petite comme de la plus grande prison de l'Angleterre. J'oubliais de parler du lieu dont le nom est presqu'aussi impropre que la chose, en France, non-seulement dans les prisons, non-seulement dans les lieux publics, mais encore dans les habitations particulières, et que les Anglais ont eu l'art de rendre *comfortable,* non-seulement dans les maisons particulières, mais encore dans les lieux publics, mais encore dans les prisons. Les Anglais ont donné à ce lieu le nom décent de *water-closet,* parce que chaque *cabinet* a son réservoir d'*eau* particulier, qui en lave à l'instant même les ordures. C'est vraiment extraordinaire de voir à quel point sont dépourvus d'odeur tous les *lieux* des prisons anglaises. Je n'en ai pas trouvé un seul qui témoignât de la moindre souillure. Ce serait rendre un grand service à nos prisons que d'y importer ces lieux véritablement inodores. Matériellement parlant, la chose est très-possible, mais il faudrait aussi importer chez nous la propreté anglaise, sans laquelle on ne peut en faire usage. L'usage du charbon de terre chez le peuple anglais a fait pour lui de la propreté une vertu de nécessité première. Voilà pourquoi le savon, qui m'avait paru d'abord un objet de luxe dans les prisons de ce pays, me paraît aujourd'hui un objet de toilette, sinon indispensable, au moins d'une utilité réelle.

(1) Voir sur les employés libres des prisons, sur les employés détenus, sur leur nombre, leurs attributions, leurs salaires, etc., etc., ma traduction des documents anglais, pages 107 et 161.

A Milbank surtout il règne une propreté exquise. Rien de plus blanc que ses murs; rien de plus net que son pavé, lavé à grande eau en été, frotté en hiver avec du sable et de la pierre ponce.

Au haut des tours qui forment l'angle extérieur de chaque pentagone sont de larges citernes toujours fournies d'eau, pour le service des bains du rez-de-chaussée et des *privés* de chaque étage : chaque étage en effet a ses *water-closets* et ses chambres à laver.

Les chambres à laver consistent dans un cabinet long, situé à l'angle intérieur de chaque pentagone, et dans lequel les détenus viennent, quatre par quatre, se laver, chaque matin, les mains et la figure, dans un bassin en plomb, long de six pieds sur deux pieds de large, qu'alimentent quatre robinets en cuivre.

Les *privés* ou *water-closets* sont pratiqués, dans l'intérieur de chaque tour, au rez-de-chaussée et aux divers étages, de manière à ne recevoir qu'un détenu à la fois. Il n'y a ni tampons ni robinet dans ces lieux d'aisances, mais la pression du siége et le poids seul du détenu assis suffisent pour lever la soupape du réservoir d'en haut et pour précipiter l'eau, destinée à entraîner, dans le tuyau de la fosse, et de là dans la Tamise, les matières fécales, au moment même de leur émission. Rien n'est plus ingénieux que ce mécanisme; il ne permet pas la plus légère odeur.

C'est à l'extrême propreté qui règne dans toutes les parties du pénitencier de Milbank qu'il faut attribuer l'absence actuelle des maladies que sa position insalubre y avait engendrées, dans les premières années de son érection. Aujourd'hui la moyenne des maladies et de la mortalité est, proportionnellement, la même à Milbank que dans les autres prisons de l'Angleterre, où le nombre des maladies est dans la proportion de 9 1/3 sur 100, et celui des morts dans la proportion de 1 sur 394 (1). Mais ce dernier chiffre a surtout sa cause dans la courte durée des détentions.

Le service médical s'y fait aussi de la même manière (voir ma traduction, pages 113 et 165).

Il existe dans les infirmeries de Milbank un lit de malades qu'on devrait adopter dans toutes les prisons. J'en donne le plan sous le n° 20.

Ce qui manque à la bonne tenue du pénitencier de Milbank, comme de toutes les autres prisons d'Angleterre, c'est un costume uniforme pour les employés. Chaque surveillant est habillé comme bon lui semble et comme ses moyens le lui permettent, de sorte qu'on les prendrait pour des prisonniers entrant, n'étaient les clefs dont ils sont porteurs. L'uniforme contribue plus qu'on ne pense au maintien de l'ordre.

Une autre chose m'a choqué dans le règlement du pénitencier, c'est que les étrangers peuveut être admis, par ordre du secrétaire d'état, à visiter la prison. Je ne connais rien de plus contraire à l'ordre et à la morale que ces visites d'amateurs, qui obtiennent, avec une facilité déplorable, la permission de promener leur sensibilité curieuse au milieu des cours, des ateliers et des dortoirs des prisons. Le jour de ma visite à Milbank, il y avait plusieurs *gentlemen* et une jeune *lady* qui avaient été admis à regarder les détenus à travers les grilles, comme on regarde les animaux au jardin des Plantes. Ces sortes de permissions devraient être sévèrement prohibées, surtout dans un pénitencier.

(1) Le nombre des décès, dans la population libre, était de 1 sur 35 en 1740; — de 1 sur 45 en 1790; — de 1 sur 47 en 1800; — de 1 sur 53 en 1810; — de 1 sur 59 en 1820. Cette diminution progressive dans le nombre des décès est due aux progrès de la médecine et du bien-être des classes pauvres. La même diminution s'est fait remarquer dans le grand hôpital de Saint-Barthélemy, à Londres. Il mourut dans cet hôpital, en 1689, 1 malade sur 7; — en 1740, 1 sur 10; — en 1780, 1 sur 14; — en 1813, 1 sur 16; — en 1827, 1 sur 48.

Quant aux visites des parents et amis, ainsi qu'aux lettres, livres, journaux, argent, tabac, etc., voir ma traduction pages 101 et 157.

A Milbank, comme dans toutes les prisons de l'Angleterre où les femmes sont enfermées dans un quartier séparé, pas un employé homme ne pénètre dans ce quartier, dont la police est exclusivement dévolue à des femmes. Le gouverneur et le chapelain sont seuls exceptés de la prohibition, encore se font-ils toujours accompagner par la *matrone*. La matrone est la surveillante en chef du quartier des femmes. Lorsque je visitai la prison de Clerkenwell à Londres, je fus accompagné par un gardien dans toutes les parties de la maison; mais quand nous en vînmes au quartier des femmes, il n'en franchit pas même le seuil; il m'attendit à la porte et la matrone devint alors mon seul guide.

Les infractions aux règles du pénitencier de Milbank sont punies ainsi qu'il suit:

Il y a dans chaque pentagone huit cellules ténébreuses qui servent de lieu de punition; ce qui fait quarante-huit cellules pour tout l'établissement.

Toute infraction aux règles de la maison est punie de l'emprisonnement solitaire, de la réduction de nourriture, de la mise aux fers, ou du fouet. Le gouverneur peut prononcer les deux premières peines, ensemble ou séparément, pour quatorze jours au plus, à charge par lui d'en donner avis au comité d'administration, dans les trois jours. Les mêmes peines peuvent être prononcées par le comité, pour un mois.

Si l'infraction est grave et que la sûreté l'exige, le gouverneur peut mettre le prisonnier aux fers pour trois jours, en consignant le cas dans son journal, et en en donnant avis au comité, dans les vingt-quatre heures.

Quant à la peine du fouet, le règlement et le statut des 7ᵉ et 8ᵉ années du règne de Georges IV, chap. XXXIII, permettent de l'infliger, soit en secret, soit en public, pour les offenses ci-après: 1° révolte ou excitation à la révolte dans l'intérieur de la prison; 2° violences personnelles contre un membre du comité ou un employé de la prison; 3° violences personnelles contre un détenu; 4° bruit et tapage dans la cellule ténébreuse; 5° l'action de s'enfermer soi-même dans sa cellule, de briser volontairement les fenêtres de la prison, ou de détruire la propriété d'autrui dans les cellules.

Du reste, le prisonnier qui attaque la personne du gouverneur ou des employés de la prison peut être traduit en justice pour ce fait, et condamné à deux années d'emprisonnement en sus de sa peine.

De même, les prisonniers incorrigibles peuvent être transférés de la prison et déportés, pour tout le temps auquel ils avaient été précédemment condamnés, si l'offense qui motive cette mesure est commise dans la première moitié de la durée de la peine déterminée par la commutation.

(Pour les punitions infligées dans les autres prisons, voir ma traduction des documents anglais, pages 104 et 160.)

Remarquons en passant qu'il n'y a ni *cantines* ni *pistoles* dans les prisons de l'Angleterre.

§ 3.

RELIGION; MORALE; INSTRUCTION.

A Milbank, tous les détenus que la chapelle peut contenir assistent, le dimanche, aux exercices religieux de la journée; moitié y assiste le matin et l'autre moitié l'après-midi. Le prisonnier qui est d'une religion autre que la religion établie (*established church*) peut obtenir la permission de rester dans sa cellule pendant les exercices religieux, ou de voir un ministre de son culte.

Indépendamment de ces exercices des dimanches et fêtes, le chapelain, qui doit résider dans la prison, fait de fréquentes visites dans les cellules des prisonniers, dans les infirmeries, et à l'école, dont il dirige l'enseignement.

Chaque jour des prières sont récitées, le matin et le soir, avant et après les repas, dans chacun des corridors qui longent les cellules.

L'évêque de Londres a dit que le clergé anglican ne moraliserait jamais les masses en les prêchant; et, selon moi, il a dit une chose bien vraie. Il a dit de plus que, pour moraliser les gens du peuple, il fallait converser un à un avec eux (1).

Voilà pourquoi le clergé catholique est si puissant en Irlande; il est peuple.

Le ministre anglican est *gentleman;* voilà pourquoi son influence ne descend que difficilement jusqu'aux derniers échelons des classes sociales. Le prisonnier ne prend rien pour lui des généralités dogmatiques qu'il entend débiter du haut d'une chaire. Pour le remuer au fond de l'âme, il faut ériger sa cellule en *tribunal secret de la pénitence.*

Quant à l'état de l'instruction dans les prisons de l'Angleterre, elle doit nécessairement se ressentir de l'absence, en ce pays, d'un système général d'éducation populaire, et d'autorités légales qui en dirigent la forme et le fond. De même qu'un grand nombre de villages sont entièrement dépourvus d'écoles, et qu'il n'y a guère que la moitié des enfants en Angleterre qui reçoivent une éducation convenable, de même la plupart des prisons sont privées de tout moyen d'instruction, ou tout au moins d'instituteurs. Quand on interroge les chiffres du tableau IIIe de la page 10, on est plus tenté de louer que de blâmer le gouvernement anglais de cette absence d'écoles dans les prisons. J'ai souvent entendu exprimer la crainte de voir confiés aux mains des détenus, dans les ateliers, des limes, des scies, du feu, du fer; jamais je n'ai entendu exprimer pareille crainte à la vue de voleurs illettrés apprenant à écrire et à chiffrer, c'est-à-dire apprenant, à nos dépens, l'art de nous voler d'une nouvelle manière, en imitant nos signatures et en exploitant nos bourses à l'aide de billets faux. Et pourtant, le danger n'est-il pas plus grand, dans le second cas, que dans le premier?

Du reste, les ouvrages qu'on donne en lecture aux détenus sont peu propres à atteindre le but moral qu'on se propose. « Puisque l'on s'obstine, disent les écrivains d'une *Revue* célèbre, « à vouloir convertir nos prisons en écoles, que l'on cesse donc de les fournir d'imprimés aussi « intolérablement stupides (*so intolerably stupid*): tous les livres de prison semblent en effet « fabriqués d'après cette donnée, qu'un voleur, ou un coupable quelconque, est inférieur en sens « commun à un enfant de cinq ans. Généralement l'histoire est celle d'un pauvre ouvrier qui n'a « pour vivre, lui et ses six enfants, que du pain noir et de l'eau. Avec cela il est heureux et « content; jamais de plaintes; jamais de murmures : tout le monde lui envie sa gaieté. Cependant jamais, dans ses rêves, ne lui est venue l'idée de manger du lard; c'est à peine s'il a entendu parler de mouton. N'a-t-il pas du pain noir et de l'eau! que faut-il de plus pour sa félicité? quel bienfait plus grand pourrait exciter sa reconnaissance? Il arrive toujours que le sei-

(1) *Mere sermons from the pulpit, with reference to the lower classes, will seldom effectually inculcate any religious duty, if he clergyman does not follow up his instruction by private conversations.*

« gneur de l'endroit ou le curé de la paroisse passe vis-à-vis l'échoppe du pauvre homme, et le « trouve priant pour le roi, pour l'église et pour toutes les autorités; il arrive toujours aussi « qu'ils finissent par lui offrir un shelling, somme que l'honnête ouvrier ne manque jamais de « refuser, déclarant qu'il n'en a nul besoin. Tels sont les livres de morale que de bonnes dames, « que de braves gens s'en vont répandant dans nos prisons avec une activité infatigable. Ce serait « un grand bienfait de la Providence s'il pouvait naître parmi nous quelque génie ayant le talent « d'écrire pour le peuple ! . . . . (1) ».

§ 4.

RÉGIME ÉCONOMIQUE.

Le règlement du 20 septembre 1837 fixe, de la manière suivante, la nourriture des détenus, dans le pénitencier de Milbank :

Pour les hommes.

Déjeuner. Un quart de pinte de lait, mêlé avec une demi-pinte d'eau et bouilli avec une demi-once de farine, et une demi-livre de pain.

Dîner. Les dimanche, mardi, jeudi, et vendredi, six onces de bœuf bouilli sans os, avec une demi-pinte de bouillon; une livre de pommes de terre bouillies et une demi-livre de pain.

Idem. Le lundi et le samedi, un quart de bouillon, provenant de la viande cuite la veille, mêlé avec de l'orge d'Écosse, du riz, des pommes de terre ou des pois, avec addition de choux, de navets ou autres légumes à bon marché; une livre de pommes de terre bouillies et une demi-livre de pain.

Idem. Le mercredi, deux onces de fromage et une livre de pain, avec de l'oignon.

Souper. La même chose qu'à déjeuner.

Pour les femmes et pour les jeunes détenus au-dessous de quinze ans.

Déjeuner. Un quart de pinte de lait, mêlé avec une demi-pinte d'eau et bouilli avec une demi-once de farine, et six onces de pain.

Dîner. Les dimanche, mardi, jeudi et vendredi, cinq onces de bœuf bouilli sans os, avec une demi-pinte de bouillon; une livre de pommes de terre bouillies et six onces de pain.

Idem. Le lundi et le samedi, un quart de bouillon provenant de la viande cuite la veille, mêlé comme pour les hommes; une livre de pommes de terre bouillies et six onces de pain.

Idem. Le mercredi, deux onces de fromage et deux onces de pain, avec de l'oignon.

Souper. De même que pour le déjeuner.

Le régime alimentaire de Milbank diffère autant de celui des autres prisons que ces prisons diffèrent entre elles sous le rapport du coucher, de l'habillement, du travail, et des autres parties du régime économique et disciplinaire des détenus (2).

Mais toutes les prisons ont cela de commun, sous le rapport du régime alimentaire, que ce

(1) *Revue d'Édimbourg*, t. XXXVI, page 363.

(2) Voir ma traduction des rapports des inspecteurs anglais.

régime, quel qu'il soit, est de beaucoup meilleur que celui des classes pauvres et honnêtes (1).

Les enquêtes officielles auxquelles se sont livrés sur ce point les commissaires du gouvernement britannique contiennent à ce sujet des documents très-curieux.

M. Chadwich, secrétaire de la commission des pauvres, les a réduites en un tableau qui exprime mieux que tous les raisonnements la différence, en sens inverse de la raison, de la morale et de la justice, qui existe, en Angleterre, entre la nourriture que les classes ouvrières et agricoles se procurent par leur travail, et celle qu'obtiennent, souvent sans travail, les fainéants et les voleurs, par cela seul qu'ils deviennent les hôtes d'une prison et que le degré de leur culpabilité est plus élevé.

Cette nourriture comparative est évaluée en *solide*, et graduée ainsi qu'il suit, à raison de tant d'onces *par tête* et *par semaine*.

Les laboureurs consomment	122 onces.
Les artisans (ceux dont le salaire est le plus élevé)	140
Les pauvres	150
Les soldats	168
Les prévenus dans les maisons d'arrêt	181
Les condamnés dans les maisons de correction	217
Les convicts dans les pontons	239
Les déportés	330

Est-ce bien là de la morale ?....

CHAPITRE IV.

DU TRAVAIL DES DÉTENUS DANS LES PRISONS DE L'ANGLETERRE.

Le principal travail dans les maisons de correction est le travail dur ou forcé (*hard labour*). Le travail simple (*employment*) n'occupe ordinairement qu'un petit nombre de détenus; un grand nombre est souvent oisif (2).

Le *tread-mill* ou *tread-wheel* est l'instrument le plus ordinaire du travail forcé (3). Le travail forcé comprend en outre le nettoyage des étoupes, le badigeonnage et le blanchiment des murs de la prison, les services domestiques, le travail à la terre, le lavage des corridors, l'enlèvement des ordures et des immondices, la confection des ouvrages nécessaires au service de la maison, etc.

Le travail simple ou l'occupation (*employment*) consiste en divers travaux manuels et de fabrique.

Le travail forcé est le résultat de la condamnation qui le prononce. Le travail forcé est une peine; le travail simple est un allégement à la peine.

(1) Voir, pour les dépenses, ci-dessus, page 34, et ci-après, pages 56 et 57.

(2) Le chiffre de la population totale des détenus qui ont séjourné dans les diverses prisons de l'Angleterre, pendant le cours de l'année 1837, s'est élevé à 109,145. Sur ce nombre, 52,279 ont été employés au dur travail; — 12,523 au travail simple; — 22,885 sont restés oisifs.

(3) Il s'appelle *tread-mill* quand la roue-cylindre que les détenus font *tourner avec les pieds* (*tread*) s'adapte à l'axe d'un *moulin* (*mill*); il s'appelle *tread-wheel*, quand ce n'est qu'une *roue* (*wheel*) que les pieds des détenus font tourner sur elle-même. Les Anglais tiennent à ce que les mots expriment exactement les choses.

Il y a, dans chaque prison et dans chaque quartier, plusieurs salles de travail (*work-rooms*), où les prisonniers se réunissent pour s'y livrer aux travaux en usage dans l'établissement.

Les heures de travail varient de 6 heures et demie à 9 heures par jour.

Le travail est productif ou improductif.

§ 1er.

TRAVAUX PRODUCTIFS.

Les travaux en usage dans les prisons de l'Angleterre sont presque tous insignifiants, soit pour l'utilité de la prison, soit pour celle des détenus.

Ils consistent presque partout à trier de vieux cordages pour en faire de l'étoupe, à carder de la laine, à faire du ciment, à broyer des pierres, à blanchir les murs à la chaux, à laver ou raccommoder le linge. C'est rarement, et par exception, qu'on voit des métiers montés comme à Manchester, et que les détenus exercent des professions industrielles comme de tisser du lin ou du coton, de faire des souliers, des nattes, des habits, etc.

Du reste, il n'y a nulle part, dans les prisons de l'Angleterre, des ateliers organisés comme dans les maisons centrales de France; l'industrie libre s'en effrayerait.

Le mode de procurer de l'ouvrage aux détenus n'a pareillement rien de commun avec ce qui se pratique chez nous. Les travaux des détenus ne sont point donnés à l'entreprise. Ils sont mis en régie, ou plutôt ils sont alimentés par un employé spécial, appelé *taskmaster*, lequel va chez les maîtres ouvriers de la ville chercher de l'ouvrage pour les détenus, lorsqu'il ne les fait pas travailler pour le compte même et pour les besoins de la maison.

Quant au prix de main-d'œuvre, il est fixé, par le *taskmaster*, au même taux que dans les ateliers libres. La totalité de ce prix appartient aux détenus dans quelques prisons. Dans un plus grand nombre d'autres, les détenus en reçoivent une portion pendant la durée de leur peine, et une portion à leur sortie. Dans plusieurs autres, la totalité du prix appartient au comté, pour couvrir en tout ou en partie les frais d'entretien des détenus. Dans aucune, le prix des travaux des détenus n'atteint le montant des dépenses; dans presque toutes, au contraire, il est de beaucoup en dessous (1).

A Milbank les travaux sont soumis aux règles suivantes:

Les prisonniers travaillent dans leurs cellules respectives; la plupart exercent la profession de tailleur, de tisserand, de cordonnier. Les femmes sont employées à la couture. Autrefois, des contre-maîtres détenus, dont la conduite avait été éprouvée, apprenaient aux reclus le métier qu'ils devaient exercer. Aujourd'hui, c'est un surveillant ouvrier qui est chargé de ce soin. On ouvre à cet effet la porte extérieure de la cellule, et le prisonnier, placé derrière la grille intérieure, reçoit en silence toutes les instructions dont il peut avoir besoin.

Tous les condamnés, sans exception, sont astreints au travail. La moyenne du travail journalier

(1) En 1837 le produit des travaux, dans toutes les prisons de l'Angleterre, ne s'est élevé qu'à 6,601 liv. sterl., et les dépenses d'entretien et de garde des mêmes prisons à la somme énorme de 243,989 livres. Les recettes des mêmes prisons, y compris le produit ci-dessus des travaux des détenus, ont été de 21,711 livres; d'où il suit que la dépense totale des prisons de l'Angleterre, pendant l'année 1837, s'est élevée à 222,277 livres, non compris les dépenses relatives aux bâtiments. Le prix de journée de chaque prisonnier varie habituellement, selon le régime suivi dans chaque prison, de 1 à 2 shellings par tête et par jour (de 1 fr. 20 cent. à 2 fr. 40 cent.). Le pénitencier de Milbank n'entre point dans ces calculs (voir ci-dessus, page 34 et ci-après page 57).

est de 7 à 8 heures. Il n'y a pas d'entrepreneur; c'est la direction de l'établissement qui reçoit les commandes du dehors et les fait exécuter à ses risques et périls. Ces commandes sont presque toutes faites par des marchands de la Cité, et les effets confectionnés par les prisonniers sont ordinairement destinés à l'usage de l'armée, ainsi qu'à l'exportation pour les Indes et pour les autres colonies anglaises.

Avant l'acte du parlement du 8 juin 1837, le salaire des prisonniers travailleurs était partagé en trois parties : six huitièmes revenaient à la maison, en compensation des dépenses d'entretien; les contre-maîtres détenus recevaient un huitième, et le huitième restant appartenait au condamné. Ce gain, qui ne s'élevait guère qu'à deux ou trois livres sterling pour trois ans, lui était remis à sa sortie du pénitencier. De plus, il recevait, un an après sa sortie, et lorsqu'il pouvait justifier de sa bonne conduite, une gratification de deux à trois livres sterling.

Mais depuis l'acte susrelaté, la gratification est supprimée. On donne seulement au détenu sortant les vêtements qui lui manquent, ou que ses parents ou amis ne peuvent lui procurer; et si ses parents et amis ne peuvent lui procurer de quoi faire le voyage pour se rendre à sa destination, le comité peut accorder à ce prisonnier un secours qui ne peut excéder trois livres. (Règlement approuvé le 22 septembre 1837.)

Le pécule aussi est supprimé : ainsi le détenu travaille aujourd'hui sans nul profit pécuniaire à espérer, soit pendant, soit après son emprisonnement.

Cette mesure, qui eût été impraticable si les détenus eussent travaillé en commun, n'a amené aucune différence dans le produit des travaux; l'on peut dire même que l'ardeur des travailleurs a doublé dans la solitude. Tout ce que je puis affirmer, c'est qu'ayant regardé, sans être aperçu, dans un certain nombre de cellules les détenus qui y prenaient leur repas, je les ai vus tous se remettre volontairement à l'ouvrage, trois quarts d'heure avant l'expiration de l'heure qui leur est donnée toute entière pour dîner et prendre du repos.

Il résulte du rapport présenté à la chambre des communes, en 1832, par le comité choisi dans son sein pour l'examen de la législation sur les peines de second ordre, que, de 1824 à 1832, la dépense annuelle du pénitencier a varié de 30 liv. à 57 liv. par tête (de 750 fr. à 1,440 fr.); mais, d'après le compte présenté à la même chambre, le 6 avril 1835, les dépenses se sont élevées, en 1834, à 18,431 liv. 9 sh. 11 d., y compris 6,168 liv. 16 sh. 9 d. pour salaire des employés. Si l'on déduit de cette somme une recette de 1,519 liv. 1 sh. 1 d., montant des bénéfices du travail des détenus, etc., on aura une dépense définitive de 16,912 liv. 17 sh. 10 d. La population de la maison s'étant élevée, pendant la même année, à 639 détenus, il s'ensuit que la dépense pour chacun d'eux a été de 26 1/2 liv. environ, ou de 665 fr. de notre monnaie.

Depuis que le huitième formant le pécule des détenus est supprimé, les recettes du pénitencier se sont augmentées et ses dépenses diminuées d'autant.

§ 2.

TRAVAUX IMPRODUCTIFS.

Tread-mill.

J'ai ajouté à ma traduction des rapports des inspecteurs anglais la description et le plan du premier moulin de discipline qui ait été introduit dans les prisons de la Grande-Bretagne. Je prie monsieur le ministre de vouloir bien s'y reporter (pages 83 et suiv.).

Il y a un ou plusieurs tread-wheels dans la plupart des prisons de quelque importance. La machine en mouvement offre presque partout le même aspect, c'est-à-dire qu'elle vous présente quinze, vingt ou trente hommes, plus ou moins, se tenant des deux mains à une barre de bois, sur une ligne parallèle, et posant alternativement les pieds sur les marches d'une roue, ou plutôt d'un cylindre à marches, qu'ils font mouvoir par le poids de leurs corps; de sorte qu'en montant toujours, ils restent toujours à la même place. Chacun d'eux fait environ cinquante pas par minute, ce qui équivaut à une ascension de dix à douze mille pieds par jour.

Les détenus attachés au même tread-wheel y sont employés à tour de rôle, c'est-à-dire que pendant que les uns travaillent les autres se reposent. Chaque roue cylindrique a ordinairement plusieurs numéros. Après avoir fait un certain nombre de pas, chaque détenu avance d'un numéro, et celui qui se trouve à l'extrémité droite de la roue en descend, tandis qu'un autre y monte à l'extrémité opposée. Ainsi, par exemple, dans le tread-wheel de Coldbath-Fields, sur onze condamnés employés à une roue, six ou sept la font mouvoir pendant un temps fixé, tandis que quatre ou cinq se reposent. Deux petits escaliers de bois, placés aux deux extrémités de chaque roue, facilitent les montées et descentes des détenus, et des bancs, placés à côté, les reçoivent pendant les moments de halte. Une horloge, placée sous le toit qui couvre le tread-wheel, indique périodiquement le moment où les uns doivent descendre et les autres monter. La journée moyenne pour le travail est de huit heures et demie, en y comprenant les intervalles de repos.

M. Dumont, de Genève, a remarqué qu'après une pratique de deux ou trois jours, chaque prisonnier, quel que soit son âge, acquiert une telle facilité à suivre le mouvement de la roue, que cet exercice se fait machinalement, sans attention comme sans effort; d'où il suit que le moulin de discipline n'est pas, par lui-même, comme on l'a beaucoup trop dit, un supplice barbare, mais bien un travail triste, monotone, et qui n'est effrayant que lorsqu'il doit se prolonger pendant des années.

J'ai voulu juger par moi-même de ce que ce travail peut avoir de pénible, et mes pieds ont foulé le tread-wheel de Westminster. Ce travail est en effet triste et monotone, et je l'ai trouvé moins dur que lassant.

On s'est beaucoup exagéré les inconvénients et les avantages du tread-whell.

Ses deux principaux mérites sont : 1° *sa simplicité*. Il n'exige aucun apprentissage; il ne demande, dit fort bien M. Dumont, qu'un degré de force qui se trouve à peu près égal dans tous les individus. Nul ne peut, ni par paresse, ni par ruse, échapper au travail. Il n'y a point de tâche à donner, il n'y a point à consulter la diversité des talents et des caractères; tout marche dans une régularité parfaite; et comme, par la substitution d'un moyen mécanique aux moyens moraux, tout l'homme est réduit à une machine qui meut ses jambes, il s'ensuit que le gouvernement d'une prison devient la chose du monde la plus facile, et qu'il ne requiert pas de grands talents ni une grande vigilance de la part du directeur et des gardiens.

Le second avantage du tread-wheel, est son *efficacité réprimante*. Sans nuire à la santé des prisonniers, ce qui est aujourd'hui prouvé, le tread-mill, dit encore M. Dumont, est un genre de travail humiliant, servile, qui ne peut s'associer à aucune idée de plaisir, qui frappe l'imagination de ceux mêmes qui ne l'ont pas vu, et qui a diminué, par l'effet de la terreur, le nombre des malfaiteurs, d'une manière sensible, dans les comtés où il est établi.

Sans rien contester de ces avantages, même du dernier, je dirai que le plus grand inconvénient que je lui trouve, indépendamment de l'argent qu'il coûte (1), est d'employer à un travail inutile une force motrice considérable dont on pourrait tirer grand profit. Il ne sert, à proprement parler, qu'à moudre du vent, *to grind wind,* comme disent les Anglais. Ce n'est que par exception qu'on l'emploie, dans quelques prisons, à pomper de l'eau et à moudre du grain. Nous verrons bientôt qu'on fait mieux à Édimbourg.

Dans les prisons où les détenus sont enfermés nuit et jour, dans des cellules séparées, l'usage du tread-wheel est impossible. Aussi est-il inconnu dans le pénitencier de Milbank, où les détenus travaillent seuls dans leurs cellules respectives. Mais les Anglais, qui tiennent à leur moulin de discipline, en ont inventé un qui peut servir, dans une cellule solitaire, pour l'usage d'un seul détenu : c'est ce qu'ils appellent le crank-mill. Il y a à Milbank un crank-mill solitaire qui n'attend, pour se multiplier, que l'organisation en grand du système de l'emprisonnement individuel. J'ai trouvé cette machine si curieuse, que je crois devoir en donner le dessin et la description. (V. n° 14 des plans.)

Crank-mill solitaire.

Le crank-mill est une machine en fer, dont l'appareil occupe, dans sa plus grande dimension, un espace de cinq pieds sept pouces de hauteur, sur trois pieds trois pouces de largeur, et deux pieds de profondeur, mesure anglaise.

Le prisonnier condamné au crank-mill n'a d'autre chose à faire qu'à tourner une manivelle ou treuil, dont le manche en bois (non figuré sur le plan) s'adapte au bout de la branche en fer figurée au-dessous du cadran. Cette manivelle ou treuil fait tourner une grande roue, seul rouage qui paraît à l'extérieur, mais qui s'engrène avec d'autres petites roues dentelées, cachées dans les flancs de la machine, et dont le surveillant peut à volonté accroître ou diminuer l'action, ou le frottement, en proportion du *dur travail* qu'il veut imposer au condamné.

Le système de rouages est combiné de telle façon que chaque tour, que le prisonnier fait faire à la grande roue, est marqué, par une aiguille, sur un cadran composé de cinq parties distinctes. Une grande aiguille, qui marque d'abord les tours simples, parcourt toute la circonférence du cadran, divisé en cent degrés. Lorsque la première révolution est accomplie, quatre autres petits cadrans, placés dans la circonférence du premier, marquent, savoir : le plus haut, le nombre de centaines de tours jusqu'à dix mille; celui qui est à droite, le nombre de milliers de tours jusqu'à cent mille; celui qui est à gauche, le nombre de cent milliers de tours jusqu'à dix millions; et celui qui est en bas, le nombre de millions de tours jusqu'à cent millions. Au haut du cadran, se trouve l'ouverture, dans laquelle pénètre la clef destinée à accroître ou diminuer le frottement des rouages. Un disque en fer, qui se ferme à l'aide d'un cadenas, couvre ce mécanisme ingénieux, et permet ainsi d'en dérober la connaissance au prisonnier.

Le travail auquel se livre le condamné, en faisant tourner la roue du crank-mill, est un travail inutile et infructueux; c'est un exercice salutaire dans l'isolement où il est placé, et qui peut devenir une punition sévère, lorsqu'il est obligé d'employer de grands efforts pour vaincre la résistance qu'apporte le frottement de l'engrenage. Il peut être astreint, soit par les règles de la maison, soit par suite d'une punition qui lui serait infligée, à faire tourner la roue extérieure de

(1) On évalue à 15 ou 20 liv. sterl. ce que coûte la construction d'un tread-mill pour chaque individu. Le tread-mill de la maison de correction de Coldbath-Fields a coûté, dit-on, plus de 12,000 livres (300,000 francs!).

CRANK-MILL À COMPARTIMENTS

Crank-mill Solitaire.

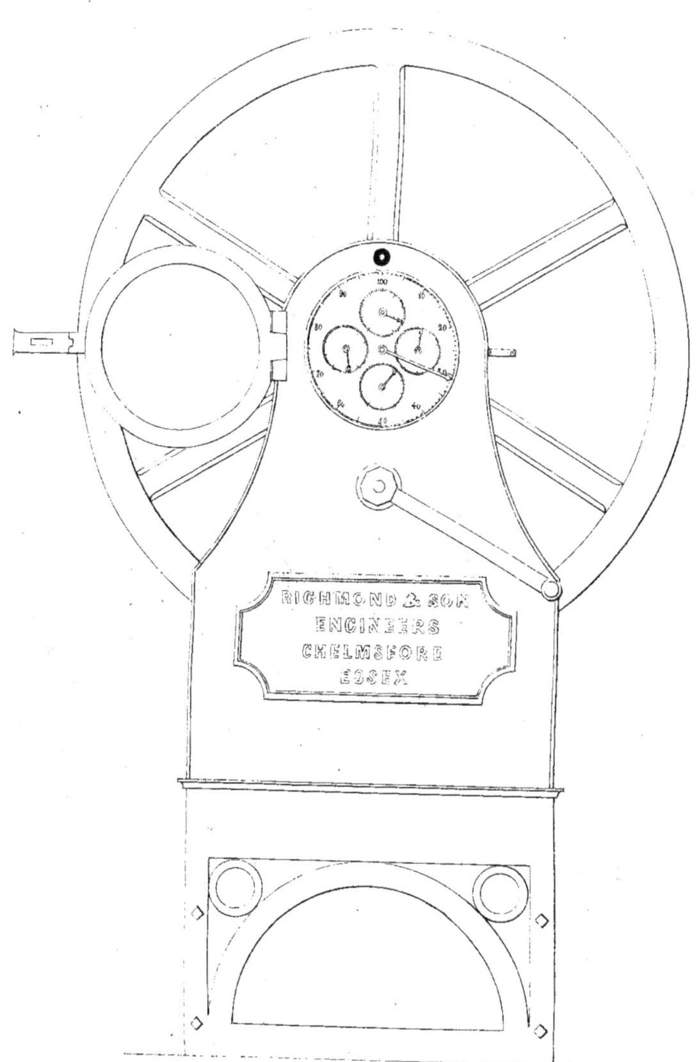

la machine un certain nombre de fois, et personne n'est dans l'obligation de surveiller l'exécution de ce travail. Un irrécusable témoin marque le nombre des révolutions accomplies, et le prisonnier ne peut se soustraire à cet invisible contrôle.

Crank-mill à compartiments.

L'habile gouverneur de la maison de correction de Petworth, comté de Sussex, M. Mance, a donné à l'usage du crank-mill une extension beaucoup plus grande, en inventant un crank-mill à compartiments où trente détenus peuvent travailler à la fois, sans se voir et sans pouvoir se parler. L'axe de l'instrument est établi de telle sorte que le treuil, que chaque détenu a en mains, est sur une ligne plus haute ou plus basse que celle de son voisin ; de sorte que, quand un détenu lève les bras pour tourner sa manivelle, l'autre les baisse à demi, un troisième tout à fait, etc., etc., ce qui rend les communications mutuelles très-difficiles (voyez le n° 11 des plans).

La vélocité ordinaire du crank est de 22 à 32 révolutions par minute. Le nombre des révolutions accomplies par jour est de 13,440. Le crank fait mouvoir une pompe qui fournit d'eau toute la maison ; il fait aussi mouvoir trois pompes improductives, qui servent seulement de contre-poids pour proportionner le travail à la force et au nombre des prisonniers (voyez n° 13 des plans).

Tread-hand-wheel.

Le plus grand défaut des tread-wheels qu'on veut utiliser, c'est que la traverse en bois, sur laquelle les prisonniers appuient leurs mains, est immobile, et que les prisonniers, en s'y appuyant fortement, diminuent d'autant la force motrice de leurs pieds et de leurs corps. Pour remédier à cet inconvénient, on a établi dans la même maison de Petworth, et dans celle de Lewes, même comté, des tread-hand-wheels, c'est-à-dire des roues doubles, dont l'une, pour les pieds, et l'autre, pour les mains (voir n° 10 des plans). La roue, sur laquelle marchent les détenus, ressemble à celle des tread-wheels ordinaires, mais, à la place de la traverse immobile, à laquelle se cramponnent les détenus, pendant que leurs pieds sont en mouvement, on a placé une autre roue cylindrique qui est leur seul point d'appui. Cette roue est tellement mobile sur son axe que la plus légère pression des mains détermine sa rotation, de sorte que les bras répètent, de toute nécessité, sur la roue supérieure, le mouvement que les pieds impriment à la roue inférieure.

Ce tread-wheel est divisé en seize parties, séparées par des cloisons qui isolent les détenus les uns des autres. Vis-à-vis sont dix cases, séparées de la même manière, dans lesquelles dix autres détenus sont assis, le dos tourné aux seize travailleurs qu'ils remplacent partiellement au signal donné par le surveillant, lequel se promène dans le corridor intermédiaire pour faire observer la loi du silence.

Au centre de cet atelier se trouve une loge particulière, d'où le maître de l'ouvrage (*task-master*) peut observer tout ce qui se passe. Au-dessus de sa tête pend une main de fer, à l'aide de laquelle il fait mouvoir un levier qui accélère ou diminue le mouvement de rotation du tread-wheel, suivant la pression qui lui est imprimée, et selon qu'il veut rendre le travail plus ou moins *dur* aux détenus.

A ce tread-wheel est attaché un

Ergomètre.

L'ergomètre, dont M. Mance est encore l'inventeur, est une espèce d'horloge dont le mécanisme fait mouvoir deux aiguilles qui marquent sur un cadran la somme de travail exécuté par les détenus.

Ce cadran est partagé d'abord en 78 parties, représentant les 78 jours ouvrables de chacune des quatre saisons de l'année. Au-dessus de ce premier cercle concentrique, trois autres cercles sont divisés en autant de parties que les détenus doivent travailler d'heures, pendant l'hiver, pendant l'automne et le printemps, ou pendant l'été.

Par exemple, dans la maison de correction de Lewes et dans celle de Petworth, les règlements exigent que les détenus travaillent sept heures en hiver, huit heures trois quarts pendant le printemps et l'automne, et dix heures pendant l'été, et le mécanisme du tread-wheel est disposé en conséquence. Si les travailleurs marchent sur la roue sans s'arrêter, la grande aiguille s'avance graduellement sur le cadran de manière à se trouver sur le n° 1 à la fin de la première heure du travail, sur le n° 2 à la fin de la seconde heure, et ainsi de suite successivement jusqu'à la dernière heure de travail assigné pour chaque jour de chaque saison; et chaque révolution de la grande aiguille fait avancer la petite d'un 78ᵉ de la circonférence du cadran. La petite aiguille parcourt ainsi les 78 degrés du cadran pendant les 78 jours de travail de la saison. La plus légère interruption dans les travaux retarde la marche des aiguilles, et le cadran, qui sert à déterminer la somme de travail imposée aux détenus, contrôle en même temps la manière dont le travail a été exécuté. C'est encore un mécanisme qui permet au surintendant de graduer la punition des détenus et d'en surveiller l'exécution, même pendant son absence.

Le plan de l'*ergomètre,* joint à ce rapport sous le n° 12, donne une juste idée de cette ingénieuse invention. Les chiffres placés dans le pourtour de sa circonférence intérieure, déterminent le nombre de révolutions du tread-wheel de Petworth, par jour, par période de six jours, et par saison. On voit ainsi qu'en imprimant à la roue 1,015 révolutions par jour, les détenus accomplissent, pendant six jours du printemps, de l'été ou de l'automne, 6,090 révolutions, et pendant 78 jours des mêmes saisons, 79,170. De même, en imprimant à la roue 812 révolutions par jour pendant l'hiver, six jours en accomplissent 4,872 : douze jours, 9,744; 78 jours, 63,336.

Le cadran de l'ergomètre qui figure sur le plan, n° 10, du tread-hand-wheel de Petworth, figure également sur le plan, n° 11, du crank-mill de la même maison.

Il sert au même usage dans ces deux sortes de travail forcé.

Régulateur.

Lorsque l'axe que font tourner les pieds ou les mains des détenus, dans les révolutions du tread-wheel ou du crank-mill, aboutit à un mécanisme quelconque, dont l'objet est de moudre du blé, ou de scier des pierres ou du bois, ou de faire mouvoir un moulin à tan ou à foulon, ou des métiers à filer ou à tisser, ou des pompes à eau et autres machines productives, la force motrice du tread-wheel ou du crank mill trouve, dans l'engrenage des rouages producteurs,

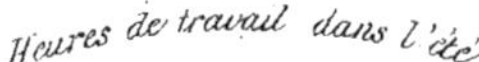

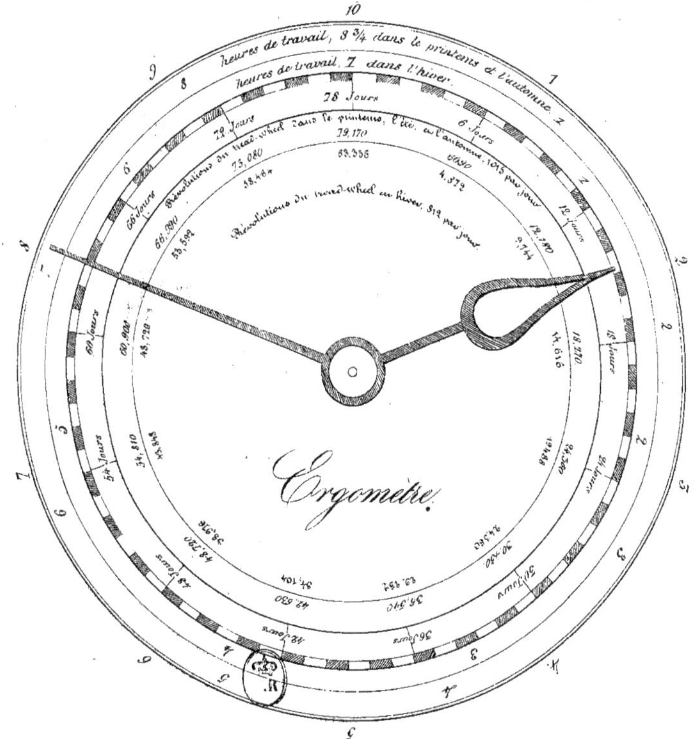
Heures de travail dans l'été
heures de travail, 8 3/4 dans le printems et l'automne
heures de travail, 7 dans l'hiver
78 Jours
72 Jours
66 Jours
60 Jours
54 Jours
48 Jours
42 Jours
36 Jours
30 Jours
24 Jours
18 Jours
12 Jours
6 Jours
Révolutions du tread-wheel dans le printems, l'été, et l'automne, 1095 par jour
Révolutions du tread-wheel en hiver, 819 par jour
79,170
63,336
73,080
58,464
6,090
4,872
12,180
9,744
18,270
14,616
24,360
19,488
30,450
24,360
36,540
29,232
42,630
34,104
48,720
38,976
54,810
43,848
60,900
48,720
66,990
53,592
Ergometre

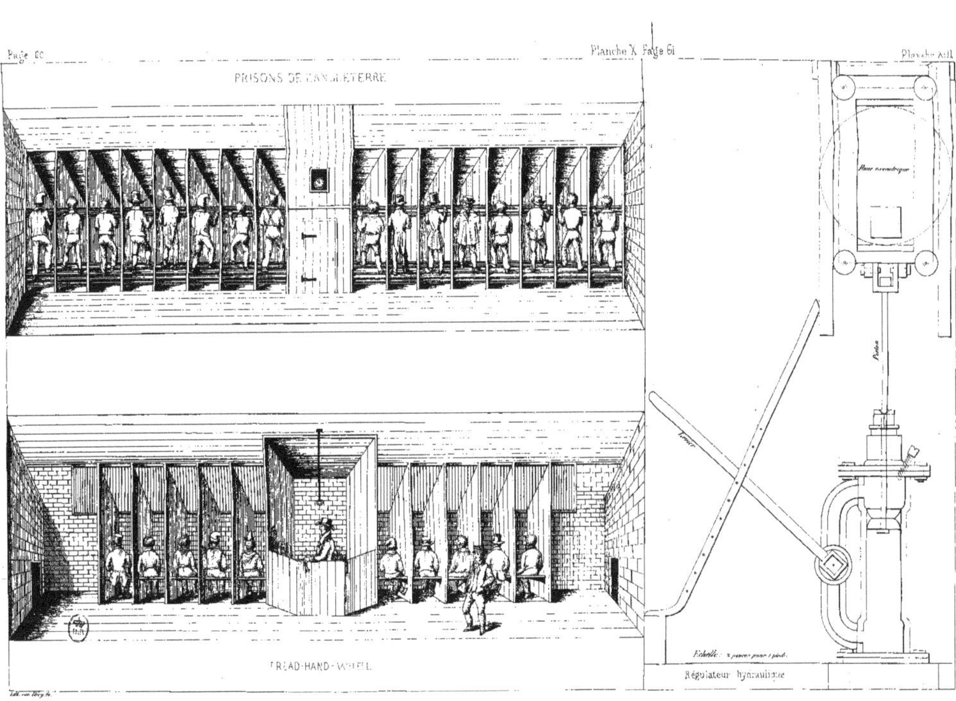
Page 60
Planche X Page 61
PRISONS DE L'ANGLETERRE
TREAD-HAND-WHEEL
Régulateur hydraulique

un point de résistance et un contre-poids suffisant pour constituer le *hard labour* des condamnés.

Mais dans les maisons de correction, où il est impossible ou hors d'usage d'appliquer la force motrice des tread-wheels ou des crank-mills à une industrie quelconque, il a fallu suppléer à l'absence d'une machine productive par une machine improductive qui pût opposer la même résistance : de là l'invention des régulateurs.

Dans les maisons de correction de Lewes et de Petworth, les tread-wheels et les crank-mills ont pour contre-poids trois *régulateurs hydrauliques* placés à égale distance. Cette machine, dont je donne le dessin n° 13 des plans, consiste en un corps de pompe immobile, dont le piston, mû par une roue excentrique qui s'engrène avec l'axe des tread-wheels et des crank-mills, foule alternativement de haut en bas et de bas en haut. La résistance opposée à cette double pression est produite par un certain volume d'eau enfermé dans le corps de pompe, et qui passe successivement de la partie inférieure dans la partie supérieure, et de la partie supérieure dans la partie inférieure, au moyen d'un tube latéral qui communique aux deux extrémités de la pompe. Au milieu de ce tube latéral est une clef qui a pour objet d'élargir ou de diminuer l'ouverture qui donne passage à l'eau, et le levier qui fait tourner cette clef s'adapte à une barre à crémaillère, dont les crans ou pitons sont gradués de manière à calculer le degré de résistance qu'on veut imposer à la force motrice.

Un régulateur de même sorte sert de contre-poids au tread-wheel improductif du Westminster-Bridewell, à Londres.

A Coldbath-Fields, dont les tread-wheels sont également improductifs, on a établi pour contre-poids aux deux extrémités de l'axe de plusieurs de ces tread-wheels, des crank-mills que huit détenus font tourner, à chaque bout, en sens inverse. De sorte que, tandis que des condamnés font tourner leur *wheel* à force de jambes, d'autres condamnés font tourner leur *crank* à force de bras; et comme le crank-mill, adapté au tread-wheel, tourne en sens opposé, il s'ensuit que la force motrice de l'un entrave la force motrice de l'autre, et établit ainsi un point de résistance aussi pénible pour ceux qui l'opèrent que pour ceux qui l'éprouvent : je ne connais rien de plus dur et de plus dégradant que ce travail; les détenus que j'y ai vus appliqués m'ont paru le subir avec une véritable humiliation.

Quelques-uns des tread-wheels de la même prison ont pour régulateur une machine à vent, dont les ailes déployées en forme de croix, et disposées en compartiments à forme d'éventail, trouvent, dans l'air qu'elles agitent en tournant, un point de résistance plus ou moins dur à vaincre, selon que les éventails sont plus ou moins fermés, plus ou moins ouverts.

Il existe aussi dans la maison de correction de Gloucester, une machine à vent de cette sorte, mais elle ne sert que quand le moulin à farine n'a plus de blé à moudre. Le mécanisme du tread-mill de cette prison ayant un but industriel, et pouvant être appliqué, avec le plus grand avantage, dans les prisons où ce genre de travail est usité, je crois devoir donner, sous le n° 9, le dessin des diverses parties qui le composent.

§ 3.

UTILITÉ QU'ON POURRAIT RETIRER DE L'EMPLOI DU TREAD-MILL DANS LES PRISONS.

Le but principal de tout travail mécanique, dans les prisons, est de tenir les prisonniers constamment occupés : si l'on n'avait pas de régulateurs improductifs, il s'ensuivrait que les détenus chômeraient, lorsque l'industrie qui alimenterait la machine productive viendrait à manquer; or la discipline d'une maison de correction ne doit pas dépendre de circonstances commerciales, ou de toute autre cause extérieure; voilà pourquoi, dans le plus grand nombre des bridewells de l'Angleterre, les magistrats des comtés préfèrent s'en tenir tout uniment à un travail de discipline, qui ne produit rien autre chose que la punition du détenu, et qui trouve un aliment constant dans un régulateur qui tire toute sa force de lui-même.

Une autre cause qui a déterminé les magistrats à recourir à ce dernier moyen, c'est que les moulins à blé ou autres machines productives que font mouvoir les tread-wheels, dans plusieurs prisons, sont établis dans l'enceinte même de ces prisons, et donnent ainsi entrée à des allants et venants étrangers, qu'y appelle nécessairement l'industrie exploitée, ce qui donne lieu aux inconvénients les plus graves. C'est ce qui a lieu, notamment, dans la maison de correction de Brixton, où l'on moud du blé pour les particuliers.

Mais il me semble qu'on pourrait remédier à ce double inconvénient, 1° en établissant, dans chaque maison de correction où se trouve un tread-wheel ou un crank-mill, une ou plusieurs machines improductives, pour suppléer au chômage momentané des machines productives, ainsi que cela se pratique dans les maisons de correction de Lewes, de Petworth, de Gloucester et autres; 2° en établissant les machines productives, en dehors de la machine motrice, c'est-à-dire en dehors de l'enceinte de la prison où se trouve le tread-wheel, ainsi que cela se pratique, notamment, dans le bridewell de la Cité, à Londres, et dans celui de Springfield, dans le comté d'Essex, où l'administration fait moudre du blé, avec son tread-mill, non-seulement pour l'usage de la prison, mais encore pour celui des particuliers. La machine mue peut se trouver à une très-grande distance de la puissance motrice. On a calculé que cette distance peut être de quatre milles sans que la puissance motrice perde rien de sa force.

A Aylesbury, dans Buckinghamshire, le tread-wheel de la prison sert à distribuer de l'eau dans une grande partie de la ville.

Il me paraît certain qu'on pourrait retirer en France d'immenses avantages du tread-wheel, si son usage était introduit, avec toutes les ressources qu'il présente, dans les prisons de Paris et dans les prisons départementales, où le peu de durée de l'emprisonnement ne permet pas d'apprendre des métiers utiles aux détenus, et force l'administration à les laisser se corrompre dans une constante oisiveté. Sous ce rapport, les Anglais sont plus sages que nous; seulement, la crainte exagérée de nuire à l'industrie libre leur fait dépenser, en pure perte, une force précieuse que nous pourrions, sans partager cette crainte, facilement tourner à notre profit.

CHAPITRE V.

DE LA DISCIPLINE DES PRISONS EN ÉCOSSE.

La sollicitude du parlement pour tout ce qui a rapport au régime des prisons de l'Angleterre se retrouve dans tout ce qui touche au régime des prisons de l'Écosse (voir le n° 3 de l'Appendice).

Malheureusement les abus sont grands dans les prisons de l'Écosse, et il faudra plus que des lois pour les déraciner.

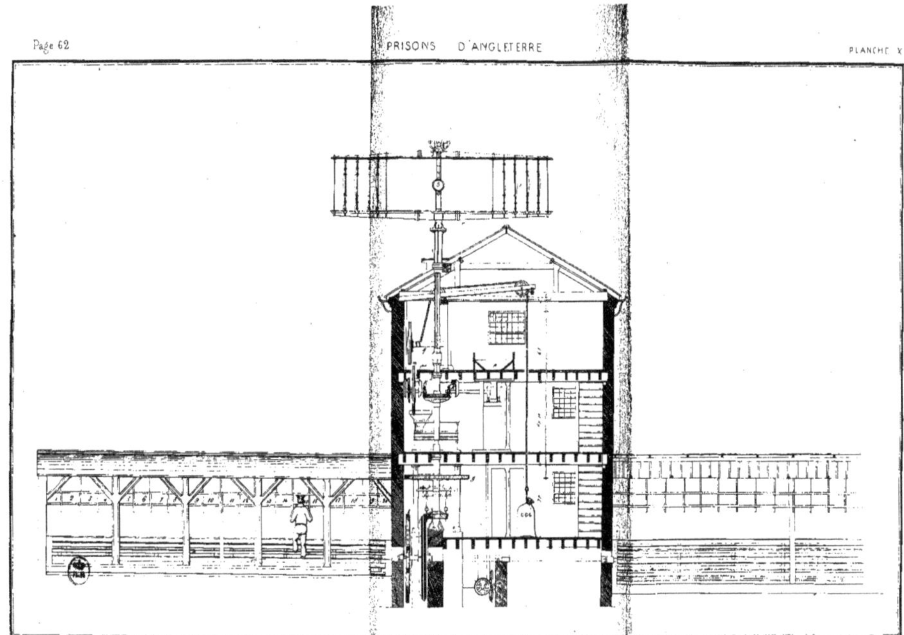

TREADMILL DU PENITENTIER DE GLOUCESTER PRISON DE COMTE

M. Fréderic Hill, inspecteur général des prisons de l'Écosse, a, dans deux rapports fort remarquables présentés aux deux chambres du parlement par ordre de Sa Majesté Britannique, relevé les parties les plus saillantes de ces abus, et signalé le remède à côté du mal.

Ce remède consiste, en grande partie, dans l'isolement individuel absolu des diverses classes de détenus entre eux.

J'ai fait l'analyse des deux rapports de M. Hill dans la deuxième partie de ma traduction.

Depuis, M. Frédéric Hill m'a écrit, sous la date du 2 janvier 1838, la lettre suivante, que je crois devoir rappeler textuellement:

« Vous me priez de vous donner par écrit le résultat de mon expérience acquise sur les effets « du système de la séparation individuelle des condamnés: chaque jour vient confirmer de plus « en plus l'excellence de ce système dans mon esprit, et je ne puis trop énergiquement m'exprimer « pour en recommander l'adoption. Ce système commence à fonctionner dans plusieurs prisons « de l'Écosse, à l'instar du bridewell de Glasgow, et, autant qu'il m'est permis d'apprécier ces « essais, je puis dire qu'ils sont on ne peut plus satisfaisants. Vous avez dû remarquer, dans mon « dernier rapport, l'introduction du système de l'isolement individuel dans la maison de correc- « tion d'Ayr. J'ai récemment parcouru tout le comté, et je me suis assuré que des hommes, « qui avaient passé jusqu'alors pour des criminels incorrigibles, sont détournés maintenant de « commettre de nouvelles offenses, par la crainte qu'ils éprouvent d'être enfermés seuls dans la « prison d'Ayr; et pourtant, il faut le dire, le régime qu'on y suit est combiné de telle sorte « que la santé n'a jamais à en souffrir. Ce n'est pas cependant que je considère l'intimidation « comme le seul et le meilleur effet qu'on puisse ou doive attendre de la mise en œuvre « du système de la séparation. Je crois au contraire que ce système doit avoir pour consé- « quence, sinon nécessaire, au moins probable, la réforme morale du prisonnier. Ce dont je suis « bien convaincu, c'est que cette réforme ne peut être obtenue par aucun système que ce soit, « qui n'aura pas pour base le principe de la séparation; et si je doute, parfois, qu'un système « quelconque puisse ramener au bien certaines natures à jamais perverties, je ne doute pas que « la séquestration des jeunes condamnés, des adultes, n'amène une amélioration notable et « prompte dans la condition des classes pauvres. C'est par les jeunes détenus qu'il faut com- « mencer la réforme. Je ne connais pas de meilleur moyen pour réformer les adultes. »

J'ai visité, dans le plus grand détail, la maison de correction de Glasgow; j'ai visité aussi, avec le plus grand soin, la maison de correction d'Édimbourg. Je ne parlerai que de ces deux prisons, parce qu'elles résument à elles seules les deux systèmes qui ont le plus de crédit en Écosse, celui de la séparation individuelle, et celui des classifications, qui se rapproche le plus de la séparation.

§ 1er.

MAISON DE CORRECTION DE GLASGOW.

Le bridewell de Glasgow a acquis une grande célébrité en Angleterre. Cette maison de correction se compose de deux parties construites à deux époques différentes; la première, il y a quarante ans, la seconde, il y a quatorze ans environ. La partie moderne est bâtie sur le plan rayonnant; elle se compose de deux ailes oblongues qui aboutissent au bâtiment d'administration. Il reste un large emplacement pour la construction de deux autres ailes; cette construction nouvelle est ordonnée; elle doit s'effectuer incessamment (voir le n° 8 des plans). Le terrain que couvre le bridewell est d'une étendue de deux acres et demi d'Angleterre. Les deux ailes consacrées aux hommes se composent chacune de quatre étages, et chaque étage de deux rangs de cellules, séparés par un corridor, et chaque rang, de dix cellules, et chaque aile, de quatre-vingts cellules, ayant toutes neuf pieds de long sur sept de large et dix de haut. Les cellules sont éclairées par des fenêtres placées près du plafond, et construites de manière à procurer le plus d'air possible aux détenus, tout en les empêchant de communiquer avec le dehors. La porte d'entrée de chaque cellule est pratiquée dans le coin vis-à-vis et à l'opposite de celui où se trouve la fenêtre. Près du plafond, et du même côté que la porte, est pratiquée une ouverture pour la ventilation. Les cellules ne sont chauffées, pendant l'hiver, par aucun procédé de caléfaction; les prisonniers ne paraissent nullement en souffrir: cela tient sans doute à l'habitude qu'ils contractent dès l'enfance de s'aguerrir contre le froid. A Glasgow tous les enfants et toutes les jeunes filles du peuple marchent nu-têtes et nu-pieds dans les rues, au milieu de la boue et au milieu de l'hiver.

La partie vieille du bâtiment, occupée par les femmes, est moins bien accommodée aux nécessités de sa destination. Les cellules en sont plus petites et moins bien séparées les unes des autres; plusieurs sont humides et obscures.

Chaque détenu, homme ou femme, reste enfermé, le jour et la nuit, dans une cellule particulière. Il n'en sort jamais que pour aller seul, et sous la conduite d'un surveillant, aux *lieux*, et dans le cabinet où l'on se lave la figure et les mains, attendu qu'il n'y a, dans les cellules, ni tinette ni robinet pour satisfaire aux besoins de nature et de propreté des détenus séparément. Cet inconvénient, qui n'existe pas dans le pénitencier de Cherry-Hill, à Philadelphie, est amoindri autant que possible par la surveillance; mais il n'en existe pas moins: aussi y remédiera-t-on dans l'aile de bâtiment projetée.

Rien ne peut surpasser l'ordre, le silence et la propreté qui règnent dans toutes les parties de l'établissement, et spécialement dans les cellules.

Le nombre des cellules séparées est de 160 pour les hommes, et de 144 pour les femmes. Total 304.

Le jour de ma visite dans l'établissement (27 décembre 1837), le chiffre de la population était de 183 hommes et de 167 femmes. Total 350, dont 11 enfants.

Le nombre des détenus excédait donc de 46 le nombre des cellules; ce qui nécessitait la réunion de plusieurs détenus dans une même cellule.

Ce grave inconvénient, qui se renouvelle plusieurs fois dans le cours de l'année, rend indispensable la construction immédiate de la nouvelle aile projetée. Elle contiendra 120 cellules, et permettra au système de l'isolement de fonctionner sans altération aucune.

Voici le compte de la population du bridewell, tel qu'il a été arrêté par le directeur pour l'année commençant au 2 août 1836 et finissant au 2 août 1837.

Le nombre total des condamnés qui ont séjourné dans la prison, pendant le cours de l'année, a été de 2,067.

La durée moyenne de l'emprisonnement a été de soixante jours pour chaque condamné.

Dans le nombre total des condamnations, on en compte 1,045 pour vols; 236 pour tapages, rixes, etc.; 202 pour fait de prostitution accompagnée de désordres; 102 pour offenses militaires; 120 à la déportation.

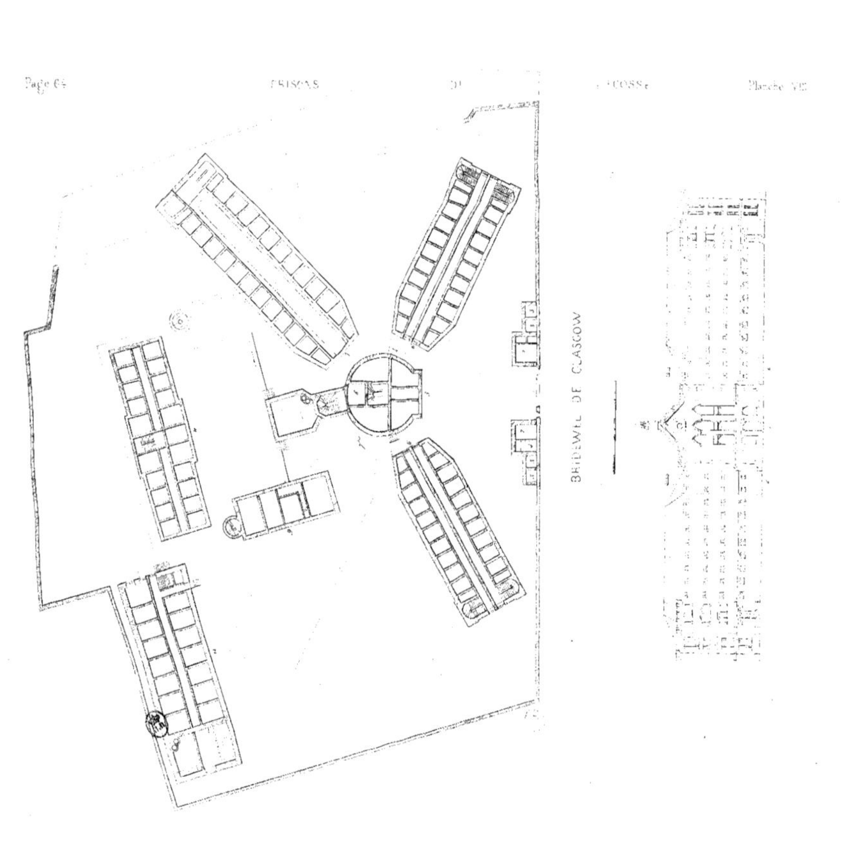

BRIDEWELL DE GLASGOW

Les hommes comptaient dans le chiffre total pour 1,237, dont 331 garçons au-dessous de dix-sept ans; et les femmes pour 830, dont 73 jeunes filles du même âge.

Tous les détenus, hommes, couchent dans des hamacs. Un hamac, une chaise et un métier, tel est l'ameublement de chaque cellule. La cellule en est souvent toute remplie, surtout quand elle est garnie d'un métier de tisserand.

On ne se sert ni de tread-wheel, ni de crank-mill dans la prison.

Tout ce que gagne le condamné est appliqué à couvrir les dépenses de l'établissement. Si le produit des travaux des détenus excède le montant de ces dépenses, le surplus peut leur être remis à leur sortie; mais, dans aucun cas, ils ne peuvent l'exiger comme un droit: c'est la disposition expresse de l'article 17 du règlement.

Le règlement interdit toute visite du dehors, à moins que ce ne soit pour affaires majeures. Il autorise le gouverneur à décacheter toutes les lettres envoyées ou reçues.

La nourriture est beaucoup moins abondante que celle de nos maisons centrales.

L'une des objections qu'on élève contre le système de l'isolement individuel pendant le jour est la difficulté de procurer du travail aux détenus. Cette difficulté est vaincue à Glasgow, ou plutôt ce n'en est pas une, à voir l'activité qui règne dans toutes les cellules. Ainsi, dit le docteur Julius, et c'est un document dont j'ai vérifié l'exactitude sur les lieux, l'habile directeur de la maison de Glasgow, M. Brebner, est parvenu, dans les années 1833, 1834 et 1835, avec des condamnés à une très-courte détention, par conséquent ne pouvant procurer qu'un très-faible produit, à un résultat tellement satisfaisant, qu'on peut défier le directeur de n'importe quel établissement européen où le travail a lieu en commun d'en représenter un semblable. Voici ce résultat :

ANNÉES.	NOMBRE des condamnés.	JOURNÉES annuelles des condamnés.	DURÉE moyenne des peines.	PRODUIT du travail.	FRAIS DE L'ÉTABLISSEMENT défalcation faite du produit du travail.
			jours.	liv. sh. d.	liv. sh. d.
1833	2,075	328	58	2,256 9 0	725 18 7
1834	1,967	320	59	2,182 6 2	590 10 0
1335	2,176	330	58	2,267 19 10	400 1 0

Ainsi les condamnés ont, dans cette dernière année, couvert à Glasgow, ville de grandes manufactures, et particulièrement de tisserands et de fileurs, 85 pour 0/0 des frais de l'établissement.

Ainsi dans les deux premières des trois années ci-dessus, la dépense moyenne de chaque prisonnier a été, déduction faite du produit de son travail, de 2 livres 16 shellings 9 pence; elle a été, en 1835, de 1 livre 17 shellings 9 pence seulement.

Ainsi au lieu d'être un fardeau pesant pour la société, et principalement pour la classe laborieuse et pauvre, qui contribue aux charges publiques pour la plus grande part, quoique cette part soit la plus petite en somme, les prisonniers, dans le bridewell de Glasgow, gagnent, par leur propre travail, presque tout ce qu'ils coûtent.

L'état des recettes et des dépenses de l'établissement a été arrêté, ainsi qu'il suit, par les magistrats de Glasgow, pour l'année finissant au 2 août 1837 :

Produit des travaux des détenus.

	liv.	sh.	d.
Tisserands	1,041	8	4
Fileurs et dévideurs	426	12	9
Travailleurs à l'aiguille	107	14	11
Tondeurs	5	9	9
Éplucheurs de coton, cardeurs de laine, batteurs de chanvre, de bourre, et trieurs de vieux câbles	62	16	5
Tailleurs	54	13	0
Couturières en chemises	11	6	9
Cordonniers	41	5	2
Orfévres, joailliers, graveurs, etc	17	14	8
Chaisiers, coffretiers, etc	7	8	0
Peintres sur coton, bouchonniers, perruquiers, etc	26	17	4
Divers	149	11	6
	1,952	18	7
Reçu pour l'entretien et la garde des prisonniers détenus pour être ultérieurement examinés, jugés, déportés, etc	425	7	10
	2,378	6	5
Balance, pour le reliquat de ce qu'il en doit coûter au public pour l'entretien et la garde des prisonniers, tous salaires compris, ainsi que les lits, les vêtements, le blanchissage, les fournitures, les ustensiles, les métiers, la réparation des bâtiments, et généralement tout ce qui est relatif aux dépenses intérieures de l'établissement	845	0	
TOTAL	3,223	6	5

Dépenses.

				liv.	sh.	d.
Nourriture				1,260	13	2
Vêtements, médicaments, etc				147	15	10
Charbon de terre, couvertures, hamacs, paillasses, etc				372	14	6
Fournitures pour alimenter les travaux				346	11	7
Réparations et entretien des bâtiments				117	9	0
Salaires et gages de vingt et un emloyés, savoir :						
Gouveneur	300	0	0			
Greffier, 85 liv. par an ; quatre gardiens mâles, 18 s. par semaine ; deux gardiens, 12 s. ; deux portiers, 16 s. : un watchman de nuit, 12 s.	449	0	0			
Matrone, quatre surveillantes	58	10	0	978	2	4
Gages *extra*	13	7	4			
Chapelain et maître d'école	93	18	4			
Deux maîtresses d'école	33	6	8			
Chirurgien	30	0	0			
TOTAL				3,223	6	5

Il résulte, de l'état ci-dessus des recettes, que le produit du travail suffit à l'entretien de tous les détenus, avec un *boni* de 250 livres 11 shellings 4 pence; lequel *boni* diminue d'autant la dépense des réparations aux bâtiments et des salaires des employés.

Pendant l'année, il y a eu (non compris les 314 détenus qui restaient au 2 août 1836) 2,067 individus emprisonnés, et 2,006 libérés, ce qui établissait un restant de 375 détenus au 2 août 1837. Les 845 livres de déficit, divisées par 1781, nombre de travailleurs, établissent que la dépense, à la charge du public, pour chaque prisonnier, ne s'élève pas à plus de 9 shellings 6 pence, la moyenne du séjour de chacun d'eux en prison étant de soixante jours.

Remarquez que l'augmentation de 70 prisonniers sur la moyenne du chiffre ordinaire par jour, le prix élevé des denrées, le ralentissement des affaires commerciales, etc., etc., sont autant de causes qui ont produit l'augmentation de la dépense d'entretien de l'établissement dans la dernière année.

C'est à la constante occupation dans laquelle sont tenus les prisonniers de Glasgow qu'il faut principalement attribuer l'excellente santé dont ils jouissent. On n'a compté que deux cas de mort sur une population moyenne journalière de 300, pendant plusieurs années consécutives. Il est mort 7 détenus pendant les années 1833, 1834 et 1835, ce qui établit une proportion de 1 sur 97 2/3. Lors de ma visite, je n'ai trouvé que 6 prisonniers malades, encore n'était-ce pas en prison qu'ils avaient contracté leur maladie. M. Hill prétend que les détenus se portent mieux en prison que dehors, c'est-à-dire qu'ils en sortent ordinairement mieux portants que quand ils y étaient entrés. Et cela se conçoit de reste par le régime de désordre, d'ivrognerie, de malpropreté et de misère qu'ils suivent quand ils sont en liberté.

Il n'y a pas d'infirmerie commune dans la prison; les détenus malades sont soignés dans des cellules séparées.

Il n'y a pareillement ni école, ni chapelle commune. Un maître d'école pour les hommes, deux maîtresses d'école pour les femmes, et un chapelain pour les deux sections, vont successivement dans chacune des cellules et y font des lectures, des exhortations et des prières.

Les punitions corporelles sont bannies de la discipline de la prison; seulement l'usage de la férule est encore en vigueur pour les enfants.

Bien que les détentions soient fort courtes, et que le système pratiqué dans le bridevell de Glasgow ne puisse, dès lors, produire une impression bien profonde dans l'âme des condamnés, cependant ce système n'est pas sans heureux effets, et tous les magistrats que j'ai consultés s'accordent à dire que bien peu de ceux qui y ont séjourné quelque temps une première fois y reviennent une seconde (1), et que le plus grand nombre d'entre eux continue, dans le monde, les habitudes d'ordre qu'il a contractées en prison. Le reste, s'il n'est pas amélioré, n'est certainement pas dépravé davantage : c'est le résultat le plus incontestable du système.

(1) Le tableau qui suit peut donner une idée du degré d'influence que la durée des détentions exerce sur l'esprit des prisonniers dans le bridewell de Glasgow :

Après un emprisonnement de	14 jours,	75 pour	100 sont tombés en récidive.	
	30	60	d°	d°
	40	50	d°	d°
	60	40	d°	d°
Après un emprisonnement de	4 mois,	25 pour	100 sont tombés en récidive.	
	6	10	d°	d°
	9	7 1/2	d°	d°
	12	4	d°	d°
	18	1	d°	d°

§ 2.

MAISON DE CORRECTION D'ÉDIMBOURG.

Le bridewell d'Édimbourg est régi d'après le système des classifications, mais il se rapproche plus qu'aucune autre prison établie sur ce système de la règle de l'isolement individuel des condamnés. Sa construction m'a paru la plus ingénieuse de toutes, et je crois qu'on pourrait l'adopter, sauf modifications, aussi bien pour le système de la séparation individuelle, qu'elle l'est pour le système des classifications. Cette prison, occupée pour la première fois en 1795, en vertu d'un acte du parlement de 1791, ressemble, dans sa forme, à la forme de la lettre D. Sa partie rectiligne est occupée par les escaliers et les dépendances du bâtiment d'administration, qui en est séparé devant par une cour. La partie semi-circulaire est occupée par une double rangée de cellules séparée par un corridor. La première rangée, la plus près du centre, se compose de cellules de travail, et la seconde rangée, qui est derrière, de cellules de nuit. Les deux rangées de cellules ont quatre étages, non compris l'attique, réservé pour les chambres des malades. Chaque étage contient 13 cellules de travail (en tout 52) et 26 cellules de nuit, éclairées par le jour extérieur du bâtiment. Les cellules de travail ont 15 pieds de long, et presque toutes 8 pieds 1/2 de large, sur 8 pieds 3 pouces de haut; elles sont toutes éclairées par une grille en fer aussi large et aussi élevée que chaque cellule; et les barres mi-plates de chaque grille sont disposées en biais, et comme des feuilles de persiennes, de telle manière qu'il est impossible aux détenus de se voir d'une cellule dans l'autre. Généralement les cellules de nuit ont 7 pieds de long, sur 6 pieds de large, et 8 pieds 3 pouces de haut. Quelques-unes sont un peu plus larges. Il y en a, en tout, 129. Il faut ajouter à ce nombre, 20 nouvelles cellules qui viennent d'être construites, et qui ont chacune 8 pieds 1/2 de long, sur 6 pieds 1/2 de large, et 9 pieds de haut. A sa partie rectiligne est attachée une tour semi-circulaire, dont les fenêtres étroites ont vue directement dans chacune des cellules de travail, et permettent aux gardiens d'exercer leur surveillance sur les prisonniers sans en être vus. Le jour vient par un châssis vitré qui couvre, à la hauteur du toit, l'espace vide laissé entre la tour d'inspection et les cellules de travail. Dans cet espace, et adossée à la tour, se trouve, au rez-de-chaussée, une chaire d'où le chapelain fait entendre sa voix aux condamnés des quatre étages : cet espace vide sert donc de chapelle.

La population moyenne de la prison est de 180 par jour. Le nombre des cellules de nuit est donc insuffisant pour que *tous* les détenus reposent solitairement.

Les détenus travaillent trois ou quatre dans chaque cellule de travail, *rarement* deux.

Les prisonniers sont employés, selon leur sexe, à filer, à tricoter des bas, à éplucher de l'étoupe, à faire de la toile, à tisser de la laine ou du coton, à faire des chaussons de lisière, à coudre, etc., etc. Quand les condamnés savent un métier, on applique leur industrie aux besoins de la maison. On les occupe comme menuisiers, tonneliers, forgerons, cordonniers, peintres, etc. Les autres sont employés, comme garçons de service, à faire les gros ouvrages, et à entretenir la propreté de la maison. Ceux qui sont condamnés au *dur travail* sont employés au tread wheel. Ce sont des détenus qui cultivent le jardin. Presque tous les effets de literie et de vêtement de la prison sont, en ce moment, fabriqués par les détenus.

Un registre, régulièrement tenu, établit la comptabilité des travaux des prisonniers. Ces tra-

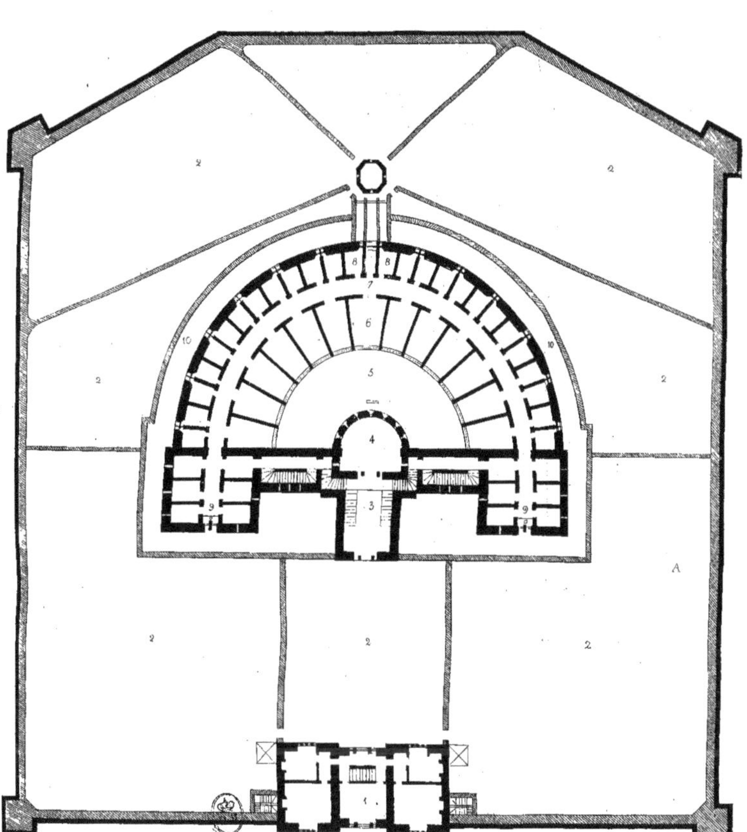

BRIDEWELL D'EDIMBOURG.

vaux sont en régie comme à Glasgow, et non donnés à l'entreprise. Il faut en excepter pourtant le travail du tread-wheel, lequel est loué à un entrepreneur moyennant 70 livres par an. Le marché est fait pour cinq années. L'entrepreneur emploie 24 hommes par jour : avec cette force motrice, il fait tourner une machine à filer, placée en dehors de l'établissement. Il y a un autre tread-wheel qui ne sert qu'à frapper l'air avec les ailes de son volant. Il n'y a pas d'autre machine de ce genre dans le reste des prisons de l'Écosse.

Quand le produit du travail des détenus excède le montant des dépenses de leur entretien, l'acte du parlement qui institue cette prison accorde au comité le plein pouvoir d'ordonner que le surplus soit payé à la femme ou à la famille du prisonnier ; et que, quand le prisonnier n'aura ni femme ni famille, il pourra, s'il le mérite, en recevoir le tiers à sa sortie, soit en argent, soit en effets, les deux autre tiers ne devant lui être payés que six mois après, sur la production d'un certificat du juge de paix constatant sa bonne conduite.

Le produit moyen du travail des détenus est de 2 à 3 livres par an, et pour chaque travailleur. Il est de 5 à 6 livres dans le bridewell de Glasgow.

La dépense moyenne la plus élevée de chaque prisonnier est, pour le bridewell d'Édimbourg, d'environ 9 livres 6 shellings : cette moyenne est réduite à 7 livres, lorsqu'on en déduit le produit du travail de chaque détenu. La dépense moyenne du détenu par jour est, ainsi, de 4 pence 1/2 environ.

Sous ce rapport, l'avantage reste au bridewell de Glasgow.

L'avantage reste encore à cette maison de correction sous le rapport de la santé, car trois prisonniers sont morts dans le bridewell d'Édimbourg pendant l'année 1835, et six dans le cours de l'année suivante. Dans chacune de ces deux années, deux ou trois enfants moururent également en bas âge : ils étaient avec leurs mères.

Et cependant le bridewell d'Édimbourg est constamment chauffé pendant l'hiver par des conduits calorifères, et il possède une large cour où les femmes ont la liberté de se promener dans la belle saison.

Quant au régime économique et disciplinaire, il est le même dans les deux établissements.

CHAPITRE VI.

DU SYSTÈME LÉGAL ACTUEL DES CLASSIFICATIONS ET DU SILENCE.

Le système légal actuel des prisons de l'Angleterre est, quant à leur discipline intérieure, le système des classifications.

Les règlements y ont ajouté l'obligation absolue du silence.

Le troisième rapport, que MM. Crawford et Russell viennent de publier, résume, avec une grande force de logique et de faits, les objections qui s'élèvent contre ce système.

Le seul remède, disent-ils, qu'on ait trouvé d'abord contre les maux effroyables de la vie commune des prisons, a été le système des classifications, système dont on s'était promis merveilles, et qui a compté, parmi ses partisans, les philanthropes les plus éminents de notre époque. Mais on n'a pas tardé à s'apercevoir que modifier le mal ce n'est pas le guérir. Or, qu'est-ce autre chose que la classification, sinon une association modifiée? Le système des classifications n'en a pas moins été tenté dans le royaume, et cela sur une très-grande échelle. On a commencé par séparer les jeunes d'avec les vieux; puis on a fait parmi eux une division analogue, entre les novices et les passés maîtres. Puis on a senti la nécessité d'établir des subdivisions entre les détenus de ces différentes classes, au fur et à mesure qu'on a découvert, parmi eux, des individus de divers degrés de dépravation. De là la multiplication logique et successive des catégories, au point qu'il y a des prisons qui ont quinze classes de détenus, et beaucoup d'autres un plus grand nombre. Mais, dans cette question, on semble avoir mis entièrement de côté ces vérités évidentes : 1° que la moralité d'un acte ne peut être le sujet immédiat de l'observation humaine, ni, si l'acte est découvert, devenir l'objet d'une appréciation assez certaine pour nous mettre à même d'assigner à l'agent la place comparative qu'il doit occuper dans l'échelle; 2° que si l'on pouvait arriver à cette appréciation, il est certain qu'on ne trouverait pas deux individus coupables moralement au même degré; 3° que si ces difficultés premières étaient aplanies, et qu'on pût composer une classe d'individus avancés dans le crime exactement au même point, non-seulement sous le rapport de la nocuité de l'acte, mais encore sous celui de la moralité de l'agent, leur association n'en ferait pas moins que donner ultérieurement plus d'énergie à ces deux rapports. Il n'est pas dans la nature de l'homme que son esprit reste stationnaire; il faut qu'il progresse dans la vertu ou dans le vice. Rien n'accélère ce progrès comme l'émulation née de l'association : c'est de la nature de cette association qu'il reçoit la direction bonne ou mauvaise qu'il doit suivre. Or il est de la nature de toute association de condamnés, quels que soient les éléments qui la composent, de pervertir plus ou moins chacun de ses membres; mais de les réformer! jamais (page 33).

C'est pour neutraliser les vices du système des classifications, qu'on a imaginé d'appeler à son aide le système du silence.

Mais le système du silence est lui-même vicieux de tous ses points. Nous nous en sommes convaincus de plus en plus en inspectant toutes les prisons de notre ressort qui sont soumises à ce système; et cela, bien qu'elles soient placées dans des conditions différentes, et qu'elles appartiennent, les unes à des comtés agricoles, les autres à des comtés industriels; les unes à des bourgs éloignés du centre des affaires, les autres à des cités populeuses.

La première objection que soulève ce système est que, quoi qu'il fasse pour empêcher les détenus de communiquer entre eux, tous ses efforts sont vains pour y parvenir. C'est ce que prouve le nombre des punitions infligées dans les prisons soumises à ce système.

Si nous prenons les deux prisons où ce système repose sur les moyens les plus sûrs et les mieux combinés, nous trouvons que, pendant le cours de l'année dernière, le nombre des punitions a été, savoir :

Dans la maison de correction de Coldbath-Fields, de 13,812 pour une population de 9,750;

Dans la maison de correction de Wakefield, de 12,445 pour une population de 3,438;

Et de 54,825 pour une population totale de 109,495, dans toutes les autres prisons de l'Angleterre.

On répond à cela que, quelque nombreuses que soient les punitions infligées pour infractions à la règle du silence, elles n'en prouvent que mieux qu'il est impossible aux détenus d'avoir une conversation suivie ensemble. Quelques mots lancés à la dérobée ne sont pas de nature, ajoute-t-on, à démoraliser ceux qui les prononcent. Cette conclusion pèche, en ce qu'elle suppose, d'abord, qu'on ne peut se corrompre à voix basse, puisqu'il faut de longues phrases pour cela. Mais en admettant qu'en effet un seul mot ne soit pas aussi contagieux que dix, est-ce qu'une suite de mots successivement échangés entre les mêmes personnes, pendant un certain nombre de jours, toutes les fois que l'occasion les réunit, ne constitue pas des phrases complètes? Est-ce qu'on a besoin, au surplus, de beaucoup parler, pour se dire beaucoup de choses? Est-ce qu'un signe n'est pas toute une proposition, tout un projet, tout un discours? Nous avons mille exemples de prisonniers, soumis aux lois les plus sévères du silence le plus absolu, qui, au bout de quelques semaines, savaient les noms et les particularités les plus minutieuses de l'emprisonnement de leurs compagnons de préau ou d'atelier. C'est ce qu'attestent tous les gardiens et gouverneurs des prisons, même de celles où la règle du silence est prescrite et maintenue avec le plus de oin et de rigueur.

Une autre objection que les partisans du système du silence font de vains efforts pour repousser, est celle qui résulte de l'impossibilité qu'il y a, pour un détenu, de s'amender moralement, lorsque son esprit est dans une irritation continuelle, par suite des châtiments qu'il endure ou qu'il craint, au moindre mot qu'il prononce, au moindre signe qu'il fait, au moindre coup d'œil qu'il jette. Cette contrainte de tous les instants gêne les mouvements de son âme autant que les mouvements de son corps; et, quand ainsi fatigué il entre le soir dans sa cellule, il sent plus le besoin de dormir que de penser. Que s'il a encore l'esprit assez libre pour réfléchir, il ne pense qu'à la lutte de la journée, et la haine, dans son cœur, prend la place du repentir.

Une autre objection contre le système du silence naît du pouvoir arbitraire qu'il faut, de toute nécessité, accorder aux employés subalternes, pour en assurer l'exécution.

Une autre objection est tirée de l'impossibilité reconnue de maintenir le silence dans les prisons de femmes; non que les femmes détenues ne puissent être contraintes à le garder aussi bien que les hommes; mais on ne peut trouver, dans le monde, d'autres femmes douées d'assez d'énergie pour l'observer elles-mêmes les premières, et pour faire observer aux prisonnières, une règle si antipathique à leur nature.

Une autre objection réside dans ce fait que le système du silence ne peut empêcher les révoltes, les complots et les évasions, dont le danger est sans cesse imminent, dans les prisons où les détenus sont classés par masses.

Une autre objection contre ce système, c'est qu'on ne peut l'imposer aux prévenus.

Enfin l'objection la plus grave, et qu'on n'a pu réfuter jusqu'à ce jour, est le danger qui résulte, pour la société, des reconnaissances qui se font entre détenus qui se sont vus dans la prison, après leur mise en liberté.

A ces objections des inspecteurs anglais, beaucoup de personnes fort recommandables, avec lesquelles je me suis trouvé en relations, répondent par des raisons qu'elles croient bonnes, puisqu'elles les donnent, mais qui ne valent rien au fond, puisqu'elles sont démenties par les faits. Ce qu'il y a de certain, c'est que ce système des classifications avec silence, aujourd'hui jugé par ses fruits, m'a paru condamné par tous les hommes spéciaux et pratiques qui ne sont pas intéressés à le soutenir. Parmi ces derniers, il en est beaucoup qui le condamnent. Toute son efficacité, me disait l'un d'eux, ne repose que sur un mensonge, car le mensonge du silence est flagrant, lorsque la langue qui se tait ne se tait que pour mieux tromper ses surveillants, en se faisant suppléer par une langue, dont l'oreille ne peut saisir les sons, celle si compréhensive et si prompte des yeux, des doigts, des signes du sourd-muet. C'est donc, ajoutait-il, une déception toute pure que ce système; et les Anglais, si positifs de leur nature; les Anglais, que touchent si peu les théories qui ne se résolvent pas en faits; les Anglais, qui ont introduit dans leur législation pénale le système de la séparation la plus absolue qu'on ait encore inventé, celui de la déportation à vie à deux mille lieues de leur métropole, celui qui tend le plus à isoler, et à isoler pour toujours la population criminelle de la population honnête; les Anglais n'hésiteraient pas à adopter dans leurs prisons le système de la séparation individuelle, si d'énormes dépenses n'avaient été faites par eux pour formuler, en fer et en pierre, dans le plus grand nombre de leurs comtés, le système des classifications et du silence. Il en coûte toujours de renoncer à une pensée que longtemps on a crue bonne et qu'on a embrassée avec conviction, mais il en coûte bien plus de renoncer aux millions qu'elle a coûté. C'est ce qui explique la résistance que les magistrats apportent à avouer qu'ils se sont aussi chèrement trompés; car c'est cet aveu qu'impliquerait l'adoption par eux d'un système qui renverserait, de fond en comble, celui qu'eux-mêmes ont édifié. C'est à la fois, pour eux, une question d'argent et une question d'amour-propre; double obstacle qu'il est difficile de lever, surtout le dernier.

CHAPITRE VII.

DE L'INTRODUCTION DU SYSTÈME DE LA SÉPARATION INDIVIDUELLE DANS LA DISCIPLINE DES PRISONS DE L'ANGLETERRE.

Le système de la séparation individuelle est de vieille date en Angleterre.

Dès 1776, le parlement l'avait adopté, comme base première du pénitencier de Milbank, sur la proposition de sir Georges Paul, de sir Williams Blackstone, et de John Howard (voir ci-dessus, page 35).

Ce fut le comté de Gloucester qui en fit le premier l'application, en fondant, en 1790, le pénitencier qui porte son nom. La discipline de l'isolement individuel s'est maintenue à Gloucester, pendant une période de dix-sept ans, et dépassa les espérances de son fondateur. Durant cette période, peu ou point de libérés tombèrent en récidive; mais, depuis, la population s'accrut à un tel point, que les cellules séparées durent loger plus d'un seul prisonnier : dès ce moment, la displine fut suspendue, et à la fin elle tomba.

L'ancien pénitencier de Gloucester n'est donc plus aujourd'hui qu'une *maison de correction* ordinaire, placée dans la même enceinte, sous le même toit et sous la même administration que la *maison d'arrêt* du même comté. C'est pour cela que je ne l'ai pas classé comme pénitencier dans le chapitre II de ce rapport.

Cependant, les heureux effets qu'on y avait obtenus, pendant dix-sept ans, de la mise à exécution du système de la séparation individuelle, joints à ceux obtenus dans la maison de correction de Glasgow, régie par le même système, donnèrent à penser au gouvernement anglais que le remède qu'on cherchait vainement, depuis tant d'années, dans le système des classifications et du silence, pouvait bien ne se trouver que dans celui de la séparation.

Il est évident que les principales dispositions de l'acte du parlement, du 25 août 1835, ont eu pour but d'attribuer au gouvernement central le pouvoir de substituer, au système reconnu vicieux des classifications par catégories, le système jugé meilleur de la séparation des détenus entre eux.

Si l'on pouvait en douter, à la lecture seule du texte de l'acte, on ne le pourrait plus, à la lecture de la pièce annexée à ce rapport, sous le n° 6 de l'Appendice.

On le pourrait encore moins après avoir lu la circulaire que lord John Russel a adressée, sous la date du 15 août 1837, à tous les magistrats de paix réunis en *quarter sessions* (voir Appendice, n° 8).

C'est en effet l'opinion bien arrêtée du gouvernement anglais, que le système de la séparation individuelle peut seul mettre un terme aux maux toujours croissants du système contraire.

L'honorable lord John Russel m'a exprimé verbalement, à ce sujet, dans la longue conférence que sa seigneurie a bien voulu me permettre d'avoir avec elle, après ma tournée dans les principales prisons de l'Angleterre et de l'Écosse, plus encore que ce qu'expriment ses instructions et ses circulaires.

M. Philipps, sous-secrétaire d'état de l'intérieur, que j'ai eu l'honneur de voir également à l'occasion de ma mission, ne m'a pas laissé ignorer qu'il n'y avait plus, selon lui, d'autres améliorations à introduire dans la discipline des prisons de la Grande-Bretagne, que celles qui auraient pour résultat d'isoler les individualités, dans l'impossibilité où l'on est de classer convenablement les moralités.

C'est aussi l'opinion des gouverneurs des diverses maisons d'arrêt et de correction que j'ai visitées; et leur témoignage est d'autant plus précieux à recueillir en cette matière, que, d'une part, il mérite plus de confiance qu'aucun autre, puisqu'il est basé sur l'expérience des faits, et que, d'autre part, il ne peut être suspecté d'intérêt personnel, puisque tous vivent personnellement des abus qu'il s'agit de détruire, et qu'il faut en eux une conviction bien profonde, pour secouer l'empire, toujours si respecté, d'habitudes prises et de préjugés consacrés par l'intérêt plus encore que par le temps.

Mais il n'en est pas de même de l'opinion du plus grand nombre des magistrats de comté : j'ai dit pourquoi, page 72 de ce rapport.

Toutefois leur résistance a récemment fléchi sur un point important, dans celui des comtés qui passe pour le moins avancé dans la voie des réformes et des doctrines nouvelles. Les magistrats du comté de Middlessex ont en effet tenu, le 18 janvier 1838, un *meeting* animé et nombreux, lequel a duré presque toute la journée; et, à la majorité de 35 contre 7, ils ont décidé qu'une nouvelle maison d'arrêt serait construite, en remplacement de la prison de Clerkenwell, d'après le principe de la séparation individuelle de jour et de nuit.

Cette décision ne peut manquer d'exercer une grande influence dans les autres comtés.

Le système admis pour les maisons d'arrêt est la moitié du chemin fait pour son admission dans les maisons de correction.

La raison est la même pour les deux cas : ceux qui ne s'en rendent pas bien compte aujourd'hui le reconnaîtront, les premiers, demain.

Déjà plusieurs comtés ont pris l'initiative, et imprimé le mouvement, qui semble ne devoir plus s'arrêter.

Voici les noms des comtés, des cités et des bourgs qui ont voté des fonds, et dont les projets sont approuvés par le secrétaire d'état de l'intérieur, pour la construction de prisons nouvelles d'après le système de la séparation. Je voudrais pouvoir y joindre le devis des dépenses, mais je n'ai pas même pu m'en procurer le chiffre au ministère de l'intérieur, les comtés ne l'ayant pas fait connaître, et le ministère n'ayant pas le droit de l'exiger :

Comté de Suffolk à Ipswich, maison d'arrêt de comté et maison de correction.
Shropshire à Shrewsbury, *idem.*
Cité de Bath, pour 200 prisonniers.
Bourg de Leeds, pour 200 *idem.*
Cité de Hereford, pour 30 *idem.*
Bourg de Richmond pour 12 *idem.*

Le *separate system* est donc en progrès de fait, comme il l'est en théorie en Angleterre et en Écosse.

Cependant, il faut reconnaître que c'est, pour ainsi dire, subrepticement et, disons-le, illégalement, que le système de la séparation prend place dans la discipline des prisons de la Grande-Bretagne; car, malgré la note interprétative (n° 6 de l'Appendice), il est constant que l'acte de la 5ᵉ année de Georges IV (21 juin 1824), qui régularise le système des classifications, n'a point été abrogé par l'acte des 5ᵉ et 6ᵉ années du règne de Guillaume IV (25 août 1835), lequel n'attribue au ministre de l'intérieur que le droit d'uniformiser les règlements disciplinaires de toutes les prisons de la Grande-Bretagne, sans toucher en quoi que ce soit aux bases du système des classifications.

Aussi plusieurs magistrats m'ont exprimé la pensée qu'en droit, et dans l'état actuel de la législation, ils ne pourraient pas, quand même ils le voudraient, substituer au système légal un système qui ne l'est pas.

Et lord John Russell lui-même m'a dit que les plus sérieuses difficultés lui venaient de la non solution par le parlement de cette question de légalité.

C'est pour cela qu'un bill nouveau se prépare et sera incessamment présenté aux chambres.

Mais, en même temps, de nouvelles difficultés se présentent.

Il n'en est pas de l'administration des comtés comme de l'administration de nos départements. Les comtés disposent de leurs fonds comme bon leur semble, sans avoir rien à démêler avec l'autorité centrale, pour ce qu'ils exécutent ou pour ce qu'ils projettent; et les magistrats, dont la *commission de paix* constitue pour chaque comté, sur ce point, une espèce de conseil général à vie, sont dans une telle position d'indépendance à l'égard du gouvernement, que le gouvernement ne peut procéder vis-à-vis d'eux que par voie de conseil, et non par voie d'injonction ou de *veto*. D'un autre côté, les pouvoirs conférés au gouvernement, par l'acte du 25 août 1835, ont paru tellement exorbitants aux magistrats, qui se sont vus dépouillés par là de leur autorité exclusive dans les prisons, qu'ils se tiennent aujourd'hui en garde, quand ils ne se montrent pas d'avance hostiles contre tout projet nouveau de réforme, considéré toujours par eux comme un nouvel envahissement du pouvoir central sur leurs libertés et leurs prérogatives. Les chambres, la chambre haute surtout, partagent le même sentiment, et les *partis*, en l'exploitant, augmentent la difficulté et rendent la réforme presque impossible.

Le ministère actuel la tentera pourtant, et peut-être que les ménagements qu'il prendra et que les formes qu'il emploiera, dans la rédaction du bill projeté, assureront pour l'avenir le succès qu'il en attend.

J'ai cru, monsieur le ministre, devoir entrer dans ces explications, pour vous donner l'intelligence parfaite de l'esprit et des termes de ce bill.

Malheureusement je ne puis en joindre le texte à ce rapport. Les inspecteurs, qui sont chargés d'en préparer les éléments, n'avaient pas encore achevé leur travail, lorsque j'ai quitté l'Angleterre, ou du moins ce travail n'était point encore en état de m'être communiqué sans indiscrétion.

Ils m'ont promis de me l'adresser dès qu'il serait imprimé; ce qui ne peut tarder, je pense.

En attendant voici, d'après les renseignements que lord John Russell a bien voulu me fournir lui-même, quelles seront les principales bases du projet de loi :

1° Les articles de loi contraires au principe de la séparation individuelle seraient abrogés. En conséquence les comtés auraient la faculté de construire leurs prisons d'après ce principe.

2° Pour faciliter aux comtés les moyens d'adopter le nouveau système, le gouvernement serait autorisé à leur accorder des subventions pécuniaires, ou à leur faire des prêts à long terme et à petits intérêts.

3° En tous cas il serait expressément défendu d'employer les détenus comme surveillants, moniteurs, garçons de service, etc., dans quelque prison que ce fût.

4° Il serait admis, comme règle générale, que le produit du travail des détenus appartiendrait tout entier à l'administration.

5° La nourrirure serait uniformément fixée dans toutes les prisons, et il serait défendu à tous les condamnés de faire venir des vivres du dehors.

6° Il en serait des plans de construction comme des règlements des prisons, c'est-à-dire qu'ils ne pourraient être mis à exécution sans l'approbation préalable du ministre de l'intérieur.

Je ne crois pas que ce dernier article puisse passer; je ne crois pas même qu'il puisse être mis dans le projet, tant son principe me paraît contraire aux idées généralement reçues.

Mais il est un article qui dit moins que celui-ci, et qui, s'il est adopté, assurera le succès du principe de la séparation.

Du reste, ce principe, bien qu'il mette tous ses propagateurs d'accord en théorie, les divise presque tous lorsqu'il s'agit de l'appliquer en fait.

Les uns veulent son adoption immédiate dans le sens le plus absolu, et n'admettent pas le plus petit tempéramment, la plus légère exception qui aurait pour objet de faciliter ou de permettre la moindre communication des détenus entre eux. Ceux-ci, surtout, rejettent des plans de construction l'érection de la chapelle, pensant qu'il est impossible que les détenus y assistent sans se voir.

Les autres veulent la séparation, mais ils la veulent avec la chapelle, pensant que le système serait vicié, dans son principe, si les détenus n'assistaient pas à l'office divin, et si le chapelain ne pouvait leur prêcher à tous les vérités de la religion. Du reste, sentant bien que tout le fruit du système serait perdu si les détenus se voyaient, pendant la célébration de l'office, ils ont imaginé plusieurs sortes de constructions de chapelles, dans le but de rendre toute communication impossible. La construction la plus curieuse est celle que je joins à ce rapport sous le n° 17 des plans.

D'autres admettent la séparation, mais l'admettent sans cours.

D'autres l'admettent aussi, mais avec autant de cours que de cellules. C'est le système primitif du pénitencier de Cherry-Hill, aux États-Unis.

D'autres enfin l'admettent avec des cours communes à plusieurs cellules, et dans lesquelles les détenus se promeneraient isolément à certaines heures du jour. C'est le système du lieutenant John Sibly, gouverneur de la maison de correction de Brixton. Il admet aussi la chapelle à compartiments séparés. Je joins à ce rapport, sous le n° 16, le plan d'une prison de 284 cellules, plan qui a fait l'objet de l'attention spéciale du comité des prisons de la chambre des lords.

J'oubliais de comprendre, parmi les constructions projetées qui ont le système de la séparation pour base, celles qui s'effectuent en ce moment au pénitencier de Milbank, pour convertir en cellules isolées, d'après ce sytème, le deuxième étage incendié des troisième et quatrième pentagones (voir n° 18 des plans).

Ces constructions sont presque entièrement achevées. Elles comprennent 80 cellules pourvues de tout ce qu'exige le système de la séparation pour pouvoir être appliqué dans toute sa rigueur, et sans que le détenu ait jamais besoin d'en sortir (voir les plans, n°s 18 *bis* et 19).

Les plus zélés et les plus habiles propagateurs du système de la séparation en Angleterre sont, sans contredit, MM. Crawford et Russell. Ils sont dignement secondés par leur collègue M. Frédéric Hill, inspecteur général des prisons d'Écosse. Ils n'ont pour adversaires que leurs deux autres collègues, MM. Williams et Bisset Hawkins, qui les combattent faiblement. J'ignore l'opinion des deux inspecteurs des prisons de l'Irlande, depuis que la question de la séparation est posée telle qu'elle l'est aujourd'hui.

J'ai fait connaître, dans ma traduction du deuxième rapport de MM. Crawford et Russell, la remarquable argumentation qu'ils ont opposée à leurs adversaires en faveur du *separate system*. Cette argumentation a soulevé des objections de plusieurs sortes, objections qu'ils ont entrepris de réfuter, dans leur troisième rapport. Je suis heureux, monsieur le ministre, que ce beau travail ait été publié assez à temps pour que je puisse en présenter l'*analyse* à Votre Excellence.

L'idée de confinement solitaire, disent MM. Crawford et Russell, se confond si intimement, dans l'opinion publique, avec celle de *noir donjon* et d'*oppressive cruauté* du moyen âge, qu'il suffit de prononcer ce mot pour exciter le plus vif sentiment d'horreur dans l'âme de ceux qui l'entendent. Ce sentiment est aussi respectable qu'il est puissant, et rien n'atteste plus éloquemment, que le fait de son existence, nos progrès dans la civilisation. Mais il ne faut pas, pour cela, confondre les noms avec les choses, comme on le fait pour le système de l'emprisonnement individuel. De ce qu'on isole un prisonnier des autres prisonniers, pour qu'ils ne puissent plus se corrompre entre eux, il ne s'ensuit pas qu'on l'isole de tout le monde, et qu'on le condamne à une solitude absolue. Loin de là, on lui permet, on l'oblige même à avoir de fréquentes communications avec le directeur, avec le chapelain, avec les autres employés de la maison, et avec toutes les autres personnes dont la visite peut être utile à son amendement. De plus, on ne le condamne pas à rester oisif; on exige, au contraire, qu'il travaille; et cette obligation est la plus douce consolation de son existence.

Malgré cela on objecte contre ce système qu'il s'oppose à ce que les détenus, qu'il tient isolés les uns des autres, reçoivent les bienfaits de l'instruction élémentaire, morale et religieuse, et participent aux avantages du culte public.

MM. Crawford et Russell répondent à cette objection que, si quelque chose doit amener

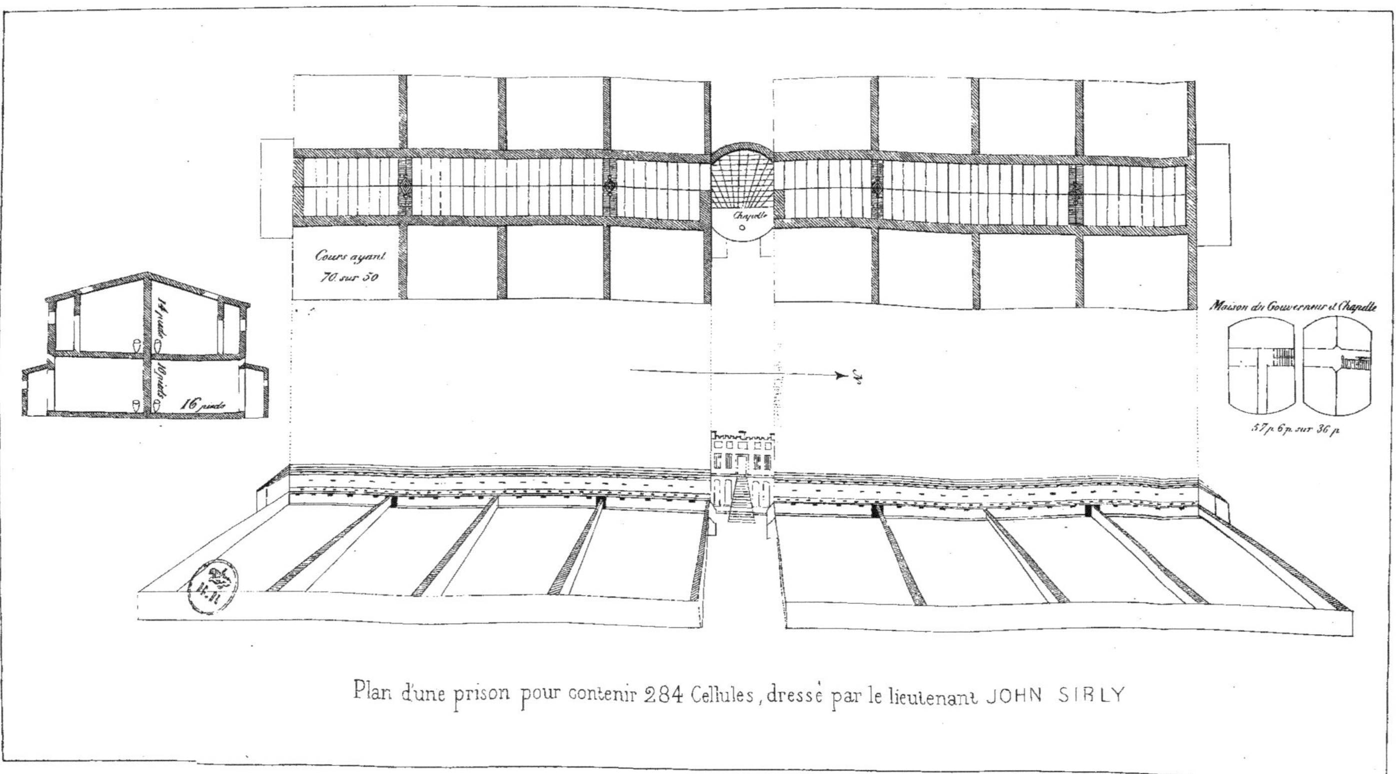

Plan d'une prison pour contenir 284 Cellules, dressé par le lieutenant JOHN SIRLY

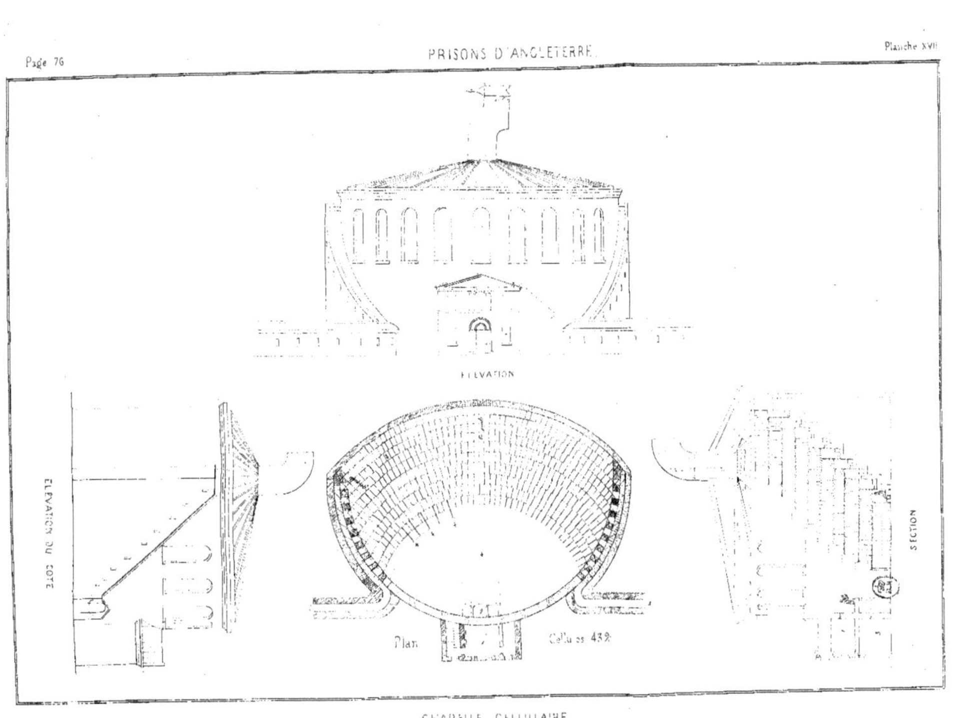

CHAPELLE CELLULAIRE

l'amendement moral d'un détenu, c'est son isolement complet des mauvais exemples et des mauvais conseils qui l'en détournent. Un détenu, dans sa cellule, est bien plus apte à ressentir l'influence des leçons qu'on lui donne, qu'au milieu de la vie commune des condamnés comme lui, qui ne s'exercent qu'à mal faire. Quant au mode à suivre par le chapelain pour porter ses paroles consolatrices et instructives dans chaque cellule, si l'on suppose que la population de la prison est de 100 détenus, le chapelain, en consacrant deux heures sur quatre jours, et quatre heures sur deux jours, dans la même semaine, passera ainsi seize heures par semaine à visiter les détenus de cellule en cellule. Que s'il consacre dix minutes à chacun d'eux, il sera dans le cas d'en instruire 6 par heure, et 96 par semaine. Quant au culte public, les prisonniers peuvent y assister dans une chapelle cellulaire, disposée de telle sorte que tous les détenus voient le ministre sans pouvoir se voir entre eux. De peur qu'ils ne se voient et ne se reconnaissent, en allant à la chapelle ou en en revenant, on peut leur couvrir la tête d'un capuchon. De cette manière, les leçons du maître d'école peuvent se donner à la chapelle; elles peuvent aussi se donner, comme celles du chapelain, en allant de cellule en cellule. Si la population est plus nombreuse, on aura recours à des aides, etc.

On objecte encore contre le système de la séparation individuelle, qu'en éloignant du prisonnier toute tentation d'enfreindre la discipline, on lui enlève le mérite de la résistance et l'occasion d'apprendre à vaincre ses passions. Est-ce que par hasard, se demandent MM. Russel et Crawford, ceux qui font cette objection prétendraient affirmer que l'amendement moral des détenus ne peut naître que d'un conflit perpétuellement ménagé, dans l'esprit du coupable, entre ses passions fortement excitées et la crainte de la peine qui l'attend s'il s'y abandonne? Ce principe, qu'on ne craindrait pas d'introduire dans les murs d'une prison, jugerait-on prudent de l'admettre dans le monde? Croit-on qu'un père voulût en faire l'expérience sur son fils, un mentor sur son élève, un maître sur son serviteur?

Connaît-on quelque vertu qui soit née, dans le cours ordinaire de la vie, du choc de son principe avec le vice correspondant? Tout prisonnier se sent fortement poussé à communiquer avec son compagnon de crime. Ces communications sont reconnues pernicieuses : c'est pour cela qu'on cherche à les empêcher. Mais est-ce pour cela qu'on tient chaque prisonnier séparé de son voisin? Non, dit-on; c'est pour ôter à la discipline son empire et à l'obéissance sa moralité.

Placez tous les condamnés en compagnie les uns des autres, défendez-leur, en cet état, toute communication mutuelle; donnez la menace des châtiments pour sanction à cette défense : et alors, permettant à la discipline la possibilité de l'infraction et au prisonnier le mérite de l'omission, on établira l'action morale de la discipline sur l'homme et de l'homme sur lui-même. De sorte que, dans ce système, on doit apprendre au prisonnier à éviter ce qui est mauvais, ce qui est défendu, ce qu'il éprouve le plus la tentation de commettre, précisément en l'exposant au danger de faillir! De bonne foi, peut-on soutenir sérieusement que le seul système pénitentiaire à suivre est celui qui induit le coupable en tentation, et que le seul à éviter est celui qui empêche que le coupable n'y succombe!

On objecte encore, contre le système de la séparation, qu'un prisonnier ne peut, dans une cellule comme dans un atelier, apprendre un métier utile, et que l'administration est dans l'impossibilité de procurer aux détenus des travaux assez variés pour pouvoir les occuper constamment. Les inspecteurs répondent par l'expérience soutenue et multiple des pénitenciers de Philadelphie, de

Milbank et de Glasgow, où les détenus travaillent séparément et sans un seul jour d'oisiveté ou de relâche. Cependant les détentions sont fort courtes à Glasgow; ce qui n'empêche pas que le besoin du travail, dans la solitude, ne donne à tous les condamnés la plus incroyable aptitude à apprendre, en huit jours, dans leurs cellules, ce qu'ils n'apprendraient pas, en huit mois, dans les ateliers communs. Nous avons vu, disent MM. Crawford et Russell, des paysans et des laboureurs, qui jamais n'avaient manié que la bêche ou la charrue, se servir habilement de l'aiguille ou de la navette, au bout d'un mois de séjour dans une cellule solitaire.

On objecte encore contre le système de la séparation, qu'il constitue une règle uniforme pour tous les prisonniers sans tenir compte des différences de caractères, de tempérament, d'habitudes, etc. Mais c'est au contraire le mérite éminent de ce système de pouvoir s'accommoder à toutes ces différences, en individualisant pour ainsi dire son action, et en en proportionnant l'énergie au degré de force de celui qui doit la subir.

On objecte encore contre le système de la séparation, qu'il détruit les habitudes de sociabilité dans un être essentiellement social, et qui doit nécessairement rentrer dans la société après sa sortie de prison. De quelle société, de quelle sociabilité entend-on parler ici? Est-ce de celle des voleurs? Celle-là il faut la proscrire, la dissoudre, la décomposer jusque dans ses moindres éléments; et, sous ce rapport, le système de la séparation, en en détruisant les habitudes et en empêchant que le libéré ne puisse les reprendre, accomplit l'acte de la plus haute moralité, de la plus haute justice sociale. Entend-on parler de la société des honnêtes gens? Mais le système de la séparation a précisément pour but d'initier le coupable à des habitudes sociales qu'il ignore, ou de le ramener à des habitudes sociales qu'il a perdues, en ne le mettant en contact qu'avec des honnêtes gens, et en ne permettant qu'à la vertu de visiter la cellule du vice. J'ai cru devoir, monsieur le ministre, ajouter cette objection et cette réponse à la profonde dissertation des inspecteurs anglais, parce qu'elles m'ont paru de nature à lever, d'un seul mot, l'une des difficultés qu'on oppose le plus habituellement au système de la séparation individuelle.

On objecte encore contre ce système l'énormité de la dépense qu'il faudrait faire pour le mettre partout à exécution. Ici les inspecteurs anglais citent l'opinion de l'architecte français Blouet, et, abordant la question sous le point de vue même de la dépense, et dans la supposition même où réellement il en coûterait plus à l'État pour rendre les condamnés meilleurs en les isolant, que pour les rendre pires en les associant, MM. Crawford et Russell résolvent la question dans le sens de l'isolement individuel, en empruntant à un ouvrage récemment publié en France sur *la Réforme des prisons* les arguments qu'il a, le premier, fait valoir, en faveur de ce sentiment, pour prouver que l'État gagnerait plus qu'il ne dépenserait par l'adoption de ce système.

On objecte enfin contre le système de la séparation, qu'il altère le moral et la santé des détenus. Ici les inspecteurs anglais entrent dans de longs et intéressants détails pour établir, par des chiffres et par des pièces officielles, que cette objection banale est plus que jamais sans fondement. J'ai longuement et profondément étudié cette question, parce que je la regarde comme l'une des plus sérieuses qui puissent faire obstacle à l'adoption du système de l'emprisonnement individuel en France. Mais, pour la résoudre de manière à ne plus laisser de doutes dans les esprits, il faut la traiter sous toutes ses faces, et en faire sortir la solution des effets comparés des divers régimes pénitentiaires suivis dans les prisons des divers États. C'est ce que j'ai entrepris de faire, monsieur le ministre, dans un Mémoire particulier, que je prie Votre Excellence de vouloir bien me permettre de lui adresser à part.

CHAPITRE VIII.

DES EFFETS DU RÉGIME ACTUEL DES PRISONS DE L'ANGLETERRE SUR LE NOMBRE DES CRIMES ET DES RÉCIDIVES. — SOCIÉTÉS DES PRISONS. — SURVEILLANCE DES LIBÉRÉS. — CONCLUSION.

Toute discipline de prison, quel que soit le nom qu'on lui donne ou la forme dont on la revête, a nécessairement pour objet la diminution des crimes ou des récidives.

Généralement, c'est à diminuer le nombre des récidives que tendent les efforts des réformateurs pénitentiaires.

En Angleterre on se préoccupe davantage de la pensée de diminuer le nombre des crimes.

Cependant la récidive entre aussi pour beaucoup dans les plans de réforme des philantrhopes.

C'est principalement en vue d'en arrêter les progrès qu'ont été instituées la *Société pour l'amélioration de la discipline des prisons*, et l'*Association des dames pour la réforme morale des prisonnières*.

Quels ont été les résultats moraux de ces deux institutions?

A en croire leurs rapports, l'effet des prédications des sociétaires a été aussi prompt qu'efficace. Dans la seule prison de Newgate, le nombre des récidives a baissé, dit-on, de 40 p. 100, par la seule intervention de la célèbre Mme Fry au milieu des détenues de cette maison d'arrêt.

Il est curieux de lire les observations que ces rapports suggérèrent, dans le temps, aux principaux organes de la presse anglaise.

La *Revue d'Edimbourg*, entre autres, est précieuse à consulter sur ce point.

Voici ce qu'on lit dans le tome XXXVI :

« L'opinion publique ne croit point aux cures merveilleuses dont on parle. Les cas cités par les rapports de la société des prisons ressemblent plus aux conversions subites du *Magasin méthodiste* qu'aux progrès lents par lesquels se produit le repentir dans la vie réelle.

« Personne plus que nous ne respecte et n'admire l'excellente Mme Fry et les dignes *ladies* qui s'associent à son œuvre. Mais, à de graves assertions, il faut des preuves non moins graves. Le peuple anglais est calme, sérieux, réfléchi; il donne sans hésiter, quand il est convaincu, et son temps et son argent; mais il lui faut pour cela plus que des paroles. Il aime par dessus tout les dates, les noms, les certificats. Au milieu des récits les plus pathétiques, les plus touchants, *John Bull* requiert la date du mois, l'année de Notre-Seigneur, le nom de la paroisse, et le contre-seing de trois ou quatre respectables propriétaires. Dès que toutes ces conditions sont remplies, il ne peut résister plus longtemps : il s'abandonne à toute la sensibilité de sa nature; il souffle; ses yeux se gonflent; il souscrit.

« C'est à tort que l'on compare le chiffre des récidives d'une prison avec celui des récidives d'une autre prison, placée dans des circonstances toutes différentes, telles, par exemple, que les récidives d'une prison de comté, où les offenses sont généralement d'une nature très-grave, avec celles d'une prison de bourg, où l'on ne punit habituellement que des fautes légères; l'essentiel serait de dresser une statistique des récidives d'une même prison pendant une longue suite d'années. Si la Société parvenait à établir cette statistique, ce serait un document de quelque importance, moins important toutefois qu'elle ne le croit. A présent on nous dit que la moyenne des récidives est de 3 p. 100 dans telle prison, de 5 p. 100 dans telle autre, etc., etc.; mais qu'en était-il, dans la même prison, il y a vingt ans? qu'en était-il il y a cinq ans? etc., etc.

« Au surplus, l'augmentation progressive annuelle des *emprisonnements* est, à nos yeux, une preuve beaucoup plus forte contre le régime actuel de nos prisons, que ne l'est, en sa faveur, la diminution prétendue des *réemprisonnements*.

« C'est une erreur, et une erreur grave, fondamentale, de supposer que l'objet principal de la peine d'emprisonnement soit la réformation du coupable. L'objet principal de cette peine est d'empêcher la répétition du crime par la punition du criminel. Si, dans la prison, vous l'entourez de soins, de prévenances, de tendresse, vous pourrez peut-être l'amener par là à se corriger; mais vous détruirez tous les effets de la peine. Vous pourrez en faire un meilleur écolier, un meilleur ouvrier, un meilleur homme; mais vous aurez enlevé à la prison ses terreurs et sa honte. En un mot, le seul but, comme la seule preuve d'une bonne discipline de prison, est la diminution des crimes par la terreur de la peine subie. Dès qu'il sera démontré que le nombre des crimes a diminué, dans le royaume, en proportion des dépenses qu'on a faites et des soins qu'on a apportés, pour améliorer le régime intérieur des prisons, il devra demeurer constant que ces dépenses et que ces soins ont reçu une excellente application; mais malheureusement c'est l'inverse qui est constaté. Il n'est que trop vrai, en effet, que le nombre des crimes a presque doublé en Angleterre, en même temps que nous avons redoublé de zèle et d'efforts pour moraliser nos prisonniers (1). »

Je ne sais si cette triste vérité a porté la conviction ou le découragement au sein de la *Société pour l'amélioration des prisons* de la Grande-Bretagne. Ce qu'il y a de certain, c'est que cette société ne fonctionne plus depuis plusieurs années.

Il en est de même, à peu près, de l'*Association des dames pour la réformation des femmes détenues*. Son influence et ses travaux sont aujourd'hui réduits à rien.

Le Gouvernement a longtemps attaché si peu de foi à la réforme morale des condamnés, dans les prisons, que ce n'est que depuis quelques années qu'il a ordonné aux gouverneurs des diverses maisons d'arrêt et de correction de tenir note des cas de récidive (2).

(1) J'ai fait connaître, pages 8 et 11 de ce rapport, le nombre et la nature des offenses *criminelles* qui ont fait l'objet d'une accusation antérieurement à 1837. Voici, pour cette dernière année, l'extrait des tables officielles que je viens de recevoir :

Le nombre des *crimes* et *délits* poursuivis devant les *assises* ou les *quarter sessions*, pendant l'année 1837, a été de 23,612, dont 17,090 ont été suivis de condamnation.

	ACCUSÉS.	CONDAMNÉS.
Offenses contre les personnes	1,719	1,046
Offenses contre les propriétés, commises avec violence	1,400	1,021
Idem sans violence	18,884	13,970
Offenses malicieuses contre la propriété	114	38
Faux	456	358
Autres offenses	1,039	657

En comparant le total de ces chiffres avec celui de l'année précédente, il en résulte que l'augmentation du nombre des criminels a été, d'une année sur l'autre, de 2,628 individus, ou de près de 12, 5 pour 100. V. ci-après, p. 85, note 1.

Quant aux délits justiciables des tribunaux de paix, voir pages 14, 15 et 25.

(2) Sur 109,495 individus qui ont séjourné dans les diverses prisons de l'Angleterre, pendant le cours de l'année 1837, on a compté 24,876 récidivistes, dont 12,920 l'étaient pour la première fois, 5,190 pour la seconde, 2,312 pour la troisième, 4,454 pour la quatrième et plus. Les récidives non constatées doivent être bien plus nombreuses.

Tous ses efforts tendent à rendre à la peine d'emprisonnement son efficacité perdue.

Mais la voie philantrhopique, dans laquelle la *Société pour l'amélioration des prisons* a engagé le régime de ces établissements, rend aujourd'hui la tâche d'autant plus difficile, que la peine, aux termes de la loi, étant toujours de très-courte durée, l'administration ne retire que peu de fruits d'un emprisonnement, même énergique, même sévère, qui, le plus souvent, ne dépasse pas deux mois (1).

Qu'est-ce donc lorsque la peine n'a de pénal que le nom qu'elle porte?

Les commissaires chargés de présenter au parlement un projet d'établissement d'une police régulière dans tout le royaume constatent, dans leur enquête de 1837, un fait intéressant à citer. Un pauvre ramonneur, âgé de seize ans, tout déguenillé, nu-pieds et les jambes rouges, gercées par le froid, fut mis en prison pour quelque légère offense. Le bain chaud qu'on lui fit prendre en entrant lui parut chose délicieuse; mais ce qui excita le plus sa surprise, ce fut de s'entendre dire de mettre des bas et des souliers. Est-ce que je vais *porter* ceci? et cela? et cette autre chose encore? demandait-il, à chaque pièce de vêtement qu'on lui donnait. Sa joie fut au comble quand il se vit dans sa cellule : il tourna et retourna, avec ravissement, sa couverture, et, n'osant croire à tant de bonheur, ce fut en hésitant qu'il demanda s'il était bien vrai qu'il allait dormir dans un lit? Le lendemain matin, le gouverneur lui ayant demandé ce qu'il pensait de sa position : — « Ce que j'en pense! s'écria-t-il.... Je veux être damné, si je travaille de ma vie! » — L'enfant tint parole : plus tard il fut déporté (*First draught*, 12).

Il résulte des enquêtes officielles auxquelles se sont livrés les commissaires du Gouvernement, sur le mode et sur les effets de l'administration des lois sur les pauvres (*poor laws*), que les prisons et les dépôts de mendicité (*workhouses*) réagissent constamment les uns sur les autres, et que les vices de leur régime exercent la plus pernicieuse influence sur la moralité et la condition des classes ouvrières.

Ces enquêtes renferment des documents si précieux, que j'ai pensé que Votre Excellence me saurait gré de lui en faire connaître les points les plus saillants.

Pour ce qui est des dépôts de mendicité, appelés en Angleterre *maisons de travail*, il est démontré que la comparaison, qui peut être faite par tout le monde, entre la condition et la manière de vivre des classes ouvrières indépendantes, et celle des oisifs qu'on recueille dans les dépôts, est une tentation et une excitation permanente au paupérisme et au crime.

M. Wall, secrétaire de la paroisse Saint-Luc (Middlessex), paroisse dont la population est de 46,000 âmes, et dont la maison de travail renferme plus de 600 pauvres, sans compter

(1) Voir ci-dessus, pages 8 et 15. — En 1837, la durée des emprisonnements prononcés a été ainsi qu'il suit:

Emprisonnements de	et au-dessus de	
6 mois,	5 mois,	2,261
5 mois,	4 mois,	52
4 mois,	3 mois,	748
3 mois,	2 mois,	2,461
2 mois,	1 mois,	1,731
1 mois,	2 semaines,	1,890
2 semaines,	1 semaine,	697
1 semaine,	3 jours,	576
3 jours et au-dessous		143

Il résulte de ces chiffres que, sur le nombre total des emprisonnés, 42 sur 100 l'ont été pour une durée n'excédant pas trois mois, et 60 sur 100 pour une durée n'excédant pas six mois.

pareil nombre d'indigents secourus à domicile, répond ainsi à cette question : Quel est le caractère actuel du paupérisme dans votre district?

« La plupart de nos pauvres le sont héréditairement. La plus grande difficulté que nous rencontrions est de tirer de cet état ceux qui y sont nés. La majorité des autres a été réduite à la misère, moins par la nécessité que par l'imprévoyance et l'inconduite. D'autres trouveraient de l'ouvrage, s'ils étaient sobres. D'autres, enfin, auraient pu mettre quelque argent de côté pour leurs vieux jours, s'ils avaient su faire des économies sur leur gain, alors qu'ils travaillaient comme ouvriers libres. Mais à quoi bon s'occuper de l'avenir, quand on est sûr d'avoir, dans un établissement spécial, pour soi et sa famille, de quoi vivre, quoi qu'on fasse? Dans ces établissements, le vêtement, le coucher, le logement, la nourriture sont beaucoup meilleurs que ceux de l'ouvrier libre, dans la manufacture ou l'atelier. Les personnes bien portantes ont quelque crainte d'y entrer. Les personnes qui y sont venues, par suite de maladie ou d'accident, n'ont plus de crainte que d'en sortir; aussi font-elles en sorte d'y rester le plus longtemps qu'elles peuvent. Il n'est donc pas étonnant que ces personnes n'aient aucun souci de l'avenir; le présent suffit à leurs besoins. »

M. Mok, fournisseur d'un grand nombre de maisons de travail, interrogé sur les moyens d'occuper les pauvres dans ces établissements, présente, comme un des plus grands obstacles à vaincre, leur invincible penchant au vol.

« Même dans les ouvrages qui, par leur nature, offrent le moins de facilité à satisfaire ce penchant, nous sommes, dit-il, exposés à des pertes réelles qui n'ont pas d'autre cause. Un homme que nous poursuivîmes dernièrement aux *quarter sessions* pour nous avoir volé cinquante et une chemises, et qui fut condamné pour ce fait à sept années de transportation, s'en consolait en disant que c'était pour lui une promotion avantageuse, attendu qu'il recevrait, sur les pontons et dans la colonie pénale, une nourriture plus substantielle, sinon plus confortable, que dans la maison de travail.

D. « Etes-vous sûr de cela?

R. « J'en ai acquis la preuve dans les conversations que j'ai eues à ce sujet avec le surintendant des *convicts*. Il est de notoriété, à Gosport, que les *convicts* reçoivent chaque jour une once de viande de plus que les soldats préposés à leur garde. J'ai entendu raconter ce fait, que des *convicts*, ayant reçu l'ordre de faire quelque chose qui ne leur convenait pas, l'un d'eux se mit à jurer en s'écriant, en présence de la garde militaire : « C'est incroyable! on nous traitera bientôt « comme des soldats! » Les soldats sont un sujet de moquerie pour les *convicts*. J'ai moi-même vu un *convict* montrer sa portion à son garde, en lui disant, d'un air railleur : « Soldat, en « voulez-vous un morceau? »

« Que résulte-t-il d'un tel état de choses? c'est que les pauvres de nos maisons de travail agissent sous l'empire de cette pensée qu'aucune peine ne peut leur être infligée. D'après les conversations que j'ai eues avec les convicts, il est clair que le confinement dans une prison, et même la transportation sur les pontons, n'ont rien d'intimidant. « Nous avons, disent-ils, une meilleure nour« riture, de meilleurs vêtements, et un logement plus confortable que nous ne pourrions nous « en procurer par notre travail. » La plus grande, on pourrait dire la seule peine qu'ils semblent redouter, c'est d'être privés de femmes. — Il y a quelques mois, trois jeunes filles, bien connues pour des prostituées, demandèrent, dans la maison de travail de Lambeth, des secours qu'on leur refusa ; ce refus porta deux d'entre elles à briser aussitôt plusieurs vitres. Toutes trois alors furent traduites au bureau de police. Mais quelqu'un ayant fait observer que deux seulement étaient coupables, l'huissier alla s'enquérir du fait sur les lieux ; et comme le fait était constant, on renvoya l'innocente. Mais celle-ci, ne voulant pas se séparer de ses compagnes, brisa d'autres vitres ; et, par ce moyen, se procura l'avantage d'être remise avec elles. »

M. Benj. Hewett, gardien de la maison de travail de Saint-André, dépose :

« La plus sérieuse difficulté que nous rencontrions, lorsqu'il s'agit de punir un pauvre, provient des améliorations introduites dans le régime économique des maisons de correction. Les hôtes des prisons sont en effet mieux nourris que les hôtes des maisons de travail. Beaucoup de ceux-ci m'ont souvent dit : « Que nous importe la prison ! Si nous éprouvons un besoin, ici, c'est « celui d'y aller. Là, nous sommes sûrs d'avoir plus de pain, et d'y manger aussi de la viande. » La conduite de ceux qui tiennent ces propos ne justifie que trop la conviction qu'ils ont de la réalité de ce qu'ils disent. »

M. Huish, inspecteur-adjoint de la paroisse populeuse de Saint-Georges-Southwark, dépose :

« Ce qui m'étonne le plus, c'est que nous soyons aussi tranquilles dans notre maison de travail, d'après ce que l'on rapporte de l'heureuse vie que les condamnés mènent dans les prisons. Il y a quelque temps un individu, nommé Abbot, refusa le secours à domicile qu'on lui portait ; nous lui dîmes que nous ne pouvions lui en donner davantage : il nous répondit qu'il le *fallait* pourtant, et qu'il le *voulait ;* alors nous l'engageâmes à travailler : il nous répondit qu'il ne voulait pas se donner la peine de chercher de l'ouvrage, et qu'il préférait aller en prison. Vous avez déjà été en prison, lui dis-je, et vous n'avez pas peur d'y retourner? — Pas le moins du monde, reprit-il ; on vit là beaucoup mieux que partout ailleurs. — Mais si vous persistez dans cette voie, vous finirez par être transporté. — Transporté ! vous êtes dans une grande erreur, si vous supposez que je m'en inquiète. Vous ne savez donc pas qu'on prendrait encore plus de soin de moi dans la colonie qu'en prison, et que je vivrais là comme un *gentleman !* — Il dit et fit tant, qu'à la fin nous fûmes forcés de le traduire devant un magistrat qui le fit enfermer à Brixton. C'était la quatrième ou cinquième fois qu'il était mis dans cette prison, à notre requête. Cet homme était mécanicien ; il eût pu gagner beaucoup d'argent s'il eût mené une vie régulière. »

Je pourrais multiplier les citations et les exemples ; mais ceux qui précèdent, joints au tableau que j'ai inséré ci-dessus, page 54 (1), suffisent pour prouver la vérité des faits qu'ils révèlent.

La publicité donnée à ces faits fait sentir aujourd'hui à tout le monde, en Angleterre, le besoin de suppléer, par l'intensité de la peine d'emprisonnement, à l'insuffisance de sa durée. Tout le monde veut aujourd'hui que la peine punisse et effraie. Quant à l'amendement moral du coupable, on semble peu s'inquiéter que le condamné se repente de sa faute passée, pourvu que la peine qu'il subit actuellement dans la prison lui inflige un châtiment assez énergique pour l'empêcher d'y revenir, et surtout pour empêcher les autres d'y entrer.

M. Western a publié sur cette question, en 1821, une lettre dont les principes, quoique

(1) Les chiffres de ce tableau sont officiels, excepté pour les deux premières classes. Pour celles-ci on n'a que des renseignements officieux, mais si précis, et recueillis avec tant de soin, qu'on peut les regarder comme constants. (V. *Administration and operation of the Poor-Laws*, page 261, et *An Essay on means of insurance*, etc., page 47.)

d'une sévérité excessive, rencontrent aujourd'hui, par cela seul peut-être, plus de sympathies que jamais dans le public.

« Certainement, dit M. Western, la privation de la liberté est en elle-même une peine, dans certaines circonstances, mais le système généralement suivi, dans nos prisons, doit plutôt être considéré comme un palliatif de cette peine, que comme un moyen de lui faire porter de bons fruits... Ce n'est pas pour les envoyer à l'école, ou en apprentissage, qu'on met les criminels en prison, c'est *uniquement* pour les punir. *Individuals are sent here to be punished, and for that sole purpose.* » (P. 13 et 17.)

Nous avons vu que cette maxime pénale d'un autre âge est aussi celle que professe celui des organes de l'opinion publique qu'on cite comme le plus progressif, comme le plus libéral, et qui est le plus répandu. Voici comment il s'exprime au sujet de l'écrit de M. Western :

« Nos réformateurs de prison penchent trop vers l'instruction et l'indulgence; ils recommandent surtout l'instruction et le travail, sans prendre garde qu'on ne doit introduire dans les prisons d'autre instruction que l'éducation religieuse, d'autre travail que le travail dur, fatigant, improductif.

« Nous protestons, pour notre part, contre tout système qui doit avoir pour effet de convertir les prisons en écoles et en manufactures. Les occupations manuelles ordinaires sont, sans aucun doute, préférables à l'oisiveté, mais ce ne sont pas celles qui rendent les prisons terribles. Nous n'admettons, dans les prisons, aucunes sortes de métiers; nous n'y voulons rien autre chose que le *tread-wheel,* le cabestan, ou tout autre travail de ce genre, le plus dur, le plus monotone, le plus fatigant possible, qui place le prisonnier dans l'impossibilité de voir le résultat de ce qu'il fait, qui ne lui laisse aucun espoir de gagner pour lui un seul shelling, et qui le contraigne sans cesse à pousser, à fouler, à tirer, au lieu de l'amuser à lire et à écrire. Dans ce système, hommes, femmes, enfants, jeunes filles, tous quitteraient la prison avec la santé sauve, mais avec l'âme remplie de tristesse, et sachant maintenant, par expérience, que rien n'est plus pénible qu'un tel séjour, et que le plus grand malheur de leur vie serait d'y retourner. Nous sommes profondément convaincus que la trop grande douceur de la discipline actuelle de nos prisons, que l'instruction qu'on y donne, que les réunions joyeuses des détenus entre eux, que l'agrément et le profit qu'ils retirent de leurs travaux, que l'abondance enfin de la nourriture qu'on y reçoit, sont la grande cause de l'effrayante progression des crimes (1). » (Tome XXXVI, pages 359 et 374.)

Sans partager entièrement l'opinion des publicistes écossais, surtout en ce qui touche l'exclusion des travaux productifs, la commission nommée, en 1836, pour l'organisation d'une police générale dans tout le royaume, est d'avis que la fausse humanité qui a porté l'administration à introduire le comfort et les agréments de la vie dans la condition des malhonnêtes gens, aux dépens des gens honnêtes, est une insulte à la morale et à la raison, en même temps qu'elle apporte un obstacle permanent à l'action préventive de toute police. Pour lever cet obstacle, et pour rendre à la peine de l'emprisonnement son caractère légal de répression et d'intimidation, les

(1) La population avait augmenté, de 1806 à 1826, d'environ trois onzièmes, et, dans le même intervalle de temps, le nombre des crimes avait quadruplé.... (*Ann. Regist.* pour 1827). Nous avons déjà fait observer que les crimes de meurtre et d'assassinat n'ont point suivi cette progression. Il résulte même du rapport de sir James Mackintosh à la chambre des communes (séance du 6 juillet 1819), que les crimes atroces et sanguinaires ont considérablement diminué en nombre; que les assassinats ont diminué, depuis 1688, dans la proportion de 4 à 1; et que, dans la capitale, la chance d'être victime d'un assassinat est comme 1 à 500,000. (V. ci-dessus, p. 11 et 81, et la note 2 de la page suivante.)

commissaires adoptent sans réserves le système de la séparation individuelle, dont les bases ont été posées, et les principes fondamentaux développés, par l'évêque Butler, en 1750; par Samuel Denne, en 1772; par Jonas Hanway, en 1776; puis par Howard, Blackstone, lord Mansfield, Dr Paley, sir Georges O. Paul, sir Samuel Romilly, M. Wilberforce, etc.; et depuis, par MM. Mendelet, Neilson, le comte Skarbeck, le capitaine Pringle, le capitaine Jebb, Crawford, Russell, Frédéric Hill, etc., etc.

La commission pense, qu'il n'y a pas de police possible, tant que les voleurs, dont elle a mission de déjouer les projets, ont la liberté de s'associer et de se concerter entre eux dans les prisons, nonobstant la fragile et trompeuse barrière du silence.

La commission pense également, que le zèle de la police sera toujours en défaut, tant que les voleurs conserveront la liberté de s'associer entre eux à leur sortie de prison.

Pour remédier à ce double danger, la commission propose, non-seulement de tenir les prisonniers séparés les uns des autres, pendant toute la durée de leur détention, mais encore de continuer le même système, après leur mise en liberté.

La commission résume ainsi qu'il suit son opinion sur ce dernier point:

« Nous proposons en conséquence, 1° que tout libéré reçoive un ordre général ou spécial, constatant qu'il est placé sous le contrôle de la police durant un temps donné, et spécifiant les lieux qu'il lui est interdit de fréquenter, ou les classes de personnes avec lesquelles il lui est défendu de se réunir, pendant le même espace de temps; 2° que tout libéré qui cherchera à s'associer, ou qui sera trouvé associé avec un autre, sera coupable de désobéissance, et, comme tel, puni d'une peine proportionnée au nombre des associés; 3° que tout libéré trouvé ainsi en contravention sera jugé sommairement par un magistrat, et condamné au confinement solitaire ou à une autre peine. » (*First draught*, page 3.)

On sent d'autant plus l'urgence, en Angleterre, de soumettre les libérés à la surveillance d'une police administrative régulièrement organisée, que ce pays, si riche en institutions de bienfaisance de toutes sortes, ne possède aucune société de patronage, même pour les jeunes libérés (1).

Cela seul indique à quel point l'Angleterre est incrédule sur le fait de la réforme morale des prisonniers; cela seul indique pourquoi elle a plus de foi dans le système de la déportation ou de la peine de mort, que dans le système pénitentiaire. J'ai causé de cela souvent avec des Anglais de la position la plus élevée et de l'esprit le plus distingué; tous, ou presque tous sont de l'avis de Castlereagh et de Canning (2); c'est à peine s'ils croient à l'amendement possible des

(1) Je ne connais, en Angleterre, qu'nne seule institution qui ait pour but principal de procurer un asile et de l'ouvrage aux jeunes libérés des deux sexes, c'est le *Refuge for the destitute,* situé à Londres, sur les routes de Hackney et de Hoxton; mais ce double refuge n'est autre chose qu'une prison volontaire, présentant les vices de construction et de discipline dont on demande l'abolition dans les prisons ordinaires. Il ne comprend, du reste, qu'un petit nombre d'individus.

(2) Lord Castlereagh disait à la chambre des communes (séance du 2 mars 1819), à propos de l'excessive sévérité des lois anglaises, dont se plaignaient plusieurs membres de l'opposition, qu'en 1805 on avait fait subir le dernier supplice à un condamné sur 5; qu'en 1817, il n'y avait eu d'exécuté qu'un condamné sur 11; qu'en 1818, il n'y en avait eu qu'un sur 12; que le nombre moyen des exécutions avait été, pendant les quatorze dernières années, de 97 par an; (il est bien moindre aujourd'hui; V. ci-dessus page 8); qu'ainsi l'on devait dire que la sévérité du système pénal anglais avait été excessivement mitigée dans la pratique. « Le comité d'enquête doit avoir ces vérités sous les yeux, ajou-

jeunes délinquants, et je ne les ai vus pencher vers le système de l'emprisonnement individuel qu'après avoir été amenés à concéder ces trois points : 1° que, si des prisonniers isolés ne deviennent pas meilleurs, il est certain qu'ils ne peuvent devenir pires; 2° que, si des criminels associés deviennent nécessairement pires, le système qui tend à les isoler complétement est évidemment le meilleur; 3° qu'en isolant les coupables dans la prison, on leur inflige la seule peine qu'ils redoutent, celle d'être séparés de leurs compagnons de crime, et que, dès lors, cette déportation dans une cellule séparée est mille fois plus redoutée que la déportation dans un lieu commun, où ils trouvent des camarades et l'occasion de se livrer à de nouveaux débordements.

C'est, en définitive, sous ce seul point de vue, que le système de la séparation me paraît pouvoir prendre généralement faveur en Angleterre. Ce système, en effet, a cela d'excellent, qu'il concilie les deux opinions contraires; et l'opinion de ceux qui croient au repentir, et l'opinion de ceux qui n'ont foi que dans l'intimidation.

tait le noble lord, afin de se convaincre que ce n'est pas aux seuls abus et imperfections de l'administration des prisons, et aux rigueurs extrêmes de nos lois pénales, qu'est dû l'accroissement du nombre des criminels. »

M. Canning regardant la crainte de la mort comme salutaire, même dans le cas où la peine n'est pas réellement infligée, disait, dans la même séance, « qu'il est très-dangereux de détruire l'ancienne réputation des lois, et d'affaiblir chez le peuple le respect que le seul nom de la loi lui inspire. »

D'après sir James Mackintosch, les lois pénales anglaises prescrivaient, à cette époque, la peine de mort contre 200 sortes d'offenses, bien que, dans la pratique, cette peine ne fût appliquée qu'à 25 espèces de crimes. D'après M. Peel, il y avait, en 1826, quatre-vingt-douze statuts, en vigueur, concernant le vol; et cependant le vol comptait pour plus des six septièmes dans la totalité des crimes commis. Il y avait alors 220 ans que le chancelier Bacon avait fait au roi Jacques Ier la proposition d'amender les lois contre le vol; réforme que l'honorable M. Peel eût la gloire d'introduire le premier dans la législation criminelle de son pays. — Depuis, cette législation a reçu de nouvelles et graves modifications, surtout en 1837. On n'en pourra constater et apprécier les effets que dans quelques années.

IIᴱ PARTIE.

PRISONS DE LA HOLLANDE.

MONSIEUR LE MINISTRE,

Ainsi que pour les prisons de l'Angleterre, j'ai fait, pour les prisons de la Hollande, précéder ce que j'avais à dire de leur administration et de leur discipline de considérations sur les lois pénales de ce royaume. Plus je visite les prisons étrangères, et plus je reconnais l'utilité de ces observations préliminaires. Il me semble même impossible, sans elles, d'apprécier les faits dont la loi seule est la clef. A l'aide de cette méthode, j'ai compris tout de suite la raison de beaucoup de mesures que je n'eusse pu comprendre autrement. Une prison est une formule pénale qui a son principe dans la loi : la formule est sans signification, si l'on ne connaît pas celle du principe.

Mon ignorance complète de la langue hollandaise a rendu cette double étude plus difficile; mais tous les obstacles se sont trouvés aplanis pour moi par l'obligeance extrême qu'ont mise à me seconder dans mes recherches toutes les personnes auprès desquelles ma mission officielle, les lettres de M. le comte Molé ou des recommandations particulières m'ont donné accès.

Grâce à M. le baron Mortier, pair de France, envoyé extraordinaire et ministre plénipotentiaire du Roi des Français à la Haye, j'ai été accueilli avec une faveur toute particulière par M. le lieutenant général baron de Kock, ministre de l'intérieur; et la circulaire que son excellence a écrite, au sujet de ma mission, à tous les gouverneurs des provinces et à tous les présidents des conseils de régents, a été pour moi une introduction honorable dans toutes les prisons, en même temps qu'elle m'a facilité les moyens de m'y procurer tous les renseignements que j'avais à y recueillir.

CHAPITRE Iᴱᴿ.

OBSERVATIONS PRÉLIMINAIRES SUR LES LOIS PÉNALES ET LA STATISTIQUE CRIMINELLE DE LA HOLLANDE.

La législation française a survécu, dans le royaume des Pays-Bas, à la domination française qui l'y avait importée et établie.

Cependant, aussitôt que la Hollande eut recouvré sa nationalité, une des premières résolutions de son gouvernement fut, tout en maintenant en vigueur les institutions existantes, d'y apporter des tempéraments qui lièrent le passe au présent, et qui, par suite, modifièrent d'une manière notable les lois françaises, dans plusieurs de leurs principales dispositions.

Mais tout ce qui a été fait à ce sujet n'est que provisoire; et si, depuis 1813, des commissions ont tour à tour été créées, des rapports entendus, des projets de code publiés, rien de tout cela n'a été établi ni sanctionné définitivement.

Pour ce qui est du Code pénal, le roi avait fait espérer à ses sujets, dans le discours d'ouverture de la dernière session des états généraux, qu'un projet définitif serait présenté cette année à la législature. Mais il n'est pas sorti du sein de la commission qui avait été chargée de son élaboration; de sorte que le Code des délits et des peines n'est autre, en ce moment, dans le royaume des Pays-Bas, que le Code français de 1810, tel qu'il a été modifié par l'arrêté du 11 décembre 1813, émané de la toute-puissance du roi Guillaume, alors prince d'Orange-Nassau.

« Considérant, est-il dit dans cet arrêté, que les dispositions pénales du Code actuellement en vigueur sont, pour la plupart, antipathiques à ce pays, et ne peuvent dès lors atteindre le but qu'elles se proposent, etc., avons arrêté et arrêtons :

Article 1er. « Le Code pénal français conservera provisoirement, et jusqu'à ce qu'il en soit autrement ordonné, force de loi dans tout le royaume, sauf les modifications qui suivent:

Articles 2 à 7. La *confiscation* générale des biens et la mise des condamnés sous la surveillance de la *haute police* sont abolies. Le mode de l'application de la peine de mort est changé. A la *guillotine* sont substitués la *corde* et le *glaive*. On pend les hommes et on étrangle les femmes.

Article 7. La peine des *travaux forcés à perpétuité* est abolie. A cette peine est substituée, soit celle de la *reclusion* dans une *maison de force*, pendant un temps qui ne peut excéder *vingt années*, après que le condamné a été frappé de verges et attaché au gibet, avec la hart au cou et le fer rouge sur l'épaule; soit celle de la reclusion pendant un égal nombre d'années, après qu'on a fait passer le glaive au-dessus de la tête du coupable, avec tout l'appareil d'une décapitation.

Article 8. Disposition particulière.

Articles 9 et 10. Abolition de la peine du *carcan*. Au carcan a succédé, soit le *fouet*, soit *l'exposition publique* sur un échafaud, pendant le temps et de la manière déterminée par l'arrêt, soit la déclaration que le condamné est *infâme*. Cette dernière peine emporte les mêmes conséquences que la dégradation civique, qu'elle remplace.

Article 11. La peine des *travaux forcés à temps* est abolie et remplacée par celle de la *reclusion* dans une maison de force, pendant un temps qui ne peut excéder *quinze années*, sans préjudice des peines qui, d'après l'article 9 ci-dessus, sont substituées à celle du carcan.

Articles 12 et 13. Il est abandonné à la sagesse des juges d'infliger la peine de la *marque* pour crime de faux; il est aussi laissé à leur prudence de diminuer les peines, même au-dessous d'un emprisonnement de cinq ans, s'il existe des circonstances particulièrement atténuantes.

Articles 14 et 15. Dispositions transitoires.

Article 16. Cet article *abolit le jury* et en confie les fonctions aux juges siégeant dans les cours d'assises. Les juges doivent prononcer en même temps sur le fait et sur l'application de la loi pénale.

Article 17. Abolition des cours spéciales.

Articles 18 à 35. La *publicité des débats*, tant au grand criminel qu'en matière correctionnelle, est supprimée. L'article 18 ne l'admet que pour la plaidoirie et le prononcé des arrêts et jugements. On doit dire néanmoins, et c'est une observation dont je suis redevable à M. Donker-Curtius, avocat à Amsterdam, que l'usage a beaucoup modifié la sévérité de cette dispositon, et que les séances des cours d'assises sont aujourd'hui presqu'aussi fréquentées par le public, même pendant les débats, que si la publicité était reconnue par la loi. — Par l'article 19, le recours en cassation est supprimé, et, par l'article 20, un second degré de juridiction est introduit à sa place pour tous les jugements prononcés, en première instance et en dernier ressort, par les tribunaux inférieurs, mais pour lesquels la voie en cassation avait été ouverte précédemment. Ces nouveaux pouvoirs sont confiés à la cour royale de La Haye, qui peut prononcer, par le même arrêt, ou par arrêt séparé, sur les moyens de cassation et sur le fond. — Quant au recours en cassation contre les arrêts des cours d'assises, l'article 26 en rend juges les deux premières chambres de la cour royale de La Haye, qui connaissent aussi des demandes en nullité, formées contre les arrêts de renvoi des chambres des mises en accusation (1).

Je ne sais si cette législation pénale est plus conforme aux mœurs de la nation hollandaise que celle du Code de l'empire. Ce qu'il y a de certain, c'est que j'ai fait, pour me procurer le texte de l'arrêté du 11 décembre, des recherches et des demandes qui sont demeurées jusqu'à ce jour infructueuses. Un professeur de droit d'Amsterdam m'a déclaré positivement que, eût-il cet arrêté en sa posession, il ne me le donnerait pas, tant il semblait honteux, pour son pays, de l'existence légale d'un tel acte. Au ministère de l'intérieur, à La Haye, on n'a pu m'en remettre qu'une analyse sommaire. C'est à l'aide de cette analyse, et de celle fort abrégée qu'en a faite M. Donker-Curtius, dans la *Revue étrangère de législation*, que je suis parvenu à rédiger l'extrait qui précède (2).

Au surplus, pour apprécier les résultats moraux de ces modifications au Code pénal de l'empire, il faudrait pouvoir comparer les tables de la criminalité, en Hollande, avant et depuis 1813. Malheureusement, le gouvernement hollandais, qui publie, chaque année, avec un soinsi louable, la statistique de ses établissements de bienfaisance, n'a encore rendu public aucun document officiel sur la statistique des crimes et des délits. Il n'existe même aucuns renseignements à ce sujet dans les bureaux du ministère de la justice; seulement, il y a quelques années, M. le ministre de l'intérieur a adressé, aux commandants des grandes prisons des Pays-Bas, une instruction ayant pour objet de leur faire dresser, annuellement, un état de situation des prisonniers détenus dans leurs prisons respectives. Les états partiels, adressés par chaque commandant au ministre, sont ensuite résumés dans les bureaux en un état général, divisé en plusieurs

(1) Deux délits nouveaux ont été ajoutés à la nomenclature de ceux prévus par le Code pénal; les arrêtés du 28 août 1819 et du 15 mars 1820 punissent de peines correctionnelles *l'amotion* ou la destruction volontaire des tonneaux et des balives; un autre, du 19 mai 1829, inflige des peines également correctionnelles à ceux qui mêlent au pain ou à d'autres comestibles des matières nuisibles à la santé, et à ceux qui débitent ou vendent sciemment des comestibles ainsi falsifiés.

Ajoutons qu'un décret du 12 février 1814 permet aux tribunaux de première instance d'ordonner, sur la demande des parents ou du ministère public, l'incarcération des individus qui, par démence, par dissipation ou *inconduite*, se montrent indignes de la société. Le ministère public doit toujours être entendu, lorsque la demande est formée par des parents; l'autorisation ne peut être donnée que pour une année, sauf prolongation pour un terme égal. Dans tous les cas, la décision du tribunal est soumise à l'appel.

(2) Cet arrêté n'existe même pas dans la collection générale des lois des Pays-Bas, publiée à Bruxelles, chez Remy, libraire, en 29 vol. in-8°, de 1813 à 1830.

tableaux contenant, 1° le mouvement de la population des prisons; 2° la nomenclature des crimes commis; 3° la nature et la durée des condamnations criminelles; 4° la durée des peines correctionnelles; 5° l'âge des détenus; 6° leur profession avant le jugement de condamnation etc.

M. Gevers, référendaire au conseil d'état, ayant eu l'obligeance de me communiquer et de me traduire les cinq tableaux dressés pour l'année 1836, je les ai insérés, par extrait, sous le n° 1 des pièces de l'Appendice. Ces tableaux, à défaut de renseignements plus complets, donneront du moins à Votre Excellence un premier aperçu des résultats de la législation, et de l'administration de la justice criminelle, dans le royaume des Pays-Bas.

Le chiffre de 3,195, reproduit dans ces tableaux, indique le nombre total des condamnés détenus, en 1836, dans les grands prisons pour peines seulement. Quant aux condamnés, détenus dans les maisons de justice et d'arrêt, tels que les correctionnels condamnés à un emprisonnement de moins d'un an ou de six mois, les états dressés dans les bureaux du ministre de l'intérieur n'en font nulle mention. Cette lacune, il faut l'espérer, sera comblée dans les états des années suivantes; autrement les documents recueillis le seraient sans aucun fruit. En fait de statistique, les chiffres sont toujours faux quand ils sont incomplets.

Il importerait également que les états officiels continssent le mouvement des maisons de dépôt, d'arrêt et de justice, avec l'indication de la durée des mises en prévention.

Enfin, il conviendrait que le degré d'instruction des détenus fût aussi constaté dans les mêmes états, et que le nombre total des crimes et délits fût réparti par province, en regard du chiffre de la population.

La statistique des écoles primaires de la Hollande me paraîtrait, sous ce rapport, un excellent modèle à suivre.

Cette statistique constate que, sur la population totale du pays, on compte 1 élève pour 8 $\frac{80}{100}$ habitants. Le chiffre de la population totale est de 2,528,387.

Les documents que j'ai rassemblés, pour mon rapport sur les colonies agricoles de la Hollande, établissent que la proportion des indigents avec la population est d'environ un 10°.

On évaluait, en 1827, à 1 sur 909 habitants, le rapport des détenus à la population libre; mais cette évaluation ne portait que sur la population des détenus des grandes prisons. Cette évaluation, assise sur la même base, serait fautive aujourd'hui comme alors.

Il n'est peut-être pas inutile de faire observer, qu'en Angleterre, on compte par mille carré 257 habitants; dans le royaume des Pays-Bas, 323; et chez nous, 208 seulement.

Tous ces chiffres, et beaucoup d'autres, qu'on omet généralement dans les statistiques criminelles, sont de la plus haute importance à établir pour juger de la criminalité comparative des peuples.

Aucun peuple, mieux que le peuple hollandais, ne se prête aux calculs de la statistique. La statistique ne peut établir ses chiffres avec précision, avec vérité, avec constance, qu'en les empruntant à des institutions immuables, ou tout au moins permanentes, et en les attachant au retour périodique et certain d'effets immanquables, produits par des causes toujours les mêmes. Or, malgré les transformations successives et profondes que les Pays-Bas ont subies, surtout dans ces derniers temps, entraînés qu'ils furent, comme tous les États secondaires, dans le mouvement général que la fin du dernier siècle a imprimé à toute l'Europe, — et bien qu'il ait eu à souffrir tour à tour, pendant près de trois siècles, la domination des ducs de Bourgogne, des rois d'Espagne, de la maison d'Autriche et de la France, le peuple hollandais est toujours resté lui-même; — changeant de forme, jamais de fond; — subissant. dans le for extérieur, le joug imposé de l'étranger; — le secouant, dans le for intérieur, de toute la puissance de sa nationalité comprimée; — attaché à son roi, aussi fermement qu'à ses franchises municipales; — républicain batave en même temps que monarchiste néerlandais; — luttant contre les flots révolutionnaires, comme il lutte contre les flots de la mer, et sachant préserver ses institutions des envahissements des uns, comme il sait préserver son sol des envahissements des autres. Les recherches de la statistique obtiendraient donc des résultats plus certains que partout ailleurs, dans un pays où tous les habitants, comme toutes les actions, comme tous les canaux, comme toutes les routes, comme toutes les maisons, comme tous les champs, semblent taillés sur un patron national primitif, dont il est défendu de s'écarter. En France, où les institutions et les mœurs sont *ondoyantes et diverses* comme l'imagination mobile de ses habitants, la statistique d'une année reçoit souvent d'une autre année un formel démenti. Ce ne sont souvent, dans ses calculs, que contradictions, que hasards, que mécomptes; et quand elle croit avoir posé des faits constants, ces faits, dans la réalité, sont soustraits de son addition par mille circonstances majeures qu'elle n'a pu constater, parce que ces circonstances sont aussi accidentelles qu'inchiffrables. En Hollande, c'est tout différent : la comptabilité morale de l'État peut se tenir en partie double, aussi aisément, et avec des résultats arithmétiques pour ainsi dire aussi concluants, que sa comptabilité financière; l'une comme l'autre peut n'être qu'affaire de comptoir. Quand donc le gouvernement le voudra, il saura, à point nommé, quand et pourquoi tel ou tel crime se commet plus fréquemment que tel ou tel autre; quand et pourquoi tel ou tel crime se reproduit, à de plus longs intervalles, dans telle classe ou dans telle province, que dans telle autre, etc. : et c'est alors, quand ses tableaux statistiques seront partout et complétement dressés, qu'il sera vraiment utile pour nous d'étudier le régime de ses prisons, parce qu'alors seulement nous pourrons retirer de cette étude, et de celle des tables de la criminalité, des résultats comparatifs qui seront d'un grand enseignement pour la France.

CHAPITRE II.

DES DIVERS DEGRÉS D'EMPRISONNEMENT ET DES DIVERSES SORTES DE PRISONS, EN HOLLANDE. — TRANSFÉREMENTS.

D'après les modifications que l'arrêté du 11 décembre 1813 a fait subir au Code pénal de 1810, les deux seules peines qui se formulent aujourd'hui par la prison sont, en Hollande, la *reclusion* et l'*emprisonnement.*

La *reclusion* s'applique, non-seulement à ceux contre lesquels notre Code la prononce, mais encore à ceux contre lesquels il prononce la peine des travaux forcés. Cette peine, dans la législation hollandaise, est convertie en reclusion, et sa durée ne peut jamais excéder vingt ans.

Quant à l'*emprisonnement,* il constitue, comme en France, une peine purement correctionnelle, laquelle s'applique en Hollande comme chez nous.

Pour que chacune de ces peines soit subie par le coupable selon le degré que la loi prescrit, le gouvernement a établi deux sortes de prisons pour peines, savoir : des *maisons de force et de reclusion,* et des *maisons correctionnelles.*

Ces prisons pour peines sont entièrement distinctes et séparées des *maisons de dépôt, d'arrêt* et *de justice,* qui existent, en Hollande comme en France, pour garder les inculpés, les prévenus et les accusés. Ces maisons, par cela seul qu'elles ne sont que préventives, ne renferment que des individus non jugés. Toutefois, pour ne pas aggraver, par des transports longs, pénibles et humiliants, la condition des condamnés correctionnels à court terme, le Roi a permis que les condamnés à moins d'un an d'emprisonnement subissent leur peine dans les maisons de justice, et que les condamnés à moins de six mois subissent la leur dans les maisons d'arrêt.

On détient aussi, dans ces maisons, les prisonniers pour dettes, dont le nombre est fort peu élevé; les condamnés en simple police; ceux contraints par corps pour non payement d'amendes et de frais de justice; et les militaires mis aux arrêts pour fautes disciplinaires.

Du reste, l'organisation actuelle de ces prisons est on ne peut plus défectueuse. Je ne connais que celles de Zwolle, de Groningue et de La Haye qui présentent un système quelque peu régulier de discipline intérieure et de classification par âges, par sexes et par degrés de culpabilité.

Quant au mode de transférer les prévenus ou les condamnés à la maison d'arrêt ou à la prison pour peines, puisse la Hollande imiter bientôt l'exemple que la Belgique lui donne!

La Hollande possède : — sept grandes prisons pour peines, autrement dites *maisons centrales*, y compris la maison de détention militaire de Leyde; — 10 *maisons de justice*, autrement appelées *maisons de sûreté civile et militaire*, situées aux chefs-lieux des dix provinces du royaume ; — une onzième maison de sûreté civile et militaire, située à Amsterdam, à cause de l'importance du lieu ; — 24 *maisons d'arrêt*, situées dans les villes chefs-lieux des vingt-quatre arrondissements; — enfin un certain nombre de *dépôts*, autrement dits *salles de police*, situés dans les chefs-lieux de canton.

Le tableau suivant désigne nommément chacune de ces diverses prisons:

VILLES où sont situées LES PRISONS.	DÉSIGNATION DES PRISONS.	AFFECTATION DES PRISONS.	POPULATION moyenne des détenus.	OBSERVATIONS.
Bois-le-Duc (1).	Maison de force et de reclusion.	Hommes condamnés aux travaux forcés et à la reclusion.......	525	(1) Cette prison est occupée temporairement comme caserne militaire. Sa population est répartie entre Leeuwarden et Woerden, ce qui occasionne dans ces deux dernières prisons, et dans celle de Gouda, où l'on a momentanément transféré les femmes de Woerden, un encombrement qui cessera avec sa cause.
Leeuwarden...	*Idem*..............	*Idem*..............	525	
Gouda........	*Idem*..............	Femmes condamnées à la reclusion.	150	
Hoorn........	Maison de correction...	Hommes condamnés correctionnels à plus d'un an.............	400	
Woerden......	*Idem*..............	Femmes *idem*...............	150	
Leyde........	Maison de détention militaire.	Militaires et marins condamnés par les conseils de guerre, etc....	620	
Rotterdam.....	Maison de correction...	Jeunes garçons au-dessous de 16 ans condamnés ou détenus en vertu de l'article 66 du Code pénal .	130	
		TOTAL........	2,500	
Bois-le-Duc....	Maison de sûreté civile et militaire.	Prévenus, accusés, militaires non jugés, condamnés correctionnels à moins d'un an............		La prison d'Amsterdam renferme un quartier spécial pour les jeunes filles condamnées. La population moyenne de ces jeunes détenues est de 25.
Arnhem.......	*Idem*..............			
Amsterdam....	*Idem*..............			
Haarlem......	*Idem*..............	*Idem*..............		
La Haye......	*Idem*..............	*Idem*..............		
Middelbourg...	*Idem*..............	*Idem*..............	600	
Utrecht......	*Idem*..............	*Idem*..............		
Leeuwarden...	*Idem*..............	*Idem*..............		
Zwolle.......	*Idem*..............	*Idem*..............		
Groningue.....	*Idem*..............	*Idem*..............		
Assen.......	*Idem*..............	*Idem*..............		
24 plus petites villes d'arrondissement où il y a des tribunaux de 1re instance....	Maisons d'arrêt........	Prévenus et condamnés correctionnels à moins de six mois...	400	
		TOTAL général......	3,500	

Il résulte de ce tableau que les prisons pour peines sont classées entre elles par natures de condamnations, par sexes de condamnés et par âges.

Ainsi, les *hommes,* condamnés pour crimes emportant la peine des *travaux forcés* ou de la *reclusion,* sont enfermés dans deux maisons spéciales *de force* et *de reclusion,* la maison centrale de Bois-le-Duc, en Brabant, et celle de Leeuwarden, en Frise.

Ainsi, les *hommes,* condamnés correctionnellement pour délits emportant la peine de l'*emprisonnement* à plus d'une année, sont enfermés dans une maison spéciale de *correction,* à Hoorn, en Nord-Hollande.

Ainsi, les *hommes*, condamnés par les *conseils de guerre* pour délits purement *militaires,* sont enfermés dans une maison spéciale de *détention militaire,* à Leyde.

Ainsi, les *jeunes garçons,* condamnés criminellement ou correctionnellement, ou détenus en vertu de l'article 66 du Code pénal, et ayant moins de seize ans lors de la perpétration du crime ou du délit, sont enfermés dans une maison spéciale de jeunes détenus, à Rotterdam.

Ainsi, les *femmes*, condamnées par les cours d'assises pour crimes emportant la peine de la reclusion, sont enfermées dans une maison spéciale de reclusion, à Gouda, en Sud-Hollande.

Ainsi, les *femmes*, condamnées correctionnellement pour délits emportant la peine de l'emprisonnement, sont enfermées dans une maison spéciale de correction, à Woerden, même province.

Ainsi, les *jeunes filles* condamnées, ayant moins de seize ans, sont enfermées dans un quartier spécial de la maison de justice d'Amsterdam.

Assurément, ce sont-là des améliorations réelles, fondamentales; et l'administration actuelle des prisons de la Hollande est fondée à dire : « Tandis qu'ailleurs on a souvent beaucoup dit sans faire « grand'chose, ici nous avons fait beaucoup sans parler haut. » Mais nous ne voyons pas qu'elle soit fondée à ajouter : « Aucun pays ne possède les mêmes avantages; nul ne saurait en posséder « de plus grands. »

Ces améliorations, au surplus, ne sont pas les seules qui aient été introduites dans les prisons de la Hollande, depuis 1830. Indépendamment de celles que nous signalerons dans le chapitre suivant, nous devons consigner ici que chaque prison de condamnés, est divisée en plusieurs quartiers distincts, destinés aux différentes catégories de détenus et pourvue de salles plus ou moins grandes pour l'exercice du culte et l'instruction primaire; de préaux aérés et souvent plantés d'arbres, d'une infirmerie, d'une chambre de conseil, de vastes dortoirs, de lieux de punition d'une parfaite salubrité, d'une cuisine, d'une boulangerie, d'une cantine, de plusieurs magasins et autres locaux nécessaires aux diverses branches du service économique, enfin de vastes ateliers et autres emplacements affectés au travail des détenus, et à l'emmagasinement des matières premières ou des objets fabriqués.

Malheureusement, la vicieuse disposition des bâtiments contrarie le plus souvent les bonnes intentions de l'administration, et la force à renoncer à des projets utiles; mais en même temps ces bâtiments sont vieux, et les réparations ou additions qu'on y a faites ne font que plus vivement comprendre qu'ils remplissent mal leur destination, et que tôt ou tard il faudra songer sérieusement à les remplacer par d'autres. Un pays qui ne possède que de vieilles prisons me paraît plus avancé dans les voies du perfectionnement que celui qui n'en possède que de neuves. Les vieilles croulent, et on en rebâtit de bonnes; les neuves restent, et restent mauvaises, quand on les a bâties d'après un mauvais système. Sous ce rapport, la Hollande touche de plus près, peut-être, à la réforme, que la Belgique, sa rivale.

CHAPITRE III.

DE L'ADMINISTRATION DES PRISONS DE LA HOLLANDE.

§ 1er.

ADMINISTRATION CENTRALE.

Jusqu'en 1823, l'administration générale des prisons de la Hollande a appartenu au ministère de la justice.

Depuis, elle appartient au ministère de l'intérieur.

Le département de l'intérieur comprend huit divisions distinctes, dont celle de l'administration des prisons forme la 6e (1).

La division des prisons date de 1823. Auparavant, c'était un *conseil d'administration*, établi près du ministère de la justice, qui en avait la direction générale; mais ce conseil a été dissous en même temps que l'administration des prisons est rentrée dans les attributions du ministère de l'intérieur.

Un arrêté organique du 4 novembre 1821 établit et détermine, en 75 articles, et sous 5 titres particuliers, 1° la classification et la destination des prisons du royaume; 2° l'entretien des prisonniers; 3° le travail des prisonniers; 4° l'ordre et la discipline dans les prisons; 5° enfin les dispositions générales à observer.

Cet arrêté est suivi encore aujourd'hui dans tout son contenu, sauf quelques modifications que je ferai connaître dans le cours de ce rapport.

Les prisons pour peines, de même que les maisons de dépôt, d'arrêt et de justice, sont, sans exception ni distinction, toutes à la charge de l'État, sauf la subvention du fonds spécial, dont il sera parlé au chapitre du *travail.*

L'administration centrale, comme je l'ai dit, fait partie du ministère de l'intérieur. Le prisonnier civil ou militaire, une fois placé dans la maison qui doit le recevoir, est soumis à l'action

(1) La division des prisons se compose actuellement :

D'un référendaire, aux appointements de 2,500 florins;
D'un commis (2,000 florins);
De trois commis adjoints (1,200 florins chacun) et d'un surnuméraire.

Il y avait de plus, attaché à la sixième division, un inspecteur général, chargé de la surveillance de toutes les prisons des Provinces-Unies (Hollande et Belgique comprises); mais cet emploi a été supprimé après la révolution de 1830, et depuis, lorsque des inspections partielles ont été jugées necessaires, le référendaire, ou le commis de la division, en a été spécialement chargé par le ministre de l'intérieur.

Je ne doute pas qu'avant peu le gouvernement ne soit amené à nommer de nouveau un inspecteur général : sans ce lien intermédiaire, il y a solution de continuité entre l'administration centrale et l'administration particulière de chaque prison. Le défaut d'unité que j'ai remarqué, dans plusieurs parties du service, tient uniquement au vide que laisse dans la discipline l'absence d'une surveillance spéciale, s'exerçant partout de même et procédant de la même autorité.

de ce département. Le ministère de la guerre y demeure tout à fait étranger, même pour les militaires que leur peine n'exclut que temporairement de l'armée.

Dans chaque province, le gouverneur a la surintendance de toutes les prisons qui y sont établies. Il est l'intermédiaire entre l'administration centrale et le conseil des régents.

§ 2.

CONSEIL DES RÉGENTS.

Conformément aux dispositions de l'article 59 de l'arrêté du 4 novembre 1821, une commission administrative, appelée *conseil des régents*, est établie près de chaque prison. Lorsqu'il y a plusieurs prisons dans le même endroit, leur administration est confiée à la même commission, mais elle doit rester distincte pour chacune d'elles.

Une instruction du 21 octobre 1822 règle, en 53 articles, les attributions des conseils de régents.

Ces conseils sont présidés de droit par le gouverneur de la province, et, à défaut, par un vice-président nommé par le roi.

Ils sont composés de 5, 7 ou 9 citoyens notables, également nommés par le roi.

Chaque semaine, à peu près, ils tiennent leurs séances dans une *salle de conseil* pratiquée *ad hoc* dans l'enceinte de chaque prison.

Deux commissaires, pris dans leur sein, sont commis, à tour de rôle, pour la surveillance du service journalier.

Les conseils de régents présentent, tous les trois mois, au gouverneur, un exposé de l'état des établissements confiés à leurs soins, tant par rapport au service intérieur et domestique, que par rapport au travail des détenus.

Ils veillent spécialement à ce que les règlements en vigueur soient ponctuellement exécutés.

Ils prennent toutes les mesures nécessaires pour la sûreté et le maintien de la propreté des prisons et de la santé des prisonniers. Ils donnent, à cet effet, aux commandants et aux geôliers, les instructions et ordres nécessaires.

Les commandants, les directeurs de travaux, et les geôliers sont tenus d'exécuter ponctuellement les ordres des conseils de régents.

Afin de faciliter la marche du service des prisons, au moyen de prompts payements, il est fourni des fonds suffisants auxdits conseils sur les crédits ouverts au ministère de l'intérieur.

Un trésorier, nommé dans leur sein, est chargé de faire tous les payements, sur mandats signés par deux d'entre eux.

C'est le collége des régents qui est chargé de l'achat de toutes les fournitures nécessaires pour le service de la maison.

Toutes les fournitures ont lieu par adjudications séparées, sauf le cas où le conseil jugerait que les objets de même nature, ou qui sont assimilés dans le commerce, peuvent être fournis plus convenablement par le même entrepreneur.

Les fonctions des membres des conseils de régents sont gratuites; seulement, celui qui remplit les fonctions de secrétaire reçoit un salaire et des frais de bureau : ce salaire est de 720 florins à Amsterdam.

Les conseils de régents envoient, chaque année, au ministre de l'intérieur, par l'intermédiaire des gouverneurs des provinces, un rapport détaillé sur la situation de chaque établissement. Ce rapport contient tout ce que les différentes branches du service ont présenté de plus remarquable, ainsi que la statistique de la population, etc., etc. A ce rapport sont jointes les propositions que les conseils jugent à propos de faire pour l'amélioration du service. De cette manière, l'administration centrale a, chaque année, sous les yeux, l'ensemble de ce qui a été fait et de ce qui reste à faire. « Moyennant ce coup d'œil général, dit une note émanée de cette administration, « et de plus, éclairée par des inspections faites sur les lieux, elle est à même de marcher d'un pas « assuré, mais qu'elle ralentit à dessein, et sans sortir des règles générales, dans la voie des amé- « liorations et des perfectionnements. »

La note ajoute : « Le conseil des régents est un poste d'honneur dont on remplit généralement « les devoirs avec zèle, qu'on ambitionne souvent, et qu'il est de tradition de considérer. »

Je me suis convaincu par moi-même combien, sous ces divers rapports, nos commissions de surveillance sont au-dessous des conseils de régents.

C'est qu'en France, les institutions municipales ne sont guère encore écrites que dans nos lois; en Hollande, elles ne font qu'un avec les mœurs.

Le conseil des régents de Leeuwarden, en Frise, m'a paru surtout composé d'hommes vraiment distingués. L'un d'eux, M. L. G. Bouricius, est auteur d'un livre hollandais qu'on dit contenir d'excellentes choses sur les prisons de son pays.

§ 3.

PERSONNEL DES EMPLOYÉS.

Chaque maison centrale a deux chefs, égaux en droits, et indépendants l'un de l'autre, savoir: le *commandant* et le *directeur des travaux*.

Le commandant, presque toujours officier supérieur pensionné, est chargé de la discipline de la maison; le directeur des travaux est chargé de la discipline et de la comptabilité des ateliers.

Une instruction royale du 29 juin 1825 règle les relations des directeurs avec les commandants, *et vice versâ*, et détermine tous les cas où ils pourront agir l'un à côté de l'autre sans conflit. Malgré ces précautions, il naît, de cet ordre de choses, un désordre inévitable et un choc continuel d'attributions et de prétentions, qui nuisent essentiellement à la régularité des services.

Quant aux autres prisons, la surveillance de chacune d'elles est confiée à un geôlier, lequel a sous ses ordres un ou plusieurs gardiens.

Un règlement, du 11 décembre 1822, fixe l'organisationet les traitements du personnel de toutes les prisons. Un extrait de ce règlement est joint à ce rapport (n° 2 de l'Appendice) (1).

Du choix des employés dépend l'ordre ou le désordre dans la discipline des prisons. Le gouvernement hollandais l'a compris en ne confiant, généralement, qu'à des personnes qui en sont dignes, la mission de le représenter dans ces établissements.

(1) Depuis ce règlement, la disposition de l'article 21, relative à l'équipement et à l'habillement militaire des gardiens, dans les prisons pour peines, a été étendue aux gardiens des autres prisons, par un arrêté royal du 10 juillet 1837. En conséquence, les gardiens des maisons de sûreté civile et militaire ont été habillés et armés au 1er janvier de cette année, et ceux des maisons d'arrêt le seront au 1er juillet prochain.

Quant à l'article 17 du même règlement, sa majesté a ordonné que les places de commandant des grandes prisons pour peines ne seraient dorénavant remplies que par des officiers supérieurs, et les places d'adjoints par des capitaines ou lieutenants.

Un arrêté du 20 avril 1824, modificatif des articles 71 et 72 de l'arrêté organique du 4 novembre 1821, détermine, ainsi qu'il suit, le mode de nomination aux divers emplois des prisons :

Sont nommés par le Roi, sur la proposition des gouverneurs des provinces et la présentation des conseils de régents ;

Pour ce qui concerne le service intérieur et domestique :

Les commandants et les adjoints aux commandants, dans les maisons de correction, de reclusion et de force, et dans celles de détention militaire ; — les geôliers dans les maisons de sûreté civile et militaire et les maisons d'arrêt ; — les commis ; — les ministres du culte ; — et les instituteurs.

Pour ce qui concerne la direction et la surveillance des travaux :

Les directeurs ; — les commis ou teneurs de livres ; — les gardes-magasins ; — et les contre-maîtres.

Les gouverneurs des provinces sont autorisés à nommer, sur la présentation des conseils de régents, conformément au règlement susrelaté du 11 décembre 1822, à toutes les autres places dans les prisons de sûreté civile et militaire et dans les maisons d'arrêt.

A l'égard des prisons pour peines, un arrêté royal du 26 novembre 1827 porte :

« Considérant qu'afin de pouvoir, avec plus de justice, rendre les commandants des prisons « pour peines responsables du service qui leur est confié, il convient de leur déférer une in« fluence pour la nomination des gardiens dans lesdits établissements, sur lesquels il doivent le « plus s'appuyer pour le maintien du bon ordre et de la police,

« Avons entendu :

« 1° D'accorder aux commandants des prisons pour peines le pouvoir de présenter, en cas « de vacance, par l'intermédiaire de la commission d'administration ou conseil des régents, des « candidats pour les places de gardiens dans les établissements sous leurs ordres ;

« 2° D'arrêter que les commissions d'administration enverront au gouverneur de la province « les susdites propositions des commandants, avec leurs considérations et avis ; lequel gouverneur « nommera parmi les candidats, si toutefois quelque motif particulier ne s'y oppose ;

« 3° D'ordonner instamment aux commandants que, dans le cas où les gardiens se rendraient « coupables de négligence ou d'inconduite, ils en fassent directement rapport à la commission « d'administration, afin de pouvoir, par cet intermédiaire, prononcer sur l'objet, suivant la gravité « des circonstances. »

L'influence de la première disposition de cet arrêté est, pour ainsi dire, sensible aux yeux, dans toutes les prisons pour peines. Il est impossible de voir, dans les gardiens, plus de soumission au chef de la maison et plus de fermeté dans l'exécution de ses ordres, plus de respect dans leurs paroles, plus de vigilance dans leur garde, plus de régularité dans leur tenue. On voit bien là que le maître est le maître, et qu'il n'a pas à craindre de rencontrer, dans ses subordonnés, des gens qui se croient plus forts que lui, parce qu'ils ont été placés près de lui par une volonté supérieure à la sienne, et par un pouvoir en dehors du sien.

BIBLIOTHÈQUE ROYALE I

§ 4.

DÉTENUS AUXILIAIRES.

On rencontre, dans toutes les prisons de la Hollande, en plus grand nombre encore que dans les prisons de la France, des détenus employés comme auxiliaires dans les cours, dans les magasins, dans les infirmeries, à la cuisine, au greffe, etc. Cet abus est inhérent au système suivi. Pour le détruire, il faudrait détruire tout le système; mais on reconnaîtra longtemps le mal, avant d'employer le remède qui seul peut le guérir.

§ 5.

TENUE DES ÉCRITURES.

Indépendamment des livres et registres dont la tenue est obligatoire pour le directeur des travaux, dans les prisons pour peines, les commandants et les geôliers sont obligés, dans ces prisons et dans les maisons d'arrêt ou de justice, de tenir régulièrement les registres destinés à l'inscription des prisonniers au moment de leur entrée, et à la constatation de leur sortie et des mutations journalières.

Les commandants doivent également tenir les listes de conduite dont il sera fait mention au chapitre du *régime moral et religieux.*

J'ai compulsé plusieurs registres d'écrous; je n'en ai pas trouvé un seul qui fût conforme aux prescriptions du Code d'instruction criminelle; je ne m'en suis point étonné, puisqu'en France même ces prescriptions ne sont point encore suivies partout, malgré tous les efforts de l'administration; mais je les ai trouvés tous tenus avec un soin extrême, et conformes aux modèles tracés par l'administration, et cela, même dans les petites prisons, et surtout dans la maison de justice de Zwolle; il est impossible d'avoir plus d'ordre, dans la tenue de ses écritures, que le concierge de cette prison.

CHAPITRE IV.

RÉGIME ÉCONOMIQUE.

Le régime économique des prisons comprend : la nourriture, le vêtement, le couchage, l'éclairage, le chauffage, le blanchissage, le service des infirmeries, enfin les divers articles accessoires. — Le tout est mis en régie, sauf quelques entreprises partielles, que la régie donne elle-même pour plus de facilité dans ses opérations.

Nourriture. — La ration journalière des prisonniers est, pendant toute l'année, de

1/2 livre de pain de seigle, boulangé dans la prison;

3/4 de livre de pommes de terre avec assaisonnement;

16/10 de litre de soupe (1).

(1) La soupe est de plusieurs espèces, savoir :

Deux fois la semaine, à la viande;

Deux fois la semaine, à la gélatine;

Dans les grands établissements, on pourvoit à la nourriture par régie; les détenus font eux-mêmes la cuisine sous la surveillance d'un gardien; des commissaires, pris à tour de rôle parmi eux, veillent à ce que les quantités voulues y soient employées; cette mesure prévient toute malversation et tout sujet de plainte, mais elle constitue un *droit* que ne devraient pas avoir des condamnés.

L'eau pure est l'unique boisson des détenus; seulement, pendant quatre mois, du 15 novembre au 15 mars, chaque prisonnier reçoit, le matin, trois décilitres de lait coupé avec de l'eau chaude.

Dans les petites prisons, un entrepreneur pourvoit à la fourniture des vivres, mais toujours d'après le même tarif.

J'ai goûté, dans plusieurs prisons, à la nourriture des détenus; je l'ai trouvée partout de bon goût et suffisante. Le pain seul, noir et compacte comme de la tourbe, m'a paru immangeable; mais ce pain fait les délices de lanation, et des familles aisées en mangent, le matin, en guise de beurre ou de fromage, avec du thé et du pain blanc.

Vêtements. — Tous les prisonniers sont uniformément vêtus, — en toile, pendant l'été; — en gros drap, pendant l'hiver; la chaussure, c'est le sabot; la coiffure des hommes est une casquette de feutre gris; celle des femmes est un bonnet monté, de tissu noir, se nouant sous le menton, avec des brides en ruban, et s'attachant au milieu par une espèce de cravate blanche qui fait le tour de la tête, et se termine en bouffettes au côté droit du front.

Tout condamné porte les vêtements de la prison; les non condamnés en sont pourvus quand ils en manquent.

Couchage. — Les détenus couchent dans des dortoirs communs, mais chacun seul dans un hamac. Chaque hamac est garni d'une paillasse et d'un traversin, d'une paire de draps de lit, et d'une ou deux couvertures de laine, suivant la saison. J'ai souvent compté jusqu'à 100 hamacs dans un même dortoir. Il y a des dortoirs où les hamacs sont si rapprochés qu'ils se touchent. On dirait d'un vaste lit de camp en toile suspendu à des traverses. Cet inconvénient se fait surtout sentir dans la maison de détention militaire de Leyde, et dans la maison de force et de correction de Leeuwarden. On pourrait remédier jusqu'à un certain point aux dangers d'un tel rapprochement, en disposant les hamacs de telle sorte que chaque détenu ait la tête du côté où son voisin a les pieds. Je trouve le hamac un couchage économique et commode; mais les poteaux et les traverses de bois auxquels ils s'accrochent forment, dans chaque dortoir, surtout lorsqu'il y a plusieurs rangées de hamacs placées les unes au-dessus des autres, une forêt épaisse où l'air circule à peine, et où la surveillance peut difficilement s'exercer. Cet inconvénient disparaîtrait si le bois était remplacé par du fer, comme dans la prison militaire d'Alost, en Belgique.

Chauffage et éclairage. — Les ateliers sont chauffés aux frais du fonds spécial du travail, dont il sera parlé plus bas; les infirmeries seules le sont aux frais de l'état. Aucune autre partie des maisons n'est chauffée; on ignore l'usage des calorifères. Les infirmeries, dortoirs, corridors, places et préaux sont éclairés (quand il le sont), le soir, ou toute la nuit, aux frais de l'état. Les ateliers le sont aux frais des détenus, au moyen d'une retenue opérée sur leur salaire.

Deux fois la semaine, au gruau;
Une fois la semaine, aux pois et aux lentilles.

Un arrêté du 29 mars 1827 fixe les quantités et la nature des substances qui doivent entrer dans l'assaisonnement des pommes de terre, et dans la composition des différentes sortes de soupes.

Blanchissage. — Tous les effets de couchage et d'habillement sont soumis à un blanchissage régulier, à des époques fixes; les objets de rechange ne sont jamais remis en usage que parfaitement secs, et dans un état convenable de propreté et de réparation.

Infirmeries. — La quantité et la qualité de nourriture pour les malades sont prescrites individuellement par le médecin de la maison (1).

Articles accessoires. — Tout ce qui n'est pas compris dans les articles qui précèdent, comme la coupe de la barbe et des cheveux, les bains et autres mesures de propreté, le nettoiement des différentes localités, etc., est déterminé par les règlements particuliers de chaque établissement, règlements variant quelquefois d'après les circonstances, mais toujours établis sur les mêmes bases.

CHAPITRE V.

TRAVAUX INDUSTRIELS DES DÉTENUS.

La pensée principale, je pourrais dire l'unique pensée qui a présidé à la réorganisation du régime des prisons des Pays-Bas, en 1821, a été l'organisation en grand du travail industriel des détenus.

Tout, en effet, dans les mesures prises à cette époque, tend à donner au travail la principale place, ou plutôt toute la place, dans les prisons.

Plusieurs prisons, surtout celles des provinces méridionales, avaient des cellules où les détenus couchaient seuls la nuit. On a détruit les cellules en abattant leurs cloisons intermédiaires, et l'on en a fait des dortoirs communs pour y loger un plus grand nombre de travailleurs. Il y avait des chauffoirs, des réfectoires, des promenoirs; on les a supprimés et remplacés par des ateliers qui en tiennent lieu. En un mot, l'administration a mis tous ses soins à occuper le plus de bras possible, et à retirer de leur travail le plus de bénéfice possible.

Quelque pensée pénitentiaire, ou de morale, se mêlait-elle aux préoccupations industrielles de l'administration d'alors? Il n'est guère permis de le croire, en lisant ses instructions, et en les rapprochant des mesures récemment prises par le ministre de l'intérieur actuel, mesures qui ont pour objet de remédier aux abus de l'agglomération des détenus, réunis pêle-mêle dans les ateliers, sans distinction aucune de leurs antécédents et de leur conduite, et de diviser la population des détenus de chaque prison en plusieurs classes, selon leur âge et leur moralité.

Quoi qu'il en soit, voici sur quelles bases repose, et par quels rouages est mise en action, l'organisation des travaux industriels, dans les prisons de la Hollande.

(1) Au lit de chaque homme malade sont joints : deux capotes ou surtouts de drap gris; deux pantalons larges *idem*; deux bonnets de laine tricotée; trois chemises d'une toile plus fine que pour les détenus valides; une paire de pantoufles de cuir. — A chaque lit pour les femmes malades sont joints, outre les trois chemises et les pantoufles, deux bonnets en toile, deux jupons à corsage et à larges manches de drap gris.

Des lits de fer dits à la Rhumford garnissent les différentes salles d'infirmerie. Ces lits sont des espèces de boîtes dont le rebord coupe et glace les jarrets du malade lorsqu'il veut se lever. Cet inconvénient disparaîtrait si les fournitures du lit remplissaient le vide de la boîte; mais ces fournitures consistent en un simple matelas de crin et de laine mêlés, en un traversin de mêmes matières, en une paire de draps et deux couvertures. Tout cela ne fait pas huit pouces d'épaisseur, et la planche de fer qui retient les matelats des deux côtés en a près de douze de haut. Au surplus, j'ai éprouvé moi-même, dans tous les lits d'auberge de Hollande où j'ai couché, le même inconvénient dont je me plains pour les détenus, On n'y connaît pas encore l'usage de nos lits à bateau.

C'est le gouvernement qui fait fabriquer, pour son compte, sous la direction de ses agents, tous les objets qui se confectionnent dans les ateliers des prisons.

A cet effet, il est formé un fonds spécial qui subvient à toutes les dépenses et reçoit toutes les rentrées qui en découlent. Ce fonds se compose de la somme qui est portée, chaque année, au budget de l'état, pour l'achat des matières premières et le payement des salaires dus aux prisonniers; cette même somme, augmentée du bénéfice présumé de la fabrication, figure au budget des recettes et représente les fournitures à faire par les prisons au gouvernement dans le cours de l'exercice.

Ainsi, c'est l'état qui fournit le capital nécessaire à l'alimentation des ateliers de ses prisons.

Les travaux exécutés dans les prisons ont pour objet : 1° le service particulier de la maison, tel que le nettoyage, la cuisine, le blanchissage, la boulangerie, les corvées de tout genre; 2° la fabrication ou simplement la confection des étoffes et objets d'équipement pour l'armée et la marine; 3° la fabrication des étoffes et la confection des objets nécessaires à l'usage des prisonniers; 4° l'exercice des métiers que les prisonniers connaissent, sauf les exceptions prévues par les règlements; 5° enfin telle autre branche d'industrie dont le développement est reconnu d'utilité publique, comme actuellement le tissage des étoffes de coton.

Le gouvernement seul peut autoriser une prison à travailler pour le compte des particuliers.

Tous les condamnés sont astreints au travail. L'oisiveté est un vice inconnu dans les prisons de la Hollande. L'ouvrage n'y manque jamais; c'est une règle invariable.

Il est bien entendu que je ne parle ici que des maisons centrales. Dans les maisons d'arrêt et de justice, le travail est aussi rare que chez nous.

Le prix du travail est, autant que possible, réglé d'après la tâche, et d'après le prix ordinaire du commerce.

Le salaire des prisonniers employés pour le service de la maison est fixé par jour et au même taux.

Le salaire de tous les travailleurs est appliqué au profit de l'état, à raison, savoir : de 7/10 pour les condamnés aux travaux forcés; de 6/10 pour les condamnés à la reclusion et pour les militaires; et de 5/10 pour les correctionnels. Le surplus du salaire est divisé en deux parties égales, dont l'une est payée à chaque détenu tous les 15 jours, à titre de denier de poche; et l'autre forme pour chacun une masse de réserve, laquelle est mise à sa disposition lors de sa sortie, soit chez le bourgmestre de sa commune, s'il est indigène; soit à la frontière, s'il est étranger.

Les prisonniers sont, pour ce qui concerne le travail, divisés par classes, selon leur expérience et leur aptitude; et les salaires à leur allouer sont réglés d'après cette classification.

Les principales divisions de ce classement se composent : d'ouvriers de première et de seconde classe; d'ouvriers ordinaires; d'apprentis.

Outre le salaire qui leur est dû, les meilleurs ouvriers reçoivent, à titre d'encouragement et de récompense, des primes prélevées sur le produit de la cantine.

Quant au temps que chaque prisonnier doit consacrer au travail de chaque jour, la durée en est fixée dans l'état inséré sous le n° 3 de l'Appendice de ce rapport.

Les grandes mécaniques sont exclues des ateliers des prisons.

On veille, au surplus, à ne pas donner de justes sujets de plaintes aux fabricants du royaume, en s'abstenant de livrer au commerce public des marchandises fabriquées par les détenus.

Le travail est réglé, chaque année, d'après un plan général, et réparti entre les diverses prisons pour peines, de manière à ce que ces établissements se secondent mutuellement, comme formant des parties d'un même tout.

Ce sont les conseils de régents qui sont chargés, dans chaque prison, de préparer annuellement les éléments de cette répartition générale.

Ce sont les conseils de régents qui sont chargés de l'achat des matières premières.

L'achat des matières premières se fait par voie d'adjudication publique, lorsque le prix s'élève au-dessus de 500 florins. Il peut se faire de la main à la main, lorsque le prix n'excède pas cette somme.

Tous les travaux des prisons, de quelque nature qu'ils soient, se font sous l'inspection et la direction immédiate du directeur des travaux, sans préjudice de la surveillance et des attributions administratives, fort étendues, des conseils des régents, auxquels les directeurs sont subordonnés.

Une longue instruction du 29 juin 1825 détermine : 1° les relations des directeurs des travaux avec la haute administration; 2° leurs relations avec les conseils de régents ou commissions d'administration; 3° leurs rapports avec les employés sous leurs ordres, et spécialement leur responsabilité à l'égard des magasins, et la tenue des écritures; 4° leurs relations avec le travail même; 5° leurs relations avec les commandants; 6° enfin les devoirs des commissions d'administration et des commandants envers eux.

Toutes ces règles, et beaucoup d'autres, introduites par la pratique ou établies par des arrêtés spéciaux, constituent la machine administrative la plus compliquée qui se puisse voir.

On en peut juger par la série des livres que le directeur est obligé de tenir par lui-même ou par ses commis (voir n° 4 de l'Appendice).

Toutes ces écritures, quelque multipliées, quelque compliquées qu'elles soient, paraissent, au premier aspect, inutiles ou surabondantes; mais, lorsqu'on entre dans le détail des choses et qu'on s'est occupé un peu sérieusement, comme je l'ai fait pendant trois ans dans l'inspection des prisons de Paris, de comptabilité en matières, on demeure convaincu que cette comptabilité si difficile ne peut être tenue avec régularité qu'en suivant la matière, qu'elle ne doit jamais perdre de vue, dans toutes les variations, dans toutes les transformations qu'elle subit. Pour cela, il faut un compte ouvert pour un brin de laine ou de fil, aussi bien que pour une pièce de toile ou de drap. Sans ces précautions minutieuses, l'agent responsable s'exposerait à des pertes inévitables, et ces pertes seraient énormes, en raison de la vaste échelle sur laquelle la fabrication est montée dans les prisons de la Hollande.

Tous les registres que j'ai compulsés sont parfaitement tenus; mais ceux de la prison de Leeuwarden le sont d'une manière véritablement admirable. Le directeur des travaux de cette maison, M. Mahieu, est un comptable très-distingué, et placé hors ligne dans l'estime de l'administration.

Cette régie des travaux par l'administration elle-même produit-elle des bénéfices supérieurs à ceux des ateliers des maisons centrales de France, dont les travaux sont donnés à un entrepreneur général?... (Voir le chapitre des *recettes* et *dépenses*.)

Mais, la supériorité que la Hollande prétend avoir sur la France, à cet égard, fût-elle prouvée, je crois que la France ne devrait suivre le mode de régie que la Hollande emploie, qu'autant que le département de la marine et celui de la guerre consentiraient à s'entendre avec le département de l'intérieur pour la fabrication et la confection, par les prisonniers, de toutes les étoffes et objets d'équipement des armées de terre et de mer. Je crois, par la même raison, que la Hollande serait forcément amenée à adopter le système d'entreprise de nos maisons centrales, si la marine et la guerre n'alimentaient plus les travaux de ses prisons, et si elle était obligée de vendre en détail à des particuliers, ou même en gros à des marchands, les produits de ses ateliers.

CHAPITRE VI.

RECETTES ET DÉPENSES DES PRISONS DE LA HOLLANDE.

Je n'ai pu, malgré tous mes soins, me procurer aucun document précis sur cette partie importante du régime des prisons. Une note, transmise par moi dans les bureaux du ministère de l'intérieur, attend encore la solution des diverses questions qui y étaient posées. Malheureusement, M. le référendaire Gevers a quitté l'administration des prisons de la Hollande pour des fonctions plus élevées; mais M. de Romswinckel, qui le remplace, ne succède pas seulement à sa charge : il est animé du même zèle et possède les mêmes talents. Aussi j'espère que, grâce à lui, les ordres que son excellence M. le ministre de l'intérieur a bien voulu donner pour que les renseignements demandés me fussent fournis, ne tarderont pas à être exécutés. Alors je ferai de ces renseignements l'objet d'un travail spécial, qui figurera sous le n° 5 des pièces justificatives de l'Appendice.

CHAPITRE VII.

SERVICE SANITAIRE ET DE SALUBRITÉ.

Le service sanitaire des prisons est exercé sous la surintendance de l'inspecteur général du service sanitaire du royaume. Ce service est confié, ou à des officiers de santé civils nommés expressément à cette fin, ou à des officiers de santé de l'armée de terre ou de mer attachés aux garnisons des endroits où il y a des prisons. Les officiers de santé des garnisons et des hôpitaux maritimes ou militaires, qui sont chargés du service sanitaire des prisons, jouissent d'un supplément de traitement fixé pour chacun d'eux en particulier. Les officiers de santé, nommés pour le service desdites prisons, sont choisis, autant que possible, parmi ceux qui jouissent de quelque pension aux frais de l'état. Il leur est accordé, dans ce cas, en sus de leur pension, un supplément proportionné à leur rang et au montant de leur pension.

Un règlement, du 10 février 1833, détermine les devoirs que les médecins ont à remplir dans les prisons.

Les tableaux, insérés sous le n° 6 de l'Appendice, contiennent la statistique sanitaire des diverses prisons pour peines de la Hollande.

J'ai visité toutes les infirmeries de ces prisons, et je puis dire que, sous le rapport des soins donnés aux malades, je n'ai trouvé d'autre chose à redire que ce qui fait l'objet de la remarque consignée ci-dessus, page 100.

La propreté y est celle qu'on rencontre et qu'on admire, dans tous les établissements publics, comme dans toutes les habitations particulières de la Hollande. On y remarque même souvent la même exagération, et j'ai vu, sur le parquet de leurs salles, de ces couches de sable fin où la main hollandaise est si habile à tracer des fleurs, des oiseaux, des marqueteries, —

dessins qui rendent si jolies les rues du village de Broek, dans lesquelles on ne passe pas de peur de les salir.

Les vases, les seaux, les gamelles et tous les ustensiles culinaires sont brillants comme la vaisselle d'étain ou de cuivre de la plus propre ménagère.

Le dessus des lieux d'aisance n'est jamais sali.

Les détenus prennent souvent des bains de propreté. Plus souvent encore ils se lavent les pieds. Les mains et le visage sont lavés tous les jours.

J'ai fait une minutieuse inspection de propreté dans la maison et sur la personne des jeunes détenus de Rotterdam. A ma demande, M. Gevers, administrateur des prisons, qui avait eu l'obligeance de m'accompagner dans ma visite, fit quitter les sabots et les bas à une vingtaine d'enfants pris, au hasard, au milieu de la bande rangée dans la cour. Tous les pieds étaient propres, ainsi que le cou et les oreilles.

Je n'ai pas besoin de dire que pas une tête ne connaît la vermine.

Les hamacs aussi sont exempts de punaises.

Pas une veste, pas un pantalon n'est ni taché ni troué.

La tenue des femmes est encore plus soignée. Il y a même de la coquetterie dans la manière dont elles tirent parti de leur coiffure. L'administration semble s'en applaudir. Elle y participe, du moins, si elle ne la favorise pas, en ornant leur tête d'une cravatte de percale blanche dont elles pourraient certainement se passer.

En tout cas, si les malades sont nombreux dans les maisons centrales de la Hollande, il faut en chercher la cause ailleurs que dans la propreté des détenus et dans la salubrité des bâtiments (1).

CHAPITRE VIII.

RÉGIME DISCIPLINAIRE ET DE POLICE.

Ordre général. — Un règlement particulier pour chaque prison détermine l'ordre et la discipline auxquels sont assujettis les détenus. Ces règlements partiels peuvent différer par la forme, mais ils sont semblables pour le fond. Je ne les analyserai pas tous; il me suffira de dire que tous ces règlements tendent à préciser, avec minutie, l'emploi du temps des détenus, depuis leur arrivée dans la prison jusqu'à leur sortie, depuis le moment de leur lever jusqu'à celui de leur coucher, et tout ce qui peut assurer sur leur conduite une surveillance non interrompue, la nuit comme le jour, de manière qu'aucune de leurs actions ne puisse demeurer cachée, et qu'ils soient continuellement astreints à suivre uniformément une volonté supérieure à la leur, et à se conformer à cette règle de conduite avec une subordination et une tranquillité constantes. Ainsi, tous les condamnés sont, à leur arrivée, écroués conformément à la loi, visités par le

(1) Toutefois, suivant M. Bouricius, chaque prisonnier occupe, dans les dortoirs de Leenwarden, de 2,03 à 3,05 m. cubes, pour lui-même et pour son hamac, etc., et il y a des dortoirs où jusqu'à 150 prisonniers sont rassemblés et dont la mesure n'est que de 439,20 mètres cubes. Les ateliers pour le travail sont également trop peu spacieux; on s'est vu forcé d'en établir dans des greniers où la chaleur est étouffante pendant l'été, tandis qu'on peut à peine les échauffer pendant l'hiver. Il en résulte beaucoup de catarrhes et de maladies de poitrine, qui entraîneraient une mortalité effrayante si les infirmeries n'étaient pas aussi bien dirigées, et si la propreté qui règne partout ne venait en aide à l'insuffisance des locaux.

médecin de l'établissement, et tenus séparément, jusqu'à ce qu'il soit constaté qu'ils n'ont point de maladie contagieuse. Cette précaution est également prise dans les maisons de non condamnés. Ainsi, dès le moment du lever, et pendant la première demi-heure de leur journée, les détenus s'habillent, se lavent, rangent leurs hamacs, et puis, placés en rangs de file, ils répondent à l'appel, subissent une première inspection, et reçoivent leur ration de pain. Ainsi, lors des interruptions du travail, ils se placent dans le même ordre, reçoivent leurs aliments, ne les prennent que dans le réfectoire, chacun à sa place, et après une prière recitée à haute voix par l'un d'eux; ensuite ils sont soumis à une nouvelle inspection et marchent en silence, par rangs de file, dans les préaux, pour y prendre un exercice obligé. Ainsi, même le soir, après la fin du travail, quand le travail ne peut se poursuivre à la lumière jusqu'à l'heure du coucher, ils doivent encore, dans les dortoirs, prendre part à quelque occupation improductive, ou écouter en silence quelque lecture morale, ne pouvant jamais se placer dans leurs hamacs qu'au moment du signal donné.

Toutes ces prescriptions, pratiquées seulement dans ces derniers temps, ne sont pas encore appliquées partout avec la même exactitude, mais on parviendra sous peu à les rendre générales et uniformes. « Leur but, dit la note semi-officielle que j'ai déjà citée, est de détourner « les détenus du mal, en fixant sans cesse leur attention; de prévenir le danger des communications « mutuelles; de les accoutumer à une vie active; de leur apprendre à obéir; d'appesantir sans « cesse sur eux le poids d'une volonté de fer, pour briser leur propre volonté; de tâcher ainsi « d'agir sur leur moral; de leur rendre la punition plus sensible au point où, sans cela, com- « mencerait la jouissance; enfin, de leur donner du dégoût pour la vie de prison. Car, ajoute « la note, les lumières du siècle poussent à bien loger, vêtir, nourrir et occuper les prisonniers « (tendance louable tant qu'elle reste dans de justes bornes); mais si, avec cela, vous leur laissez « encore liberté de communication mutuelle, liberté de récréation à leur guise, liberté d'une vie « sociale et familière, vous leur tendez un appât pour retourner en prison, puisqu'il n'est que « trop d'hommes pour qui la privation de la liberté et la honte ne sont rien, ou beaucoup moins « que la misère. »

Malheureusement, les mesures prises n'atteignent point le but proposé. Ces mesures sont loin de constituer un régime de rigueur; la bonté du cœur hollandais leur fait prendre pour une sévérité profondément efficace des dispositions purement réglementaires auxquelles s'accoutument vite les esprits les plus rebelles. Pour moi, je n'ai vu, dans les prisons de la Hollande, que de vastes maisons de travail, où les ouvriers, bien nourris, bien vêtus, bien payés, sont obligés de coucher, et d'où ils ne peuvent sortir, pendant un temps plus ou moins long; le reste n'a rien de répressif ni d'intimidant.

Classifications. — Afin de maintenir plus facilement l'exécution des règles prescrites, et aussi pour séparer les plus pervers de ceux qui le sont moins, l'administration a eu recours, dans les prisons pour peines, à la classification des détenus par catégories. Le nombre des classes est ordinairement de trois ou quatre, dans chaque prison. Chaque classe à un préau, un réfectoire, des ateliers et des dortoirs distincts. Il y a trois classes dans la maison des jeunes détenus : celle des mauvais sujets et des récidivistes; celle des douteux; celle des bons sujets. Il y avait, lors de ma visite, 24 détenus dans la première classe, 36 dans la seconde, 46 dans la troisième. Les autres prisons ont des classifications analogues : chaque classe est proportionnellement soumise à un régime de privations plus ou moins rigide, quant aux accessoires, car le fond reste invariablement le même. Elles consistent, entre autres, à interdire les visites des parents ou amis, la jouissance de la cantine, l'emploi du denier de poche, l'usage des liqueurs spiritueuses et du tabac; à n'admettre que le travail le moins productif; à punir plus rigoureusement les transgressions à l'ordre établi; à ne jamais proposer de commutation ni de diminution de peines; à imposer plus ou moins le silence absolu dans les plus mauvaises classes, et même l'isolement cellulaire, mesure faiblement essayée jusqu'ici, mais dont on se propose d'étendre l'application. C'est la prison de Leeuwarden qui, la première, a adopté le système des classifications. Partout, selon la note susmentionnée, un grand accroissement d'ordre et de soumission a suivi l'introduction de ce système, et la crainte et le désir de passer d'une classe dans une autre agissent efficacement sur les esprits.

Sans nier entièrement ces heureux résultats, je ferai observer, 1° que, dans les ateliers de tissage, les métiers sont en si grand nombre, et leur mécanisme si matériel, que les détenus y sont à l'abri du regard, cachés qu'ils sont derrière la forêt de poteaux et de traverses de bois qui en garnit tout le vide. Il n'y a, du reste, aucun surveillant dans ces ateliers; c'est que sans doute on a jugé que toute surveillance y est impossible; 2° que les dortoirs sont également sans surveillants, et que presque aucun n'est éclairé la nuit. Bien que les mœurs des prisonniers hollandais soient beaucoup moins dépravées que celles des prisonniers de nos maisons centrales, on ne peut nier que des désordres de plus d'une nature ne doivent être la conséquence nécessaire de l'encombrement, de l'obscurité et de la non surveillance des dortoirs. C'est ce que n'ont pu méconnaître les membres de la commission administrative de la prison de Leeuwarden, qui m'accompagnèrent dans les dortoirs de cette prison, au moment même où les détenus venaient de s'y rendre pour le coucher.

Silence. — Le silence n'est la loi d'aucune prison. C'est par exception qu'on l'ordonne; mais on dirait, au silence qui règne partout, qu'il est aussi rigoureusement exigé en Hollande qu'à Coldbath-Fields. C'est naturellement qu'on le garde. Le Hollandais semble se faire violence quand il parle. On l'a dit avec autant d'esprit que de vérité :

« Le représentant le plus fidèle du peuple Hollandais, comme son héros le plus illustre, est « Guillaume-le-Taciturne. »

Système cellulaire. — Les détails dans lesquels je suis entré jusqu'ici tendent à prouver que le système cellulaire est exclus du régime disciplinaire des prisons de la Hollande. Cependant, et c'est un progrès immense qu'il me tardait de signaler, l'administration supérieure vient d'admettre ce système pour les prévenus, dans son sens le plus large, c'est-à-dire de jour et de nuit. Je joins à ce rapport (n° 7 de l'Appendice) copie de la lettre remarquable que M. le ministre de l'intérieur a écrite récemment à ce sujet au gouverneur de la province de Gueldre. Le principe déposé dans cette lettre s'insinuera peu à peu à travers les volontés les plus résistantes. La Hollande est une terre où il suffit de semer pour recueillir.

Prohibitions. — Il est défendu au condamné de posséder autre chose que les objets et l'argent qui sont inscrits sur le livret de son salaire, à quelque titre et sous quelque prétexte que ce soit.

Tout échange et tout prêt sont défendus entre prisonniers, de même que tout jeu de hasard ou autre.

Les détenus ne peuvent recevoir de visites qu'au parloir, aux heures et de la manière prescrites par les règlements.

Pistole. — Le règlement particulier de chaque prison doit contenir un chapitre spécial destiné à régler l'établissement connu sous le nom de *pistole* ou de chambre de liberté (arrêté organique du 4 novembre 1821, art. 53).

« La pistole consiste dans la faculté d'être logé et nourri séparément à son propre compte, d'être vêtu à ses frais, et d'être dispensé de travailler et de porter les habillements de la prison, sous l'obligation d'être, pour le reste, soumis aux dispositions des règlements d'ordre. » (*Ib.*, art. 54.)

Le condamné qui désire être admis à la pistole doit en faire par écrit la demande motivée au gouverneur de la province lequel, avant de décider sur ce point, demande l'avis du ministère public, et porte ensuite sa disposition à la connaissance du ministre de l'intérieur. (*Ib.* 55.)

Pendant les délibérations à cet égard, il est libre aux colléges des régents de faire traiter le prisonnier qui a fait une semblable demande sur un pied différent des autres. (*Ib.* 56.)

En tout cas, la faveur de la pistole accordée à une prisonnier peut en tout temps lui être retirée par le gouverneur. (*Ib.* 57.)

Cantines. — Il y a, dans toutes les prisons pour peines, une cantine où les prisonniers travailleurs peuvent se procurer, avec leur argent de poche, et cela à des heures fixes, et en cas de bonne conduite seulement, quelques rafraîchissements et comestibles.

Les cantines sont tenues pour le compte de l'établissement, et ne peuvent, en aucun cas, ni à quelque titre que ce soit, être desservies par les commandants, concierges ou tous autres employés des prisons.

Le cantinier est un agent spécial salarié, soumis à un tarif rigoureux.

Rien ne se p ye à la cantine qu'en monnaie fictive et n'ayant cours que dans l'établissement. Toute monnaie réelle est bannie des prisons, pour éviter les corruptions.

Le salaire du cantinier, et les primes accordées aux détenus dans les ateliers, se payent sur le produit des cantines.

Punitions. — Les châtiments, en cas de mauvaise volonté ou de mauvaise conduite, sont généralement doux et infligés sans arbitraire.

Ils consistent principalement en privations de tout genre, en réduction de nourriture, et en mise du détenu au cachot.

A Leeuwarden, le conseil des régents est autorisé à punir du fouet les condamnés qui appartiennent à la classe des récidivistes.

On peut aussi avoir recours aux fers dans les cas prévus par l'article 614 du Code pénal; mais alors ce n'est point à titre de punition, mais à titre de précaution et de sûreté, qu'on s'en sert.

Une instruction ministérielle du 28 novembre 1828 porte, à ce sujet :

1° L'emploi des chaînes n'est autorisé que pour autant qu'il résultera de l'inspection des lieux que les chambres ou réduits dans lesquels les prisonniers récalcitrants sont renfermés ne présentent pas une sécurité suffisante pour prévenir leur évasion ou assurer leur correction.

2° C'est aux commissions administratives ou colléges de régents à déterminer la durée de la mise aux fers.

J'ai visité plusieurs cachots; je n'en ai vu de plus bas que le sol que dans la prison de Groningue. Le plus grand nombre était vide.

La population des prisons hollandaises est si calme et si flegmatique, qu'on est tenté de se demander comment il se fait qu'on trouve l'occasion de la punir jamais.

Cependant, les punitions, sans être nombreuses, y sont encore assez fréquentes. En voici la statistique exacte pour l'année 1836 :

DÉSIGNATION DES PRISONS.	POPULATION.	PUNITIONS.	BONNE conduite.
Bois-le-Duc	30	3	27
Hoorn	659	284	375
Leyde	939	51	888
Woerden	372	103	269
Gouda	315	39	276
Rotterdam	167	50	117
Leeuwarden	713	274	439
TOTAL	3,195	804	2,591

Lors de ma visite à la maison des jeunes détenus de Rotterdam, je vis dans la cour un jeune enfant qui se tenait à l'écart, le dos tourné contre la muraille, pendant que ses camarades se livraient à des exercices militaires. Un écriteau pendait à son cou; sur cet écriteau on lisait, en grosses lettres, deux mots hollandais qui voulaient dire: *grand menteur*. L'enfant avait l'air si honteux, si malheureux, si contrit, que je demandai sa grâce au commandant; mais le commandant me refusa, en me disant que la punition avait été infligée par l'instituteur, et que l'instituteur seul pouvait la lever. Je fus plus satisfait d'un refus ainsi motivé que je ne l'eusse été d'une faveur accordée contrairement aux règles hiérarchiques, sans lesquelles il ne peut y avoir d'ordre dans une prison.

Je vis aussi deux enfants qui avaient des entraves de fer aux pieds. Quoiqu'ils eussent beaucoup de peine à marcher, ils semblaient beaucoup moins punis que l'autre; c'est que les châtiments corporels endurcissent souvent l'enfance plus qu'ils ne la corrigent. C'est au cœur qu'il faut aller; l'amour-propre surtout est le mobile qu'il faut mettre en jeu. Il y a mille moyens de l'atteindre; l'habileté du maître consiste à deviner le meilleur. Le meilleur souvent est celui auquel on songe le moins. Par exemple, l'instituteur de la grande école primaire gratuite de La Haye m'a dit qu'il n'avait pas de punition plus sensible à infliger, dans son école, que de condamner le délinquant à le suivre partout et à se tenir constamment derrière lui, *comme un chien*. J'ai été témoin de l'infliction de ce châtiment moral étrange; je n'ai jamais vu plus d'humiliation empreinte sur le visage d'un enfant.

La privation de tabac à fumer est la peine physique la plus efficace. La pipe est le jouet d'enfance du Hollandais. Il fume, pour ainsi dire, dès qu'il marche. Il n'est pas rare de rencontrer des bambins, un cigarre à la bouche. On vous offre, dans beaucoup de maisons, une pipe, en même temps qu'une chaise. La fumée de tabac est en quelque sorte l'atmosphère du peuple; l'en priver c'est le priver cruellement; aussi est-il très-rare qu'on recoure à ce moyen de rigueur dans les prisons. On ne l'emploie que pour réduire les détenus les plus indomptables.

CHAPITRE IX.

RÉGIME MORAL ET RELIGIEUX.

Dans chaque prison pour peines, sont ouvertes, pour chaque détenu, deux listes de conduite; l'une est tenue par le commandant, l'autre par le directeur des travaux. C'est dans ces listes que les conseils de régents puisent les motifs des propositions qu'ils adressent annuellement au roi, par l'intermédiaire et avec le concours du ministre de la justice, dans le but d'obtenir grâce ou diminution de peine, en faveur des condamnés qui s'en sont rendus dignes par leur bonne conduite et les marques de leur repentir.

Il est à regretter que ces listes soient tenues par des hommes, ou sur l'indication d'employés mâles, dans la prison de femmes de Gouda. La police intérieure et la direction des travaux d'une prison de femmes ne doivent appartenir qu'à des femmes; quand la morale et la raison n'en feraient pas un devoir, une visite d'une heure dans la prison de Gouda suffit pour en démontrer la nécessité.

Dans toutes les maisons pour peines, et dans celles de sûreté civiles et militaires, un ministre du culte protestant, ainsi qu'un prêtre catholique, salariés par l'État et affectés à l'établissement, pourvoient à l'exercice du culte et à l'instruction religieuse des détenus. Une instruction du 11 octobre 1826 prescrit les règles à suivre à ce sujet. Cette instruction est remarquable.

Il faut aller en Hollande pour se faire une juste idée de cette vertu sociale appelée *tolérance religieuse.*

C'est ordinairement dans la salle d'école qu'ont lieu les exercices religieux des divers cultes. L'*autel* catholique est renfermé dans une armoire qu'on ouvre, les dimanches et fêtes, pour la célébration de la messe. Le *pupitre* protestant est à côté, et sert à démontrer, sous une autre forme, les mêmes vérités chrétiennes. C'est une *communion* véritablement sainte qui se fait ainsi sous diverses *espèces.*

Il y a une école dans chaque grande prison. On n'y admet qu'à titre de récompense les détenus adultes qui ne savent ni lire, ni écrire.

Un instituteur salarié dirige chaque école.

L'école de la maison des jeunes détenus mérite seule de fixer l'attention, parce que, seule (avec celle des 25 jeunes filles détenues à Amsterdam), elle a sérieusement pour but et pour effet de réformer en instruisant. Dans ses excursions philosophiques et savantes dans les diverses écoles primaires de la Hollande, M. Cousin ne pouvait oublier l'école des jeunes détenus de Rotterdam. Le célèbre académicien a écrit, sur cette école, de bien belles pages. Je ne puis résister au plaisir d'en citer ici un fragment:

« J'admire, dit-il, avec douleur, le zèle inconséquent de certains philanthropes, et même de

« certains gouvernements qui s'occupent, avec tant de soins, des prisons, et négligent les écoles. « Ils laissent se former le crime et s'enraciner les vicieuses habitudes, dans l'absence de toute cul- « ture et de toute éducation pendant l'enfance; et quand le crime est formé, quand il est robuste « et vivace; ils entreprennent de se mesurer avec lui; ils essaient, ou de le terrasser par la terreur « et le châtiment, ou de le séduire, en quelque sorte, par des douceurs et des caresses. On s'é- « puise en efforts d'esprit et en dépenses, et on s'étonne quand tout cela est inutile; c'est que « tout cela est un contre-sens. Corriger importe sans doute, mais prévenir importe encore plus. « Il faut déposer d'abord dans le cœur de l'enfant des semences de morale et de piété, pour les « retrouver un jour, et pouvoir les développer dans le sein de l'homme que de fatales circons- « tances amènent sous la main de la justice. L'éducation du peuple est le fondement nécessaire « de tout bon régime des prisons. Les maisons de correction ne sont pas faites pour changer des « monstres en hommes, mais pour rappeler à des hommes égarés les principes qu'on leur a ensei- « gnés et inculqués autrefois, et qu'eux-mêmes ont suivis et pratiqués quelque temps dans les « asiles où s'est écoulée leur enfance, avant que les passions, la misère, les mauvais exemples et « les hasards de la vie les eussent emportés hors des sentiers de la règle et de l'ordre. Corriger, « c'est d'abord exciter le remords et réveiller la conscience; mais comment ranimer une voix « qui ne s'est jamais fait entendre? Comment rappeler un langage à qui ne l'a jamais su, et n'a « pas même eu à le désapprendre? Si démontrer suppose des principes dont on convient, corriger « suppose aussi une règle connue, une notion quelconque d'obligation et de devoir, un sentiment « effacé, mais non pas détruit, du bien et du mal, et quelques bonnes habitudes antérieures qu'il « s'agit de faire revivre par un régime approprié, et de faire triompher peu à peu d'autres habi- « tudes survenues plus tard au préjudice des premières. J'approuve donc, et je bénis de tout « mon cœur, les écoles de correction, mais je les considère comme à peu près condamnées à de- « meurer infructueuses, tant qu'elles ne s'appuieront pas sur des écoles du peuple universellement « répandues, obligatoirement suivies, et dans lesquelles l'instruction ne sera qu'un des moyens « de l'éducation ».

En Hollande, l'instruction n'est qu'un moyen d'éducation. En Hollande, on n'apprend à lire aux enfants et aux prisonniers, que parce qu'on a pris, *auparavant,* la précaution de composer pour eux des livres où le cœur ait plus à gagner que l'esprit. La *Société pour l'utilité publique* est la grande fabrique de tous ces livres, dont un certain nombre est toujours mis au concours. Les citoyens les plus distingués se font gloire d'employer leur plume à cette œuvre. Les prisons ont une grande part dans ses produits.

La *Société des traités religieux* compose également, et publie chaque année, un grand nombre de petits ouvrages dont profitent les classes pauvres et les prisonniers.

La *Société néerlandaise,* dont nous allons parler dans le chapitre suivant, est chargée spécialement de la distribution de ces livres et de la direction de l'éducation morale dans les prisons.

Le plus sérieux obstacle que cette société rencontre, est « de ne pouvoir converser avec les prison- « niers en particulier, tandis qu'il serait indispensable de les entretenir l'un après l'autre et sépa- « rément. Pour suppléer, autant que cela dépend de nous, dit un de ses membres, à ces conver- « sations particulières, qui n'ont lieu que de temps à autre, nous avons recours à des moniteurs « muets, et fournissons abondamment aux prisonniers des livres de plusieurs genres que nous esti- « mons propres à faire naître en eux des pensées salutaires. » (*Notice historique* de M. Mollet, page 43.)

La Bible est ici, comme en Suisse, comme en Angleterre, le premier des livres mis entre les mains des détenus.

Mais celui qui est le plus à la portée de tous les cœurs, comme de toutes les intelligences, est le *Manuel religieux et moral à l'usage des prisonniers*. Je m'en suis procuré un exemplaire; vous jugerez, Monsieur le Ministre, s'il pourrait être utile d'en ordonner la traduction (1).

CHAPITRE X.

SOCIÉTÉ NÉERLANDAISE POUR L'AMÉLIORATION MORALE DES PRISONNIERS.

A côté de l'administration supérieure, marche, d'un pas lent comme elle, mais toujours persévérant, une association de vrais philanthropes, comptant des milliers de membres dans toutes les classes de la nation, toujours prête à guider les prisonniers de ses conseils pendant la durée de leur peine, et à les soutenir de son appui après leur libération; c'est la *Société néerlandaise pour l'amélioration morale des prisonniers*. Le siége de la société est à Amsterdam; ses ramifications s'étendent dans toutes les villes du royaume. C'est elle qui a provoqué du gouvernement la formation de prisons séparées pour les jeunes condamnés des deux sexes, âgés de moins de 16 ans. C'est elle qui s'est chargée volontairement de donner, dans ces prisons, et à ses frais, l'instruction religieuse, morale et élémentaire, qui occupe chaque jour, pendant plusieurs heures, l'esprit et le cœur des jeunes détenus. C'est elle qui donne une instruction semblable dans toutes les prisons de second ordre, du moment où, par quelque circonstance particulière, le gouvernement lui-même n'y pourvoit pas. C'est elle qui, après leur sortie de prison, a remis dans la bonne voie des centaines de détenus, en leur procurant des moyens honnêtes d'existence. Tout cela se fait sans bruit, comme tout le bien qui se fait en Hollande. Les détenus libérés qu'on sauve, on ne peut les nommer; autrement le préjugé leur tiendrait fermée la porte des maisons qui s'empressent de les accueillir. Ils ont donc eux-mêmes le plus grand intérêt à taire l'origine de l'appui qu'on leur prête.

Pour devenir membre de la société et concourir aux bienfaits qu'elle prodigue en silence, il suffit de payer 10 centimes par semaine.

La société néerlandaise pour l'amélioration morale des prisonniers existe depuis 15 ans. Son règlement, approuvé par le Roi, date du 6 octobre 1823. Ses fondateurs sont MM. W.

(1) L'auteur de ce *Manuel* est M. Suringar, de Leeuwarden, l'un des fondateurs de la *Société néerlandaise*. M. Suringar a, de plus, composé une suite de discours qu'il a prononcés dans la prison de cette ville, sur des sujets variés, mais tous écrits dans un style populaire et que les auditeurs peuvent aisément saisir. Il se propose de publier ces discours en 1 vol. de 350 pages, sous le titre de : *Visites dans les prisons, ou Lectures et Discours tenus dans les prisons, recueil propre à faciliter le redresssement et l'amélioration des prisonniers, et à augmenter la connaissance de leur situation et de leur caractère, contenant en outre plusieurs particularités et anecdotes tirées de la vie de prisonniers détenus et libérés*. Les titres de quelques-uns de ces discours donneront une légère idée de leur tendance : 1. Les pères et mères des prisonniers. 2. Les enfants des prisonniers. 3. Le passé, le présent et l'avenir. 4. Peut-on servir Dieu dans la prison? 5. Pensez au jour du Sabbath! 6. L'homme pieux dans la prison et sur l'échafaud. 7. Prêchons-nous dans le désert? 8. J'espère me faire entendre dans votre conscience. 9. Promettre et tenir. 10. Hérode, Hérodias et Salomé. 11. Pourquoi l'homme ne devient-il pas meilleur et comment peut-il le devenir? 12. Des grands et des petits péchés. 13. Les prisons des autres pays valent-elles mieux que les nôtres? 14. Rien ne peut demeurer caché. 15. De l'obligation pour les prisonniers de se donner réciproquement un bon exemple. 16. Les deux vieillards en prison. 17. Des bonnes dispositions qui ont pris naissance et des bonnes actions qui se sont faites dans les prisons.

H. Suringar, de Leeuwarden; W. H. Warnsink, d'Amsterdam, et feu L. L. Nierstrasz, de Rotterdam.

Cette société est fille de la grande et belle association hollandaise connue sous le nom de *Société pour l'utilité publique* établie en 1784. — Vers 1780, l'instruction primaire était nulle en Hollande. Jean Nieuwenhuysen, ministre maronite, homme pieux et charitable, songea le premier à changer cet état de choses. Il s'associa quelques amis en 1784, et fonda la société dite du *bien public*, dont le but principal était de propager l'instruction primaire. Les premiers sociétaires ne tardèrent pas à en attirer d'autres à eux; et leur nombre augmenta tellement, qu'en 1785 il fallut diviser l'association par fractions territoriales, auxquelles on donna le nom de départements. Par suite de cette division, le nombre des membres de la société s'accrut encore, et sa prospérité fut telle qu'en 1809 elle comptait plus de 7,000 souscripteurs, et que ses départements s'étendaient jusqu'au cap de Bonne-Espérance.

Fonder des écoles et les surveiller, améliorer les méthodes, former des maîtres, composer et distribuer des livres de nature à être lus par le peuple, établir des bibliothèques : tels furent ses principaux moyens de répandre les lumières dans les classes indigentes (1).

Son projet n'était point de s'emparer de l'instruction primaire en substituant son action à l'action administrative, mais seulement de donner un bon exemple, de placer sous les yeux de tous des écoles modèles, d'indiquer la marche à suivre, de créer un esprit public, et de porter à l'imiter tous les citoyens, les municipalités, les paroisses et le gouvernement lui-même.

En cela elle réussit pleinement. Vers 1800, l'administration, éclairée par son expérience, songea sérieusement à l'instruction primaire, et, le 3 avril 1806, fut rendue la loi que M. Cuvier, le premier, nous a fait connaître en 1810, et dont M. Cousin est allé constater les heureux effets en 1837.

La société pour l'amélioration morale des prisonniers se montre, en tout, la digne émule de sa mère. Elle compte aujourd'hui plus de quatre mille souscripteurs à 5 francs, et l'on évalue à plus de 300 le nombre des libérés qu'elle seule a préservés d'une rechute.

Le roi honore la société de son haut suffrage. Chaque année, il lui fait quelque don sur les revenus de sa cassette; ce don s'est élevé cette année à 600 florins.

Des donations particulières assurent pour toujours l'avenir de la société. Son capital monte aujourd'hui à 90,000 florins; et comme elle ne dépense pas ses revenus, elle capitalise ses intérêts et augmente chaque année ses épargnes.

Toutes les économies qu'elle fait en ce moment n'ont qu'un but, c'est de mettre de côté de quoi bâtir une maison pénitentiaire pour tous les jeunes détenus du royaume. L'espérance qu'en conçoivent tous les amis de l'humanité sera, je pense, prochainement réalisée.

Aux termes de son règlement, « la société se propose un double but : 1° de contribuer à la « réforme des prisonniers, pendant la durée de leur détention, par l'influence de la religion et de « tout autre moyen qui peut lui paraître convenable pour opérer en eux un changement de « conduite qui les rende propres à rentrer dans le monde; 2° d'assister les prisonniers libérés » qui, pendant la durée de leur détention, auront donné des marques d'une amélioration morale

(1) Chaque année voit éclore, par les soins de la société, des ouvrages moraux ou religieux, dans lesquels l'instruction se trouve heureusement combinée avec l'amusement (voir ci-dessus, page 111). La société tient une séance générale annuelle à Amsterdam.

« si réelle qu'elle leur fasse prendre la résolution sérieuse et sincère de se conduire à l'avenir d'une » manière réglée, afin de leur fournir les moyens de se procurer une situation par laquelle ils « puissent subvenir à leur entretien et à tous leurs besoins, par le travail de leurs mains ou par une « honnête industrie. »

M. Mollet, l'un des membres du comité de direction générale de la société néerlandaise, dont je m'estime heureux d'avoir pu faire la connaissance pendant mon séjour à Amsterdam, vient de publier en français une *notice historique* sur l'établissement et les progrès de la société, depuis son origine jusqu'à ce jour. J'espérais trouver dans cet écrit, d'ailleurs si plein d'excellentes choses, des détails statistiques précis sur les résultats des travaux de cette association de bienfaisance; mais les membres actifs de la société ont négligé de les constater par des chiffres (1).

« Les résultats n'en sont pas moins réels, dit M. Mollet, car le gouvernement lui-même a « reconnu que, quoique le nombre des crimes et, en définitive, des prisonniers, se soit con- « sidérablement accru depuis quelques années, il y a néanmoins, proportionnellement, une « diminution sensible dans le nombre des récidives. » (P. 12.)

Ceci prouve, Monsieur le Ministre, que la diminution des récidives n'implique pas toujours la diminution des crimes, et que c'est surtout en vue d'opérer celle-ci que les gouvernements doivent arrêter leurs plans de réforme (2).

(1) Voici pourtant le tableau du nombre des prisonniers libérés qui ont reçu des secours de la société, de ceux à qui elle a fourni les moyens de subsister, et de ceux qui, par leur conduite, se sont rendus indignes de ses soins, depuis le 1er janvier 1828 jusqu'au 31 décembre 1837:

ANNÉES.	SECOURUS en général.	PLACÉS de manière à pouvoir vivre.	TOTAUX.	MAUVAISES réussites.
1828.......	201	"	201	19
1829.......	394	70	464	7
1830.......	380	49	429	11
1831.......	230	38	268	10
1832.......	275	45	320	5
1833.......	306	69	375	6
1834.......	293	65	358	7
1835.......	246	71	317	5
1836.......	244	73	317	11
1837.......	334	84	418	12
TOTAUX...	2,903	564	3,467	93

(2) Voir ce qui sera dit à ce sujet au chapitre XI des prisons de Genève, et ce qui a été dit ci-dessus, page 80.

IIIe PARTIE.

PRISONS DE LA BELGIQUE.

CHAPITRE Ier.

OBSERVATIONS PRÉLIMINAIRES SUR LES LOIS PÉNALES ET SUR LA CRIMINALITÉ, EN BELGIQUE.

MONSIEUR LE MINISTRE,

L'un des premiers actes du gouvernement nouveau, sorti de la révolution d'octobre 1830, fut d'apporter au Code pénal français, tel que l'avait modifié le roi Guillaume, les changements que l'opinion publique attendait avec le plus d'impatience. Il abolit la bastonnade dans l'armée, rétablit la publicité des débats dans les affaires criminelles, et réinstitua le jugement par jurés.

Les lois des 19 février, 1er mars et 5 juin 1832, introduisirent dans la législation d'autres modifications également heureuses.

Mais ce qui imprima surtout à la Belgique une tendance marquée d'atténuation et de clémence dans la rédaction de ses lois pénales, ce fut la loi publiée en France le 28 avril 1832. Dès cette époque, elle s'occupa de la révision générale de sa législation criminelle, et le ministre de la justice put, après avoir provoqué et recueilli les observations des cours judiciaires du royaume, présenter son projet aux chambres le 1er août 1834.

Ce projet, qui n'est pas encore converti en loi, a emprunté à la loi française tous les sentiments d'humanité qui ont présidé à sa rédaction. Ainsi, il adopte la faculté accordée au jury de résoudre les questions relatives aux circonstances atténuantes; la majorité de huit voix (elle a été ramenée, en France, à son chiffre primitif de sept) nécessaire pour condamner; la suppression de la marque, du carcan, de tous les supplices corporels; l'adoucissement des effets de la surveillance de la police; l'atténuation des châtiments pour un grand nombre de délits; enfin la restriction de la peine capitale aux plus graves attentats contre les personnes.

Quant au mode d'infliction de cette dernière peine, le procédé hollandais n'a jamais été pratiqué en Belgique. Les exécutions s'y sont toujours faites, et s'y font encore, comme en France; mais elles deviennent plus rares de jour en jour.

Outre les changements que je viens d'indiquer, le projet de 1834 en consacre plusieurs autres. Il abolit la *déportation* et le *bannissement*, devenus impraticables en Belgique, et y substitue la *détention*; puis il ajoute trois innovations remarquables : la première sanctionne l'abrogation de la peine capitale pour les crimes politiques; la seconde, l'abolition de la *mort civile;* la troisième concerne les vagabonds. A l'expiration de leur peine, les vagabonds doivent être renfermés dans une maison de travail ou dépôt de mendicité, pendant le temps fixé par le jugement, et qui ne peut excéder cinq ans.

Les dispositions de détail du projet sont empreintes du même esprit d'humanité et de bienveillance. Par exemple, le projet dispense de l'exposition les condamnés à la reclusion; recule jusqu'à vingt et un ans l'âge auquel les jeunes gens pourront être exposés sur la place publique; prescrit de séparer des autres détenus et de traiter avec moins de rigueur les condamnés pour délits de la presse et pour délits politiques, et laisse, dans la plupart des cas, aux magistrats, la faculté de prononcer la mise en surveillance de la police, conséquence obligée, en France, des peines afflictives et infamantes.

Quelque accueil que ce projet doive recevoir aux états généraux, le Code pénal belge ne différera que par des nuances du Code pénal français. La base des deux codes sera toujours la même.

Quant à la procédure criminelle, le Code d'instruction qu'on suit en France est également suivi en Belgique, à de légères modifications près.

Cette similitude de législation, jointe à la similitude de mœurs des deux pays, permet d'en comparer les résultats, et de tirer de cette comparaison des conclusions à peu près positives.

Pendant les 4 années qui ont précédé 1830, on a compté en France 20,686 accusés devant les cours d'assises, c'est-à-dire, annuellement, 7,181 individus environ; ce qui donne 1 accusé par 4,400 habitants, en portant la population à 32,000,000 d'âmes. De plus, sur 100 accusés, 61 ont été condamnés à des peines plus ou moins graves.

Pendant les années correspondantes, on comptait, annuellement, dans le royaume des Pays-Bas (Hollande et Belgique comprises), 1 accusé sur 4,300 habitants; sur 100 accusés, on comp- 85 condamnés.

« Ainsi, dit M. Quetelet, il y avait, avant la révolution de 1830, 1 contre 4,400 à parier « pour un Français, et 1 contre 4,300 à parier pour un Hollandais ou un Belge, qu'il serait mis « en état d'accusation pendant le cours d'une année; ce qui établissait, entre les habitants des deux « pays, à peu près la même probabilité d'être mis en jugement.

« Mais la même probabilité n'existait plus pour les condamnations.

« En effet, tandis que le Hollandais ou le Belge, mis en accusation, n'avait que 16 contre 85 « ou 1 contre 5 à parier qu'il serait acquitté, le Français, dans les mêmes circonstances, pouvait « parier 39 contre 61, ou 3 contre 5 environ, c'est-à-dire plus du triple, qu'il ne serait pas condamné[1]. »

En séparant des provinces septentrionales de l'ancien royaume des Pays-Bas celles qui for-

(1) *Essai de physique sociale*, tome II, page 183.

ment aujourd'hui la Belgique, et qui ont plus de rapport avec la France, on trouve pour ces dernières et pour les cinq années qui ont précédé 1837 :

ANNÉES.	ACCUSÉS.	CONDAMNÉS.	HABITANTS pour 1 accusé.	CONDAMNÉS sur 100 accusés.
1826.......	725	611	5,211	84
1827.......	800	682	4,776	85
1828.......	814	677	5,741	83
1829.......	753	612	5,187	81
1830.......	741	541	5,274	73 (1)
MOYENNE .	767	625	5,031	82

Chaque année, l'on a donc compté en Belgique, terme moyen, 1 accusé par 5,031 habitants, et, en France, 1 accusé par 4,400 habitants environ.

Depuis 1830, cette moyenne a subi en Belgique une décroissance sensible.

En effet, d'après les documents officiels, la moyenne annuelle du nombre des accusés jugés contradictoirement et par contumace a été, de 1831 à 1834, savoir :

En France, de 7,967 ; 1 accusé sur 4,087 habitants.
En Belgique, de 620; 1 accusé sur 6,734 habitants (2).

Ainsi, le nombre des crimes, représenté par celui des accusés, a diminué, en Belgique, dans une assez forte proportion depuis 1830, tandis qu'en France, il est demeuré stationnaire (3).

Si nous distinguons maintenant les crimes par nature, nous trouvons que, de 1829 à 1834, il y a eu, en Belgique, une légère augmentation du nombre des accusés de *meurtre* et de *fausse monnaie;* que celui des accusés d'*infanticide* et de *menaces sous condition* n'a éprouvé aucune variation, et que le nombre des accusés de *coups et blessures envers ascendants,* d'*incendie,* de *faux,* de *viol,* de *banqueroute frauduleuse,* de *vol,* de *coups et blessures,* d'*assassinat,* d'*empoisonnement* et de *parricide*, a diminué dans une plus ou moins forte proportion.

Quelles sont les causes de cette diminution? M. Ducpétiaux les trouve dans le bien-être et dans l'amélioration des mœurs du peuple; M. Quetelet les attribue à l'influence du rétablisse-

(1) Nous remarquons ici, comme en France, une légère diminution dans le nombre des accusés de 1830; elle provient également de ce que les tribunaux ont été fermés pendant quelque temps par suite de la révolution. On voit aussi que la répression a subi une diminution sensible. Ceci tient sans doute à ce que, à la suite des révolutions, l'homme use d'une circonspection plus grande et n'est pas toujours à l'abri de craintes personnelles, même dans les jugements qu'il prononce. (Quetelet, *ub. sup.*)

(2) *Compte rendu de l'administration de la justice criminelle en Belgique,* pendant les années 1831 à 1834, par Éd. Ducpétiaux, 1836.

(3) J'ai dit, dans mon livre *De la réforme des prisons en France,* pourquoi ce chiffre est demeuré, pourquoi il demeurera longtemps encore stationnaire. M. Quetelet l'a dit aussi dans son *Essai de physique sociale :* « Les effets sont « proportionnels aux causes, et les effets restent les mêmes tant que les causes qui les ont produits n'ont pas varié. »

ment du jury. Je suis porté, de préférence, à me ranger de ce dernier avis. Il résulte, en effet, des chiffres que j'ai donnés plus haut, qu'à l'époque de l'institution du jury, qui, existant en France, n'existait pas encore en Belgique, la répression des crimes était beaucoup plus forte en Belgique qu'en France; tandis que, depuis que le jury existe, en Belgique, comme en France, la répression des crimes y est beaucoup moindre. La diminution du nombre des crimes en Belgique, depuis 1830, semble donc provenir, avant tout, des modifications que l'influence du jury a fait subir depuis lors à la répression.

Du reste, il n'existe que des documents forts incomplets sur la criminalité en Belgique. Aucun travail d'ensemble n'est fait à cet égard, annuellement et sur des modèles uniformes, dans les bureaux du ministère. Sous ce rapport, la Belgique laisse autant, plus même, à désirer que la Hollande.

Voyons s'il en est de même dans l'administration et le régime de ses prisons.

CHAPITRE II.

DES DIVERS DEGRÉS D'EMPRISONNEMENT, ET DES DIVERSES SORTES DE PRISONS EN BELGIQUE. — TRANSFÉREMENTS.

Les prisons de la Belgique sont classées en trois catégories principales :

Maisons de dépôt et de passage;
Maisons d'arrêt et de justice;
Prisons pour peines.

10,000 individus séjournent, chaque année, plus ou moins longtemps, dans les prisons secondaires; 4,000 dans les prisons pour peines. Total 14,000.

Toutes ces prisons sont, pour ainsi dire, reliées entre elles, comme le sont celles de France, par des prisons mobiles appelées *voitures de transférement.*

Il y a quelques années, les transférements des prévenus et des accusés s'opéraient à pied, de la maison d'arrêt ou de justice, au cabinet du juge d'instruction ou à la cour, et *vice versâ.* Aujourd'hui, ces transférements ont lieu, presque partout, au moyen de voitures de transport. Mais ces voitures ne sont point cellulaires, et elles ne servent point aux condamnés. Ceux-ci sont transférés de brigade en brigade, sous la conduite de la gendarmerie, avec les menottes aux mains ou la chaîne au bras. Les hommes souvent sont accouplés avec les femmes, malgré la circulaire du 10 mai 1834, qui prescrit à la gendarmerie chargée de l'escorte d'empêcher toute communication, durant le trajet, entre les deux sexes. Heureusement ces inconvénients vont cesser, par suite de l'arrêté royal du 25 août 1837, qui prescrit l'emploi de voitures fermées pour le transport des détenus, tant civils que militaires, d'une prison à une autre. Ces voitures seront construites de manière à assurer, non-seulement la séparation des deux sexes faisant partie du même convoi, mais encore, *autant que possible,* la séparation de chaque détenu (1).

(1) J'apprends de M. Guillot, entrepreneur du transport des forçats, et inventeur des voitures cellulaires, au moyen desquelles ce transport a lieu maintenant en France, que le gouvernement belge vient de lui faire la commande d'une de ces voitures.

§ 1er.

MAISONS DE DÉPÔT ET DE PASSAGE.

Les communes d'une certaine importance, et particulièrement celles qui sont situées à proximité des grandes voies de communication, possèdent, sous le nom d'*amigos*, une *maison de dépôt* et de *passage*, pour les individus arrêtés en flagrant délit, et pour les détenus transférés de l'une à l'autre prison. La plupart de ces maisons sont une agglomération de plusieurs chambres sans cours, où les âges et les sexes souvent sont confondus. « Si l'inspection de ces prisons avait « lieu de la part des administrations communales, la plupart ne seraient pas, comme elles le sont, « des cloaques humides, infects et froids; des réduits insalubres et mal tenus, où des condamnés, « pour des contraventions de simple police, à quelques jours de détention, confondus avec les « prévenus de crimes ou délits, subissent un emprisonnement plus pénible que celui des criminels « détenus dans les grandes prisons. *Il n'y a pas longtemps* que, dans des villes de premier rang, « l'on a trouvé, dans des prisons de la catégorie ci-dessus mentionnée, des gens qui y étaient « depuis quinze jours et trois semaines, sans avoir été entendus par le juge d'instruction, et « sans qu'aucun mandat eût été décerné contre eux; s'il en est ainsi dans de grandes villes, que « doit-on penser de ce qui *peut* se passer dans les campagnes, où les *salles de police et les mai-« sons de passage* peuvent impunément devenir de véritables *oubliettes*, si les administrations « municipales n'y veillent. » (*Circulaire* du 3 février 1831.)

§ 2.

MAISONS D'ARRÊT ET DE JUSTICE.

Chaque chef-lieu d'arrondissement, siége d'un tribunal de première instance, possède une *maison d'arrêt* destinée aux prévenus correctionnels; les condamnés correctionnels à *moins* de six mois y subissent aussi leur peine.

Chaque chef-lieu de province (1), siége d'une cour d'assises, a une *maison d'arrêt et de justice* appelée, comme en Hollande, *maison de sûreté civile et militaire*. Cette maison renferme les prévenus correctionnels, les accusés criminels et les condamnés correctionnellement à *plus* de six mois de prison; on y renferme aussi les détenus militaires, les détenus pour dettes et les condamnés criminels en pourvoi.

Les maisons d'arrêt et de justice ont subi de notables améliorations depuis 1830; on y a complété le classement des sexes, introduit, autant que possible, le classement des âges, et essayé le classement des moralités. On a amélioré leur état sanitaire, pourvu aux besoins religieux de leurs habitants, et organisé même, dans quelques-unes, des écoles et des ateliers; aucune ne possède de cellules solitaires, même pour la nuit. Des cellules, il est vrai, ont été substituées, en 1831, dans la maison d'arrêt de Malines, aux dortoirs communs projetés primitivement; mais chacune de ces cellules a constamment servi, depuis cette époque, à recevoir deux détenus à la fois; de sorte que le remède est pire que le mal. A Arlon, on termine en ce moment une maison d'arrêt où le système cellulaire de nuit sera combiné avec le système des chauffoirs et des préaux communs pendant le jour. A Liége, on projette la construction d'une maison d'arrêt et

(1) La Belgique est divisée en neuf provinces, désignées sous les noms de : *Brabant-Méridional, Limbourg, Liége, Flandre-Orientale, Flandre-Occidentale, Hainaut, Namur, Anvers, Luxembourg.* — La population totale du royaume était, au 31 décembre 1836, de 4,225,783.

de justice où, pour la première fois, en Belgique, on introduirait l'emprisonnement individuel de jour et de nuit; mais le programme de cette maison, que M. Ducpétiaux a été chargé de rédiger en juillet 1836, est resté, depuis lors, dans les termes d'un simple projet; et lors de mon passage à Liége on n'a pu me faire voir que l'emplacement où la maison sera, dit-on, construite.

§ 3.

PRISONS POUR PEINES.

Les prisons pour peines, autrement dites *maisons centrales,* sont au nombre de quatre, savoir :

La maison de *correction* de *Saint-Bernard,* près d'Anvers;
La maison de *reclusion* de *Vilvorde,* près de Malines;
La maison de *force* de *Gand,* près de Gand;
La maison de *détention militaire* d'*Alost,* entre Gand et Bruxelles (1).

Comme il n'y a pas de *bagnes* en Belgique, l'administration actuelle a cru devoir se conformer au texte formel et à l'esprit de la loi pénale, en effectuant la séparation des condamnés aux *travaux forcés* d'avec les condamnés à la *reclusion.* Les premiers occupent la maison de Gand, les seconds la maison de Vilvorde. La maison de Saint-Bernard continue a être affectée aux condamnés correctionnels à plus d'un an de prison, et celle d'Alost aux détenus militaires.

La population moyenne des prisons pour peines, pendant les années 1831 à 1836, a été comme suit :

ANNÉES.	SAINT-BERNARD	VILVORDE.	GAND.	ALOST.	TOTAL.
1831.......	1,085	915	1,217	//	3,217
1832.......	1,055	882	1,202	219	3,358
1833.......	683	893	1,143	466	3,185
1834.......	938	818	1,180	508	3,444
1835.......	1,000	980	1,195	464	3,639
1836.......	876	1,081	1,186	548	3,691

Je ne vous ferai point, Monsieur le Ministre, la description des prisons de Saint-Bernard, d'Alost et de Vilvorde. Je vous dirai seulement que toutes trois sont construites d'après le système des dortoirs, des réfectoires, des préaux et des ateliers communs; c'est le système des

(1) Cette prison, construite, dans le principe, pour recevoir 4 ou 500 détenus, peut en recevoir aujourd'hui 1,200. Le nombre en était de 1,080 le jour de ma visite. D'après un décret du 23 mars 1832, la prison d'Alost est exclusivement affectée aux militaires condamnés à plus de six mois de prison, ou à toute autre peine qui ne les rend pas indignes de demeurer dans les rangs de l'armée ou d'y être réincorporés, à l'expiration de leur peine. Les autres condamnés militaires sont détenus dans les prisons de Vilvorde et de Saint-Bernard, comme reclusionnaires ou correctionnels *civils.* (Décret du 13 février 1835.)

maisons centrales de la Hollande; mais celles de la Belgique sont plus vastes, plus saines, mieux aérées, mieux construites, et d'un aspect plus grandiose (1).

Quant à la maison de force de Gand, elle mérite une mention à part et une description particulière.

MAISON DE FORCE DE GAND (2).

Cette prison magnifique, érigée par les États de Flandres, en 1772, sur la proposition et sur les plans du vicomte Vilain XIV, a, la première, introduit et mis en pratique, en Europe, le principe de l'isolement cellulaire de nuit et de réunion silencieuse le jour, principe adopté depuis par les États-Unis d'Amérique, et devenu célèbre, comme système d'origine transatlantique, sous le nom de *système pénitentiaire d'Auburn*.

Avec les additions et changements qu'elle a subis depuis soixante-six ans, la prison se compose aujourd'hui de huit corps de bâtiments distincts attenant les uns aux autres, et aboutissant tous à une cour centrale octogone. Chaque corps de bâtiment, composé d'un rez-de-chaussée et de deux étages, forme un quartier pour une classe particulière de détenus. Chaque quartier a une cour, en forme de trapèze, aboutissant, comme les constructions qui l'entourent, à la cour centrale B. Chaque rez-de-chaussée et chaque étage sont formés d'une rangée de cellules, de dortoirs, de réfectoires, de salles, de magasins, d'ateliers, etc. Chaque rangée de cellules est précédée d'une longue galerie à larges ouvertures, sans vitres ni châssis. (V. le plan n° 21.)

Le canal de Gand à Bruges coule à vingt pas de la porte d'entrée de la prison; on le traverse sur un pont de bois.

Le corps de bâtiment dans lequel se trouve la porte d'entrée est, avec la cour A qui en dépend, exclusivement affecté à l'usage du commandant et de ses bureaux, et à celui des gardiens et employés sous ses ordres.

Les autres corps de bâtiment sont occupés par les condamnés, à l'exception du quartier I, qui tient lieu de maison d'arrêt et de justice, et qui n'est occupé que par des accusés et des prévenus.

Pour entrer de la cour centrale octogone dans l'un des quartiers occupés par les détenus, il faut d'abord entrer dans une espèce de vestibule fermé par deux portes, au milieu desquelles est suspendue une herse, comme aux anciennes portes des villes de guerre. « Cette herse, dit le « vicomte Vilain XIV, dans son Mémoire à l'assemblée des Députés, est destinée à servir d'arrêt, « dans le cas où les détenus voudraient forcer la première porte et s'emparer des clefs du portier « qui est entre les deux, et par là se rendre maîtres de la seconde porte qui sert de sortie. Dans « chaque porte il y a une portille ou petite ouverture, par laquelle le portier est obligé de regarder « avant d'ouvrir. » Une double grille en fer, qui permettrait à un seul gardien placé au centre de la cour octogone de voir, pour ainsi dire, à la fois, l'intérieur des huit cours triangulaires qui sont

(1) Toutefois, les constructions de la maison de Saint-Bernard sont peu solides, et nécessitent de fréquentes et coûteuses réparations. Aussi l'inspecteur général des prisons de la Belgique demande-t-il avec instance la suppression de cette maison, d'autant que sa situation est loin d'être salubre, à en juger par la mortalité, qui excède de beaucoup celle des autres maisons centrales. Peut-être l'une des causes de cette insalubrité tient-elle aux émanations d'un canal fétide qui baigne les murs de la prison. Ce canal porte bateau et sert au transport des marchandises des ateliers; il communique avec l'Escaut.

(2) La population totale des condamnés s'élevait, le 29 mai 1838, jour de ma visite, à 1,119. Sur ce nombre, 926 travaillaient dans les ateliers, 106 étaient employés comme auxiliaires, 74 étaient aux infirmeries, 13 étaient en punition.

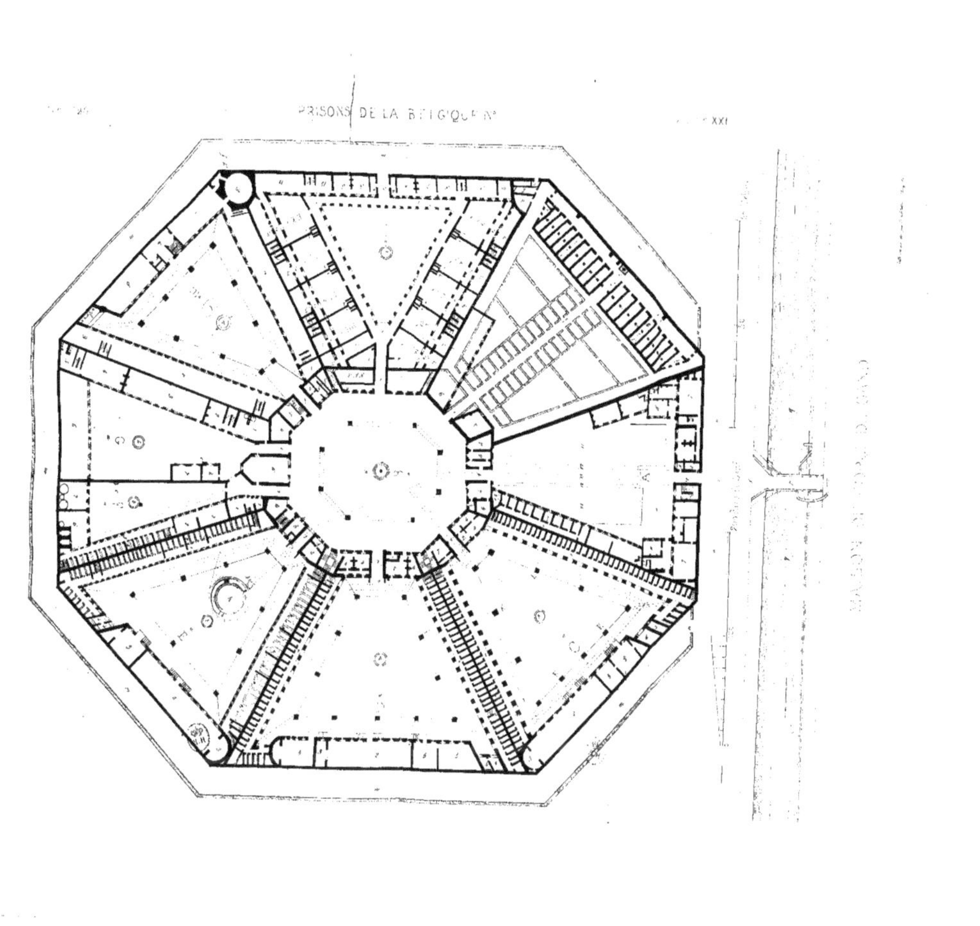
PRISONS DE LA BELGIQUE

autour, me paraîtrait tout aussi sûr, plus simple, et de meilleure surveillance que les seize portes, et les huit herses, et les huit gardiens préposés à la direction des herses (dont jamais on ne s'est servi), et qui font sentinelles au premier étage, aux huit fenêtres qui donnent sur les cours.

Le premier quartier C, qui se trouve à gauche de la cour d'entrée et de la cour centrale, est spécialement affecté aux criminels les plus coupables ou les plus dangereux. La population de ce quartier était de 224. — Chaque prisonnier couche dans une cellule. — Chaque cellule est garnie d'un hamac accroché au mur par chaque bout, à l'aide de deux boucles et de deux crochets de fer. Les fournitures des hamacs consistent en une paillasse, un traversin de paille, une paire de draps et une ou deux couvertures. Vis-à-vis la porte est une sellette en bois, pour que le prisonnier puisse s'asseoir. A côté est scellée dans la muraille une planche-dressoir, pour y déposer ses effets. — Les cellules occupent le rez-de-chaussée et les trois étages des ailes droite et gauche du bâtiment. L'aile en face, qui n'a que deux étages, est occupée par le réfectoire et les ateliers. Le réfectoire sert aussi de chapelle et d'école. — Au rez-de-chaussée de l'aile de face sont placées des latrines tout ouvertes, c'est-à-dire sans portes. On les voit de tous les endroits de la cour. Une sentinelle est placée en face, à l'autre extrémité, dans l'angle qui aboutit à la cour centrale. Les fosses d'aisance sont construites d'après le même procédé que celles de nos prisons de France, c'est-à-dire qu'elles sentent aussi mauvais, bien que le siége en soit plus propre et que des urinoirs soient établis à côté. — Une cantine est attachée à ce quartier comme à tous les autres.

Le deuxième quartier D est occupé par des criminels d'un ordre moindre. Population, 242. — Les cellules, les ateliers, le réfectoire, tout, en un mot, y est disposé comme dans le quartier C.

Il en est de même du troisième quartier E, affecté aux criminels dont la peine est sur le point d'expirer, et dont la population était de 102. Seulement, des chambres à quatre ou six places y remplacent les cellules isolées.

Quatrième quartier F. Dans celui-ci, sont établis les divers services économiques de la prison : cuisine, magasins, buanderie, etc., et tous les détenus auxiliaires.

Quartier G. *Infirmeries*. L'infirmerie générale de toute la maison est située dans le quartier G du plan. — Elle se compose de plusieurs salles. — Ici, les classifications de quartier cessent; on n'en reconnaît d'autre que celles des sexes. — Malades, 45; vieillards infirmes, 21; infirmes de tout âge, 8; total, 74. — Tous les malades couchent dans des lits de fer dont la construction est la même, c'est-à-dire aussi vicieuse que celle des lits d'infirmeries des prisons de la Hollande (V. p. 100). — Du reste, même propreté, même absence d'odeur. Il y a des crachoirs dans toutes les salles.

Quartier H. Femmes correctionnelles. (Les criminelles sont à Vilvorde.) Population, 284. Couchent dans de grands dortoirs communs, éclairés toute la nuit, et dans des hamacs alignés en une seule rangée. Des religieuses ont seules la surveillance du quartier des femmes, ce qui n'empêche pas les hommes d'y pénétrer lorsque les détenus en viennent blanchir les murs ou lorsqu'ils traversent la cour, sous la conduite d'un gardien, pour aller chercher de l'eau pour la buanderie, quand l'eau de la pompe manque, comme la chose est arrivée le jour même où j'y étais.

Quartier I. *Maison d'arrêt et de justice* pour les prévenus et les accusés des deux sexes, les prisonniers pour dettes, les passagers, etc. Population, 150. — Réunions par catégories. — Dortoirs. — Dix cours.

Quartier J ou *quartier d'exception.* Ce quartier est destiné à faire la première application, en Belgique, mais sur une très-petite échelle, du système de la séparation individuelle de jour et de nuit. Il se compose de 36 cellules solitaires, dont 18 au rez-de-chaussée et 18 au premier étage, toutes d'un seul côté. Les cellules du rez-de-chaussée ont 32 mètres cubes; celles du premier étage, 55 mètres.

Les cellules du rez-de-chaussée ont chacune une petite cour de 4 mètres 1/2 sur chaque côté, avec une fosse d'aisance.

Chaque cellule du rez-de-chaussée est éclairée par une fenêtre d'un mètre 1/2 de hauteur, donnant sur la cour. Celles du premier étage ne reçoivent le jour que par une petite fenêtre oblongue placée tout auprès du plafond, et assez haut pour que le prisonnier ne puisse voir à travers les vitres. Les unes et les autres sont chauffées par un tuyau calorifère; mais elles n'ont d'autre ventilation que l'ouverture des fenêtres et le vent qui passe sous les portes.

Du reste, aucune cellule n'a de robinet pour fournir de l'eau aux détenus, et celles du premier étage sont dépourvues de *privés;* un vase ordinaire doit en tenir lieu.

Les cellules du rez-de-chaussée, comme celles du premier étage, ouvrent sur un même et large corridor, sans plancher intermédiaire. Seulement, celles du premier étage sont précédées d'une galerie qui les longe.

Un autel est élevé dans le corridor, lequel sert à la fois de chapelle et de passage. Le tout est arrangé de telle sorte que le détenu ne peut voir ni l'autel ni le prêtre.

On a pratiqué dans chaque porte, à quatre pieds du sol, un petit guichet qui se rabat sur lui-même pour recevoir les aliments qu'on fait passer ainsi aux détenus. Une petite ouverture, qu'on ferme à volonté, est pratiquée au milieu du guichet pour pouvoir inspecter le détenu dans l'intérieur de sa cellule.

Les cellules du quartier d'exception ne sont pas encore occupées, mais elles sont à la veille de l'être. On n'y recevra que des individus âgés de moins de 35 ans, non condamnés à perpétuité, et qui ne seront pas en état de récidive. Elles étaient encore dépourvues de meubles. Il n'y avait qu'un lit de fer, se relevant contre la muraille pendant le jour.

L'impression que m'a faite la vue de ces cellules a été pénible. Elles ont l'air de cellules de punition. Je ne les trouve ni assez grandes, ni assez aérées, ni convenablement disposées, ni munies de tout ce qui est nécessaire pour que le prisonnier y demeure, non à titre de châtiment, mais pour y passer le temps de sa peine et pour y vivre de son travail, sans que sa santé en soufre. Telles qu'elles sont établies, les cellules séparées de la prison de Gand pourront être fatales au système qu'elles ont pour objet d'introduire. En tout cas, si le système réussit avec des cellules ainsi faites, c'est qu'il sera de force à lutter contre tout ce qui paraît de nature à compromettre son existence.

CHAPITRE III.

DE L'ADMINISTRATION DES PRISONS, EN BELGIQUE.

§ 1er.

ADMINISTRATION CENTRALE.

Jusqu'au 17 janvier 1832, l'administration générale des prisons et des établissements de bienfaisance de la Belgique appartint au ministère de l'intérieur; mais un arrêté royal de cette date l'annexa au ministère de la justice.

Des attributions de cette nature, si elles étaient confiées, en France, au ministre de la justice, formeraient le contre-sens administratif le plus étrange; mais, dans un pays où le ministre de l'intérieur est, en même temps, ministre des affaires étrangères, il n'est pas surprenant de voir le ministre de la justice s'occuper du régime économique des hôpitaux et des prisons.

Du reste, un administrateur spécial est chargé, au ministère de la justice, des détails du service de ces établissements. Un inspecteur général en surveille la discipline; un contrôleur en tient la comptabilité. Monsieur le Ministre trouvera, sous le n° 1 de l'Appendice, l'indication des attributions administratives de ces fonctionnaires (1).

Pour toutes les autres parties de l'administration, les arrêtés émanés du gouvernement des Pays-Bas, alors que la Hollande et la Belgique ne formaient qu'un même royaume, régissent encore aujourd'hui les prisons de la Belgique, sauf toutefois les modifications qui y ont été apportées, depuis que la Belgique forme un royaume à part.

Je ferai connaître ces modifications au fur et à mesure que la nécessité s'en présentera.

§ 2.

COMMISSIONS ADMINISTRATIVES.

Les commissions administratives, établies près de chaque prison en Belgique, le sont sur les mêmes bases et avec les mêmes attributions que les conseils de régents en Hollande. Ce que j'ai dit de ces conseils, dans la 2e partie de ce rapport, doit donc recevoir son application ici. Les arrêtés de 1821 et 1822 n'ont été modifiés qu'en un seul point, celui relatif à la durée des fonctions des membres desdits conseils, durée qui n'est pas limitée par lesdits arrêtés (2).

(1) Qu'il me soit permis de dire ici que je dois à l'obligeance des deux premiers, MM. Soudain de Niederwerth et Ducpétiaux, tous les documents officiels qui ont servi de base à cette partie de mon rapport. Pendant mon séjour en Belgique, je n'ai cessé de recevoir des preuves de leur bon vouloir, de leurs lumières et de leurs sympathies.

(2) Un arrêté du 1er novembre 1832 porte à ce sujet : Article 1er. « Les membres des commissions administratives des maisons de force, de reclusion, etc., seront renouvelés par tiers tous les deux ans, à partir du 1er janvier prochain. » Article 2. « La sortie aura lieu par ordre d'ancienneté. En cas de parité d'âge, les membres sortant seront désignés par le sort. Ils pourront être immédiatement renommés. »

§ 3.

PERSONNEL DES EMPLOYÉS.

L'administration de chaque prison centrale en Belgique est, comme en Hollande, scindée en deux pouvoirs : celui du commandant; celui du directeur des travaux. Les mêmes inconvénients en résultent et appellent le même remède, celui de la réunion en une seule main de tous les services de la prison (1).

Le mode de nomination, et le traitement des employés est aussi le même en Belgique qu'en Hollande. Je ne connais de changements apportés aux arrêtés antérieurs à 1830 que celui résultant de l'arrêté du 10 décembre 1831, qui réduit, de 2,400 à 2,000 florins, le traitement des directeurs des maisons de Gand et de Vilvorde, et à 1800 florins celui du directeur des travaux de la maison de Saint-Bernard.

Un arrêté royal du 15 janvier 1834 confère le titre de directeur aux concierges ou gardiens-chefs des maisons civiles et militaires d'arrêt et de justice établis dans chaque chef-lieu de province.

Deux autres arrêtés des 12 juillet et 14 septembre 1835 déterminent l'uniforme des commandants, et des autres employés supérieurs et inférieurs des prisons. Peut-être, Monsieur le Ministre, serez-vous bien aise de les connaître. J'en donne le texte sous le n° 2 de l'Appendice.

§ 4.

DÉTENUS AUXILIAIRES.

Le mode de régie appliqué, en Belgique comme en Hollande, aux diverses branches du service économique et aux travaux industriels des prisons, nécessite l'emploi d'un grand nombre de détenus auxiliaires. Les places d'auxiliaires sont fort recherchées des détenus, parce qu'à ces places sont attachées des faveurs et des prérogatives. On en pourrait faire un objet de récompense pour les meilleurs sujets de la maison; mais on en fait le plus habituellement une prime d'encouragement pour les plus pervers. Les plus pervers sont souvent les plus habiles, les plus actifs, les plus instruits, les plus adroits; c'est à ceux-là, de préférence, que l'on confie les emplois d'auxiliaires. Cependant, la commission administrative de la maison de force de Gand est entrée, sur ce point, dans les voies de la réforme, en décidant que les places d'écrivains ne pourraient plus être remplies par des condamnés en état de récidive. Pour les autres places, le choix des détenus est laissé à l'arbitraire des gardiens.

§ 5.

TENUE DES ÉCRITURES.

La tenue régulière des registres d'écrou intéresse essentiellement la liberté individuelle. C'est pour cela que, par une circulaire du 21 février 1832, M. le ministre de la justice a prescrit un mode uniforme de registre d'écrou dans toutes les prisons de la Belgique (2).

(1) Dans la maison de détention militaire d'Alost, le commandant, chef du service domestique, y remplit simultanément les fonctions de directeur des travaux (arrêté du 23 mars 1832); c'est à cela, sans aucun doute, qu'il faut attribuer l'ordre parfait qui règne dans tous les services de cette maison.

(2) Le modèle annexé à la circulaire est divisé en 9 colonnes, ainsi qu'il suit : 1. n° d'ordre; 2. noms, prénoms,

Cette circulaire n'est pas applicable aux maisons de dépôt et de passage, pour lesquelles il suffit d'un registre particulier, sur lequel le geôlier inscrit seulement les noms et prénoms des détenus, ainsi que la date de leur entrée et de leur sortie (*Circul.* du 22 février 1833).

CHAPITRE IV.

RÉGIME DISCIPLINAIRE ET DE POLICE.

Les mesures prescrites par l'ancienne administration, pour la discipline et la police des prisons du royaume des Pays-Bas, sont suivies dans les prisons de la Belgique. Je ne mentionnerai donc ici que celles de ces mesures qui ont été modifiées, m'en reférant pour les autres à ce que j'en ai dit ci-dessus, p. 104 et suivantes.

Classifications. — Le système des classifications, suivi en Belgique, comprend particulièrement les sexes (1), les âges (2), les moralités.

Aucune prison spéciale n'est affectée en ce moment aux femmes condamnées. En attendant que cette prison, qui est en construction à Namur, soit achevée, les femmes condamnées correctionnellement sont enfermées dans un des quartiers de la maison de force de Gand, et les femmes, condamnées à la reclusion ou aux travaux forcés, dans l'un des quartiers de la maison de reclusion de Vilvorde. Mais, dans l'une et l'autre de ces deux maisons, communes aux deux sexes, ce sont des femmes qui ont la surveillance exclusive des détenues, et ces femmes sont des religieuses appelées *sœurs de la Providence.* Il y en a cinq dans le quartier des femmes de la prison de Gand, et cinq dans le quartier des femmes de la prison de Vilvorde.

Cette heureuse réforme a été étendue aux prisons secondaires; la séparation des sexes y est aussi complète que possible, et la substitution des surveillantes aux gardiens pour les femmes, arrêtée en principe, a lieu successivement.

C'est par une femme que les femmes détenues sont gardées dans la maison d'arrêt et de justice de Bruxelles; mais je dois dire qu'une seule surveillante ne peut suffire, et que, quand elle sort

et signalements des détenus; 3. acte de remise des détenus au gardien; 4. transcription des actes en vertu desquels ils sont écroués; 5. transcription des jugements en vertu desquels les condamnés sont écroués; 6. date du commencement de la peine; 7. époque à laquelle elle doit finir; 8. date de la sortie; 9. mouvement, changement de position, sortie.

(1) Les femmes détenues sont aux hommes, comme 1 à 4,2, pour les cas de condamnation criminelle et correctionnelle à un an et plus de prison; — comme 1 à 7 pour les condamnations criminelles, et comme 1 à 2,6, pour les condamnamnations correctionnelles à 6 mois et plus.

(2) D'après les documents statistiques recueillis et publiés en 1836, la population des trois maisons centrales Gand, Vilvorde et Saint-Bernard, s'élevait, en 1833, à 2,806, classés de la manière suivante, par rapport à l'âge :

		Rapport sur 1,000.
Au-dessous de 16 ans	31.	11.
De 16 à 18 ans	66.	23.
18 à 21	127.	45.
21 à 25	376.	134.
25 à 30	457.	163.
30 à 40	919.	328.
40 à 50	501.	178.
50 à 60	236.	84.
60 à 70	85.	30.
70 et au delà	10	4.

ou monte à l'étage supérieur, elle est remplacée par un gardien. Alors l'inconvénient qu'on voulait éviter reparaît avec plus de force; car il augmente en raison même des entraves apportées à la libre communication du gardien avec les détenues.

Le classement des âges mérite autant d'attention que le classement des sexes. L'administration actuelle l'a opéré, autant qu'il a été en son pouvoir, en organisant, dans la maison de Saint-Bernard, un quartier spécial pour les jeunes détenus condamnés correctionnellement, âgés de moins de 18 ans (1). La séparation des âges s'effectue aussi peu à peu, et autant que le permettent les localités, dans les prisons secondaires. Mais le quartier réservé aux jeunes condamnés dans la prison de Saint-Bernard est loin de répondre à sa destination. L'agglomération, de jour et de nuit, dans les mêmes locaux, et le contact pour ainsi dire inévitable des enfants avec les adultes, sont des vices radicaux auxquels il est urgent de porter remède (2). L'administration songe, en ce moment, à construire dans cette intention une *maison de réforme* pour les jeunes détenus. Mais cette maison n'est encore qu'un projet, et je n'ai pu voir, à Liége et à Louvain, que l'endroit où l'on dit qu'elle pourrait être. En attendant, les jeunes garçons se dépravent à Saint-Bernard, comme les jeunes filles à Gand et à Vilvorde.

Quant au classement par moralités, plusieurs circulaires ministérielles recommandent aux commissions administratives de diviser les détenus de chaque prison en trois classes de *bons*, de *passables* et de *mauvais*, en prenant pour bases, 1° la nature du délit ou du crime; 2° le caractère et la durée de la peine; 3° la moralité du condamné. Mais la mauvaise disposition des locaux s'oppose presque partout à l'exécution de ces prescriptions. Et quand on parvient à établir les classifications voulues, dans les préaux, dans les dortoirs, dans les réfectoires, elles disparaissent dans les ateliers. Souvent le détenu le plus pervers est aussi le meilleur ouvrier; on en a besoin; on le prend où on le trouve.

L'inspecteur général des prisons de la Belgique écrivait, à ce sujet, au ministre de la justice, dans son rapport du mois de juillet 1836 :

« Le classement des moralités était nul avant 1830, et depuis cette époque il n'a été que très-« imparfaitement organisé. L'excessive population et la construction vicieuse des prisons, et des « maisons centrales en particulier, ont été à cet égard des difficultés jusqu'ici insurmontables. « Par suite de ces difficultés, toutes les catégories de condamnés, autres que les jeunes délin-« quants, vivent dans la société la plus intime, société de vices, de désordres, d'enseignement et « d'encouragement pour le crime. Disséminés pendant le jour dans des ateliers, des préaux, et « des réfectoires trop nombreux, trop mal disposés, pour qu'ils puissent y être l'objet d'une sur-« veillance active et continue; réunis la nuit dans des chambres ou des dortoirs communs, pou-

(1) La population moyenne, par jour, des jeunes détenus de Saint-Bernard est de 90. Il en est entré 120 et sorti 101 dans le cours de l'année dernière. Des individus admis, 5 savaient bien lire et bien écrire, 15 le savaient imparfaitement, le reste se trouvait dans un état d'ignorance absolue. Des individus sortis, 10 avaient reçu une instruction supérieure, 40 savaient bien lire et bien écrire, 35 le savaient imparfaitement, 16 n'avaient rien appris; la courte durée des emprisonnements s'oppose à leur éducation morale et professionnelle. Sur les 120 sujets entrés, 29 étaient condamnés à six mois, 44 à sept mois, huit mois et un an; 17 entre un an et dix-huit mois; 30 seulement à plus de dix-huit mois.

(2) L'instituteur du quartier des enfants, à Saint-Bernard (M. Marinur), est convaincu de la nécessité de séparer les jeunes détenus entre eux, aussi bien le jour que la nuit. Il pense que deux heures de récréation par jour suffiraient pour le développement de leurs forces physiques. Les récréations seraient prises en petites réunions de 25 au plus. On aurait égard aux âges et à la moralité pour le choix à faire des jeunes gens qu'on admettrait à se récréer ensemble. L'assistance à l'école et aux exercices moraux et religieux pourrait avoir lieu en commun. Le travail serait toujours cellulaire.

« vant se soustraire ainsi presque constamment à l'œil et à l'action de la police des établissements, « les efforts persévérants des employés, des commissions locales, de l'administration centrale, de- « meurent impuissants pour porter remède au mal et arrêter ses progrès incessants. Aussi, le « chiffre des récidives est-il là pour témoigner de l'imminence du danger; sur trois détenus, on « compte au moins un récidif. »

Silence. Le silence n'essaie point ici, comme dans les prisons de l'Angleterre, de suppléer, par l'isolement moral, à l'absence de l'isolement physique des détenus. Il n'est recommandé qu'à la chapelle, pendant l'office divin; à l'école, pendant les leçons; et dans les dortoirs, pendant la nuit. En tout autre temps et partout ailleurs, les conversations sont libres. Seulement, il est ordonné de parler à voix basse dans les réfectoires et dans les ateliers. On ne cause tout haut que dans les promenoirs et dans les cours.

Dortoirs. Quatre rangées de hamacs superposés les uns aux autres de chaque côté d'une large et longue salle, avec un large et long espace au milieu; tous les hamacs accrochés par un bout à la muraille, par l'autre bout à des traverses de fer que soutiennent et relient entre elles de longs poteaux de fer; tous les hamacs placés assez près l'un de l'autre pour que les détenus puissent y monter en escaladant les traverses, et pourtant placés assez loin de ceux qui sont au-dessus, de ceux qui sont au-dessous et de ceux qui sont à côté, pour qu'un détenu ne puisse aller de l'un dans l'autre sans crainte de tomber; puis de larges et de nombreuses fenêtres derrière les quatre rangées de hamacs; puis un quinquet placé à chaque extrémité de la salle et allumé toute la nuit; voilà ce qui vous frappe en entrant dans les grands dortoirs de la maison d'Alost (1). Les autres prisons ont aussi des dortoirs garnis de hamacs; mais ils sont beaucoup plus petits. Il y en a, à Vilvorde, qui n'ont que 3 à 4 lits.

Système cellulaire. Le système cellulaire de nuit est appliqué dans les deux premiers quartiers de la maison de force de Gand. S'il ne l'est pas dans les autres quartiers où se trouvent des dortoirs, c'est que le gouvernement hollandais avait fait détruire les cellules construites primitivement, pour pouvoir coucher plus de monde; mais on relève successivement les cloisons et les portes abattues, et, avant peu, tous les condamnés de la prison coucheront dans des cellules séparées. La même destruction, opérée dans la maison de Vilvorde, nécessite la même réédification. Dans le pénitencier de femmes, en construction à Namur, le système cellulaire de nuit sera rigoureusement observé. Dans les autres prisons, et notamment dans la maison centrale d'Alost, le système des dortoirs sera longtemps maintenu. Il faudrait tout démolir pour pouvoir convertir les dortoirs en cellules. Avec des dortoirs comme ceux de cette prison, les mœurs des détenus peuvent être facilement préservées de toute atteinte. Pour moi, le danger des communications existe moins pendant la nuit que pendant le jour. S'il est vrai que l'agglomération des détenus dans des préaux, dans des réfectoires, dans des promenoirs, dans une chapelle, dans une école, dans des ateliers communs, soit sans inconvénients graves, on aurait tort de se préoccuper exclusivement de ceux que présente la réunion dans les dortoirs. Ceux-ci sont bien moins graves, et il est aisé d'y remédier dans ce qu'ils peuvent avoir de réellement dangereux pour les mœurs.

Quant au système cellulaire *de jour et de nuit,* on en fera prochainement l'essai dans un

(1) J'ai compté 290 hamacs dans le plus grand dortoir. Un autre en contient 260; d'autres 80 et 90; le plus petit en contient 26.

quartier d'exception de la prison de Gand. J'ai dit ce qui me faisait craindre que cet essai ne fût malheureux.

Pistole. L'abus de la pistole n'a point été détruit; il s'est au contraire étendu depuis le nouvel ordre de choses. En effet, l'arrêté organique du 4 novembre 1821 n'accordait cette faculté qu'aux seuls condamnés. Un arrêté du 4 avril 1833 l'a rendue commune à *tous* les détenus.

Cantine. Quant à l'abus de la cantine, il a reçu une nouvelle consécration administrative par une disposition ministérielle du 28 décembre 1835, prise en conséquence de l'arrêté qui substitue les gratifications aux salaires, arrêté dont je parlerai dans le chapitre du travail des détenus (1).

Ordre général. Bien que les constructions des prisons de la Belgique se prêtent mieux que celles de la Hollande aux règles de l'ordre et de la discipline, l'ordre et la discipline ont dans celles-ci un cachet de ponctualité, de précision, d'obéissance, qu'on ne rencontre pas au même point dans celles-là. Cette différence est surtout saillante dans la maison de Saint-Bernard. J'ai trouvé l'ordre intérieur de cette prison peu satisfaisant. Un relâchement général se faisait sentir dans la discipline; un *sabottage* continuel se faisait entendre pendant les heures de travail; les détenus allaient aux aisances plus fréquemment qu'on n'y va d'ordinaire. Lorsque la cloche sonna pour la rentrée aux ateliers, j'étais dans la cour avec M. Ducpétiaux et le secrétaire de la commission administrative d'Anvers, qui avaient bien voulu m'accompagner. Les détenus continuèrent à causer. Ils marchaient lentement et en désordre; ils ne se réunissaient pas par sections, ainsi que le prescrit le règlement. D'autres restèrent couchés sur les bancs de la cour; d'autres continuèrent tranquillement à jouer aux dominos. Ce relâchement provenait sans doute de ce qu'alors la maison était sans commandant.

CHAPITRE V.

RÉGIME ÉCONOMIQUE.

Ainsi que je l'ai déjà dit, les diverses branches du régime économique des prisons pour peines sont mises en régie, en Belgique comme en Hollande. Quant aux maisons de dépôt, d'arrêt et de justice, des adjudications publiques, faites d'après un cahier de charges uniforme, ont remplacé les contrats de faveur qui se passaient dans certaines localités pour l'entretien des détenus. Cette uniformité du cahier des charges a introduit l'uniformité dans le régime alimentaire des petites prisons; c'était une amélioration invoquée depuis longtemps, et dont l'absence amenait plus d'un abus et plus d'une injustice.

Nourriture. La nourriture est la même dans les prisons des deux royaumes. Un arrêté du 24 octobre 1832 a seulement changé la composition des soupes au gruau et à la viande, en substituant le riz à la farine d'orge (2).

(1) La disposition ministérielle dont il s'agit est une réforme, en ce sens que le tarif des objets vendus dans les cantines des prisons est aujourd'hui fixé sur le prix de revient, et que les cantines ne peuvent plus donner aucun bénéfice à distribuer aux détenus, à titre de prime d'encouragement. Il y avait une véritable usure à vendre aux détenus avec un bénéfice de 55 p. 0/0 sur le prix courant, bien que ce fût dans le but d'élever le chiffre des primes.

(2) Un autre changement dans le régime alimentaire a été apporté par la circulaire du 2 mai de la même année. Sous

Vêtements. L'habillement des détenus ne diffère de celui en usage dans les prisons de la Hollande que par quelque dissemblance légère de couleur ou de forme. De plus, des gilets et des caleçons de flanelle sont accordés, à la demande des médecins, aux détenus dont la santé exige ce supplément de vêtements.

Couchage. Le mode de couchage a été amélioré dans toutes les prisons. On a achevé de substituer les hamacs suspendus aux anciennes couchettes en bois.

Chauffage, éclairage, infirmeries etc. Le service des infirmeries a également subi de notables améliorations. On a placé des lits en fer dans celles qui n'en avaient pas encore reçu; ailleurs on en a complété le nombre, pour le mettre en rapport avec celui des malades.

Les lits en fer ont également été substitués aux couchettes en bois pour le casernement des gardiens.

Quant au *chauffage*, à l'*éclairage* et aux autres articles accessoires, le service s'en fait dans les prisons de la Belgique comme dans celles de la Hollande.

CHAPITRE VI.

SERVICE SANITAIRE ET DE SALUBRITÉ.

Le service sanitaire des prisons est organisé en Belgique de la même manière qu'en Hollande.

Le service de propreté se fait avec le même soin. En fait de propreté, le Flamand ne le cède guère au Hollandais.

On a établi des salles de bain là où l'on avait négligé cette mesure sanitaire : les infirmeries des maisons centrales et de plusieurs prisons secondaires sont en outre pourvues de baignoires sur roulettes, que l'on déplace à volonté. Les ventilateurs, les fumigations, le chlorure, sont autant de moyens qu'on emploie pour venir en aide au maintien de la propreté, et pour parer aux inconvénients de l'encombrement des ateliers et des dortoirs. Des essais ont déjà été faits, d'autres se feront encore, pour la désinfection des latrines. Malheureusement, on réussit peu. Tout récemment, l'administration a introduit l'usage d'une chaise percée inodore pour remplacer, dans les infirmeries et dans les dortoirs des prisons, les baquets dont on se servait précédemment, et qui, le plus souvent, répandaient une odeur infecte.

Indépendamment de ces mesures de salubrité, on fait subir une quarantaine sévère à chaque individu, à son entrée en prison. Toutes ces précautions tournent au profit de la santé des détenus (1).

l'ancienne administration, les détenus de toutes les catégories et de tous les âges étaient rangés sur la même ligne et recevaient la ration entière. La circulaire précitée a fait cesser cette irrégularité, en fixant les rations décroissantes pour les enfants de douze ans et au-dessous. Il faut noter pareillement que la distribution de la boisson chaude, le matin, composée d'eau et de lait, qui, auparavant, n'avait lieu que pendant les mois d'hiver, est continuée maintenant pendant toute l'année.

(1) Je n'ai pu me procurer aucun document officiel sur le nombre des malades, comparé à celui des valides, pendant une période de plusieurs années, ou même d'une seule année.

Quant au nombre des décès, la moyenne a été, dans les quatre maisons centrales, de 1 sur 28,09, avant 1830, et de 1 sur 31,34 depuis cette époque.

Dans la vie libre, la proportion est de 1 sur 43.

CHAPITRE VII.

TRAVAUX INDUSTRIELS DES DÉTENUS.

En organisant le travail dans les prisons pour peines, l'administration hollandaise semble n'avoir eu primitivement pour but que de diminuer les charges de l'État. L'administration belge semble dirigée par des idées d'un autre ordre; mais elle suit, malgré elle, les errements de sa devancière; et l'on peut dire, à bien plus juste titre encore que des prisons de la Hollande, que ses prisons ne sont que d'immenses fabriques.

Cependant, tout en conservant aux travaux leur ancienne organisation, l'administration actuelle s'est fait un devoir de rendre, en un point, à la pénalité, sa destination véritable. Naguère les détenus recevaient un *salaire* (1) dont ils allaient jusqu'à réclamer le payement comme un *droit;* ils dépouillaient, dit M. Ducpétiaux, la dépendance du coupable, pour revendiquer l'indépendance de l'ouvrier. Mais un arrêté du 28 décembre 1835, en substituant la *gratification* au *salaire*, est venu rectifier, sous ce rapport, les idées erronées qu'ils s'étaient faites de la récompense toute volontaire accordée par l'État au travail des condamnés. L'importance de cet arrêté et les raisons qui le motivent en rendent le texte précieux à recueillir. Monsieur le Ministre le trouvera sous le n° 3 des pièces de l'Appendice, ainsi que la disposition ministérielle qui l'accompagne (n° 4).

En résultat, la substitution de la *gratification* au *salaire* n'a été, pour le détenu, que la substitution d'un mot à un autre.

Ce mot renferme, il est vrai, une idée morale; mais qu'importe au détenu cette idée, s'il gagne autant qu'auparavant, et si on le paye, comme *gratifié*, de la même manière qu'on le payait comme *salarié*? La réforme morale et financière du *gain* des détenus est ailleurs que là.

Du reste, le changement apporté par l'arrêté du 28 décembre 1835, dans la désignation du salaire, n'en a apporté aucun dans le mode de sa comptabilité, non plus que dans l'organisation des travaux des maisons centrales de la Belgique.

Cette organisation est fort simple. En Belgique, comme en Hollande, c'est l'État qui fournit le capital nécessaire à l'alimentation des ateliers. En Belgique, comme en Hollande, une somme est portée, chaque année, au budget des dépenses, pour l'achat des matières premières et le payement des gratifications allouées aux prisonniers; cette même somme, augmentée du bénéfice *présumé* de la fabrication, figure au budget des recettes, et représente les fournitures à faire par les prisons au gouvernement, dans le cours de l'exercice.

Les détenus travaillent exclusivement à l'équipement de l'armée et à la confection des effets nécessaires au service des prisons.

(1) Les salaires alloués aux détenus, dans les maisons centrales, se sont élevés (rapport de M. Ducpétiaux):

En 1833 à	84,770f 31c
En 1834 à	94,502 17
En 1835 à	105,317 26
En 1836 à	145,000 00
TOTAL	430,089 74

Le règlement du 3 janvier 1833 prescrit tout ce qui concerne les travaux de construction, d'entretien et de réparations des bâtiments et du mobilier des prisons pour peines, dont l'exécution peut être confiée aux détenus. Aux termes de ce règlement, aucun ouvrier libre ne peut être employé dans l'intérieur des maisons centrales sans nécessité absolue; il faut, autant que possible, que les détenus se suffisent à eux-mêmes. Des ateliers de menuisiers, de forgerons, de serruriers, de tailleurs, etc., sont organisés à cet effet, et fournissent généralement à tous les besoins de ces établissements.

Quant à l'équipement de l'armée, il y a, pour y pourvoir, des ateliers de filature, de tissage, de schakoterie, de buffleterie, de ganterie, de brosserie, de passementerie, de couture, de tricot, de confection d'habits et de chaussures militaires, etc., qui fournissent, année moyenne, pour plus d'un million d'objets fabriqués.

La population ouvrière des quatre maisons centrales a été,

En 1831 de	2,501
1832 de	2,726
1833 de	2,587
1834 de	2,957
1835 de	3,137
1836 de	3,366

La même comptabilité en matières est tenue en Belgique et en Hollande.

En Belgique, comme en Hollande, les achats de matières premières se font généralement par voie d'adjudication publique, et par l'intermédiaire des commissions administratives. Les objets d'équipement sont envoyés aux divers corps, au fur et à mesure de leur fabrication et de leur confection. Un contrôle sévère préside à toutes les opérations des directeurs des travaux, dans chaque maison centrale, et met l'administration à même de constater les résultats, même les plus minutieux.

Les résultats de ce système sont présentés, ainsi qu'il suit, dans le dernier rapport de l'inspecteur général des prisons de la Belgique :

D'après le compte sommaire des travaux dans les maisons centrales, pendant les exercices 1831, 1832, 1833, 1834 et 1835, le montant des inventaires, au 1er janvier 1831, était de	1,138,525f 26c
Il a été dépensé, pendant les cinq années, sur les crédits alloués pour achats des matières premières et salaires	4,826,739 66
Total	5,965,264 92

Les versements effectués au trésor, du chef des fournitures à l'armée, à la marine, etc., se sont élevés à	4,754,246f 20c
Menues constructions et réparations faites dans les prisons sans entrepreneur	293,356 20
A reporter	5,047,602 40

Report.........	5,047,602f 40c
Habillement des détenus et fournitures diverses pour le service des prisons........	668,151 46
Montant des inventaires au 1er janvier 1836.........	1,052,145 72
PRODUIT.........	6,767,899 58
EMPLOYÉ.........	5,965,264 92
BÉNÉFICE (1)......	802,634 66

Malgré les avantages que fait ressortir cette situation, diverses objections ont été faites contre le système qui les produit. Ces objections se trouvent développées et réfutées dans un rapport présenté au ministre par M. Soudain de Niderwerth, administrateur des prisons, sous la date du 29 octobre 1834.

CHAPITRE VIII.

RECETTES ET DÉPENSES DES PRISONS DE LA BELGIQUE.

M. Ducpétiaux établit, ainsi qu'il suit, le budget moyen des recettes et des dépenses des prisons de la Belgique.

Il résulte du relevé des comptes des années 1831 et 1832 qu'il a été dépensé :

	EN 1831.	EN 1832.
1° Pour l'entretien et la nourriture des détenus de toutes les catégories.........	715,148f	783,000f
(Les médicaments sont compris dans ces frais, en 1831, pour une somme d'environ 14,000 fr., et de 17,500 fr., en 1832.)		
2° Pour traitements, frais de bureau et d'impression........	229,555	235,000
(Le personnel des prisons se compose de 300 employés environ. Les frais de bureau à la charge de l'État s'élèvent approximativement à 10,000 fr. par an.)		
3° Pour réparations, constructions, entretien du mobilier...	115,600	113,700
DÉPENSE totale............	1,060,303	1,131,700

(1) Ce bénéfice résulte exclusivement du produit des ateliers; mais il y a lieu d'y ajouter les versements opérés par les services domestiques des prisons, qui ont produit 162,316 francs 67 centimes, pendant les cinq années, de 1831 à 1835, et les trois premiers trimestres de 1836.

	EN 1831.	EN 1832.
La moyenne du nombre des détenus a été de	4,804	5,105

Si l'on divise par ce nombre le montant des dépenses, pendant les deux années, on aura, par an et par individu, une dépense :

	EN 1831.	EN 1832.
1° Pour entretien et nourriture, de	148f 86c	153f 38c
2° Pour traitements et frais de bureau	47 78	46 03
3° Pour réparations, constructions, mobilier	24 06	22 27
TOTAL	220 60	221 68
4° Moyenne par jour et par individu	60 $\frac{44}{100}$	60 $\frac{73}{100}$

Cette dépense, quoique inférieure à celle des prisons de la plupart des autres pays, a encore été sensiblement réduite, depuis 1832, par suite de l'économie scrupuleuse introduite dans les diverses branches du service. On pourra juger de cette réduction par le tableau suivant qui indique la dépense faite, en 1836, pour chaque catégorie de prison :

	POPULATION moyenne.	ENTRETIEN des détenus.	FRAIS d'administration.	DÉPENSE totale.	DÉPENSE moyenne par jour et par individu
Maison de Gand	1,184	131,334f	37,435f	168,769f	39c
Maison militaire d'Alost	631	90,367	20,506	110,893	48
Maisons de sûreté civiles et militaires	785	72,177	34,483	106,660	37
Maisons d'arrêt	672	124,830	32,944	157,774	64
Maisons de passage	107	24,284	//	//	59 1/2

Les renseignements manquent pour les maisons de Vilvorde et de Saint-Bernard ; mais, d'après des calculs que nous avons tout lieu de croire exacts, on peut estimer que la dépense journalière de chaque détenu, dans les maisons centrales de Belgique, s'élève à 42 centimes, savoir :

Nourriture	24 centimes.
Entretien	6
Administration	12
Total	42

« Avant l'introduction du système de la régie dans ces établissements, dit M. Ducpétiaux, le coût de l'entretien des détenus y était très-élevé. La maison de force de Gand coûtait annuellement à la Flandre, sous le gouvernement autrichien, environ 75,000 fr.; et à l'État, sous le gouvernement français qui la mettait en entreprise, plus de 100,000 fr., en sus du produit des travaux. En 1812, l'entrepreneur recevait 54 centimes par jour et par individu, indépendamment des bénéfices qu'il retirait du travail des condamnés. A la suite de l'introduction de la régie, non-seulement le régime alimentaire et économique a subi une notable amélioration, mais encore les dépenses ont été réduites de près de la moitié. »

D'après le rapport sur l'état des prisons, publié en 1833, le bénéfice des ateliers de ces établissements s'est élevé, en 1831, à la somme de 404,572 francs 84 centimes; les frais d'entretien des détenus n'ont pas dépassé, cette même année, 383,490 francs 06 centimes: les opérations de l'administration ont donc été tellement dirigées, que le produit du travail des condamnés aux travaux forcés, à la reclusion et à l'emprisonnement pour 6 mois et plus, a couvert entièrement et surpassé de 21,082 francs 58 centimes les frais de leur nourriture et de leur entretien.

« Il y a lieu de remarquer, dit le rapport annexé aux comptes généraux de 1830 et 1831, « que si le compte des maisons de force et de réclusion de Vilvorde et de Gand était présenté séparément de celui de la maison de correction de Saint-Bernard, le résultat des opérations de « l'administration des prisons paraîtrait beaucoup plus avantageux. Il est évident que le bénéfice « des travaux des prisonniers à Vilvorde et à Gand couvre, non-seulement les frais de leur nourriture et de leur entretien, mais encore les frais généraux d'administration, c'est-à-dire le traitement des employés et les frais d'entretien et de réparation des bâtiments et du mobilier. Mais, « comme jusqu'ici il n'en a pas été de même à la maison de Saint-Bernard, les bénéfices obtenus « dans les maisons de Gand et de Vilvorde sont portés en déduction des frais restant à la charge du « premier de ces établissements, dont la population, formée de prisonniers à courts termes, n'est « pas susceptible d'être employée aussi utilement que celle des deux autres prisons. Cette « différence dans les résultats provient aussi de ce que les détenus correctionnels obtiennent la « moitié de leur salaire, tandis qu'à Gand et à Vilvorde, la retenue opérée sur ce salaire au profit « de l'État, est de $\frac{6}{10}$ pour les condamnés à la reclusion et de $\frac{7}{10}$ pour les condamnés aux travaux « forcés. L'État paye donc plus aux détenus occupés à Saint-Bernard, et retire moins de bénéfice « de leur travail. »

CHAPITRE IX.

RÉGIME MORAL ET RELIGIEUX.

L'exercice du droit de grâce, lorsqu'il n'est pas pratiqué avec une extrême réserve, produit toujours du mal dans les prisons et des récidives au dehors. C'est ce qu'a parfaitement compris la nouvelle administration des prisons de la Belgique, en prescrivant la tenue de registres de comptabilité morale, dont les modèles, tracés par elle-même, témoignent de sa sagesse et de sa sollicitude. Ces modèles, ainsi que les instructions et arrêtés qui les précèdent, sont joints à ce rapport sous les nos 5 et 6 de l'Appendice.

La religion et l'instruction sont les deux éléments qu'on essaie de combiner, en Belgique, pour asseoir la bonne conduite des détenus sur des bases durables (1).

(1) Sur une population de 3,220, chiffre auquel s'élevait la population des quatre maisons centrales de la Belgique, au 1er janvier 1833,

1,972 ne savaient ni lire ni écrire;

La religion catholique étant la religion dominante, son culte est organisé, dans les prisons, de la même manière qu'il l'est dans les prisons de France.

Deux dispositions ministérielles, des 27 avril 1833 et 13 février 1834, règlent le service du culte protestant, dans les quatre grandes prisons pour peines ; ce service consiste uniquement dans des visites et dans des conférences du pasteur avec ses coreligionnaires détenus.

Je n'ai vu, ni pupitre, ni chaire protestante dans les chapelles catholiques des prisons de la Belgique. J'ai vu, au contraire, des autels catholiques, dans toutes les chapelles protestantes de prisons de la Hollande.

Des *bibliothèques circulantes* existent, depuis quelque temps, dans plusieurs prisons, et déjà l'administration a constaté les bons effets produits sur le moral des détenus par la lecture d'ouvrages appropriés à leur condition. La lecture tient l'esprit occupé; elle porte à faire d'utiles réflexions, et détourne des conversations pernicieuses. Mais il faut que les livres soient bien choisis; je crois même qu'il faudrait, autant que possible, qu'ils fussent faits exprès pour les condamnés. J'aurais désiré prendre le titre de plusieurs ouvrages que j'ai vus entre les mains des prisonniers ; mais ils étaient écrits en flamand.

L'instruction primaire, qui n'a pas fait un pas en Belgique depuis dix ans, même depuis que la révolution a proclamé la liberté d'enseignement (1), a pris, dans les prisons, depuis 1830, une extension notable.

Des écoles sont organisées dans toutes les prisons pour peines. Les instituteurs y sont considérés et bien payés. Ils n'ont d'autres fonctions à remplir que celle d'instruire les détenus (2).

Un arrêté royal, du 7 novembre 1832, autorise même le ministre de la justice à nommer un instituteur dans toute maison d'arrêt ou de justice, lorsqu'il le jugera utile ou nécessaire.

Le règlement du 28 décembre 1831, qui s'applique aujourd'hui aux quatre maisons centrales, contient, entre autres dispositions, celles qui suivent :

1° On n'admettra à l'école que les détenus âgés de moins de 35 ans (art. 2). L'admission sera considérée comme une grâce (art. 4).

2° L'instruction se donnera d'après la méthode de l'enseignement mutuel (art. 9).

3° L'instituteur s'attachera à développer les facultés intellectuelles de ses élèves (art. 12).

4° On apprendra aux détenus les principales dispositions du Code pénal (art. 10).

A ces bases du règlement de 1831, on pourrait peut-être objecter :

Que l'enseignement du Code pénal aux détenus est plus qu'inutile. Les élèves, là-dessus, en savent toujours plus que le maître;

Que ce n'est pas par l'esprit que pèchent les détenus, et qu'il est, en eux, une autre faculté à développer avant tout ; celle de l'âme ;

472 savaient lire et écrire imparfaitement ;
776 savaient bien lire et bien écrire.

Ainsi, le rapport des condamnés ne sachant ni lire ni écrire serait de 61, dans les maisons centrales de la Belgique.

(1) « L'instruction primaire est, pour le moment, sans législation en Belgique. L'action du gouvernement ne s'étend « plus que sur les écoles qui en reçoivent des subsides ; le reste est subordonné au caprice des conseils municipaux, « qui, dans plusieurs localités, ont retranché du budget communal les traitements des instituteurs, interprétant le « principe de la liberté d'enseignement de manière à en conclure que les conseils municipaux ont aujourd'hui le droit « de refuser à leurs administrés les bienfaits de l'instruction. » Ducpétiaux, *ub. sup.*

(2) L'instituteur des jeunes détenus de Saint-Bernard jouit d'un traitement de 700 florins. (Arrêtés des 27 juillet 1832 et 12 novembre 1833.)

Que la méthode d'enseignement mutuel, la meilleure de toutes quand on n'a plus que l'intelligence à soigner, est la plus défectueuse de toutes quand on a, avant tout, à s'occuper du cœur, surtout quand on l'applique à un petit nombre d'individus. L'esprit de parti, et l'appréciation imparfaite des méthodes d'enseignement, ont pu seuls empêcher cette vérité de devenir vulgaire, mais elle doit le devenir tôt ou tard. La Hollande, l'une des nations civilisées qui la comprenne et qui l'applique le mieux, est aussi celle qui possède les meilleures écoles nationales où l'instruction n'est qu'un moyen auxiliaire de l'éducation du peuple et de la moralisation des détenus.

Malheureusement, la méthode simultanée, ou de Pestalotzi, serait substituée partout, dans les prisons, à celle de Lancaster, que tout ce qu'on ferait pour instruire et pour moraliser les détenus serait inutile en Belgique comme en Hollande; parce que, en Belgique comme en Hollande, la peine de la prison n'est pas une peine, et qu'une peine qui ne punit pas est immorale, et qu'une peine immorale étouffe dans son principe tout germe religieux et toute pensée de régénération et d'avenir.

Dans le rapport que j'ai déjà cité, M. Ducpétiaux définit parfaitement le caractère de la peine d'emprisonnement, en Belgique, ses abus et son inefficacité. « Qu'est-ce, en définitive, chez « nous, dit-il, que la peine de la détention pour le coupable? Une garantie contre la misère, « un encouragement à l'imprévoyance : libre, il devait pourvoir péniblement à sa subsistance, « détenu, on lui épargne cette peine et ce souci; innocent, il mourait de faim ou n'obte« nait à la sueur de son front qu'une nourriture grossière et souvent insuffisante; coupable, « on lui assure une nourriture abondante, saine, substantielle. On lui remet en outre, chaque « semaine, une petite somme d'argent, avec laquelle il peut se procurer, dans les cantines, de la « bierre, de la viande, du beurre, du fromage, du café, du tabac, etc., toutes douceurs dont il ne « jouissait pas, le plus souvent, avant son crime et son châtiment; et comme si ce n'était pas assez « de satisfaire aux besoins du présent, on pourvoit encore à son avenir, en fondant en sa faveur « une épargne dont il a la disposition à sa sortie de prison. Mais ces avantages, dira-t-on, ne s'ob« tiennent que par un travail rude et pénible. On se trompe : les travaux auxquels sont occupés « les condamnés, même criminellement, sont moins rudes, moins pénibles que ceux que s'im« posent volontairement un grand nombre d'ouvriers jouissant de leur liberté. En effet, il n'existe « dans nos prisons aucun de ces métiers dangereux qui abrégent d'une manière effrayante « l'existence des infortunés qui ne reculent pas devant leur exercice. La tisseranderie, la filature, « la confection des objets d'équipement militaire, les soins du ménage, occupent presque exclu« sivement les détenus. La longueur de la journée de travail ne dépasse jamais, pour eux, celle « de l'ouvrier libre; en hiver, au contraire, elle est infiniment plus courte; car, sauf quelques « exceptions, elle commence et finit avec le jour. Les travaux sont d'ailleurs fréquemment inter« rompus par des intervalles pour les repas et la récréation; et le dimanche estpour le détenu « un long jour de repos et d'oisiveté, coupé seulement par l'office et par une heure d'école, pour « un certain nombre d'individus, admis à participer aux bienfaits de l'instruction. L'argent gagné « pendant la semaine est englouti à la cantine, et, malgré de sévères prohibitions, la passion du « jeu prévaut généralement.

« On prétend que la perte de la liberté compense amplement ces avantages et suffit pour con« server à la peine son caractère préventif. Mais cette perte est-elle aussi vivement sentie par la « majorité des condamnés qu'on paraît le croire? Nous en doutons. En effet, les condamnés,

Page 136

Planche XXI.

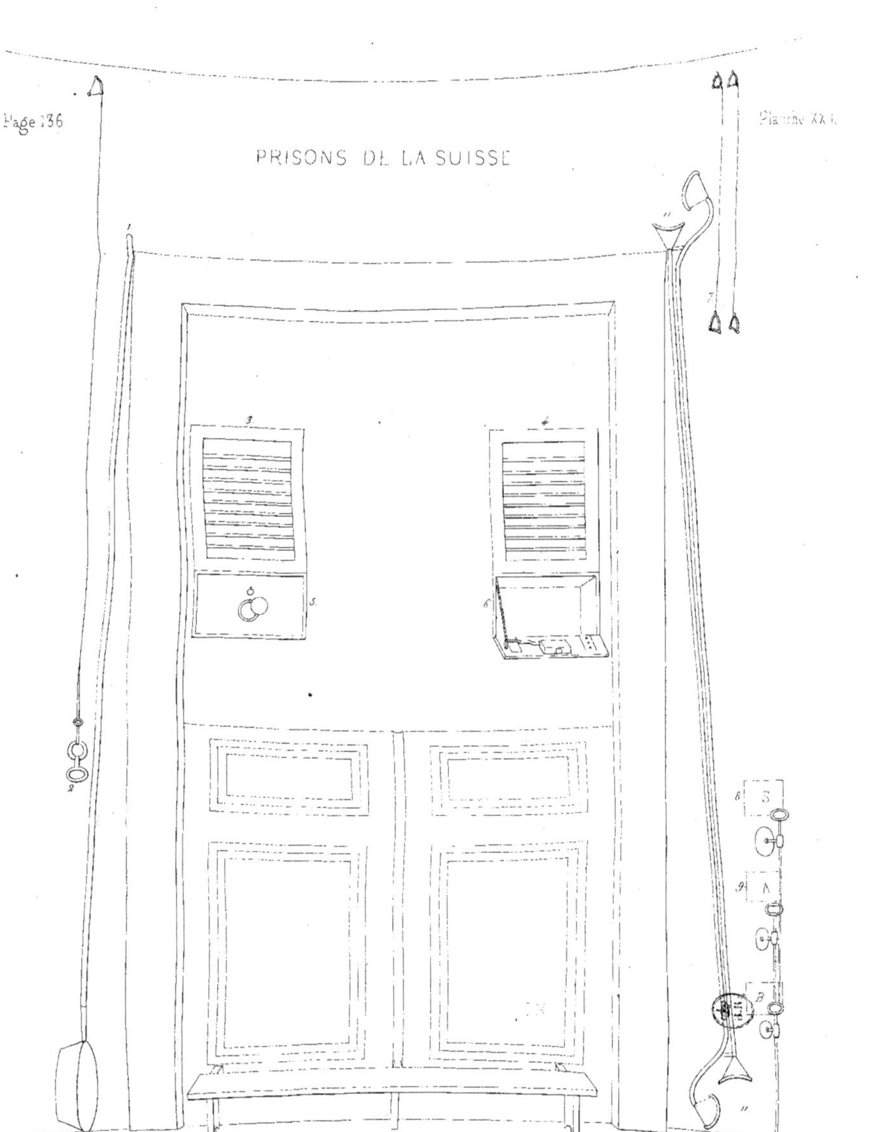

PENITENCIER DE GENÈVE.
GUICHETS DE LA GALERIE CENTRALE D'INSPECTION.

« dans nos maisons centrales, ne vivent-ils pas en société, et cette société n'est-elle pas souvent « plus conforme à leurs goûts, à leurs habitudes, que celle qu'ils abandonnent et contre laquelle « ils se sont mis en hostilité? Méprisé, repoussé au dehors, à cause de ses vices et de ses excès, « le coupable, en prison, voit soudain ces titres de réprobation se transformer en titres à l'éloge et « à la sympathie de ses compagnons de captivité. Ce qu'il a perdu en société, il le retrouve en « prison : amitié, encouragement, dévouement, influence. Il faut avoir étudié les mœurs, les « usages de ces communautés étranges, pour pouvoir s'en faire une idée et apprécier tout ce « qu'elles offrent de dédommagements, de consolations, voire même de jouissances, à ceux qui en « font partie. Nous-mêmes, nous avons été fréquemment témoin de la joie qui accueillait cer- « tains condamnés à leur entrée en prison, et de la satisfaction qu'ils éprouvaient à se retrouver « avec d'anciens camarades, des amis, des parents. Mais, dira-t-on, la privation de tout rapport « avec le sexe doit surtout leur être pénible? Nous voudrions qu'il en fût ainsi; mais ne sait-on « pas qu'il est d'affreux dédommagements à cette privation, et que nos prisons, avec leurs cons- « tructions vicieuses, avec leur surveillance incomplète, avec leurs chambres et leurs dortoirs « communs, semblent construites exprès pour les favoriser? Les listes de punitions, les registres « des infirmeries, témoignent des funestes effets d'un vice honteux sur la moralité et sur la santé « des détenus. On nous objectera peut-être encore le désir ardent de la liberté, qui semble « animer la plupart des condamnés. Ce désir existe en effet; il est inhérent à la nature de « l'homme, comme tout désir de changement; mais la fréquence des récidives, l'insouciance, « quelquefois même le contentement avec lequel le coupable revoit la prison qu'il a déjà habitée, « ne prouvent que trop l'inefficacité préventive et réformatrice de notre système d'emprisonnement.

« Impuissant pour intimider et améliorer, ce système est également un obstacle permanent à « l'introduction de toute mesure disciplinaire qui aurait pour but d'en augmenter la sévérité. « Les employés des maisons centrales sont pour ainsi dire à la discrétion des détenus. S'agit-il « d'introduire une réforme utile? on interroge d'abord toute sa portée, et si elle est de nature « à blesser quelques-uns de ces droits prétendus que les détenus sont accoutumés à regarder « comme acquis et incontestables, on hésite, on a peur, on recule. Est-il question d'introduire le « travail à la lumière, pour diminuer la longueur des nuits d'hiver? on craint qu'il ne devienne « pour les détenus une occasion de désordre. S'avise-t-on d'établir un système plus équitable de « rémunération pour le travail, de récompense pour la bonne conduite? on suspend la publica- « tion de l'arrêté relatif à cette mesure, parce que l'on a peur que les détenus ne la mésin- « terprètent. Naguère on avait prescrit de porter à la connaissance des prisonniers les grâces « accordées; n'a-t-on pas craint, pendant longtemps, de faire à cet égard les publications « ordonnées? On a proposé de réduire les bénéfices des détenus, et, sinon de supprimer les « cantines, au moins de limiter le droit de s'y approvisionner aux condamnés dont la conduite « serait convenable; mais les employés résidant dans les prisons n'ont-ils pas été unanimement « d'avis que, faute de ce mobile, il ne resterait aucun moyen efficace d'obtenir des prisonniers « un travail productif? Il serait injuste de reprocher, en tous cas, cette crainte aux employés; « il serait plus injuste encore de les rendre responsables des vices et de la corruption des prison- « niers. Il faut accuser surtout, et avant tout, l'insuffisance et les défauts de construction de nos « prisons, qui excluent la possibilité de substituer à l'impuissance actuelle une rigueur salutaire. »

Après ce préambule si concis et si vrai, M. Ducpétiaux cherche un remède aux défauts qu'il signale. Pour cela, il commence par bien définir le but de l'emprisonnement et par démontrer que le classement des détenus par moralités est impossible, ou, en tout cas, inefficace; et il finit par conclure que l'emprisonnement individuel de jour et de nuit peut *seul* satisfaire, complétement et également, à toutes les conditions essentielles de la théorie de l'emprisonnement, soit préalable, soit répressif, soit pénitentiaire.

C'est aussi l'avis : — de M. Soudain de Niederwerth, administrateur des prisons et établissements de bienfaisance en Belgique; — du commandant et du directeur des travaux de la maison de reclusion de Vilvorde ; — du commandant, du directeur et du médecin de la maison de force de Gand, et généralement de tous ceux qui ont fait de l'étude des prisons, en Belgique, non une étude spéculative, mais une étude pratique et toute d'observations, d'expérience et de faits.

Je dois ajouter que l'on craint, à tort, selon moi, que le clergé catholique belge ne se montre opposé au système de la séparation des détenus pendant le jour, et que M. le ministre de la justice actuel, dans les attributions duquel est placée l'administration des prisons, passe pour être peu favorable à ce système. Cependant, c'est sous son administration qu'a été posée la première pierre des cellules solitaires du *quartier d'exception* de la maison de Gand. Il est vrai qu'en même temps il a ordonné l'érection d'un pénitencier de femmes, à Namur, sur un plan qui n'admet de séparation que la nuit. N'ayant pas eu l'honneur de voir M. Ernst, je ne puis connaître personnellement son opinion positive sur ce point. En tout cas, le système de la séparation fait des progrès évidents dans l'opinion publique, en Belgique, et il me paraît, là comme en France, là comme dans tous les pays civilisés, devoir résumer un jour en lui, et ramener à son principe unique de l'individualité toutes les théories pénitentiaires sur l'application de la peine d'emprisonnement.

CHAPITRE X.

SURVEILLANCE ET PATRONAGE DES LIBÉRÉS.

La multiplicité des récidives (1) signalée, à la fois, au sein des chambres belges, et par les

(1) Je n'ai pu me procurer aucun document qui me mît à même de comparer, 1° le nombre des condamnés pour récidive avec la totalité des condamnés; 2° le nombre des individus qui reviennent en prison avec la totalité de ceux qui ont été mis en liberté.

Le dernier ouvrage de M. Ducpétiaux contient seulement le nombre des détenus en état de récidive, et celui de la population, dans les trois prisons de Saint-Bernard, de Vilvorde et de Gand, au 1er janvier 1835 :

	POUR une 2e offense, 1re récidive.	POUR une 3e offense, 2e récidive.	POUR une 4e offense et plus.	APRÈS une grâce ou une commutation de peine obtenue précédemment	TOTAL des récidives.	POPULATION.	RAPPORT du nombre des récidives à celui des détenus.
A. Condamnés à l'emprisonnement pour six mois et plus :							
Hommes........	294	34	29	53	312	806	1 sur 2, 6
Femmes.........	104	23	14	5	141	311	1 sur 2, 9
B. Condamnés à la reclusion et aux travaux forcés :							
Hommes........	260	21	11	8	292	1,430	1 sur 4, 9
Femmes.........	34	6	"	"	40	215	1 sur 5, 4
TOTAUX....	647	84	54	66	785	2,762	1 sur 3, 5

A ce document j'ajouterai celui qui suit, et que j'emprunte à M. Mareska, médecin de la maison de force de Gand.

chefs du parquet, et par les fonctionnaires chargés de la direction des prisons, doit être attribuée surtout à l'abandon dans lequel se trouvent un grand nombre de condamnés, à leur sortie de prison, et à l'absence de toute surveillance exercée à leur égard.

Pour remédier à cet inconvénient et combler cette lacune, M. le ministre de la justice soumit à la fois, en 1835, deux propositions au roi. L'une était un projet de loi destiné à organiser la surveillance des condamnés libérés dans l'intérêt de la paix publique ; l'autre un projet d'arrêté ayant pour objet d'établir, en faveur de ces mêmes condamnés, un patronage bienveillant.

La loi projetée a été sanctionnée par les chambres, et promulguée le 31 décembre 1836. Cette loi met la police à même d'interdire, dans certains cas, aux libérés, l'accès de telle ou telle localité, de connaître le lieu de leur résidence et de les suivre dans leurs déplacements; là se borne son action.

Mais elle trouve son complément indispensable dans l'arrêté du 4 décembre 1835, lequel place, à côté de la surveillance, une intervention bienveillante, une institution toute de charité, qui accueille le condamné libéré à sa sortie de prison et préside à sa rentrée dans la société.

Cet arrêté organise en grand le patronage des libérés.

Le patronage embrasse *tous* les libérés, hommes et femmes, adultes et enfants.

Malheureusement, je ne l'ai vu organisé que sur le papier, et nulle part, si ce n'est à Anvers (1), il ne m'est revenu que les commissions administratives, conseils des régents et sous-comités spéciaux, qui doivent l'exercer, s'en fussent réellement occupés.

Il n'en est pas moins précieux de recueillir les documents officiels qui constatent la première pensée de l'œuvre (2). Le temps se chargera de l'exécution.

La population de cet établissement était, au 1er janvier

1835, de 880 hommes, dont 235 en récidive;
1836, de 906 hommes, dont 371 *idem;*
1837, de 862 hommes, dont 289 *idem.*

Les condamnés en récidive font donc aujourd'hui le tiers de la population totale de la prison de Gand. Encore ne compte-t-on, à Gand comme ailleurs, que ceux qui le sont aux termes du Code, et qui sont judiciairement reconnus comme tels.

(1) La maison de Saint-Bernard, où sont enfermés les jeunes détenus, est située dans la province et tout près de la ville d'Anvers. Le secrétaire de la commission administrative de cette prison (M. Charles Ramaeckers), jeune homme aussi zélé qu'instruit, m'a fait voir un registre fort bien tenu où sont indiqués les noms de ceux des *jeunes* libérés que la commission a jugé dignes du patronage. Il y a une colonne où sont inscrits les renseignements qui parviennent à la commission sur le compte des patronés.

(2) Voir l'Appendice, n° 7.

IVe PARTIE.

PRISONS DE LA SUISSE.

Monsieur le Ministre,

Il n'en est point des prisons de la Suisse, comme des prisons de la Hollande, de la Belgique et de la Grande-Bretagne. Les prisons de district, de provinces ou de comtés de ces derniers états, y sont, comme les prisons d'arrondissement ou de département, en France, soumises à l'action d'une autorité plus ou moins centrale qui les régit toutes uniformément, d'après un même principe d'unité administrative. En Suisse, au contraire, la discipline des prisons suit les variations et les dissemblances de mœurs, de langage, de religion, de constitution des vingt-deux cantons qui la composent. Ces vingt-deux cantons forment autant de républiques indépendantes, ayant chacune sa législation à part. Il n'y a rien de commun entre eux que le *lien fédéral* qui les unit politiquement pour la défense de leurs territoires respectifs.

Toute la confédération Helvétique tient dans un espace de deux degrés de latitude sur quatre de longitude, et sur un sol dont la plus grande longueur est de 65 lieues et la plus grande largeur de 50. On évalue à 2 millions le chiffre le plus élevé de sa population, et à 18,000 celui de sa force armée. On peut donc en embrasser l'ensemble d'un coup d'œil.

L'inégalité de civilisation, de religion, de langage, qui résulte de l'inégalité d'origine, de dispositions, d'application des vingt-deux chartes qui régissent ce pays, *accidente,* pour ainsi dire, les mœurs de ses habitants, comme ses montagnes, ses vallées, ses abîmes, *accidentent* l'aspect et la nature de son sol.

Ici, la constitution est toute aristocratique; là, elle est toute démocratique; ailleurs, elle est mélangée de ces deux principes à la fois.

Ici, la constitution est écrite; là, elle est traditionnelle. Ici, elle date d'hier; là, elle date du joug brisé des gouverneurs autrichiens. Ici, elle porte l'empreinte de la triple révolution française de 1790, de 1814 et de 1830; là, elle s'est conservée pure de toute influence étrangère, et ne porte d'autre cachet que l'arc de Guillaume-Tell.

Pour ce qui est des lois pénales et des prisons, les disparités ne sont pas moins saillantes.

D'abord, il y a des cantons où le Code pénal français de 1810 est seul en vigueur; d'autres, où c'est celui de notre Assemblée constituante; d'autres, celui de brumaire an IV; d'autres enfin, et c'est le plus grand nombre, où l'on ne suit d'autre loi que la *Caroline,* autrement dit le Code de Charles-Quint.

En second lieu, il y a des cantons où il n'existe aucune prison pour peines : on y bannit ou on y pend les coupables. Cette justice a l'avantage d'être économique et expéditive. Dans le canton de Schwyz, par exemple, le budget des recettes de la république s'élève de 20 à 25,000 francs en totalité. C'est avec cette somme que l'État paye ses magistrats, les membres et les greffiers des tribunaux, les exécuteurs de justice, et la force armée, chargée de la police, laquelle consiste en *huit* gendarmes (1).

Cela n'empêche pas que les jugements criminels ne se rendent avec la plus exacte justice et la plus grande solennité, surtout lorsqu'il s'agit de sentences capitales. A Schwyz, le *Grand-Conseil* seul a le droit de prononcer sur la vie des citoyens. Il en est de même dans le canton d'Unterwalden. Ici même le conseil est doublé ou triplé, au moyen d'assesseurs, suivant la gravité des circonstances; car, telle est l'importance que l'État attache à l'existence humaine, qu'il semble craindre de ne pouvoir assez justifier, par le nombre et le poids des suffrages, la rigueur de la sentence qui le frappe dans un de ses membres.

Autrefois, dans le canton de Fribourg, les malfaiteurs, suspendus au gibet, y restaient jusqu'à ce que le corps se consumât de vétusté. En chaque lieu où un crime avait été commis, on voyait, plusieurs années encore après, pendre un hideux squelette; mais, depuis plusieurs années déjà, la peine, que la société a le droit d'infliger à ses membres coupables, ne retombe plus sur la société elle-même, par la prolongation d'un spectacle aussi barbare. Aujourd'hui, la mort d'un criminel est le terme du supplice infligé au crime, et l'humanité n'a plus à souffrir que de l'appareil permanent des immenses croix patibulaires, élevées dans les carrefours de la ville chef-lieu, et étalant aux regards du peuple la hideuse nudité de cadavres en bois, de grandeur naturelle, rouges, difformes, horribles à voir.

Le canton de Zurich vient de faire une autre sorte de progrès. Dans ce canton, le glaive tenait lieu de gibet; une loi nouvelle a substitué la guillotine au glaive. Tout récemment, des commissaires du *Petit-Conseil* sont venus à Genève, avec des charpentiers, prendre le modèle de la machine.

Hâtons-nous de dire que, depuis longtemps, la machine ne fonctionne plus à Genève, et que les exécutions capitales deviennent de plus en plus rares dans les autres cantons de la Suisse. Cela tient à ce que les crimes capitaux y deviennent de jour en jour moins fréquents.

J'ai vu à Fribourg, de l'autre côté du pont suspendu, une soixantaine de forçats, la chaîne aux pieds, le fer au cou, occupés à ouvrir la chaussée d'une route nouvelle, répartis en plusieurs bandes, sous la conduite de gardiens armés. Ce travail forcé, en usage dans plusieurs autres cantons de la Suisse, s'appelle *schalwerck*. J'étais à admirer la prodigieuse hardiesse du pont, après avoir admiré la tenue parfaite et pris le dessin des dortoirs cellulaires du fameux collége des Jésuites, lorsque tous ces forçats vinrent à passer devant moi, se suivant à la file, doux comme des agneaux, et m'ôtant leur chapeau au fur et à mesure qu'ils passaient. Aucune humiliation n'était empreinte sur leur visage. Les uns étaient enchaînés, d'autres ne l'étaient pas; ceux-ci avaient l'air d'ouvriers ordinaires allant à leur journée. Tous étaient gais, bien vêtus, bien portants; tous semblaient heureux de respirer l'air libre, et de porter le front au soleil.

J'ai vu aussi la prison où ils rentrent coucher le soir. Cette prison se compose de plusieurs

(1) La population du canton est de 30,000 âmes; — celle d'Uri ne s'élève pas à 12,000; — celle d'Unterwalden est de 19,000

dortoirs où les condamnés reposent plusieurs ensemble dans le même lit. Le nerf de bœuf punit toutes les infractions que le cachot ne punit pas; il y en a toujours deux de service derrière la porte de la chambre des surveillants. Aux murailles des cachots sont scellés des colliers et des chaînes de fer; et à ces chaînes et à ces colliers sont attachés les jambes et le cou des délinquants.

Il y a, dans une chambre, un énorme billot de bois, et, à ce billot, est rivée une chaîne qui tient par le pied un homme de 40 ans, condamné à 58 ans de fers. Il y en a déjà 9 qu'il passe seul, ainsi attaché au billot, sans pouvoir bouger de place, plus que de la longueur de sa chaîne. Sa seule occupation est de faire de petits ouvrages en bois pour les enfants; il jouit d'une raison et d'une santé parfaites.

Dans le même canton de Fribourg, le canton catholique par excellence, celui où fleurit le collége des Jésuites, il y a deux villes, Rue et Romont, où les prisonniers sont enfermés dans des cages de bois.

Dans ce même canton, on ne connaît encore d'autre loi pénale que la *Caroline!*

Et pourtant, Fribourg touche, d'un côté, à Berne, et, de l'autre, à Lausanne, et les pénitenciers de ces deux villes ne sont qu'à quelques lieues de distance de ses cages et de ses *schalwerck*.

C'est que le système pénitentiaire fait peu de progrès en Suisse. Sur les 22 cantons, il n'y en a que 3, Genève, Berne et Vaud, qui le mettent en pratique d'une manière plus ou moins complète. Il faut ajouter Saint-Gall, qui construit en ce moment un pénitencier de 100 détenus, sur le plan de celui de Genève.

Quant aux autres cantons helvétiques, de longues années s'écouleront encore, sans doute, avant qu'on s'y occupe sérieusement de la réforme des prisons. Les cantons allemands, surtout, craignent la propagation des idées nouvelles; ils croient leurs vieilles franchises compromises par les doctrines des philanthropes genevois, et la crainte qu'ils ont de la contagion de leurs utopies fait qu'ils se mettent en garde, même contre ce que leurs plans offrent de plus réalisable et de plus vrai. Voilà pourquoi le projet d'organiser en Suisse une société fédérale, dont le siége central serait à Genève, dans le but d'amener progressivement la réforme dans les vingt-deux cantons, me semble devoir échouer devant l'impossibilité d'organiser des comités locaux pénétrés du besoin de cette association, et voulant se prêter à en généraliser le succès.

Ainsi, quand on dit que le système pénitentiaire est en voie de progrès en Suisse, par cela seul qu'il a tracé le plan des prisons de Genève, de Lausanne et de Berne, on ignore ou l'on oublie de quels éléments se compose la confédération helvétique.

C'est pour rectifier les erreurs de l'opinion sur ce point que j'ai cru devoir, Monsieur le Ministre, entrer dans les détails qui précèdent. Ces détails m'ont paru le préambule obligé de ce que j'ai à dire sur la discipline des prisons, dans les trois cantons que j'ai été plus spécialement chargé de visiter.

1.

CANTON DE GENÈVE.

(Système cellulaire de nuit.)

CHAPITRE Ier.

OBSERVATIONS PRÉLIMINAIRES SUR LA CONSTITUTION POLITIQUE ET L'ADMINISTRATION DE LA JUSTICE CRIMINELLE DANS LE CANTON DE GENÈVE

De même que, lorsqu'on parle du caractère, des vertus, des habitudes traditionnelles de la Hollande, il faut toujours, dans son discours comme dans sa pensée, faire abstraction de la ville de la Haye; de même, lorsqu'on parle de la Suisse, et de ses chalets, et de ses montagnards, et de ses mœurs pastorales, et de sa pauvreté républicaine, il faut toujours faire exception de Genève : Genève et la Haye n'ont de suisse et de hollandais que le nom.

Cependant, Genève s'est donné une constitution républicaine. Or, la république entière possède à peine une étendue superficielle de 12 lieues carrées, encore les eaux de son lac en couvrent-elles une grande partie. Cet étroit espace est plus que suffisant pour contenir sa population, laquelle, d'après le recensement de l'année dernière, n'est que de 58,666 âmes, dont la capitale seule absorbe près de la moitié. Le canton de Genève est l'un des plus petits et des moins populeux des cantons suisses. Il est placé le vingt-deuxième, c'est-à-dire le dernier, dans l'ordre du tableau général arrêté par la diète. Il figurerait, sous ce rapport, non-seulement au-dessous du moindre des départements, mais au niveau des moindres arrondissements de la France.

Lorsque le canton de Genève appartenait à la France et formait le département du Léman, on n'en parlait que comme du siége d'une cour royale ou d'une préfecture; maintenant qu'il est redevenu république, on en parle en quelque sorte comme d'un vaste empire. Cependant, le mot de Voltaire n'en est pas moins resté aussi vrai que piquant; et, quelque génie que déploient dans les sciences, les lettres, l'industrie, la philosophie, le commerce et les arts, les hommes éminents qui abondent aujourd'hui, comme autrefois, comme toujours, dans ce délicieux petit coin du monde, il n'en est pas moins constant que leurs facultés s'y montrent à l'étroit, et que les efforts qu'ils font pour le grandir ne servent qu'à les grandir eux-mêmes davantage.

C'est là l'immense mérite des Génevois, et ce mérite incontesté leur assure l'admiration et l'estime de tout le monde civilisé. Leur seul tort est de mesurer leurs institutions à leur taille, et de prétendre qu'elles doivent aller à la nôtre. Il est vrai que la plupart de nos institutions sont trop larges pour notre éducation politique actuelle; mais celles de la république de Genève n'en sont pas moins trop étroites pour nous. Vue des sommités de la France, la république de Genève est, comme les vallées de la Savoie vues des sommités du Mont-Blanc : un point imperceptible, dans un imperceptible espace.

Cette observation s'applique surtout au pénitencier de Genève.

Elle s'applique aussi à sa constitution.

Cette constitution peut se résumer en deux mots.

Point de provinces, point de districts; seulement des communes, au nombre de 28, y compris la ville chef-lieu.

Un seul tribunal correctionnel pour le jugement des délits; une seule cour criminelle pour le jugement des crimes; un seul tribunal de recours pour les pourvois; deux seules prisons pour le canton. — Point de jury.

Un *conseil représentatif,* composé de 240 membres élus, exerce le pouvoir souverain.

Un *conseil d'État,* composé de 24 membres, nommés par le Conseil souverain, constitue le pouvoir exécutif.

Le *conseil d'état* administre par des syndics, un lieutenant de police, un procureur général et des auditeurs. Les affaires sont réparties en plusieurs départements ou bureaux.

Quant aux Codes pénal et d'instruction criminelle, les Codes français de 1808 et de 1810 sont encore en vigueur aujourd'hui, sauf quelques modifications de détail. La plus importante de ces modifications est celle qui détruit le minimum des peines. A Genève, donc, l'appréciation des juges n'est enfermée dans aucune autre limite que celle du maximum fixé par la loi.

D'autres changements doivent encore être apportés à la législation pénale de l'empire; on parle même d'une réforme entière; mais il y a 25 ans qu'on en parle sans qu'elle s'effectue.

M. le lieutenant de police, ancien avocat général près une cour royale de France, à l'obligeance duquel je dois la communication des projets de lois sur l'administration de la justice criminelle, ainsi que l'exposé remarquable des motifs de ces projets, exposé dont il est l'auteur, m'a donné, verbalement et par écrit, les documents statistiques les plus précieux sur le canton, et spécialement sur les opérations des tribunaux, pendant une série de plusieurs années.

J'ai extrait de ces documents les divers tableaux qui suivent :

TRIBUNAL CORRECTIONNEL ET DE SIMPLE POLICE.

Les tableaux officiels des opérations des tribunaux de Genève n'indiquent, antérieurement à 1834, que le nombre des causes correctionnelles jugées annuellement, ainsi que la nature des délits commis, sans faire mention aucune du nombre des prévenus, condamnés et acquittés, non plus que de la nature des condamnations, et du montant des journées de prison prononcées. Ces dernières conditions se trouvent dans les tableaux dressés depuis 1834, ainsi qu'il suit :

ANNÉES.	PRÉVENUS de délits et contraventions.	ACQUITTÉS.	CONDAMNÉS.	CONDAMNÉS			JOURNÉES de prison prononcées.
				à la prison et à l'amende.	à la prison.	à l'amende.	
1834	834	177	657	//	305	352	8,302
1835	771	186	585	43	217	325	8,344
1836	848	199	649	35	197	417	6,281
1837	834	205	629	39	204	386	10,132
TOTAUX	3,287	767	2,520	117	923	1,480	33,119

Les tables de l'année 1837 contiennent un détail important, qui manque aux tables des années précédentes. Elles récapitulent les journées de prison.

Récapitulation des journées de prison prononcées en 1837.

53 condamnés à un jour	53
90 condamnés au-dessous de 8 jours	298
17 condamnés à 8 jours	136
49 condamnés au-dessous de 3 mois	1,515
12 condamnés à 3 mois	1,080
3 condamnés au-dessous de 6 mois	360
6 condamnés à 6 mois	1,080
3 condamnés au-dessous d'un an	750
5 condamnés à 1 an	1,800
3 condamnés au-dessous de 2 ans	1,620
2 condamnés à 2 ans	1,440
Condamnés, 243	Journées, 10,132

COUR CRIMINELLE.

Avant 1829, les tableaux officiels de la criminalité, dans le canton de Genève, n'indiquent que le nombre des affaires jugées et la nature des crimes commis, sans faire mention de la nature des condamnations, non plus que des récidives, du sexe, de la nationalité, de la religion, et du degré d'instruction des condamnés; c'est pourquoi je n'ai extrait de ces tables que les renseignements qu'elles donnent depuis ladite année 1829.

ANNÉES.	ACCUSÉS.	ABSOUS.	CONDAMNÉS à la prison.	CONDAMNÉS à la reclusion.	CONDAMNÉS aux travaux forcés.	CONDAMNÉS à la mort.	TOTAL.	POUR CRIMES contre les personnes.	POUR CRIMES contre les propriétés.	Récidives.	SEXE. Hommes.	SEXE. Femmes.	NATIONALITÉ. Genevois.	NATIONALITÉ. Étrangers.	INSTRUCTION. Sans instruction.	INSTRUCTION. Instruction élémentaire.	INSTRUCTION. Instruction supérieure.	RELIGION. Catholiques.	RELIGION. Protestants.
1829	30	2	11	9	8	"	28	5	23	2	26	2	13	15	8	20	"	19	9
1830	(Renseignements manquent.)																		
1831	43	9	23	7	4	"	34	2	32	2	33	1	20	14	9	23	2	16	18
1832	36	3	19	11	3	"	33	3	30	2	31	2	11	22	11	20	1	21	12
1833	(Renseignements manquent.)																		
1834	45	7	15	18	7	1	41	6	35	4	40	1	20	21	7	33	1	21	20
1835	54	7	24	15	8	"	47	6	41	5	40	7	18	29	22	21	4	35	12
1836	51	8	23	18	2	"	43	11	30	3	32	11	17	26	18	24	1	21	22
1837	49	3	26	16	4	"	46	12	38	3	35	11	24	22	19	24	3	26	20
TOTAUX.	308	39	141	94	36	1	272	45	229	21	237	35	123	149	94	165	12	159	113

L'auteur d'un remarquable article, inséré dans le n° 2 de l'ancienne *Revue française* (M. le duc de Broglie), établit qu'en 1825 la population de Genève était la 600e partie de celle de la France. Cette donnée une fois établie, voici le principal résultat numérique qu'il en tire :

En France, en 1825, le nombre des accusés a été de 7,234, et celui des condamnés de 4,594. — A Genève, même année, ce nombre a été de 22 pour les accusés et de 19 pour les condamnés, ce qui donne, en France, 1 accusé sur 4,211 habitants, et à Genève, 1 sur 2,318; — en France, 1 condamné sur 5,639 habitants, et à Genève, 1 sur 2,884.

Cette proportion peut encore être adoptée comme moyenne aujourd'hui, le chiffre de la population et des crimes ayant suivi, dans les deux pays, une progression ascendante à peu près parallèle.

CHAPITRE II.

DES DIVERS DEGRÉS D'EMPRISONNEMENT ET DES DIVERSES SORTES DE PRISONS DANS LE CANTON DE GENÈVE.

La république de Genève admet les divers degrés d'emprisonnement du code de l'empire; mais, comme sa population ne produit pas un nombre de détenus suffisant pour établir autant de prisons distinctes qu'il y a de degrés distincts d'emprisonnement, elle a décidé qu'il n'y aurait que deux prisons pour tout le canton.

Ces deux prisons sont situées dans la ville chef-lieu.

La loi du 28 janvier 1825 désigne l'une sous le nom de *Maison de détention*, et l'autre sous celui de *Prison pénitentiaire*.

§ Ier.

MAISON DE DÉTENTION.

La maison de détention renferme :

1° Les inculpés, prévenus et accusés;

2° Les prisonniers pour dettes;

3° Les mineurs enfermés à la demande de leurs parents ou tuteurs;

4° Les individus de la milice condamnés pour fautes ou délits militaires;

5° Les condamnés pour contraventions aux règlements de police et aux arrêtés du conseil d'État;

6° Les condamnés à un emprisonnement de moins d'un an;

7° Les femmes, quelle que soit la nature ou la durée de leur détention.

Cette prison ne renfermant que des détenus présumés innocents ou reconnus les moins coupables, j'ai dû penser que Genève, qui se proclamait elle-même le pays le plus avancé dans les voies de la réforme des prisons, avait commencé, par le commencement, la réforme des siennes, en appliquant d'abord ses soins, et en consacrant ses premières dépenses, à l'amélioration du sort des *prévenus* et des *petits délinquants*. Avant donc de voir son pénitencier, je demandai à voir sa maison d'arrêt. Mais je ne tardai pas à me convaincre que Genève était, sous ce rapport, au niveau des cantons les moins civilisés de la Suisse, et en arrière des états de l'Europe auxquels elle se donne pour modèle à suivre. Serait-ce donc que, dans sa *maison de détention*, les prévenus sont confondus avec les condamnés, les enfants avec les adultes, les femmes avec les hommes, les filles publiques avec les militaires; etc. etc.? Serait-ce qu'en effet cette prison est un cloaque d'insalubrité, une sentine de vices, une école d'infamies, la pourvoyeuse du pénitencier?... J'avais lu cela dans l'*Examen médical et philosophique du système pénitentiaire*, dont la science des prisons est redevable à M. le docteur Gosse. Malgré l'autorité de ce nom, je tenais à voir les choses par moi-même. Ce désir, Monsieur le Ministre, je ne pus parvenir à le satisfaire, et j'ai à regretter de n'avoir à vous fournir, sur la *maison de détention* de Genève, d'autres documents officiels que la lettre ci-jointe qui m'en a interdit l'entrée. (V. pièce n° 1 de l'Appendice.)

§ 2.

PRISON PÉNITENTIAIRE.

Lorsque, en janvier 1822, l'établissement d'une *maison de force pénitentiaire* fut proposée au conseil représentatif par le conseil d'état, les objections que cette proposition souleva, prouvèrent combien l'opinion publique est lente à se former, et comment des points, sur lesquels tout le monde est aujourd'hui d'accord, offraient alors de divergence et d'obscurité. La discussion occupa six longues séances, et ce n'est que le 13 mars que fut adoptée la loi suivante :

« Il sera établi une prison pénitentiaire; elle aura des quartiers distincts propres à séparer les « condamnés en diverses classes. Les détenus seront assujettis au travail. Une loi déterminera les « principes du régime intérieur de cette prison. »

La seconde loi, annoncée par la première, ne fut adoptée que le 28 janvier 1825, après enquêtes, correspondances étrangères, et discussion approfondie au sein d'une commission.

Le système d'Auburn, autrement dit le système des cellules solitaires pour la nuit, et des ateliers communs pour le jour, fut adopté par cette loi pour le pénitencier de Genève.

Ce système, qui a reçu, dans son exécution, de nombreux et successifs perfectionnements, depuis l'ouverture du pénitencier, en octobre 1825, jusqu'à ce jour, semble avoir pour lui les suffrages de la grande majorité des conseils, comme il m'a paru avoir les sympathies du plus grand nombre des personnes avec lesquelles je me suis trouvé en relation pendant mon séjour à Genève.

Cependant, le système rival de Philadelphie commence à faire à Genève des progrès sensibles. A la tête de ses partisans les plus prononcés est M. Cramer-Audeoud, député au conseil représentatif, membre de la commission de surveillance morale des prisons, vieillard d'une piété évangélique et d'une force de caractère peu communes. Déjà, dans un écrit plein de faits et de logique, il a vivement attaqué le système de Genève; il a pris pour épigraphe de son livre : *magis amica veritas ;* c'est dire qu'il ne se laisse aller à aucune des illusions que partagent plusieurs de ses amis. J'ai eu l'honneur de m'entretenir longuement avec M. Cramer-Audeoud, et je m'estime heureux d'avoir pu ajouter à mes observations celles de sa longue expérience.

M. Adrien Picot, membre de la commission administrative, est de la même opinion, et c'est pour la formuler, qu'après une visite faite dans plusieurs prisons de la France, ce riche et jeune Génevois a publié, dans un écrit de quelques pages, le résultat de ses observations et donné le plan d'un pénitencier à préaux solitaires, plan qui, s'il était adopté, remédierait aux abus des cours communes.

D'autres Génevois d'un haut mérite se prononcent, dans l'intimité de la conversation, pour le système de la séparation individuelle des détenus; mais ils n'osent manifester hautement leur opinion sur ce point, dans la crainte de heurter l'opinion contraire du plus grand nombre sur une des gloires européennes du pays.

Le pénitencier de Genève a, en effet, acquis un grand renom en Europe. Je me préparai, dès mon arrivée en Suisse, à en étudier le système avec le plus grand soin; ce que je fis, résolu, plus encore cette fois que lors de mes visites précédentes dans les autres prisons étrangères, à me dépouiller, à la porte, de toute impression, bonne ou mauvaise, que j'aurais pu recevoir de ce que j'en avais appris des autres, pour me laisser aller exclusivement à celle que ferait naître en moi ce que j'allais en apprendre par moi-même. Cependant je voulus relire, avant ma visite, tous les écrits qui ont été publiés, à son sujet, depuis son érection. Ce fut, je crois, un tort, car je ne puis attribuer qu'aux magnifiques descriptions que presque tous en font, et aux grands résultats que presque tous constatent, l'oubli momentané du chiffre de sa population et le sentiment de surprise dont je ne pus me défendre au premier aspect de l'établissement.

Le pénitencier de Genève tient tout entier sur la plate-forme de l'une des portes de la ville.

Ainsi que vous pouvez le voir, Monsieur le Ministre, par la planche 22, ce pénitencier est construit sur un plan semi-panoptique et se compose d'un petit corps de bâtiment semi-circulaire, ayant deux petites cornes ou ailes, composées, comme lui, d'un rez-de-chaussée et de deux étages. A chaque étage des deux ailes sont 28 cellules, disposées par double rangée de sept (au lieu de six comme dans le principe), avec un corridor intermédiaire divisé en longueur par un mur de refend, ce qui fait 14 cellules par aile et par étage, c'est-à-dire 56 cellules *en tout*. Le rez-de-chaussée des deux ailes, coupé aussi dans toute sa longueur par un mur de refend, forme quatre ateliers longs de 60 pieds sur 13 de large seulement. A l'extrémité inférieure de chaque atelier est ménagé l'espace d'un réfectoire qui n'est séparé de l'atelier que par une grille. A l'extrémité supérieure sont les latrines, et les escaliers qui conduisent aux cellules. Il y a aussi des latrines au bout de chaque corridor des étages.

Le rez-de-chaussée du bâtiment central se compose, outre la cuisine, le parloir, les calorifères, etc., qui sont dans le soubassement, du porche de la façade, du vestibule d'entrée, du corps de garde, etc., et d'une *galerie centrale d'inspection* qui sert de bureau au directeur. Cette galerie est tout le système de Genève; j'y reviendrai en parlant de sa discipline. (p. 156).

Au premier étage du même bâtiment se trouvent les appartements du directeur.

Au deuxième étage sont, d'un côté, l'infirmerie, et, de l'autre, la chapelle, avec leurs dépendances.

Le terrain laissé libre, par l'espacement des ailes du pénitencier, forme quatre cours en entonnoir qui aboutissent toutes au bâtiment central.

Le tout est enveloppé d'un chemin de ronde.

A l'extrémité de l'aile droite, au delà de ce chemin, on a laissé subsister une des anciennes tours de la ville, connue sous le nom de *Tour-Maîtresse*, dans laquelle sont établies deux cellules ténébreuses, les seules qui soient dans la prison.

Je ne dirai rien des vices de construction qu'on peut lui reprocher; il sera assez temps d'en parler quand on la démolira pour la remplacer par une autre, ce qui ne peut tarder d'arriver, attendu que les terres rapportées, dans lesquelles sont creusés ses fondements, menacent sérieusement tout l'édifice d'une ruine prochaine : tout Genève se préoccupe en ce moment de cette menace.

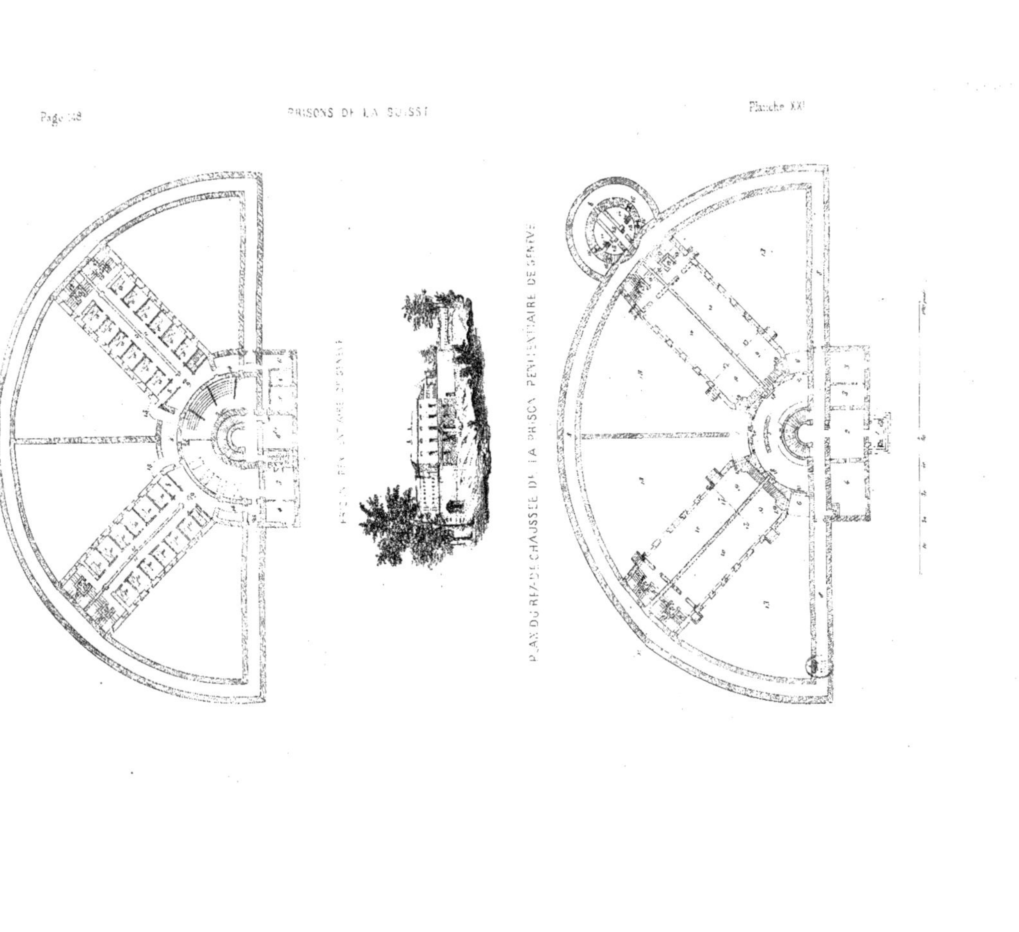
PLAN DU REZ-DE-CHAUSSÉE DE LA PRISON PÉNITENTIAIRE DE GENÈVE

Je dirai seulement que, tel qu'il est, et en ne l'examinant qu'à sa surface, le pénitencier de Genève est charmant. Rien de plus simple que son architecture; rien de plus blanc que ses pierres; rien de plus propre que ses cours, ses cellules, ses corridors, ses privés; rien de plus riant que sa vue sur le lac; rien de plus coquet que les allées de sable et les touffes d'arbre qui l'entourent; rien, en un mot, de plus mignon que ce joli petit édifice, où Genève envoie ses forçats faire pénitence.

Nous verrons bientôt quelle pénitence ils y font.

Parlons d'abord des éléments de sa population.

D'après la loi de 1825, on ne doit envoyer au pénitencier que les condamnés à 3 mois et au-dessus; mais, d'après l'usage, confirmé par une loi postérieure, on n'y envoie que les condamnés à un an et plus: les autres subissent leur peine à la *maison de détention.*

Les détenus du pénitencier sont de trois sortes : *correctionnels, reclusionnaires, forçats.* Mais cette distinction n'est que nominale, les règlements de la maison n'établissant d'autre différence entre eux que celle qui résulte de la couleur de l'habit.

Cette population mêlée présente le mouvement annuel d'entrées et de sorties qui résulte du tableau suivant :

Tableau des différents condamnés entrés, chaque année, dans la prison pénitentiaire :

Il est entré du 10 octobre 1825 au 31 décembre suivant....	32 prisonniers
du 1er janvier 1826 au 31 décembre suivant....	31
du 1er janvier 1827 au 31 décembre suivant....	25
du 1er janvier 1828 au 31 décembre suivant....	30
du 1er janvier 1829 au 31 décembre suivant....	28
du 1er janvier 1830 au 31 décembre suivant....	32
du 1er janvier 1831 au 31 décembre suivant....	13
du 1er janvier 1832 au 31 décembre suivant....	35
du 1er janvier 1833 au 31 décembre suivant....	27
du 1er janvier 1834 au 31 décembre suivant....	17
du 1er janvier 1835 au 31 décembre suivant....	21
du 1er janvier 1836 au 31 décembre suivant....	19
du 1er janvier 1837 au 31 décembre suivant....	24
TOTAL des entrées........	329
TOTAL des sorties........	269
RESTANT au 1er janvier 1838.......	60

Ce chiffre de 60 est celui de la moyenne de la population totale du pénitencier, par jour. Ce chiffre ne peut guère s'élever plus haut, puisque, indépendamment de ses 56 cellules de nuit, le pénitencier ne possède que 2 cellules de punition, et 4 ou 5 places dans l'infirmerie.

C'est donc pour ce chiffre de 60 que la république de Genève a dépensé 295,790 francs en construction, et qu'elle est à la veille d'en dépenser autant pour le même objet.

C'est pour ce chiffre de 60 qu'elle met en mouvement la machine administrative dont je vais parler.

CHAPITRE III.

REGIME ADMINISTRATIF DU PÉNITENCIER.

§ 1er.

ADMINISTRATEURS GRATUITS.

1° *Conseillers inspecteurs.* — C'est le Conseil d'État qui administre le pénitencier, règle son régime intérieur, détermine l'instruction religieuse des deux cultes, nomme et révoque les employés, exerce en un mot l'autorité la plus absolue, non-seulement sur l'ensemble, mais jusque dans les plus petits détails des divers services de l'établissement.

Trois de ses membres sont spécialement chargés de cette administration, sous le nom de *conseillers inspecteurs.* (Loi du 28 janvier 1825.)

2° *Commission administrative.* — L'administration de la prison pénitentiaire est, en outre, dirigée par une commission nommée par le conseil d'état. Cette commission est composée de onze membres, dont font nécessairement partie les trois conseillers inspecteurs. (Arrêtés des 31 janvier 1825 et 14 décembre 1827.) Elle se subdivise en trois sections, dont la première s'occupe plus particulièrement du ménage, du mobilier, et de l'administration de détail; la seconde, de la nature et de la distribution des travaux; et la troisième, de l'instruction et du culte. Chacune de ces sections se réunit, suivant que les circonstances l'exigent, et rend compte de ses travaux à la commission générale, qui s'assemble, tous les quinze jours, pour sanctionner ou modifier les délibérations de ces sections.

3° *Comité moral.* — Un comité moral est adjoint à la commission administrative. Il se compose de 12 membres, chargés spécialement de l'instruction morale des détenus. Ces douze membres, nommés par la commission administrative, se partagent les détenus entre eux, de manière que chaque détenu soit visité tous les quinze jours au moins.

4° *Visiteurs honoraires.* — La loi constitue visiteurs honoraires : 1° les juges, au nombre de dix-huit; 2° douze membres du conseil représentatif, tirés au sort annuellement. (Loi du 28 janvier 1825.)

5° *Commission de recours.* — La bonne conduite des prisonniers pouvant donner lieu à réduire la durée de leur détention, ce pouvoir est exercé par une commission dont la loi détermine la composition et les attributions. Cette commission est composée d'un syndic, président, de deux conseillers-inspecteurs, et de quatre membres du conseil représentatif désignés par le sort. (Loi précitée.)

Voici, de compte fait, 62 citoyens, législateurs ou magistrats, qui administrent le pénitencier de Genève : c'est tout juste un administrateur pour un détenu; et pourtant, je n'ai pas encore parlé de ses deux directeurs et des autres employés salariés.

§ 2.

EMPLOYÉS SALARIÉS.

Dans le système d'administration adopté par le Conseil d'État, le directeur du pénitencier n'en est que le gardien-chef. Le pouvoir qu'il exerce n'est qu'un pouvoir en sous-ordre, souplutôt il n'en exerce aucun. Ses fonctions, en effet, se bornent à une simple surveillance, et à tenir des registres d'ordre et de comptabilité. Lorsque la nécessité le force à prendre une mesure directe, *proprio motu*, cette mesure est toujours provisoire, et à charge d'en référer. L'administration du pénitencier tourne donc sans pivot central : aussi tourne-t-elle dans un cercle vicieux. Cette polygarchie administrative amènerait les plus grands désordres dans un grand pénitencier. Dans celui de Genève, elle n'en produit que de peu sérieux, grâce au petit nombre des détenus, grâce surtout à la main ferme qui le dirige, en fait, tout en n'ayant l'air que de le surveiller.

Le directeur touche un traitement annuel de 6,000 florins (2,800 francs de notre monnaie), outre le logement et ses frais de bureau.

Le traitement des autres employés est fixé ainsi qu'il suit :

Un employé chef, faisant fonction de directeur adjoint, 700 florins (1).

Deux chapelains, l'un protestant, l'autre catholique; le premier reçoit 800 florins, le service de l'autre est l'une des charges de la cure catholique.

Un médecin chirurgien, payé à l'année, 600 florins.

Un contre-maître du travail, avec 2,500 florins, sans nourriture ni logement.

Quatre chefs d'atelier ayant chacun 1,200 florins de salaire, outre la nourriture et le logement.

Un commis aux écritures, avec 1,000 florins de salaire.

Un gardien infirmier, 1,000 florins.

Un chef de cuisine, 1,000 florins.

Un maître cordonnier, 1,000 florins.

Un manœuvre commissionnaire, 1,000 florins.

Ces 5 employés sont nourris et logés comme les chefs d'atelier, qu'ils remplacent pendant les heures de repas et de sommeil, les jours ouvrables. Les 9 employés font le service du dimanche de manière à établir entre eux une rotation de sortie régulière.

Deux portières, femmes d'employés, recevant chacune 153 florins par année, outre la nourriture et le logement.

Il y a en outre deux gendarmes détachés de la gendarmerie de la ville, qui sont relevés toutes les 24 heures, et une sentinelle dans le bastion pendant la nuit.

Il n'y a pas de détenus auxiliaires. Seulement le service de propreté des ateliers, des corridors, des cellules, etc., se fait à tour de rôle par les prisonniers.

Que si l'on ajoute, aux 62 administrateurs gratuits du pénitencier, les 15 employés salariés ci-dessus, on a un total de 77 préposés à la direction de la prison et à la garde de 60 détenus.

Que l'on suppose seulement que chacun des 30 *visiteurs honoraires* fasse une visite par mois dans la prison, ainsi que le devoir lui en est prescrit, ce sera 360 visites par an, ... plus qu'il n'est entré de détenus dans l'établissement pendant une période de 12 années.

Que l'on ajoute, à ces 360 visites, celles plus fréquentes que sont tenus de faire les membres de la commission administrative, du comité moral, etc., et l'on pourra se faire une idée du mouvement qui s'opère, chaque jour, dans cette étroite enceinte. Tout cela, pour une population totale de 60 détenus, répartie dans quatre ateliers.

(1) Le florin de Genève vaut 45 centimes environ, ou $\frac{46}{100}$ de Franc

§ 3.

TENUE DES ÉCRITURES.

Ce qui ajoute encore à la complication des rouages administratifs du pénitencier, c'est la multiplicité des registres qu'on y tient.

Ces registres sont de 8 sortes et au nombre de 30. J'en donne la nomenclature complète sous le numéro 2 de l'Appendice.

CHAPITRE IV.

RÉGIME DISCIPLINAIRE ET DE POLICE.

La discipline intérieure du pénitencier de Genève présente deux périodes distinctes; l'une antérieure, l'autre postérieure à 1833.

Avant 1833, et depuis son érection, le pénitencier de Genève était soumis aux prescriptions, toute de philanthropie et de tolérance, de la loi du 28 janvier 1825.

L'un des visiteurs honoraires a exprimé son opinion, sur les effets de cette loi, par ces paroles remarquables, qu'on lit dans le *registre des observations,* sous la date du 16 janvier 1832 : « Les prisonniers se sont présentés à moi avec des physionomies contentes et satisfaites, l'air de « la santé et de la vigueur; il n'ont aucune réclamation à faire, rien à demander; bien nourris, « bien vêtus, bien chauffés, bien couchés, travaillant moins qu'aucun ouvrier en liberté, et tout « juste ce qu'il faut pour ne pas trop s'ennuyer, ayant pour distraction le plaisir d'apprendre une « foule de choses qui jusqu'ici n'ont pu trouver place dans leur esprit, de quoi se plaindraient-« ils? De ne pas jouir en liberté de ce bienheureux état de choses ! On comprend que lorsque « tous leurs besoins sont satisfaits, ils désirent encore le seul bien dont ils sont privés, la liberté; « mais si on compare la perte de ce bienfait avec les souffrances et les privations de l'indigent « hors de ces murs, croit-on de bonne foi qu'une foule d'indigents ne changeassent pas leur état « avec celui des prisonniers, s'il ne fallait faire d'autre sacrifice que celui de leur liberté pour un « temps? Mais pour arriver à jouir du bien-être excessif de la prison pénitentiaire, il faut com-« mettre un délit, un crime, être ignominieusement traduit devant les tribunaux, être entaché de « déshonneur, flétri d'une condamnation : ce n'est donc pas la punition de la prison et son régime « qui écarte les honnêtes gens. . . . . Il y a, selon moi, une trop grande disproportion entre « le sort d'un prisonnier et celui d'un simple ouvrier honnête, pour qu'il soit sage et prudent de « laisser les choses dans leur état actuel. »

Les inconvénients d'un tel ordre de choses ne tardèrent pas à se faire sentir, et la loi du 31 janvier 1831 fut rendue pour y pourvoir. Cette loi, suivie du règlement organique du 16 mai 1833, constitue un nouveau système; c'est celui qu'on suit aujourd'hui : examinons-le dans toutes ses parties.

§ 1er.

CLASSIFICATION DES DÉTENUS.

Les prisonniers sont répartis en quatre divisions, dont la première, où une plus grande sévérité doit être exercée, porte le nom de *premier quartier criminel et de récidives;* il comprend : 1° les condamnés aux travaux forcés ou à la reclusion qui, par la nature de leur crime ou par des circonstances antérieures à leur emprisonnement, sont jugés, par l'administration, devoir être placés dans cette division; 2° les individus âgés de plus de seize ans, qui rentrent dans la prison, après avoir déjà subi une condamnation quelconque. — L'emprisonnement cellulaire de jour et de nuit, interrompu seulement par une promenade solitaire et silencieuse au préau, quand le temps le permet, est appliqué à cette catégorie de détenus, pendant un temps qui ne peut être moindre d'un mois, ni excéder trois mois.

La seconde division, soumise à des règles moins sévères, porte le nom de *second quartier criminel et d'exception;* il comprend : 1° les individus atteints d'une première condamnation criminelle qui n'auraient pas été placés dans la première division; 2° ceux des condamnés correctionnellement qui y ont été placés par l'administration, à cause de leur mauvaise conduite dans la prison, ou de circonstances antérieures à leur emprisonnement; 3° ceux des condamnés de la première division qui obtiennent leur admission dans celle-ci.

La troisième division, appelée *quartier correctionnel et d'exception*, comprend : 1° tous les condamnés correctionnellement par un premier jugement, qui n'ont pas été jugés devoir être placés, à leur entrée, dans la deuxième ou quatrième division; 2° les détenus de la première ou deuxième division qui, par une première classification, ou, plus tard, par leur conduite, ont été placés dans cette catégorie.

Dans la quatrième division, appelée *quartier des jeunes gens et des améliorés,* se trouvent: 1° tous les jeunes gens n'ayant pas atteint l'âge de 16 ans à l'époque de la condamnation; 2° ceux des jeunes gens condamnés, de l'âge de 16 à 18 ans, que l'administration juge devoir être admis dans cette division, à leur entrée dans la prison; 3° les individus des autres divisions qui, par leur bonne conduite, ont mérité d'être placés dans ce quartier de faveur.

Le règlement de 1833 établit, dans les plus minutieux détails, les différences de régime auxquelles sont soumises les quatre catégories de détenus du pénitencier.

Votre Excellence trouvera ce règlement, sous le n° 3 de l'Appendice, avec la mention des arrêtés du conseil d'état qui en ont modifié plusieurs dispositions.

Pour rendre plus sensible aux yeux la gradation de cette échelle disciplinaire, M. Aubanel, directeur du pénitencier de Genève, a dressé le tableau suivant.

Tableau synoptique des diffé

INDICATIONS.	A QUARTIER CRIMINEL ET DES RÉCIDIVES.	B QUARTIER CRIMINEL ET DE CO	
		CRIMINELS.	CORRECTI
CELLULE SOLITAIRE À L'ENTRÉE.	De 1 à 3 mois, partie sans travail, partie avec travail.	De 8 à 15 jours, sans travail.	De 5 à 10 jours
VÊTEMENT..............	Costume pénal pour les criminels; gris uniforme, pour les correctionnels; retiré la nuit.	Costume pénal, retiré la nuit.	Gris uniforme,
TRAVAIL EN COMMUN.....	Faveur qui pourra être suspendue de 1 à 3 mois.	Toujours en commun..................	
REPAS..................	Dans les cellules.................	Au réfectoire..................	
REPOS..................	Le repos en partie dans les cellules et une heure en promenade silencieuse et circulaire. Aucuns jeux.	Un des trois repos possible dans les cellules, les autres en promenade isolée silencieuse ou circulaire, ou à s'occuper au réfectoire. Aucuns jeux.	Les trois repos au réfectoire, nade isolée ou s'occuper Aucuns jeux.
EMPLOI DU QUART DISPONIBLE.	Du pain, des secours à leurs familles et des fournitures pour écrire et faire de petits ouvrages.	Du pain, des secours à leurs familles et des fourn écrire et faire de petits ouvrages.	
NATURE DES TRAVAUX.....	Les plus simples, et point de professions.	Cordonniers, tailleurs, cardage, filature, etc....	
SILENCE................	Absolu.........................	Absolu..............................	
PUNITIONS..............	Plus sévères que dans les autres divisions, mais dans les limites de la loi.	Moins sévères que dans le quartier des récidives, limites de la loi.	
LIBERTÉ ET EXERCICE LE DIMANCHE.	3 heures par jour d'exercice ou d'occupation silencieuse, le reste à la chapelle, en leçon ou en cellule.	De 5 à 8 heures par jour, suivant la saison, d'exe liberté, mais toujours en silence.	
VISITE DES PARENTS......	Une tous les deux mois............	Une par six semaines......	Une par trois sema
CORRESPONDANCE AVEC LE DEHORS.	Aucune, sans la permission du directeur.	Aucune, sans permission du directeur.	Permise sous la su du directeur.
ENSEIGNEMENT...........	Deux leçons par semaine...........	*Idem*..................................	
SOINS MORAUX ET RELIGIEUX.	Recommandé particulièrement au comité moral.	Recommandé particulièrement au comité moral....	
ADMISSION AUX DEGRÉS SUPÉRIEURS.	Peuvent y arriver par leur bonne conduite après un an.	Possibilité de passer dans les degrés supérieurs....	
RETOUR DANS LE QUARTIER PRIMITIF.	La mauvaise conduite y fait revenir...	La mauvaise conduite ramène dans le quartier prim	

...ntent les quatre divisions de la prison.

QUARTIER CORRECTIONNEL ET D'EXCEPTIONS.		D QUARTIER DES JEUNES GENS ET DES AMÉLIORÉS.	
...RIMINELS.	CORRECTIONNELS.	AMÉLIORÉS.	JEUNES GENS.
....	De 4 à 8 jours, sans travail.	....	3 jours pour 1er jugement. 8 jours pour les récidives.
...me pénal, retiré la ...uit.	Gris uniforme, retiré la nuit.	Pour les criminels, une idée seulement du costume pénal, non retiré la nuit.	Gris uniforme, non retiré la nuit.
...me ci-contre		Comme ci-contre.	
...éfectoire		Au réfectoire.	
...les cours, promenade libre, mais isolée et si...cieuse; dans le réfectoire, occupés en silence. ...cuns jeux.		Promenade libre et en silence. Jouissance d'un jardin.	Dans la cour et au jardin, isolément et en silence; en conversation avec le gardien. Dans le réfectoire, occupés et en silence.
...ain, du fromage ordinaire, de la conserve de ...ièvre, des fournitures pour écrire, cartonner, ..., et des secours à leurs familles.		Pain, fromage, conserve, fruits verts avec permission du médecin. fournitures pour écrire, cartonner et des secours à leurs familles.	Du pain, des secours à leurs familles, et des fournitures pour écrire et faire de petits ouvrages.
...me ci-contre		Comme ci-contre.	
...olu........................		Absolu, sauf des explications à voix basse, même entre eux, pendant le travail.	Absolu entre eux; conversation à voix basse avec le gardien, pendant le travail.
...ns sévères que dans les quartiers précédents...		Moins sévères que dans les quartiers précédents.	Plus sévères que pour les améliorés.
...8 à 10 heures par jour, suivant la saison		De 8 à 10 heures par jour, et possible, avec la permission du directeur, de rester dans leur cellule le matin avant la soupe.	Environ 10 heures par jour.
...par mois........	Deux par mois........	Deux par mois....................	Une par mois.
...ise sous surveillance....................		Permise sous surveillance...........	Aucune, sans la permission du directeur.
...n..............................		*Idem.*	
...de spécial........................		Rien de spécial.	Recommandé particulièrement au comité moral.
...me ci-contre........................			
...mauvaise conduite ramène dans le quartier pri...itif.		Possibilité de retour dans le quartier primitif.	

Assurément, tous les efforts que fait l'administration, dans le but de graduer la peine de l'emprisonnement, suivant les divers degrés de culpabilité des condamnés, sont légaux, moraux, pénitentiaires; mais ce but est-il atteint?

Sans entrer dans l'examen de tous les vices qu'on reproche à cette classification, je dirai qu'elle pèche par le vice radical qui frappe d'impuissance tout système pénitentiaire basé sur le classement des détenus par moralités. Son principal défaut, en effet, est l'impossibilité de remplir, dans les prisons, les cadres tracés sur le papier; cette impossibilité est surtout démontrée dans le petit pénitencier de Genève. Comme tous les pénitenciers à compartiments et à catégories, celui de Genève a un nombre fixe de cellules, non par classes de détenus, mais par aile de bâtiment et par étage. Il en est de même de ses quatre cours, de ses réfectoires, de ses ateliers. Une fois leur nombre et leur dimension arrêtés immuablement, ils ne peuvent plus se prêter aux combinaisons d'un système essentiellement mobile et dont tout le mérite est de l'être. Par exemple, les cellules du pénitencier de Genève sont réparties en nombre égal, dans chacune des deux ailes, et dans chacun des deux étages du bâtiment. Il y en a 14 par division; or, comment faire, lorsque les détenus de chacune des quatre divisions du règlement de 1833 excèdent, ou n'atteignent pas, ce chiffre constant de 14, ce qui arrive fréquemment? Il faut, de toute nécessité, intervertir l'ordre des classes; et alors, que devient le système?...

§ 2.

INSPECTION CENTRALE.

Avec une population aussi minime que celle du pénitencier de Genève, il est facile de remédier aux défauts d'une classification vicieuse. On pourrait même se passer de toute autre classification que celle qui résulte, légalement, des termes du code, et, matériellement, des dispositions des lieux : il suffit, pour cela, d'une bonne inspection.

Sous ce rapport, le pénitencier de Genève ne laisse rien à désirer.

De la galerie centrale dont j'ai parlé, p. 148, et qui figure sur le plan du rez-de-chaussée, sous le n° 5, le directeur peut plonger le regard jusqu'à l'extrémité la plus reculée des ateliers et des cours. Il a vue dans les cours, au moyen des fenêtres de la galerie. Il a vue dans les ateliers, au moyen des guichets d'inspection. Le mécanisme de ces guichets m'a paru si ingénieux que j'en ai fait faire le dessin. J'y ai joint celui de la boiserie où ils sont placés, et des divers accessoires que j'y ai vus réunis. (Planche 23.)

Deux corps de boiserie sont placés dans la galerie centrale, tels que le plan les indique sous le n° 18. Le dessin annexé en figure un; l'autre est absolument semblable. Dans chaque boiserie sont pratiqués deux guichets : celui de gauche (n° 5) est fermé, celui de droite (n° 6) est ouvert.

Le guichet fermé présente une ouverture ronde ou lunette par laquelle le directeur exerce son inspection. Une rondelle en cuivre, qui se lève ou se baisse circulairement et sans bruit, par un simple mouvement du doigt, ouvre ou recouvre la lunette à volonté; au-dessus de la lunette, est un petit bouton, dont la simple pression fait ouvrir le guichet, de haut en bas, du côté de la galerie. Lorsqu'on veut l'ouvrir en dedans, du côté de l'atelier, le contre-maître tire le pêne au moyen d'une corde. Le n° 6 du dessin, représente le guichet ouvert.

Le guichet, en s'ouvrant, fait assez de bruit pour que le directeur et le chef d'atelier soient avertis qu'ils ont quelque chose à se communiquer. Alors l'un et l'autre s'approchent du guichet, l'un, dans la galerie, l'autre, dans l'atelier, et si la communication qu'ils ont à se faire est verbale, ils se la font sans être entendus des prisonniers, au moyen du porte-voix dont je parlerai dans le paragraphe suivant. Si la communication consiste dans la transmission de quelque objet de peu de poids et de petite dimension, ils se servent d'une espèce de cuiller à pot en fer-blanc, et à long manche, figurée dans le dessin sous le n° 1; à l'aide de cette cuiller, appelée *pochon* par les employés, ils font passer les objets par l'ouverture du guichet, soit de la galerie dans l'atelier, soit de l'atelier dans la galerie. Tout cela se fait sans bruit, et avec un sérieux que l'étrangeté du procédé fait d'abord paraître étrange.

S'il se passe dans l'atelier quelque désordre qui exige l'intervention de la force armée, le directeur, sans sortir de son point central, tire le cordon de sonnette n° 2, et appelle ainsi les deux gendarmes qui sont de service au corps de garde. Chaque chef d'atelier peut aussi appeler directement à son secours le poste militaire, mais en cas d'urgence seulement; dans ce cas, il tire, de son atelier, les deux cordons de sonnettes dont les fils d'archal figurent sous le n° 7 du dessin; l'une de ces sonnettes est dans le corps de garde, et l'autre dans la galerie d'inspection. Si c'est seulement d'affaires de cuisine qu'il s'agit, le directeur a à sa disposition les trois cordons de sonnettes figurés sous les n°s 8, 9 et 10, et tire l'un et l'autre, suivant qu'il s'agit de faire venir le cuisinier, ou dans le quartier A, ou dans le quartier B, ou dans la salle d'inspection.

Dans un *Mémoire*, plein d'excellentes choses, que M. Aubanel adressa à votre prédécesseur, au commencement de 1837, cet habile directeur développe, dans les termes suivants, les avantages du plan panoptique de Bentham, réalisé pour la première fois dans le *pénitencier* de Genève :

« Le premier avantage de la galerie centrale est d'offrir un moyen facile de surveillance « qui, par cela même, économise des frais de garde militaire. A l'instant où il se mani- « feste un mouvement grave d'insubordination, soit dans un atelier, dans une cour ou dans « un réfectoire, on peut, au moyen des ordres donnés depuis le bureau du directeur, faire par- « venir, dans le lieu du trouble, tous les employés disponibles, disséminés dans les autres divisions, « ainsi que le poste militaire; et même, en cas de désordre manifeste, on peut, depuis les gui- « chets d'inspection et les croisées, menacer de faire feu sur les mutins, et au besoin tirer à bout « portant sur les coupables, qu'on pourrait choisir à volonté. Ce point central présente en outre « l'importance d'une sécurité parfaite pour ceux qui s'y trouvent, et celui de les mettre en état « de juger de la culpabilité de tel ou tel individu, bien mieux qu'on ne pourrait le faire dans une « mêlée. Cette situation est donc évidemment préventive de toute pensée d'organiser une ré- « volte. Le fait est que jamais, dans la prison de Genève, grâce à cette disposition locale, il n'y « a eu, depuis onze ans, aucune rixe ni mutinerie collective, et que, dans le petit nombre de cas « où il a fallu faire arriver la force armée dans les ateliers, il a toujours suffi de la présence d'un « ou deux gendarmes pour ramener l'ordre au milieu d'une population de quinze à vingt-cinq « hommes, qui auraient pu s'armer et faire la résistance la plus opiniâtre. Cette force, en quel- « que sorte physique, est aussi d'un grand prix pour les gardiens. Ils sont constamment sans « armes dans les ateliers, et n'ont jamais l'idée d'avoir rien à craindre de la part des prisonniers. « Ce sentiment de confiance et de sécurité est précieux pour leur service journalier; et les prison- « niers ont beaucoup moins l'idée de se porter à quelque acte de violence sur des hommes qui n'ont « aucune défiance de leur position, que s'il en était autrement. Mais un avantage bien supérieur

« à celui-là, et qui est aussi constant, c'est celui de la force morale qui résulte de la surveil« lance directe, exercée aussi bien sur les employés que sur les prisonniers. Ceux-ci sont con« vaincus que leurs gardiens, étant sous la même inspection qu'eux-mêmes, ne pourront se per« mettre aucun arbitraire, ni dans le sens d'une plus grande sévérité que celle prescrite par le « règlement, ni dans celui d'une tolérance ou d'une faiblesse coupable. Ceux-là, se trouvant cons« tamment contrôlés dans leurs actes, s'appliquent à faire exactement leur devoir et rien que leur « devoir; d'un autre côté, ils se sentent forts de l'appui qu'ils pourraient recevoir à chaque ins« tant, et qu'ils reçoivent réellement, toutes les fois que cela peut être nécessaire.

« La surveillance supérieure, exercée d'un point élevé dans chaque division d'une prison, est « aussi le véritable moyen de faire connaissance avec les prisonniers, sous plusieurs points de vue. « D'un seul coup d'œil, on pourrait en voir une centaine, et juger de leur tenue, de leur allure « au travail. La présence d'un supérieur, bien que momentanée, est presque regardée comme « continuelle par les détenus, qui ne peuvent savoir si le directeur lui-même n'est pas au guichet; « et cette idée d'être toujours sous l'œil du maître les encourage, les soutient, et produit un ef« fet plus favorable pour l'ordre et pour la discipline que des punitions sévères. Ils se sentent « près de leur chef, d'un chef qu'ils respectent, qu'ils estiment, dont ils reçoivent, au besoin, « des conseils et des encouragements particuliers, et ils vivent ainsi comme en relation avec lui; « isolés de ceux qui les entourent par l'obligation du silence et la défense de toute communica« tion, ils ne sont plus en société de leurs compagnons de crimes et de débauches; ils respirent « dans l'atmosphère des gens de bien; ils mènent une vie qui les relève. »

Je constaterai bientôt les effets moraux de ce régime; mais il faut que j'achève d'en analyser les éléments. Parlons maintenant de l'organisation du silence.

§ 3.

SILENCE.

On lit, dans le *Mémoire* que je viens de citer : « La mesure générale la plus importante, dans « une prison pénitentiaire, c'est le *silence absolu*. Il faut que l'application de cette règle *isole « complétement* et *toujours* les prisonniers les uns des autres, et pour cela, on doit assimiler à « l'infraction du silence les paroles inutiles, prononcées par eux en s'adressant aux employés, « les signes, les gestes, les regards d'intelligence, enfin tout ce qui pourrait être un moyen ima« giné par les prisonniers pour avoir quelques rapports entre eux.

« Après cela et relativement aux communications indispensables pour le travail, ainsi que les « divers services entre les employés et les prisonniers, il est nécessaire (et c'est un perfection« nement réel qui vient d'être introduit dans la prison de Genève) que tout se fasse tellement à « voix basse, que les deux seuls individus qui se parlent puissent s'entendre. La mesure du si« lence dans les ateliers avait produit, comme par contre-coup, chez les prisonniers, l'abus de se « créer une distraction de toutes les paroles nécessairement adressées, à chaque instant, par les uns « et par les autres, au chef d'atelier, pour le service du travail; en sorte que, constamment, « toutes les oreilles étaient tendues au moindre mot qui se prononçait, et que c'était encore un « moyen pour le mauvais plaisant, l'ergoteur ou l'homme dépravé, d'exercer une influence fâ-

« cheuse sur ce qui l'entourait, soit en amusant, soit en laissant apercevoir, par la nature de ses « propos et par la forme de son expression, la disposition d'esprit dont il était animé.

« Depuis quelques mois, les communications n'ont plus lieu qu'à voix basse, et laissent cha- « cun livré à soi-même et à ses pensées, sans donner de distraction, sans offrir une occasion de « critique ou d'approbation de ce qui se dit, sans servir à éveiller des sympathies. Elles ont en- « core l'avantage, et cela a été vivement senti par plusieurs prisonniers, de les préserver de l'ir- « ritation ou de la tentation de mal répondre, lorsque des observations adressées, en présence de « leurs pareils, peuvent froisser leur susceptibilité. Enfin, un dernier et immense résultat de ce « mode de faire, qui est peut-être unique encore en application, c'est de garantir les prisonniers « contre la mauvaise humeur, l'aigreur ou la colère des employés. C'est un fait physiologique « évident, qu'on ne peut pas s'emporter contre quelqu'un en parlant à voix basse ; on ne peut pas « même lui parler avec ce ton de colère concentrée ou d'ironie amère, si propre à provoquer « l'explosion de l'orgueil blessé : l'obligation de parler ainsi maintient donc le chef d'atelier dans « l'état où il devrait toujours être, et réprime dans le prisonnier la disposition à la violence. »

Pour l'exécution de cette mesure, on a attaché, à chacun des quatre guichets d'inspection, et en dedans de ces guichets du côté des ateliers, un *porte-voix acoustique* en fer-blanc, d'environ 8 ou 9 pieds de longueur, mobile et à double tuyau, terminé à ses deux bouts par deux entonnoirs jumeaux, disposés de telle sorte que chaque interlocuteur a, simultanément, une embouchure devant les lèvres et un cornet appliqué à son oreille.

Je joins ici le dessin de cet instrument ; il est figuré sous le n° 11 de la planche 23.

Lorsqu'on est dans la galerie d'inspection, et qu'au bruit fait par le guichet qui s'ouvre comme de lui-même, on porte les yeux vers ce guichet, et qu'on en voit sortir, d'abord, l'oreille recourbée, puis la bouche béante de l'alambic silencieux ; lorsqu'on voit le directeur appliquer son oreille à cette oreille, et sa bouche à cette bouche, et qu'on voit, à l'autre bout, le contre-maître en faire autant dans l'atelier ; lorsqu'enfin on se prend à prêter involontairement et inutilement son attention aux paroles accusatrices qui se disent, et aux mesures disciplinaires qui se prescrivent, à la vue de tout le monde, et sans être entendu de personne, dans ce mystérieux appareil, on éprouve quelque chose de l'angoisse qu'éprouvent alors les détenus, et l'on sent, au fond de soi, quelque chose qui dit que ce silence qui parle est profondément pénitentiaire.

C'est du moins ce que j'ai ressenti, toutes les fois que ces communications secrètes ont eu lieu devant moi, successivement, à travers les quatre guichets, entre le directeur et les divers chefs d'ateliers.

Malheureusement, tout le fruit de la mesure est perdu, par la facilité que son exécution même donne aux détenus de rompre le silence qu'elle a pour but de faire observer. En effet, pendant que le contre-maître tient le porte-voix embouché, il tourne le dos à l'atelier, et tout l'intervalle du réfectoire est entre lui et les détenus ; alors les langues se délient et se dédommagent du temps perdu. L'enquête que j'ai faite à ce sujet, et dont je rendrai compte bientôt à Votre Excellence, ne laisse aucun doute sur ce résultat. On pourrait l'éviter, on y remédierait, en partie du moins, si, au lieu d'être mobile, le double tuyau acoustique était fixé contre la muraille et communiquait, du bureau du directeur, à la place même où se tient le chef d'atelier ; de cette façon, le chef d'atelier pourrait communiquer et recevoir, sans bouger de place, les paroles qu'il a à recevoir ou à transmettre.

Mais d'autres voies sont ouvertes aux détenus, pour l'échange de leurs pensées, ainsi qu'on en verra la preuve dans le chapitre x.

§ 4.

DISPOSITIONS GÉNÉRALES.

Tout condamné qui doit subir sa peine dans la prison pénitentiaire y est amené, de la *maison de détention*, à pied, les menottes aux mains, sous la conduite de deux gendarmes. Le procureur général en donne préalablement avis au directeur.

Arrivé à la prison, le condamné entre dans le corps de garde : là, le directeur prend son signalement et le fait peser. Pareil pesage se fait à la sortie. Le résultat comparatif est constaté sur un registre.

L'opération du signalement et du pesage terminée, le gardien-infirmier vient chercher le prisonnier, et le conduit à la chambre de bain, après lui avoir bandé les yeux. Dans la chambre de bain, le prisonnier est dépouillé de tous ses vêtements, qu'on lave, qu'on désinfecte, et qu'on conserve en magasin jusqu'à sa sortie; puis, le bain pris et ses cheveux coupés, il est revêtu des habits de la maison, et conduit, encore les yeux bandés, à la cellule qu'il doit occuper. Il est, autant que possible, toujours visité auparavant par le médecin.

Dans les vingt-quatre heures de son arrivée, le prisonnier reçoit une première visite du directeur, qui cause avec lui, l'interroge, le sonde, l'exhorte, selon la nature des renseignements qu'il a recueillis sur son compte. Dans les trois jours, il reçoit une pareille visite du prêtre de sa communion. Il reste ainsi seul dans sa cellule, jusqu'au temps où il doit descendre à l'atelier. Ce temps varie de trois jours à trois mois, suivant la division à laquelle la loi ou le jugement le condamne. Ce n'est que plus tard et successivement, lorsqu'on a appris à le connaître, que sa position s'adoucit ou devient plus pénible. Du reste, le maximum de la reclusion solitaire, sans travail, est de quinze jours; le reste du temps d'épreuve, il travaille dans sa cellule.

Il est défendu aux prisonnniers d'avoir de la lumière dans leurs cellules.

Il leur est également défendu de faire usage de tabac.

Les promenades ont lieu dans les cours. Les condamnés d'un même quartier se suivent circulairement, à la file les uns des autres, séparés par un intervalle de quelques pas; la promenade est toujours silencieuse. Un surveillant est de garde dans chaque cour.

Les différentes dispositions légales et réglementaires qui contiennent les prescriptions auxquelles sont assujettis les détenus de chaque catégorie sont imprimées et placardées dans les divers ateliers de la prison : j'en donne le texte sous le n° 4 de l'Appendice.

Le tableau n° 5 indique, par le nombre et la nature des punitions, la manière dont ces prescriptions sont observées.

CHAPITRE V.

RÉGIME MORAL ET RELIGIEUX.

Ce qui saisit le plus intimement, lorsqu'on entre dans tous les détails de la discipline de Genève, c'est l'atmosphère religieuse au milieu de laquelle respirent toutes les âmes des détenus. Quand une prison possède des hommes comme MM. Aubanel et Grellet Wammy (1), c'est-à-dire lorsque la foi protestante et la foi catholique — la plus ardente, la plus éclairée, la plus sincère, — se donnent la main comme deux sœurs, pour ramener à la religion 60 condamnés que la justice leur confie, il n'y a pas de mauvais système pénitentiaire, ou plutôt tous les systèmes sont bons, car une telle foi transporte les montagnes. Si donc quelque bien se fait dans le pénitencier de Genève, il faut l'attribuer, non pas à un silence qu'on ne garde pas, ou à une classification chimérique, ou à une pénalité qu'on élude, ou à des corrections qui ne corrigent pas, mais bien à la foi, à l'espérance et à la charité, ces trois autres filles d'un même Dieu, qui font deux apôtres de ces deux hommes, et qui les font se multiplier, comme les pains du désert, pour porter la manne de leurs vertus chrétiennes dans ces cœurs où toute vertu est morte, et où leur piété seule peut opérer le miracle de Lazare. Si, au contraire, malgré leurs efforts combinés, le mal garde le dessus, dans la prison pénitentiaire, il ne faut l'attribuer ni à l'excès de leur zèle, ni au découragement de leur espoir, ni à la défaillance de leur charité évangélique, mais bien à l'impuissance de la loi, à la vanité des mesures administratives, et à l'impossibilité absolue d'obtenir des choses impossibles. Qu'on adopte, à Genève, le système de Philadelphie ou celui de nos maisons centrales, ou qu'on y conserve le système actuel, l'isolement individuel, comme la vie en commun, comme les cellules de nuit, comme les réunions silencieuse de jour, ne pourront produire que le même effet, avec la même population confiée aux soins des mêmes hommes; l'important serait qu'ils fussent libres dans leurs moyens d'action; ils devraient commander, ils ne font qu'obéir; là serait le bien; ici est le mal, plus qu'à Cherry-Hill et à Auburn.

Si je n'ai point encore parlé du chapelain protestant et de l'aumônier catholique du pénitencier de Genève, c'est que ces deux ecclésiastiques, quelque zélés, quelque respectables qu'ils soient, n'y exercent, et ne peuvent y exercer, étant dissidents, qu'une très faible-influence, et qu'en réalité ce sont les directeurs temporels qui en sont, en même temps, les directeurs spirituels, en leur lieu et place. Ils prêchent ou disent la messe les dimanches et fêtes; voilà, à peu près, en quoi consiste toute l'œuvre de leur ministère. Les catholiques qui sont en minorité dans la population libre du canton, sont en majorité dans la population prisonnière. Cette remarque donne quelque importance à la dernière colonne du tableau de la page 145.

Le comité moral fait plus! et surtout fait mieux!.....

L'instruction n'est que secondaire dans le régime moral du pénitencier; c'est-à-dire qu'elle passe après la religion, l'intelligence après le cœur.

L'école se tient dans les réfectoires; deux leçons seulement par semaine sont données dans chaque division. Les contre-maîtres sont en même temps maîtres d'école.

Il y a une bibliothèque dans le pénitencier; elle se compose d'ouvrages religieux et moraux à l'usage des condamnés.

La bible est le *vade-mecum* de tous les Génevois : on la trouve dans toutes les chambres des auberges; elle ne pouvait manquer d'être dans toutes les cellules de la prison.

(1) M. Grellet-Wammy, l'un des membres les plus zélés du comité moral, vient d'être adjoint comme sous-directeur à M. Aubanel.

CHAPITRE VI.

RÉGIME ÉCONOMIQUE.

Le régime économique du pénitencier de Genève est celui d'un grand ménage. On a un fournisseur pour le pain, un autre pour la viande, un autre pour les légumes, un autre pour le bois de chauffage, etc. : on fait, avec chaque fournisseur, un marché à forfait pour un an; partie des vêtements se confectionne dans la maison, partie s'achète au dehors. La cuisine se fait par un détenu.

Le règlement général de la maison détermine en quoi consistent la nourriture, l'habillement, et le coucher des prisonniers.

Nourriture. — Chaque prisonnier valide reçoit :

1° Le matin, une soupe et du pain;

2° A dîner, des légumes et du pain;

3° Le soir, une soupe et du pain;

4° Des pommes de terre bouillies à chaque repas, et à *discrétion*.

La quantité de pain que chacun peut consommer par jour, y compris celui de la soupe, est de vingt et une onces.

Le jeudi et le dimanche, les prisonniers reçoivent chacun une demi-livre de viande, à dîner.

Les soupes se préparent avec de la farine de maïs, de la farine de blé, du gros blé, des pommes de terre et du riz, de manière à donner par semaine trois fois du riz apprêté, et deux fois de la soupe au gros blé et aux pommes de terre. On y joint du bouillon de viande, le lundi et le vendredi.

La seule boisson permise est de l'eau.

En outre de la ration de vivres distribuée aux prisonniers, on leur permet d'employer la portion de leur pécule disponible à l'achat d'aliments supplémentaires déterminés par le règlement, suivant la division à laquelle ils appartiennent. (Voir pour la nature de ces aliments le tableau, page 154.)

Cette faculté a fait croire à l'existence d'une *cantine*, dans le pénitencier de Genève. Voici ce qui se passe à ce sujet :

Tous les huit jours (le samedi matin), chaque prisonnier indique à son chef d'atelier ce qu'il désire acheter, pour la semaine, en plumes, encre, papier, comestibles, etc.; le chef d'atelier en prend note écrite, qu'il remet au directeur. Le directeur approuve, rejette ou modifie tout ou partie de la note; après quoi, le commis aux écritures réunit toutes les demandes et les transcrit sur un livre *ad hoc*, avec l'indication du prix de chaque article et du bénéfice en dehors accordé au commissionnaire (8 pour cent). Le même jour, à neuf heures, un commissionnaire du dehors, autorisé à cet effet, vient prendre le livre et l'argent, et va acheter les objets autorisés, qu'il rapporte, le même jour, entre deux et trois heures. La distribution s'en fait alors par le commissionnaire aux chefs d'ateliers respectifs. Le commissionnaire ne voit jamais les détenus. Ainsi, en réalité, il n'y a pas de *cantine* proprement dite à Genève.

Les malades placés à l'infirmerie sont nourris de la manière prescrite par le médecin

Les repas des prisonniers valides se prennent dans les réfectoires ou dans les cellules, selon la distinction existante entre les quartiers.

Le silence le plus absolu doit régner pendant le repas. Les tables, autour desquelles les détenus de chaque quartier sont assis, offrent aux yeux, aux mains, aux pieds, etc., de fréquentes occasions de suppléer au mutisme obligé de la langue. Il ne m'a pas fallu un examen bien minutieux pour m'en apercevoir. Si les tables étaient posées contre la muraille, et que chaque prisonnier n'eût pas d'autre vis-à-vis, les tentations seraient moins vives et les infractions moins fréquentes.

Vêtements et ustensiles de propreté. — Les habillements fournis par l'administration aux condamnés *correctionnels* sont en mi-laine, fond gris, tout uni; ceux fournis aux condamnés *criminels* sont : pour les condamnés aux *travaux forcés*, en mi-laine, fond gris, avec des raies jaunes d'un pouce de large, et placées à six pouces de distance; et pour les condamnés à la *reclusion*, en mi-laine, fond gris, avec des raies noires de même largeur et à la même distance. Les condamnés criminels admis dans la 4me division, ne conservent du costume pénal que le col, le gilet et la veste, ainsi qu'un galon de même couleur au pantalon.

Les linges et habillements d'un prisonnier consistent dans :

Une paire de souliers, trois paires de bas de laine, six chemises, six mouchoirs de poche, trois mouchoirs de cou, six bonnets de coton pour la nuit, un bonnet en mi-laine, un pantalon *idem*, un gilet *idem*, une veste ronde *idem*, une capote *idem*, deux pantalons en *triège*.

En été, on retire des mains du prisonnier le pantalon, la capote et les bas de laine, et on lui livre le pantalon de *triège ;* en hiver, on retire le pantalon de *triège*, et on rend le pantalon, la capote et les bas de laine.

On fournit de plus aux détenus, dans leurs cellules, une brosse pour l'habillement, une brosse pour les souliers, un peigne, un balai, une cuvette, un pot à eau, un vase de nuit, une chaise un essuie-main.

Dans les trois premières divisions, le vêtement de chaque prisonnier est retiré toutes les nuits de sa cellule, et ne lui est rendu qu'à l'heure du lever.

Coucher. — Chaque prisonnier couche seul dans une cellule, à moins qu'il ne soit malade, auquel cas il couche dans *l'infirmerie commune.*

Le lit de chaque prisonnier consiste dans un cadre en bois, garni d'une toile tendue, et supporté par des piliers de pierre dure; une paillasse; un traversin garni de crin; un grand drap; deux couvertures de laine en été, et trois en hiver.

Chauffage et éclairage. — Toutes les parties de la maison sont chauffées au moyen de deux calorifères placés dans les caves.

Les corridors des cellules sont éclairés toute la nuit par des quinquets.

Les détenus travaillent tous à la lumière. Le produit du travail du soir a suffi, et au delà, pour couvrir les frais d'éclairage. Cet éclairage s'opère au moyen de lampes ordinaires.

CHAPITRE VII.

RÉGIME SANITAIRE ET DE SALUBRITÉ.

Les distinctions de quartiers et de catégories disparaissent parmi les détenus en cas de maladie. Tous les détenus malades, en effet, sont placés dans une *infirmerie commune,* où ils peuvent causer et se corrompre tout à leur aise. Il est vrai que leur nombre n'est jamais de plus de cinq ou six à la fois; mais il est proportionné au chiffre de la population, et six détenus se dépravent plus facilement entre eux que cinquante.

Un médecin-chirurgien de la ville est chargé du service de l'infirmerie. Il doit faire dans la maison au moins une visite par jour.

La prison a changé de médecin le 1er octobre 1837. Avant cette époque, on ne tenait aucun registre médical; le médecin tenait seulement quelques notes particulières chez lui. Ainsi donc, avant cette époque, on ne trouve dans les écritures officielles de la maison aucun renseignement certain sur la nature et sur les causes des maladies qu'on y a traitées depuis son érection. Le seul document à consulter est le résultat numérique annuel des journées de maladie et de décès, que présentent les dernières colonnes du tableau joint à ce rapport sous le n° 6 de l'Appendice.

Du reste, la tenue de la maison est admirable : la propreté y est toute hollandaise; les *lieux* y sont exempts d'ordures et d'odeur, comme dans les pénitenciers anglais; les calorifères chauffent la maison dans toutes ses parties; les ateliers, quoique étroits, sont parfaitement aérés; il en est de même des cours, des réfectoires, des cellules, même des cellules ténébreuses; enfin, la nourriture y est aussi saine et abondante que les vêtements y sont chauds et les lits excellents. Si, avec tout cela, les détenus perdent la raison ou la santé, comme le prétend le docteur Coindet, c'est qu'il faut admettre comme constant que l'excès de bien-être rend fou ou malade. Je ne vois pas d'autres conséquences à en tirer (1).

CHAPITRE VIII.

TRAVAIL DES DÉTENUS.

Le système de régie, adopté pour l'entretien des détenus, dans le pénitencier de Genève, l'est aussi pour les travaux industriels.

On travaille à la fois pour l'administration de la maison, pour la vente courante et en détail au profit de l'établissement, mais surtout et presque exclusivement pour le compte des particuliers.

Ce dernier travail est le plus lucratif. La cordonnerie en est la partie principale : un cordonnier est établi comme portier à l'entrée de la maison; il prend les mesures ou vend les souliers tout faits.

On fait une prodigieuse quantité de babouches, ou chaussons de lisière. La contrebande se fournit de chaussures au péniencier.

Il n'y a qu'un seul métier de tissage pour l'usage de la maison.

(1) 1 sur 30, pour les décès, sur $4\frac{58}{100}$, pour les cas d'aliénation mentale : telle est la proportion établie par le savant docteur. Je discuterai les éléments de ces chiffres dans le mémoire dont j'ai parlé ci-dessus, page 79.

Voici de quelle manière se répartissent habituellement les diverses industries du pénitencier de Genève :

14 Cordonniers;
10 Faiseurs de babouches en lisière;
9 Fileurs, cardeurs, bobineurs, etc.;
9 Tresseurs de paille pour chapeaux, paillassons, marche-pieds, etc.;
8 Pileurs et trieurs de drogues;
4 Tailleurs;
3 Coupeurs de bois de teinture;
1 Sellier;
1 Garnisseur de couvertures;
1 Aide cuisinier.

60

Les travaux ne chôment jamais; quand on a plus de bras que d'ouvrages demandés, on emploie les détenus à tresser de la paille, à faire des nattes, des paniers, etc. On trouve toujours le débit de ces objets. La vente s'en fait à prix fixe, dans un magasin de la ville où ils sont déposés. Une remise de 5 p. 0/0 est accordée au profit du gardien dépositaire.

Chaque détenu a un livret sur lequel son compte est ouvert en trois colonnes.

Chaque atelier est surveillé par un contre-maître, qui y maintient l'ordre et le silence.

Le tarif des prix d'ouvrages ou de journée est arrêté, par la commission administrative, sur l'avis de la section chargée spécialement de la surveillance des travaux.

La section remet chaque mois à la commission un état du produit du travail des prisonniers, divisé en trois parties : la première indique la somme appartenant à l'État; la seconde, celle mise à la disposition des prisonniers; la troisième, celle mise en réserve pour être placée à leur profit à la caisse d'épargne.

La moyenne du gain des détenus est de 30 centimes par jour. Le maximum est de 75 centimes, et le minimum de 5 centimes.

On a placé, à la caisse d'épargne, depuis l'établissement de la prison pénitentiaire jusqu'en 1835, la somme de 36,745 florins, y compris les sommes déposées pour les prisonniers de la maison de détention.

La loi du 28 janvier 1825 porte, au sujet du travail des détenus, article 23 : *Le produit du travail des prisonniers appartient à l'Etat.*

Le prix du travail de chacun d'eux est réglé par les conseillers inspecteurs, et réparti comme il suit :

Une moitié pour l'établissement; un quart à la disposition du prisonnier, à titre d'encouragement; un quart pour un fonds de réserve employé à l'avantage du prisonnier à sa sortie.

Nous verrons, dans le chapitre suivant, à quoi s'est réduit, jusqu'à ce jour, le produit du travail des détenus, pour la portion qui en revient à l'État.

CHAPITRE IX.

RECETTES ET DÉPENSES.

Je trouve, dans les documents publiés par M. Cramer-Audéoud, sur le pénitencier de Genève, un tableau d'où il résulte que les frais de construction du pénitencier se sont élevés à .... 623,000 florins
et ceux du régime intérieur, de 1826 à 1833, à 429,670

TOTAL.................... 1,052,670

Soit en francs, 485,860.

Mais ce tableau ne présente aucune balance de la dépense et de la recette moyenne annuelle du pénitencier. Celui que je donne sous le n° 5 des pièces de l'Appendice contient à ce sujet les renseignements officiels les plus précis. Il en résulte que, déduction faite de la portion revenant à l'État sur le produit du travail des détenus, la moyenne de la dépense, par jour, d'un détenu est de *1 franc 30 centimes*, somme dans laquelle n'entre point la part proportionnelle de chaque détenu dans les intérêts du capital dépensé pour la construction du pénitencier.

Comme vous le voyez, Monsieur le Ministre, le système du pénitencier de Genève est plus cher qu'aucun de ceux mis en pratique en Europe et aux États-Unis. Voyons si les résultats moraux compensent, en définitive, tout l'argent qu'il coûte.

CHAPITRE X.

EFFETS DU SYSTÈME DE GENÈVE QUANT A L'OBSERVATION DU SILENCE.

Ceux qui ont visité le pénitencier de Genève ont affirmé que le silence le plus rigoureux y est obtenu sans l'emploi d'aucun châtiment corporel. En effet, *j'ai vu* le silence observé, par tous les détenus, dans tous les ateliers, dans tous les réfectoires, dans tous les préaux, sans que jamais on ait eu recours, devant moi, à aucun moyen de correction violente. Mais ce silence apparent est-il toujours réellement gardé; et ce que l'on voit ne fait-il pas illusion sur ce qui existe? Assurément, si la règle du silence est facile à maintenir, c'est dans une prison dont la population peu nombreuse, fractionnée en quatre divisions, se réduit à dix ou quinze détenus par quartiers, environnés d'yeux et d'oreilles! Et pourtant, est-il bien vrai que la surveillance n'y soit jamais en défaut, et que jamais une parole ne s'échappe, sans être entendue et punie?

Ces questions, Monsieur le Ministre, trouvent leur solution dans l'enquête que j'ai fait subir à une quinzaine de détenus, pris parmi ceux que m'avait indiqués le directeur comme les meilleurs et les plus capables. Cette enquête m'a offert un bien vif intérêt. J'ai écrit les réponses au fur et à mesure qu'elles m'ont été faites. Voici les plus remarquables. Je n'y ajoute rien; je n'ai fait qu'en retrancher les détails inutiles.

A. . ., (François), ex-soldat au 53e régiment de ligne, âgé de 32 ans, détenu solitairement comme récidiviste. Bonne et douce figure; vivacité dans le regard; santé parfaite.

D. «Pour quelle faute avez-vous été condamné?

R. «Pour mille fautes qui ne sont connues que de Dieu. Quant à celles connues des hommes, j'ai été «condamné par arrêt de la cour criminelle de Genève, le 22 décembre 1829, à huit ans de travaux forcés, «suivis de dix ans de bannissement, comme coupable, 1° d'un vol commis de nuit, à Berne, dans une «maison habitée; 2° de deux vols commis à l'aide d'effraction; 3° de trois autres vols qualifiés.

D. «Le régime de la prison pénitentiaire où vous avez été enfermé vous a-t-il fait rentrer en vous-«même?

R. «Au contraire, Monsieur, il m'a rendu bien plus mauvais. A cette époque, en 1829, on n'était pas «astreint, comme aujourd'hui, à garder un perpétuel silence. Quand je fus dans l'atelier où l'on me mit «pour travailler de mon état de cordonnier, je fis la connaissance, le premier jour, de trois prisonniers «avec lesquels je me liai depuis; liaison coupable, liaison de ténèbres. Je ne voyais pas clair alors; la «lumière de Dieu n'avait pas lui dans ma nuit. Pendant quatre ans et quatre mois que nous eûmes la «liberté de causer, nous n'employâmes ce temps qu'à nous pervertir, en nous racontant nos mauvaises «actions, en inventant toutes sortesde mensonges pour nous faire plus noirs que nous n'étions, mettant notre «gloire à nous rapprocher de plus en plus de Satan. Les remontrances et les sermons ne nous faisaient «rien; nous ne faisions qu'en rire. Une fois que le silence a été établi, et que je me suis trouvé comme «tout seul au milieu des autres, alors je ne sais quelle révolution s'est opérée en moi; mes crimes me «montèrent à la tête; Dieu vint me visiter, et le bonheur que je ressentis de sa visite fut si grand que j'en «perdis la raison. Oui, Monsieur, je devins fou, et je ne sais plus ce que j'ai fait après cela. Je me rap-«pelle seulement qu'on m'a conduit dans l'hospice des aliénés pour me guérir (juillet 1837). Mais Dieu «refusa de m'y suivre, car, un mois après (août 1837) j'avais trompé mes gardes, je m'étais enfui de la «maison, à moitié nu, et j'avais volé des hardes pour me vêtir. Ce nouveau vol, que je fis dans ma folie, «me fit condamner à six mois de prison, que je subis dans le pénitencier de Lauzanne.

D. «A quel régime avez-vous été soumis dans le pénitencier de Lauzanne?

R. «A l'isolement le plus absolu, dans une cellule où je ne voyais que monsieur le pasteur.

D. «Ce régime ne vous a-t-il pas de nouveau altéré la raison?

R. «Au contraire, Monsieur, c'est cette solitude qui me l'a rendue. Je l'avais perdue avec les pervers «du monde; elle m'est revenue avec Dieu seul, car Dieu est revenu au secours du pauvre pécheur, en «m'envoyant un de ses apôtres, le saint pasteur Roud, pour chasser tout à fait le démon de mon âme, «avec les impudicités qui la corrompaient.

D. «Comment se fait-il que vous vous trouviez maintenant ici?

R. «C'est que je me suis dénoncé moi-même à la justice de Genève, et que j'ai demandé à venir achever «le temps de ma première condamnation. J'ai été réintégré le 2 mars dernier dans la prison pénitentiaire, «et mis dans une cellule solitaire, comme récidiviste. Ma cellule est ma meilleure amie; elle ne me donne «que de bons conseils celle-là. Voici environ quinze mois que je suis vraiment solitaire. Eh bien! c'est «seulement depuis ce temps que la divine religion chrétienne m'a pénétré de sa grâce. Oh! c'est seule-«ment le silence et la solitude qui peuvent forcer la conscience à s'écouter. Je n'ai plus entendu ces «paroles funestes qui sortaient du fond de l'enfer, puisque ce sont les vices et les passions qui les pro-«duisent. Oh! depuis, les sermons, les conseils et les exhortations me sont devenus chers. La prière est «devenue mon pain et mon vin, le jour comme la nuit; la méditation des saints commandements de Dieu, «un vrai plaisir; la lecture de la sainte parole de Dieu, un vrai bonheur. Et pourquoi ce changement? «C'est que la voix de ma conscience, que le bruit du vice m'empêchait d'entendre autrefois, se fait «entendre clairement aujourd'hui, dans le silence et l'isolement. Maintenant, je veux m'élever aux infinis «mérites de Dieu, etc., etc., »

Ici, A. . . se livra à une longue divagation religieuse, pleine de traits saillants, et, souvent, de sublime éloquence. Cet homme peut passer encore pour un fou, et sa foi peut ressembler à de la monomanie religieuse; mais si les condamnés de nos prisons devenaient tous fous de cette folie, je crois qu'il n'y aurait plus rien à faire pour les rendre sages.

B... (Jacques), d'une province sarde; catholique, âgé de 36 ans; figure mâle et d'une beauté remarquable; condamné, par deux arrêts, à vingt-huit ans de travaux forcés; quartier C; amendement moral complet; il y a treize ans qu'il est dans la prison; espère en sortir dans cinq; enquête faite dans sa cellule où il est retenu couché, malade; son œil exprime le soupçon; me paraît hypocondriaque.

Voici quelques-unes des phrases entrecoupées par lesquelles il a répondu à mes questions :

«La transition de l'ancienne discipline à la discipline actuelle a été trop brusque. Elle a causé, dans les «commencements, une irritation dont on se sent encore. Ce qui contribue à l'entretenir, c'est la partialité «révoltante de certains chefs d'atelier. J'en connais un qui a pris un détenu en grippe : quand il l'appelle, «il l'appelle *chien-marin*. Cela aigrit le détenu et tous les autres. Quand le surveillant est aimé, le silence «est facile à garder; on le garde à cause de lui. Quand il est haï, le silence est impossible.

«Il y a mille manières de rompre le silence.

«Si je voulais désorganiser l'atelier, la chose ne tiendrait qu'à moi. On a toujours que ques morceaux «de papier à sa disposition. Mais qui empêcherait d'écrire sur un morceau de cuir? Quand on n'a pas «d'encre, on se sert de noir de cordonnier; et puis, tout le monde n'a-t-il pas de l'encre rouge au bout des «doigts?

«On s'écrit ainsi à Lausanne, où j'ai passé six mois.

«Habituellement le silence est observé. On s'y soumet, non parce qu'on le commande, mais parce qu'on «sent que c'est pour son bien. Ça finit par être une espèce d'habitude.

«Mais il y a des moments de crise et d'angoisse où il faut que le cœur éclate, où il faut que la bouche «parle.

«Alors on se plaint, on murmure; et quand on passe auprès d'un ami, c'est un plaisir indicible de lui «demander tout haut : Comment va? ou de lui dire tout bas quand il est abattu : Courage, ami!

«Il ne se passe pas de jour où il y ait ainsi des paroles échangées.

«J'ai commis, depuis six ou sept ans, plus de cinq cents infractions au silence, et je n'ai été puni qu'une «fois.

«Ces infractions ont des résultats peu graves, mais elles pourraient en avoir, et elles en auront dès qu'on «sera déterminé à faire le mal.

«Il y a beaucoup de mes camarades dont je ne sais pas l'histoire, parce que je tiens peu à la savoir. Que «m'apprendrait-elle que je ne sache? Mais je me fais fort de vous raconter les faits et gestes de tous «les détenus de la maison d'ici huit jours. Je ne vous garantis pas que je ne serai pas pris, mais j'aurai «quatre-vingt-dix-neuf chances pour moi sur cent.

«Depuis quelque temps on s'est beaucoup relâché de la sévérité primitive, parce que les détenus sont «en général plus soumis. Il y en a bien qui font les dociles par hypocrisie; mais qu'est-ce que cela fait? «l'hypocrisie n'est-elle pas une soumission?

«On donne, dit-on, des coups de fouet en Angleterre et aux États-Unis, pour obtenir le silence des «détenus. Ce serait pour moi une raison de le rompre.

«J'ai la liberté d'avoir du papier pour faire mes cartonnages; jamais je n'en use pour entretenir cor-«respondance avec mes camarades. Si l'on me le défendait sous peine du fouet, j'écrirais.

«Je suis, peut-être, de toute la maison, celui qui aime le plus à causer: cependant la loi du silence «ne me pèse pas trop : c'est sans doute parce que j'en ai fait une loi de conscience.

«Il en était autrement dans les premières années que j'étais ici. Aussi, ai-je été puni de toutes les ma-«nières. J'ai eu les fers pendant cinq ans de suite.

«La cellule solitaire et la cellule ténébreuse me faisaient peu de chose. J'avais un caractère que rien «ne pouvait briser. Ma bonne santé me faisait rire de la privation de pain. J'aimais mieux souffrir que de «m'humilier; cependant c'est dans la solitude que me sont venues les premières idées de religion. C'est là «que j'ai prié pour la première fois. J'ai prié Dieu de me donner les moyens de m'évader; Dieu n'a pas «exaucé ma prière : il avait d'autres vues sur moi.»

(Soupir douloureux; abattement profond; moment de silence.)

«Mais je n'ai plus de confiance dans la justice humaine; elle m'a trompé. Elle m'avait promis ma grâce, «c'était pour me leurrer; ma grâce ne vient point et je souffre; je souffre dans mon corps et dans mon «esprit. Depuis quelque temps je sens que je me gâte : j'ai de la haine.

«On m'a séparé de mon frère. On l'a mis dans le quartier des récidives pour qu'il ne soit pas avec «moi. Ce quartier est meurtrier, il le tuera : on est enfermé, l'hiver, dans une cellule où l'on a froid. «Dans l'estomac, pas de vin; dans le sang, plus de chaleur. C'est le dimanche surtout qu'on souffre.

«La solitude absolue me paraît une barbarie; c'est, de plus, un moyen infructueux; elle abâtardit et ne «corrige pas. Un coupable qu'on prétend corriger ainsi ressemble à un cheval vicieux dont le maître «garotte tous les membres, dans l'espoir que, lorsqu'il rompra ses liens, le cheval sera dressé.

«Le système de Genève a ses défauts, mais, tel qu'il est, il est très-bon pour Genève. Je le regarderais «comme impraticable à Clairvaux, où j'ai été détenu un an. Là, je ne sais trop ce qu'il faudrait faire. Les «prisonniers de Paris qu'on y envoie gâteraient les meilleurs systèmes. C'en est assez d'une centaine «pour empoisonner les dix-sept cents autres. J'eusse eu honte de m'y corriger.

«Dans ce temps-là, je cherchais surtout à m'étourdir. J'avais dans le cœur un grand germe de foi que «j'étouffais dès que je le sentais pousser. Je cherchais partout une justification à mes vices. Un jour «Volney me tomba sous la main; je m'écriai tout joyeux : Voilà enfin ce qu'il me faut!

«Aujourd'hui, c'est l'Évangile que je lis. Je ne pourrais vous dire toutes les consolations que j'y puise.

«Il y a des passages qui semblent insignifiants à tout le monde. Ce sont ceux-là que je médite de «préférence, parce que je finis par y trouver des choses précieuses que personne ne me dispute; elles ne «sont connues que de moi.»

C..., catholique, Piémontais, trente-cinq ans. Ancien étudiant; homme instruit, de belle figure et de belles manières. Condamné à sept ans de travaux forcés pour faux. Quartier C. Se faisait passer pour prince quand il a été arrêté.

D. «Connaissez-vous le détenu B...?»

R. «Lequel?»

D. «Il y en a donc deux dans la maison?»

R. «Oui, monsieur; l'aîné, Jacques, condamné, en deux fois, à vingt-huit ans de travaux forcés, «et le cadet, Jean, condamné à six ans de prison.»

D. «Comment savez-vous leurs noms et la durée de leur condamnation, puisque vous gardez tousun «silence absolu dans le pénitencier?»

R. «Nous connaissons tous nos noms parce que, d'abord, nous avons tous, dans l'atelier, un livret «de travail, en tête duquel le nom de chaque détenu est écrit; parce qu'ensuite, quand le contre-maître a «à dire ou demander quelque chose à un détenu, il l'appelle tout haut par son nom devant les autres. «Quant à la nature et aux circonstances de la condamnation de chacun de nous, c'est le contre-maître qui «nous les apprend.»

D. «Ainsi, quand un nouveaucamarade vous arrive dans l'atelier, le contre-maître vous dit qui il est, «d'où il vient, à quoi et pour combien de temps il est condamné, etc., etc.?»

R. «Oui, monsieur; nous le savons aussi, parce qu'il est rare qu'on ne se soit pas vu à l'*Évêché.*» (Maison d'arrêt.)

D. «Est-ce que, si le nouvel arrivé était placé près de vous, et que vous ne le connussiez ni de nom, ni

« de vue, et que vous n'eussiez encore rien appris sur son compte par le contre-maître, vous ne chercheriez « pas à savoir vous-même son nom et son histoire, en les lui demandant? »

R. « Oh! pour cela, si, monsieur; c'est une curiosité toute naturelle. »

D. « Vous ne pourriez la satisfaire qu'en parlant, et le surveillant vous verrait ou vous entendrait? »

R. (Souriant.) « En parlant bas et quand le surveillant a le dos tourné, ou quand il va aux lieux, ou « quand il va parler au directeur, ou quand il est occupé à prescrire quelque chose à l'un de nous, il « nous est facile d'échanger quelques mots sans qu'il s'en aperçoive. »

D. « Ainsi la règle du silence, qu'on dit si pénible, l'est, en réalité, très-peu pour vous, puisque vous « pouvez si facilement l'enfreindre. »

R. « Ce sont des infractions légères et qu'on se permet rarement dans ma division. Il en est autrement « dans la division des récidives. J'ai été dans ce quartier; là, les prisonniers, aigris par le traitement plus « dur qu'ils subissent, se font un jeu de rompre le silence, par tous les moyens possibles, soit en se par- « lant à voix basse, soit en faisant des signes, soit en s'écrivant, etc. Ce qui les aigrit plus encore, c'est la « maladroite et partiale sévérité du chef d'atelier. On ne corrige pas en opposant le vice au vice. C'est « pourtant ce que font la plupart des surveillants. Ils feraient bien pis, si l'œil vigilant et le bras de fer du « directeur ne les tenaient constamment en haleine. »

D. « Est-ce par un sentiment religieux que vous vous abstenez d'enfreindre la règle qui vous est « imposée? »

R. « Un hypocrite dirait oui. Moi, qui suis franc, je répondrai que c'est uniquement pour me faire bien « venir du directeur, en vue de ma grâce. »

D. « Vous avez été au bagne de Toulon? »

R. « Oui, monsieur. »

D. « Quel est celui des deux régimes que vous préférez; celui du bagne, ou du pénitencier où vous « êtes? »

R. (Avec énergie.) « Oh! mille fois le régime du bagne! Vous ne pouvez vous faire une idée de tout « ce qu'a de lourd à porter cette règle qui vous force à vivre, pendant plusieurs années, avec vos sembla- « bles, sans pouvoir leur dire un mot! »

D. « Mais vous venez de m'avouer que vous parliez quelquefois? »

R. « Oui, mais ce sont des choses insignifiantes qu'on se dit. Cela n'empêche pas le silence d'être « absolu. »

D. « Est-ce que vous regarderez comme chose insignifiante pour vous, lorsque vous serez libéré, d'être « connu de vos compagnons de captivité, non-seulement de nom, mais encore de vue? »

R. « Je pense au contraire qu'il serait bien avantageux qu'on ne fût désigné, dans la prison, que par un « numéro. — Quant à la connaissance de vue, c'est un inconvénient sans doute, mais il est inévitable. »

D. « Inévitable! non : car on y pourrait remédier, en isolant les détenus les uns des autres, dans des « cellules séparées, le jour comme la nuit. »

R. « Alors ce serait le *solitary confinement* de Philadelphie : système anti-social, autant qu'anti-péni- « tentiaire, et qui a pour effet certain d'abrutir ou de rendre fou, quand il ne tue pas. »

D. « Vous paraissez connaître la théorie des divers systèmes pénitentiaires? »

R. « M. le directeur nous l'a apprise à tous, dans des instructions aussi simples qu'intéressantes. Et puis, « c'est moi qui ai recopié, pour l'impression, le manuscrit de l'ouvrage de M. Grellet-Wammy. — Donnez « moi un homme; que je puisse le voir, l'aimer, même sans qu'il le sache; mais ne me condamnez pas, dans « l'isolement absolu, à l'indifférence ou à la haine de mes semblables. J'avais un ami ici; on m'a séparé de « lui, je ne sais pourquoi; mais j'espère qu'on me le rendra. Faites qu'on me le rende, Monsieur, et je « bénirai le jour où je vous aurai vu. Cet ami s'appelle D....., de Neufchâtel. »

D......, de Neufchâtel, protestant, âgé de 24 ans, quartier A, condamné à 5 ans de reclusion pour vol; figure douce et intéressante. Le directeur a la plus grande confiance dans sa conversion.

D. «Le silence est-il une règle pénible pour vous?»

R. «Très-pénible, Monsieur. Quand il y a un peu de temps que je n'ai parlé, je me sens, *au dernier du* «*cou*, quelque chose qui m'étouffe; ma respiration est gênée. Pour me dégager, je fais semblant d'avoir af«faire au chef d'atelier, et je vais lui parler pour trouver l'occasion de prononcer quelques paroles. Alors «je me sens mieux. Quand je suis seul, dans ma cellule, je me mets à lire tout haut; ça me fait du bien de «m'entendre; malheureusement le surveillant qui m'entend aussi m'ordonne de me taire, ce qui me fait «beaucoup de peine. Alors je lis bas et prononce les mots le plus distinctement que je peux; mais ce «n'est pas la même chose.»

D. «Est-ce que vous ne trouvez pas souvent l'occasion de causer, ou du moins d'échanger quelques «paroles avec vos camarades?»

R. «J'en trouverais bien quelquefois l'occasion, mais je m'en abstiens, parce que c'est défendu, et qu'il «est de mon intérêt de me bien faire noter.»

D. «Vous êtes très-lié avec C.....?»

R. «Oh! oui, Monsieur, très-lié. Est-ce que vous l'avez vu? Est-ce qu'il se porte bien? Est-ce qu'il vous «a parlé de moi? Je suis bien malheureux depuis que je ne suis plus dans le quartier où il est.»

D. «Comment est venue votre connaissance?»

R. «La première fois que je le vis, je me sentis du penchant pour lui. Il se conduisait si bien, il était si «habile, si instruit, il avait de si bonnes manières, que je mettais tous mes soins à l'imiter. Il s'en aperçut «et m'envoya une grammaire à copier; il est auteur de cette grammaire. Je trouvai bien délicat ce procédé «de sa part; il m'alla au cœur. Il me prouva que j'étais compris et que mon affection était payée de retour. «Depuis lors je l'aime, ou plutôt nous nous aimons, car je suis sûr qu'il m'aime.»

D. «Sans aucun doute, vous vous êtes exprimé souvent votre amitié, par des paroles affectueuses?»

R. «Jamais. Il était à un bout de l'atelier et moi à l'autre. Il en était de même au réfectoire. A la cha«pelle, nous ne nous trouvions jamais ensemble: il est catholique et je suis protestant. Toujours, et par«tout, nous nous sommes trouvés éloignés l'un de l'autre. Il couche au second étage et moi au premier. «L'escalier par où nous montons n'est pas le même. A la promenade, je n'ai jamais eu le bonheur de me «trouver derrière lui; il y avait toujours quelqu'un entre nous deux. Notre langage d'amitié n'a jamais été «que par signes et de loin. Mais quand on s'aime de cette amitié-là, on n'a pas besoin de langue pour se «le dire; il suffit des yeux pour cela. Que ne donnerais-je pas pour le revoir, rien qu'un instant! A l'atelier, «dans ma cellule, je ne pense qu'à lui; je ne pense qu'à lui dans mes prières. J'en suis triste et tout souf«frant.....»

D. «Est-ce que la vivacité de cette affection ne vous porte pas, la nuit, à des actes secrets qui nuisent «autant à votre santé qu'à la morale?»

R. (*Avec chaleur.*) «Oh! quelle pensée, Monsieur! Je ne l'aimerais pas si je faisais cela.»

D. «Avez-vous passé quelque temps dans la solitude absolue?»

R. «Oui, Monsieur, 15 jours à mon arrivée. Ces 15 jours m'ont paru bien longs.»

D. «Croyez-vous que votre santé et votre raison eussent souffert d'une reclusion solitaire plus pro«longée?»

R. «Je ne sais pas. Tout ce que je puis dire, c'est que ce qui me faisait plus faute, dans ma cellule, «c'était du travail et des livres. Avec du travail et des livres, je crois bien que je m'y serais accoutumé; «mais je ne l'aurais jamais pu sans cela. Quand on ne sait à quoi se prendre, la solitude est un sup«plice.»

E..., Savoyard, catholique; trente-quatre ans, fort intéressant: condamné à huit ans de travaux forcés pour faux. Quartier des améliorés.

« Le silence ne m'est pénible que lorsque je vois qu'un camarade a seul le privilége de causer avec le « chef d'atelier. Quand je les entends chuchoter, toute la journée, et lier entre eux une conversation qui m'est « défendue, à moi, alors je ne puis y tenir. Il faut absolument que je parle. Quand personne ne parle de« vant moi, je m'en sens moins l'envie. En tous cas, je me contrains; et, grâce aux conseils de M. Grellet, « je suis quelquefois des semaines sans dire un mot et sans souffrir. »

F....., d'une ancienne commune sarde, catholique, âgé de trente-quatre ans; condamné à trois ans de travaux forcés, en troisième récidive. Détenu en cellule solitaire.

« Je m'ennuie, dans ma cellule, parce que je ne travaille pas de mon état. Si j'avais un métier de tisserand, « je serais content. J'aimerais mieux même être seul, parce que personne ne me dérangerait. Dans l'atelier, « on est taquiné par tout le monde; on vous punit pour la plus petite parole. J'ai été condamné à trois « mois de cellule pour avoir dit au chef d'atelier, qui trouvait mal tout ce que je faisais: Vous êtes toujours « après moi. »

Presque tous les détenus que m'avait indiqués M. le directeur étaient des hommes distingués. Je lui avais demandé ce qu'il avait de meilleur. Je le priai de m'envoyer ce qu'il avait de pire: il m'envoya G....., âgé de quarante ans, protestant, condamné à trois ans de travaux forcés, en troisième récidive; ancien militaire génevois; figure ignoble, atroce, dont j'eus presque peur quand je me vis face à face avec lui.

Voici quelques-unes des réponses qu'il fit à mes questions, avec ce sourire stupide qu'ont tous les êtres dégradés qui ne croient plus à rien :

« Le contre-maître n'a pas quatre yeux; il ne faut pas lui en vouloir pour cela. A la chapelle, je ne dis « pas: ce n'est pas facile de causer; mais dans l'atelier!... Ils sont bons là avec leurs défenses! Quand le « directeur regarde par son petit trou, il croit nous pincer. Bah! on le trompe encore celui-là, tout comme « un autre. Pourtant, faut être juste; on ne cause jamais aussi bien que quand il cause, lui-même, avec le « contre-maître, dans sa grande trompette de fer-blanc. Le contre-maître se retourne... ni vu, ni connu! « On recompose son visage, et ce sont les meilleurs apôtres qui sont mis dedans. Nous connaissons tous « notre histoire et celle de tous les autres; il n'y a pas de plaisir en prison sans ça. Quand on est trop « loin pour se parler, on s'écrit. On se parle à l'atelier, on se parle au réfectoire, on se parle à l'école, on « se parle en allant à la chapelle, on se parle en montant aux cellules, partout, toujours, et de toutes les « manières. Le directeur le sait bien; s'il l'ignore, il fait semblant. »

Je n'ajouterai qu'un mot, Monsieur le Ministre, à ces diverses dépositions, c'est qu'elles me paraîtraient en contradiction manifeste avec ce que j'ai rapporté ci-dessus, page 158, des paroles de M. Aubanel, si M. Grellet-Wammy, sous-directeur du pénitencier, ne m'eût expliqué le sens de ces paroles, en me disant :

« Le silence absolu, dans toute l'étendue de l'acception du mot, ne peut s'obtenir que par « l'isolement absolu.

« Le silence est une des branches du système pénitentiaire; c'est un des moyens de réformer « les détenus; mais ce n'est pas la fin qu'on doit se proposer.

« Le silence, tel qu'on le conçoit dans le pénitencier de Genève, est la privation de toute « communication, soit de vive voix, soit par écrit, soit par signes; c'est-à-dire la *défense* d'éta« blir ces communications, sous peine de punitions plus ou moins graves, jointe à une surveil« lance active, pour assurer, *autant que possible*, l'exécution du règlement. C'est cette *gêne* dans « les communications qu'on appelle *silence absolu*.

« La loi du silence absolu, ainsi établie, isole les hommes sans les séparer. — Elle ne leur « interdit pas *d'user,* mais *d'abuser* de la parole. — L'essentiel est qu'ils ne puissent jamais « converser d'une manière suivie. — Il y a loin d'une parole à la conversation.

« Lorsque les prisonniers sont réunis dans l'atelier, ou qu'ils montent ou descendent à la file, « il est bien possible que quelques mots se disent à l'insu du surveillant; mais à quoi cela se ré- « duit-il? à demander le nom d'un visiteur, d'un inspecteur, ou celui d'un prisonnier nouveau « venu; à s'informer pourquoi un tel a été puni, ou à dire quelle punition on a encourue, etc.

« Quelquefois, il faut l'avouer, des cœurs, ulcérés par la haine, laissent échapper des malé- « dictions; quelquefois le prisonnier est obsédé de sentiments de vengeance, de pensées mau- « vaises, d'idées obscènes qu'il brûle de communiquer. Les mots isolés qui débondent de sa « bouche ne le soulagent pas. Nous avons vu des prisonniers tellement pressés de dégonfler « leur cœur, qu'ils ne craignent pas d'acheter cette satisfaction au prix de la cellule ténébreuse.

« En définitive, ce qu'il faut remarquer surtout, par rapport à la règle du silence, c'est que la « grande rigueur de ce genre de punition n'est pas *de ne pouvoir parler :* le prisonnier a assez « fréquemment des occasions où cela lui est permis, pour satisfaire au besoin réel qu'il peut en « avoir; mais elle consiste spécialement dans l'obligation de ne pas mettre au dehors les mauvaises « pensées auxquelles il était habitué à donner un libre cours. »

Nous voici maintenant bien édifiés sur le principe et sur les conséquences de la règle du *si-lence absolu,* règle qui constitue tout le système de Genève.

CHAPITRE XI.

EFFETS DU SYSTÈME DE GENÈVE, QUANT AU NOMBRE DES RÉCIDIVES.

La récidive est la pierre de touche de tout système pénitentiaire, aux yeux de presque tous ceux qui s'occupent de la réforme des prisons. Cependant, la récidive donne-t-elle bien la mesure exacte des vices du système qu'on condamne? et n'a-t-elle pas sa source ailleurs que dans le régime d'une prison? M. Diodati, chapelain du pénitencier de Genève, homme d'un esprit supérieur, avec lequel j'ai passé de bien précieux instants, a émis, sur cette grave question, une opinion que je suis heureux de pouvoir consigner ici :

« Nous ignorons s'il existe quelque part dans le monde un établissement pénitentiaire, ou bien « un lieu de détention quelconque, où les récidives soient inconnues ou même rares. Quant à « nous, toutes les données sur lesquelles nous pouvons asseoir notre jugement nous ont amené à « la conviction que les récidives sont une déplorable, mais inévitable nécessité. Le jugement qui « se base sur le calcul des récidives, pour décider de l'état du régime intérieur d'une prison, « s'explique, parce qu'il est le résultat d'un procédé simple, commode, et qu'il offre l'apparence « satisfaisante d'une évidence arithmétique; mais il ne soutient pas l'examen. Lorsqu'on réfléchit « à la position du libéré dans le monde, loin d'être étonné du nombre des récidives, on est plu- « tôt tenté d'être surpris qu'elles ne se multiplient pas davantage. Changez de système, si vous « voulez; redoublez à votre gré les rigueurs; replacez les détenus sous les terreurs de la force « brutale; faites des lieux de détention, si vous le pouvez, les puits de Venise ou le Spielberg : « vous aurez toujours des récidives; toujours vous trouverez des hommes qui hasarderont ce sort

« contre le malheur qui les poursuit dans la société; et, dans ce jeu funeste, la prison ne sera « pas plus leur épouvantail que leur complice. »

« Les récidives sont donc une plaie incurable. Quelque procédé que l'on adopte, sous le « régime de la force ou sous le régime pénitentiaire, nous la verrons toujours reparaître. Nous « pouvons aspirer à l'adoucir, à la diminuer; jamais à la fermer. Rendre le système pénitentiaire « solidaire des rechutes des détenus libérés, c'est le charger d'une responsabilité qui retombe sur « des causes qui lui demeurent totalement étrangères. La racine du mal est placée en dehors des « prisons et de leur régime; ce n'est pas là que peut être placé le spécifique. Tout ce qu'on peut « leur demander, c'est de le préparer.

« L'argument tiré des récidives, pour ou contre le régime actuel de la maison pénitentiaire de « Genève, ne saurait donc avoir une valeur absolue; mais nous ne contestons pas que, dans sa « valeur relative, il ne mérite d'être examiné.

« S'il arrivait, en effet, que le régime disciplinaire favorisât les rechutes du coupable ou né- « gligeât quelque moyen essentiel de les prévenir, pour cela même nous ne dirions pas que le « système méritât d'être abandonné, car il renferme des avantages précieux dont il faudrait « hautement tenir compte; mais il réclamerait de sérieuses modifications.

« La véritable question nous paraît donc se réduire à celle-ci : l'expérience a-t-elle prouvé que « le régime suivi, jusqu'à ce jour, dans la prison de Genève, ait eu pour conséquence de multi- « plier les récidives? »

Beaucoup d'écrivains ont entrepris de résoudre cette question, mais tous l'ont fait dans un intérêt de système; tous ont fait plier les chiffres au gré divers de leurs arguments.

Les uns prétendent que les récidives vont en augmentant; les autres qu'elles vont en diminuant; d'autres qu'elles restent stationnaires, depuis l'introduction des nouvelles mesures disciplinaires dans le pénitencier; il y en a même qui vont jusqu'à avancer que la récidive a totalement disparu de la prison. Ce qu'il y a d'extraordinaire, dans cette divergence d'opinions, c'est que chacune d'elles a une *moyenne* à présenter à l'appui de ses conclusions. Ainsi, dans ses documents si curieux sur le pénitencier de Genève, M. Cramer-Audéoud établit que le chiffre des sortis, comparé à celui des rentrés récidifs, dans une période de 8 ans, de 1826 à 1833, présente, savoir : pour les Genevois, 34 cas de récidive sur 121 sorties, soit 1 sur $3\frac{56}{100}$; pour les Vaudois, 7 sur 30 sorties, soit 1 sur $4\frac{28}{100}$; et pour les Savoyards, 11 sur 51, soit 1 sur $4\frac{63}{100}$. Au contraire, dans l'*examen* qu'il a fait de ces *documents*, M. Diodati élève le chiffre en masse des récidives à 15 pour 100 de celui des détenus sortis du pénitencier, pendant le cours de la même période.

Embrassant une série d'années plus longue, la commission administrative, dans un tableau détaillé joint à ce rapport sous le n° 6 de l'Appendice, constate, 1° que sur 247 sortis, de 1826 à 1834, il y en a eu 45 rentrés par récidive; 2° et que sur 67 sortis pendant les années 1835, 1836 et 1837, 5 récidives seulement sont rentrés dans la prison. D'où la conséquence que, pendant la première période, le nombre des récidives a été de 18 1/5 pour 100, tandis qu'il n'a été que de 7 1/2 pour 100 dans la seconde.

M. le docteur Coindet va plus loin; il avance que, d'après les documents officiels, les récidives, dans une période de 11 ans, ont été, en moyenne, au nombre total, dans le rapport de 16 à 100. Puis il ajoute : en 1833, le nombre des récidives a été de 10; en 1834, de 6; en 1835, de 2; en 1836, il n'y en a pas eu.

De son côté, M. le docteur Gosse se livre aux calculs les plus minutieux pour prouver que de 1826 à 1837, la proportion des cas de récidive a été de 19 $\frac{61}{100}$ pour 100 dans le pénitencier. Divisant ensuite les éléments de cette proportion en trois époques, il établit qu'elle a été de 16 pour 100 dans les 7 premières années; de 35 pour 100 en 1833 et 1834, et de 16 $\frac{41}{100}$ pour les années 1835, 1836 et 1837. Puis, groupant ses chiffres d'une autre manière, et transportant les récidives dans l'année correspondante à la libération de chacune d'elles, M. Gosse obtient pour résultat 25 pour 100 dans la première période, 18 pour 100 dans la seconde, 4 $\frac{57}{100}$ dans la troisième. Puis enfin, mettant dans son creuset les *récidifs* au lieu des *cas de récidives,* l'habile chimiste en extrait les moyennes suivantes : pour la première période, 19 pour 100; pour la seconde, 11 pour 100; pour la troisième, 1 $\frac{49}{100}$; moyenne des trois périodes 14 $\frac{16}{100}$ pour 100.

Enfin, le *comité de patronage* constate que, récapitulation faite des détenus sortis du pénitencier antérieurement à 1837, la proportion des récidives connues au 28 février de cette année était seulement de 6 $\frac{59}{100}$ pour cent.

Voüs n'exigerez pas de moi, Monsieur le Ministre, que j'entre plus avant dans ce chaos de moyennes contradictoires. Pour en faire jaillir, s'il est possible, la vérité, je me contenterai de faire observer :

1° Que les différences qui existent dans les résultats tirés d'un même chiffre proviennent de ce que ce chiffre est trop petit et de ce qu'un chiffre trop petit ne peut se réduire en fractions. C'est un corps simple; l'on ne décompose pas les corps simples.

2° Que tous les calculs dont j'ai présenté le résumé ne sont basés, les uns que sur le nombre des cas de récidive, les autres que sur le nombre des récidifs; ce qui rend la confusion si inextricable et la vérité si difficile à saisir.

3° Qu'en outre, ces calculs ne sont établis que sur le nombre des libérés, rentrés par récidive dans la prison pénitentiaire, sans faire mention de ceux qui ont récidivé à l'étranger, ou qui sont renfermés dans d'autres prisons; ce qui nécessairement augmente de beaucoup le chiffre des mécomptes. Or, sur une population totale de 58,666 habitants, le canton de Genève compte 8,677 Suisses des autres cantons et 11,833 étrangers à la Suisse, en tout 20,510 étrangers, c'est-à-dire plus du tiers de la population totale. Dans ce chiffre n'est pas compris celui de la population flottante étrangère, qui s'élève annuellement, d'après les passe-ports visés, à près de 25,000 par an. Je tiens ce précieux renseignement de M. le lieutenant de police. Dans la prison pénitentiaire, le nombre des condamnés étrangers suit une proportion encore plus forte. Il résulte en effet des tableaux statistiques officiels dont j'ai donné le résumé, p. 145, que sur 272 individus condamnés par la cour criminelle, dans le cours de sept années, 123 étaient Génevois et 149 étrangers, c'est-à-dire plus de la moitié. Comment donc constater le sort des libérés étrangers qui, sortis du pénitencier, retournent dans leurs pays sans plus revenir dans le canton de Genève? Le comité de *patronage* les suit, dit-on, partout, et peut dès lors rendre compte de leur conduite. Mais la chose est tellement impossible, qu'on cherche en ce moment à organiser à Genève une société fédérale, dont l'objet serait précisément d'arriver au but qu'on ne peut atteindre aujourd'hui. Et quand cette société fédérale fonctionnerait, quel droit et quels moyens de suite et de surveillance aurait-elle sur les nombreux libérés qui appartiennent à la France, à l'Italie, à la Savoie, etc.? Concluons donc, par ce fait incontestable, que le chiffre des récidives, constatées dans le pénitencier, ne constate nullement le chiffre des récidives commises hors du pénitencier.

4° Que, dans l'impossibilité où se trouve la bonne-foi d'asseoir une opinion dégagée d'esprit de parti sur les opinions contradictoires des écrivains qui, pour le triomphe d'une cause sur l'autre, vont puiser leurs arguments à une source inconnue, ou dans des documents dont rien ne garantit l'authenticité, le seul moyen d'arriver à un chiffre vrai est de consulter exclusivement les tables officielles de la criminalité dans le canton de Genève. Or, il résulte de ces tables, que j'ai compulsées avec le plus grand soin, et dont j'ai présenté, p. 145, l'analyse fidèle, que, sur une population annuelle à peu près égale de condamnés jugés par la cour criminelle, le nombre des récidives a suivi les variations suivantes :

En 1829.......	2	avant le règlement de 1833.
1831.......	2	
1832.......	2	
1834.......	4	depuis le règlement de 1833.
1835.......	5	
1836.......	3	
1837.......	3	

Dans ces chiffres ne sont pas compris ceux des récidives, *nécessairement en plus grand nombre*, jugées par le tribunal correctionnel. Les tableaux officiels n'en font malheureusement pas mention.

Faut-il conclure, du relevé *authentique* ci-dessus, que, par cela seul qu'il y a eu plus de récidives jugées, pendant les quatre dernières années, que pendant les trois années précédentes, le régime de la maison pénitentiaire est plus mauvais aujourd'hui qu'autrefois ?

Ceux qui ne jugent des vices ou de la bonté du régime d'une prison, que par le plus ou moins grand nombre de libérés qui y rentrent, doivent nécessairement admettre cette conclusion.

Pour nous, qui croyons, avec M. le pasteur Diodati, que la prison a le pouvoir de favoriser et non d'empêcher les récidives, nous pensons, 1° que quand le nombre des récidives diminue, dans un pays, la cause première en est à la diminution des causes qui ont amené la première chute, et aux sociétés de patronage qui, en recueillant le libéré à sa sortie de prison, l'empêchent d'en commettre une seconde; 2° que quand, au contraire, le nombre des récidives augmente, on ne peut raisonnablement l'attribuer à la prison que quand il est démontré, par le chiffre élevé de ce nombre, que la trop grande douceur du régime pousse évidemment à y revenir.

Pour nous, l'efficacité de la discipline d'une prison doit plutôt se juger par la diminution du nombre des crimes que par la diminution du nombre des récidives. Nous avons fait voir, dans notre ouvrage de *la Réforme des prisons en France*, page 54, que, quel qu'ait été la plus ou moins grande fréquence des récidives dans une longue série d'années, le nombre total des crimes n'en avait ressenti aucune influence. C'est donc principalement à diminuer le nombre des crimes que doit tendre tout bon système de prison. Or, si nous jetons de nouveau les yeux sur les tables de la criminalité du canton de Genève, nous trouvons trois faits qui seraient de nature à nous faire juger moins favorablement qu'on ne fait d'ordinaire du système pénitentiaire de Genève, si nous n'avions à asseoir notre jugement que sur cette base, à savoir : 1° que le nombre des condamnés pour crime, qui n'était que de 28 à 33 avant 1834, est monté de 41 à 47, depuis cette époque; 2° que le nombre des crimes contre les personnes, qui n'était que de 2 à 5 dans la première période, s'est élevé de 6 à 12 dans la seconde; 3° que le nombre des crimes contre les propriétés a suivi la même progression; 4° qu'enfin le nombre des journées de prison, qui n'était que de 8,300 pour chaque condamné correctionnel, en 1834 et 1835, et qui était descendu à 6,281 en 1836, s'est élevé, en 1837, au chiffre énorme de 10,132.

Ce sont-là des faits, et non des commentaires.

Concluons toutefois, avec le docteur Gosse, que la position spéciale de Genève pourrait, jusqu'à un certain point, expliquer un accroissement de délits et de récidives, sans que l'éducation pénitentiaire de sa prison fût fautive. Comme ville de commerce et d'industrie, Genève attire, en effet, une foule de prolétaires et de vagabonds. Quoique petite, elle offre plusieurs des conditions d'une capitale, et, par conséquent, les contrastes de la richesse et du dénûment, de l'activité et de la fainéantise, de l'économie et du désordre. Comme pays libre et frontière, elle est le rendez-vous de tous les contrebandiers voisins, qu'un trafic illicite et chanceux démoralise et pervertit: toutes causes qui tendent à propager le vice et qui font de Genève une exception.

CHAPITRE XII.

COMITÉ DE PATRONAGE.

Votre Excellence n'apprécierait pas dans toute leur étendue les résultats moraux du système de Genève, si je ne lui faisais pas connaître le résultat de l'œuvre du *comité de patronage*. Le patronage fait corps, pour ainsi dire, avec le système pénitentiaire. Il en couronne l'œuvre; il en est l'accessoire obligé.

Ce fut en février 1834, peu après la réforme introduite dans le régime disciplinaire du pénitencier de Genève, que s'organisa, dans cette ville, *un comité de patronage des prisonniers libérés,* exclusivement chargé de continuer, à l'extérieur, l'œuvre de régénération commencée, dans la prison, par *le comité moral.*

Le comité de patronage n'est point d'institution administrative; c'est une œuvre particulière de foi et de charité; ajoutons que c'est une œuvre toute aristocratique, qui n'admet pas de souscripteurs. Chez les républicains de Genève, il n'est pas d'usage de fonder des sociétés où tout le monde peut être admis. Dans une société, tout membre a le droit de donner son avis avec son argent, et de s'immiscer dans les affaires communes; un comité exclut cet inconvénient. Le *comité de patronage* a ainsi fait : il s'est créé lui-même; treize membres seulement en font partie. Ses ressources pécuniaires se composent de dons volontaires et d'un capital de 4,000 francs que lui a transmis le *comité moral* quand il a cessé de s'occuper des libérés. Quand les ressources actuelles seront insuffisantes, le comité fera un appel à la charité publique, et la charité publique répondra sûrement à l'appel.

Le but du comité et son mode d'action sont à peu près ceux de la société de patronage de Paris; seulement, il embrassse *tous* les libérés, jeunes ou adultes.

Le comité divise les libérés en trois catégories :

1° Libérés sous une inspection directe;

2° Libérés sous une inspection réelle, mais éloignée;

3° Libérés sous une inspection purement statistique.

La première classe comprend les libérés résidant à Genève, placés sous le patronage immédiat d'un des membres du comité.

La deuxième catégorie renferme les libérés placés hors de Genève, ceux dont on a cru l'éloignement nécessaire pour rompre des habitudes ou des liaisons dangereuses. Dans ce cas, le patron désigné délègue ses droits, ou plutôt ses devoirs, à une personne choisie qui le remplace sur les lieux. Le patron principal n'en reste pas moins seul moralement responsable à l'égard du comité.

Dans la troisième classe sont rangés les libérés qui, pour une cause quelconque, ne peuvent ou ne veulent pas être surveillés. Une section du comité est toutefois chargée de les suivre, et de leur tendre une main secourable. Elle est aussi chargée de recueillir en tout temps, sur cet classe de libérés, tous les renseignements qu'elle peut se procurer pour constater le nombre des récidives.

Il résulte du premier compte rendu des opérations du comité qu'au 28 février 1837, les libérés de la première classe étaient au nombre de 12, dont 8 marchaient assez bien, et 4 assez médiocrement : ceux de la seconde, au nombre de 15, dont un en récidive, 1 donnant des inquiétudes sérieuses, et 13 donnant beaucoup de satisfaction; enfin ceux de la troisième, au nombre de 19, dont 2 en récidive, 2 menaçant de suivre la même route, et 15 allant très-bien ou passablement.

En résumant les détails qui précèdent, nous voyons que l'œuvre du patronage, au 28 février 1837, embrassait 47 libérés, dont

3 ont été de nouveau repris de justice;
3 donnant des craintes sérieuses;
41 se conduisant bien ou passablement.

47 au total.

D'où il suit que la proportion des récidives, connues à ladite époque, n'était que de 6 $\frac{38}{100}$ sur 100. (Voir ci-dessus, page 175.)

Cette proportion a-t-elle varié depuis? Nous ne le saurons que par la publication prochaine du second compte rendu du comité.

M. Butini de la Rive, conseiller d'état, président du comité de patronage, homme aussi éminent par ses talents que par ses vertus chrétiennes, a bien voulu me promettre de m'adresser ce compte dès que les résultats en seraient complétement recueillis.

Dans une longue et fructueuse promenade que j'eus l'honneur de faire avec lui, dans plusieurs établissements de bienfaisance de Genève, M. Butini de la Rive ne m'a pas dissimulé combien la position de cette ville, et les éléments étrangers qui composent une grande partie de sa population et de celle du pénitencier, rendaient difficiles, incertains, problématiques, les effets du patronage sur les libérés qui quittent le canton. Aussi, sentant bien que le chiffre des récidives ne pourrait jamais être exactement connu, tant qu'on ne pourrait suivre, jusque dans les autres cantons et même en pays étranger, les nombreux libérés qui s'y réfugient, après leur sortie de prison, le comité de patronage a résolu de rattacher ses opérations à celles d'une association plus vaste : il s'agit de l'organisation de la société fédérale dont j'ai parlé page 142. Son but serait de répandre ses doctrines pénitentiaires dans toute la Suisse, et d'unir les prisons des vingt-deux cantons par une sorte de lien disciplinaire commun. La société aurait un autre but, et c'est principalement celui-là que le comité de patronage désire atteindre : ce serait de faire un échange de libérés, de canton à canton, et de séquestrer, par là, les libérés, des vicieuses habitudes et des connaissances pernicieuses qu'ils ont contractées dans leur pays; ce serait de les soustraire ainsi aux nécessités ou aux dangers d'une chute nouvelle; ce serait enfin d'appliquer aux libérés le système de la séparation individuelle, dont l'adoption est de plus en plus reconnue urgente dans les prisons. Ce projet est admirable et digne des grands citoyens que renferme la petite république de Genève; mais j'ai dit ses chances d'insuccès (p. 142). Toutefois, trois cantons sont déjà constitués : ce sont ceux de Genève, de Vaud et de Soleure.

Outre l'institution de patronage, qui a pour objet de relever les coupables après qu'ils sont tombés, Genève possède plusieurs institutions qui ont pour objet de les préserver d'une première chute. J'ai visité, entre autres, avec le plus vif intérêt, les deux salles d'asiles, l'école d'enseignement mutuel et la maison de préservation des jeunes filles pauvres. Cette dernière institution a pour but de soustraire, à la contagion des mauvais conseils ou des mauvais exemples de la maison paternelle, les jeunes filles pauvres du canton. J'ai vu trente de ces jeunes filles soumises à l'action de cette œuvre de charité chrétienne. Ces trente jeunes filles sont réunies, à quelque distance de la ville, dans une maison d'éducation et de travail, où l'on s'applique à en faire de bonnes ouvrières et de bonnes domestiques, et, avant tout, des femmes honnêtes. Deux établissements de même nature existent, dans la campagne, pour de jeunes orphelines. On projette d'en fonder un pour de jeunes garçons.

Honneur et reconnaissance aux citoyens qui comprennent ainsi la réforme des prisons! Cette réforme n'est pas seulement de guérir le mal, quand il est fait, mais surtout d'empêcher qu'on ne le commette.

2.

CANTON DE VAUD.

(Système cellulaire de jour et de nuit.)

CHAPITRE Ier.

OBSERVATIONS PRÉLIMINAIRES SUR LA CONSTITUTION POLITIQUE ET L'ADMINISTRATION DE LA JUSTICE CRIMINELLE DANS LE CANTON DE VAUD.

Bien que le canton de Vaud ne soit qu'un démembrement de celui de Berne, il est bien plus étendu que celui de Genève. Sa population totale est de 183,582 habitants; sa surface territoriale est d'environ 120 lieues carrées.

La ville de Lausanne est le chef-lieu du canton, et le siége des autorités supérieures aussi bien que du pénitencier central.

D'après la constitution de 1831, le canton de Vaud est divisé en 19 *districts*.

Les 19 districts forment ensemble 60 *cercles*.

Les 60 cercles sont composés d'une ou plusieurs *communes*.

Les communes sont au nombre de 388.

La religion de la majorité des citoyens du canton est évangélique réformée. Il y a dans le canton 140 paroisses réformées et 4 paroisses catholiques.

L'autorité publique y est exercée par quatre pouvoirs distincts : pouvoir législatif, pouvoir exécutif et administratif, pouvoir judiciaire, pouvoir communal.

Le *pouvoir législatif* réside dans le *grand conseil* ou assemblée de députés élus, au nombre de 184.

Le *pouvoir exécutif* et *administratif* réside dans le *conseil d'État,* dont le smembres, au nombre de 9, nommés par le grand conseil entre les membres de ce corps, sont divisés en quatre départements, divisés eux-mêmes en bureaux. Le département de justice et police est le premier; il comprend l'administration des prisons.

Le *pouvoir judiciaire* comprend, 1° la justice civile, composée d'un tribunal d'appel, de tribunaux de première instance, de tribunaux de commerce, et de justices de paix; 2° la justice pénale, composée d'un tribunal de cassation, d'un tribunal d'accusation, de tribunaux criminels, de tribunaux correctionnels, et de tribunaux de police; 3° la justice militaire.

Le pouvoir communal comprend les conseils généraux, les conseils communaux, et les municipalités.

Le canton est divisé, sous le rapport de l'administration de la justice pénale, en deux arrondissements de tribunaux criminels, et en six arrondissements de juges d'instruction.

Le ministère public représente le pouvoir exécutif auprès des juges et tribunaux : il est exercé par un procureur général, résident au chef-lieu du canton.

Il y a un substitut du procureur général dans chacun des six arrondissements des juges d'instruction.

Le code pénal encore en vigueur, dans la canton de Vaud, est celui de l'assemblée française constituante.

Il est sérieusement question de le changer. Le grand conseil s'en occupe en ce moment.

Le nouveau code de procédure pénale a été promulgué le 28 janvier 1836.

D'après ce code, les crimes, délits et contraventions se jugent par deux *tribunaux criminels,* par 19 *tribunaux correctionnels,* et par 19 *tribunaux de police.*

Deux grandes innovations sont introduites dans l'instruction et le jugement des affaires criminelles.

Un magistrat spécial dirige les débats, sous le nom de *directeur des débats.* Il ne peut faire partie, ni du grand conseil qui le nomme, ni du tribunal qu'il préside, ni d'aucune autorité. Lorsqu'il a clos les débats, il se retire de l'audience, avec le ministère public, le public et les accusés, et le tribunal délibère à huis clos.

Le tribunal est présidé alors par le juge le plus ancien.

Le *tribunal criminel* remplit à la fois les fonctions de juges et celles de jurés.

A cet effet, chacun des deux tribunaux criminels du canton est composé de 12 juges, savoir : 1° 3 juges nommés par le grand conseil; 2° 3 présidents de tribunaux correctionnels, désignés par le sort; 3° 6 juges de tribunaux de district, tirés au sort sur une liste de 16 juges formée par le conseil d'état et le tribunal d'appel.

Le tribunal délibère d'abord sur le fait, puis sur l'application de la peine.

Le jugement est rendu d'après la conviction morale du juge.

Le tribunal doit être au complet pour rendre son jugement. Une amende est prononcée contre le juge absent.

La majorité de 9 voix est nécessaire pour constater que l'accusé est l'auteur du fait, objet de l'accusation.

La majorité de 7 voix décide dans toutes les autres questions.

La condamnation à la peine de mort ne peut être prononcée qu'à l'unanimité des suffrages.

Les *tribunaux civils* de première instance remplissent, chacun dans leur district, les fonctions de *tribunaux correctionnels*. Ils se composent de 9 juges, élus par le conseil d'état. Il en sort 1 chaque année.

Le *tribunal de police* se compose, dans chaque district, du président du tribunal de district (civil et correctionnel) et de deux autres membres du même tribunal : l'un, nommé au scrutin secret par le tribunal; l'autre, désigné par le sort.

Il y a 1 juge de paix par cercle. Les 60 juges de paix sont suppléants des juges d'instruction.

Le nouveau code de procédure pénale n'ayant été mis à exécution qu'à partir du 1er janvier 1838, on ne peut encore savoir quels en seront les effets sur la constatation et la répression des crimes et délits.

En 1828, une commission fut nommée, par la *société d'utilité publique* du canton de Vaud, pour extraire des archives de la commission des établissements de détention, où se trouve le dépôt des jugements prononcés par les tribunaux vaudois, en matière criminelle, un résumé statistique de la criminalité dans le canton, de 1803 à 1826.

Votre Excellence trouvera ce résumé sous le n° 1 des pièces de l'Appendice.

Elle trouvera également, sous les nos 2 et 3, l'extrait des documents que je me suis procurés pour établir le mouvement de la criminalité dans le canton, depuis l'année 1826 à laquelle s'arrête le travail de la commission, jusqu'à 1838, époque de la mise en vigueur du nouveau code de procédure pénale.

Si l'état de l'instruction primaire, dans un pays, implique celui de sa moralité, nul canton de la Suisse ne peut être plus moral que celui de Vaud.

En effet, tous les enfants dont les parents ne prouvent pas qu'ils pourvoient à leur instruction élémentaire d'une manière suffisante, sont astreints par la loi à fréquenter les écoles publiques. Il en est peu qui puissent se soustraire à cette obligation, laquelle est imposée aux pères de famille sous peine d'amende et de prison, même pendant l'époque où l'âge des enfants les appelle à recevoir les instructions religieuses des pasteurs, pour leur admission à la Sainte-Cène; aussi le canton de Vaud est-il placé, depuis longtemps, au nombre des pays où l'instruction élémentaire est le plus généralement répandue.

Il résulte d'un recensement fait en 1834, qu'à cette époque, les 388 communes du canton, divisées en 162 districts d'écoles, contenaient 625 écoles, fréquentées par 29,651 écoliers : c'est environ 1 élève sur 6 habitants.

Le dernier recensement fait au mois d'avril 1837 constate, de plus, l'existence de 45 *écoles enfantines*, appelées en France *salles d'asiles*.

On voit aussi, par le compte rendu de l'administration du conseil d'État, pendant l'année 1837, que le nombre des écoles et de la population scolaire a augmenté, et que l'enseignement des divers objets prescrits par la loi est en progrès.

Cependant, il résulte des tables de la criminalité du canton que les crimes augmentent chaque année, et nous verrons, dans le chapitre XIV, qu'il en est de même des récidives.

Doit-on attribuer ce fâcheux état de choses aux vices du régime intérieur des prisons? — Examinons.

CHAPITRE II.

DES DIVERS DEGRÉS D'EMPRISONNEMENT, ET DES DIFFÉRENTES SORTES DE PRISONS DANS LE CANTON DE VAUD.

Dans l'état actuel de la législation pénale des Vaudois, les mesures qui se formulent par l'incarcération sont :

L'arrestation *préventive*, la détention *disciplinaire*, la détention *criminelle*, et la détention *correctionnelle*.

De là, la division des prisons en :

Chambres d'arrêt de cercles;
Prisons de districts;
Maison de discipline;
Prison centrale;
Maison de force et de correction.

Bien que ces diverses appellations légales soient dépourvues de l'adjectif *pénitentiaire*, l'organisation légale des prisons du canton de Vaud n'en constitue pas moins le système pénitentiaire le plus parfait qui existe en Suisse. Genève a fait plus de bruit que Lausanne; mais elle a beaucoup moins fait.

La pensée du législateur vaudois, sur ce point, a été exactement exprimée par ces paroles du conseiller d'État Soulié : « La détention a trois objets : la séquestration du condamné, sa punition « et son amendement. »

Le but étant ainsi bien marqué, les moyens de l'atteindre n'en devenaient que plus faciles.

Bien des moyens ont été médités, essayés, abandonnés; un seul est resté : c'est celui de séparer tous les détenus les uns des autres, à quelques catégories qu'ils appartiennent.

Pour réaliser le plus tôt possible cette réforme, le conseil d'État s'est mis à l'œuvre, il y a six mois. Déjà le principe de l'emprisonnement individuel est mis en action dans toutes les prisons de la république.

Constatons-en la marche et les premiers effets.

§ 1er.

CHAMBRES D'ARRÊT DE CERCLES.

Chacun des 60 cercles du canton de Vaud est pourvu d'une ou de plusieurs *chambres d'arrêt*, où sont renfermés 1° les condamnés sommairement à une reclusion momentanée pour contraventions légères; 2° les prévenus de délits commis dans l'arrondissement du cercle, pendant l'enquête préliminaire que doit faire le juge de paix, lorsque ce magistrat trouve leur arrestation nécessaire.

Les détenus doivent être placés isolément dans les chambres d'arrêt; cette prescription est exécutée dans le plus grand nombre des cercles; elle ne tardera pas à l'être dans les autres.

La commune du chef-lieu du cercle fournit et entretient, sous la surveillance du juge d'instruction et du juge de paix, la chambre d'arrêt, qu'elle doit munir de meubles, effets et moyens de chauffage déterminés par les règlements. A défaut par elle de remplir cette obligation, il y est pourvu à ses frais par le conseil d'État (loi du 12 janvier 1837, articles 31 et 32).

Le règlement du conseil d'État du 23 décembre 1837 est applicable aux chambres d'arrêt de cercle aussi bien qu'aux prisons de district.

§ 2.

PRISONS DE DISTRICT.

Les 19 districts du canton de Vaud ont chacun une prison; cette prison est spécialement destinée, 1° aux prévenus et aux accusés; 2° aux condamnés correctionnels dont la durée de la peine n'excède pas un mois d'emprisonnement. Le principe de la séparation individuelle est de règle pour tous les détenus. Dans un pays dont la population totale n'atteint pas 180,000 âmes; où le nombre des vagabonds sans feu ni lieu n'est guère sensible; où l'on sait à peine ce que c'est qu'un détenu pour dettes; où, dans une période de plus de vingt ans, la totalité des accusés qui ont donné lieu à l'instruction d'une procédure ne s'est élevée qu'à 3,072 (en moyenne, 120 par année), ce principe a souffert peu de difficultés sérieuses d'exécution. Aussi *toutes* les prisons de district sont-elles aujourd'hui réédifiées ou distribuées en cellules solitaires.

Le régime intérieur de ces prisons est déterminé par un règlement spécial du conseil d'État du 23 décembre 1837.

Ce règlement, commun aux chambres d'arrêt de cercles, porte, entre autres dispositions, que chaque cellule doit être pourvue, 1° d'un lit composé d'un bois de lit, garde-paille, traversin, deux couvertures en laine et deux draps; 2° d'une petite table; 3° d'un siége; 4° d'un pot pour l'eau avec sa cuvette; 5° d'un essuie-main; 6° d'un peigne; 7° d'une chaise percée fermant hermétiquement; 8° de chemises pour les détenus qui en manquent.

Ces fournitures sont à la charge des communes de chefs-lieux de district. A défaut par elles de remplir cette obligation, il y est pourvu à leurs frais par le conseil d'État (loi du 25 mai 1837, article 52).

Chaque cellule est encore pourvue d'un poêle chauffé aux frais des mêmes communes.

Le geôlier donne chaque jour aux détenus, pour leur nourriture, deux soupes substantielles, l'une le matin, l'autre le soir; des légumes en quantité suffisante; à midi, une livre et demie de bon pain. De plus, le dimanche et le lundi, une demi-livre de bonne viande.

Le règlement fixe les sommes qui reviennent au geôlier pour les différentes parties de l'entretien de chaque détenu, homme ou femme, et détermine les règles disciplinaires qui doivent être observées dans la prison.

La prison de district de Lausanne se compose de 30 cellules. Toutes sont construites en bois, ainsi que les corridors et les autres distributions intérieures de la maison.

Un poêle sert pour deux cellules jumelles.

Il n'y avait que 13 détenus le jour de ma visite.

La prison de district de Payerne est disposée comme celle de Lausanne. Un grand nombre d'autres sont aussi bien tenues.

§ 3.

PRISON CENTRALE.

Le projet de code, arrêté, en 1838, par la commission, porte, au sujet de cette prison, article 11 : « Tout condamné à une reclusion au-dessus d'un mois et qui n'excède pas six mois « (aujourd'hui trois mois), subit sa peine dans la *prison centrale.*

« La prison centrale est organisée dans une division de la maison pénitentiaire spécialement « destinée à cet usage, et les reclus de la prison centrale n'ont aucune communication avec ceux « de la maison pénitentiaire. »

Jusqu'à ce que ce projet soit converti en loi, la prison centrale continuera à être placée provisoirement dans l'enceinte et à l'un des étages de l'hospice cantonal. Les employés et la cuisine de l'hospice offrent à l'administration une grande facilité de surveillance et une grande économie d'entretien.

Aujourd'hui, l'exécution de ces constructions n'est plus subordonnée qu'à la promulgation du nouveau code pénal.

Alors, au régime provisoire de vie en commun, succédera le régime définitif de la vie solitaire dans des cellules individuelles.

L'article 11 du projet que j'ai déjà cité porte, à ce sujet, dans sa disposition finale :

« La reclusion dans la prison centrale est solitaire. Elle peut être aggravée par des rigueurs « de régime dont le mode est déterminé par la loi. »

§ 4.

MAISON DE DISCIPLINE.

On donne ce nom à l'établissement destiné à recevoir, 1° les jeunes gens des deux sexes qui sont reconnus, par les tribunaux, coupables de délits *commis sans discernement;* 2° les enfants dont les parents demandent la reclusion temporaire, par mesure de correction paternelle.

La *discipline* est placée dans le bâtiment de l'hospice. Elle consiste en plusieurs chambres communes. Il n'y a jamais que cinq ou six enfants à la fois. Un instituteur et une maîtresse d'ouvrage pour les jeunes filles lui sont attachés. Le chapelain de l'hospice est chargé de l'instruction religieuse.

§ 5.

MAISON DE FORCE ET DE CORRECTION.

(Pénitencier de Lausanne.)

La maison de force et de correction, autrement appelée *maison pénitentiaire* de Lausanne, forme le dernier degré de l'échelle pénale de l'emprisonnement, dont je viens de faire connaître les premiers échelons.

La première pierre en fut posée le 11 mars 1822.

Le 1er mai 1826, elle fut occupée par les détenus.

Lorsque le grand conseil vota l'érection de cette prison, il décida, 1° que, quel que fût le système d'organisation et de discipline intérieure qu'on dût adopter plus tard, la prison devait être, avant tout, dans sa construction principale, l'exécution rigoureuse des prescriptions de la loi pénale en vigueur; 2° qu'aucun système d'organisation et de discipline intérieure ne serait adopté définitivement qu'après qu'une longue expérience et de nombreux essais en auraient constaté l'efficacité.

Le programme donné à l'architecte réalisa la première pensée du grand conseil. Deux prisons distinctes, réunies entre elles par un bâtiment commun d'administration, furent construites, d'après ce programme, l'une pour les *condamnés correctionnels*, l'autre pour les *condamnés criminels*. Chacune de ces deux prisons fut partagée en deux sections, l'une pour les *hommes*, l'autre pour les *femmes*. Une cour fut attachée à chaque section; ce qui fait quatre cours, séparées entre elles par les bâtiments de chaque section, et par les deux cours intermédiaires du bâtiment d'administration. Une autre pensée que celle d'établir, entre les criminels et les correctionnels, la séparation voulue par la loi, présida, assure-t-on, à la rédaction du programme et à la confection des plans de l'architecte. Des personnes appartenant à l'administration m'ont assuré que, dès 1822, M. le conseiller d'État Soulié, qui était l'âme et le bras du pouvoir exécutif auquel il appartenait, songeait à réaliser, dans la maison projetée, le système de l'emprisonnement individuel; mais que, craignant que cette idée, trop avancée pour l'époque, ne fût repoussée par le grand conseil, il se contenta de faire construire la prison de telle sorte que, quand on le voudrait, ses distributions intérieures se prêteraient, avec la plus grande facilité, et sans grandes dépenses, aux combinaisons du système de la séparation. Et, de fait, rien ne serait plus facile que d'introduire ce changement dans les constructions actuelles du pénitencier de Lausanne.

Il suffirait, pour cela, de convertir les ateliers en autant de cellules de travail, qu'il y a de cellules de nuit correspondantes, ayant ouverture dans lesdits ateliers.

Quant à l'organisation et à la discipline intérieure de cette maison, le grand conseil rendit, sous la date du 18 mai 1825, le décret suivant :

« Le grand conseil du canton de Vaud, considérant que, pour organiser, de la manière la « plus convenable, la maison de force et de correction, il importe de consulter l'expérience,

Décrète :

Article 1er. « Le conseil d'État est autorisé à organiser provisoirement l'administration et le « régime des maisons de force et de correction, de la manière qui lui paraîtra la plus propre à « obtenir le but qu'on s'est proposé par la construction des bâtiments destinés à ces deux éta- « blissements. »

Article 2. « Les pouvoirs accordés à ce sujet au conseil d'État finiront, de plein droit, « au 1er juillet 1828 ».

Ces pouvoirs, qui laissaient au conseil d'État la plus entière liberté, furent renouvelés lors de leur expiration, et le grand conseil, satisfait des rapports annuels qui lui ont été présentés depuis, reconnaissant la convenance de continuer cet état provisoire jusqu'au moment de la promulgation du nouveau code pénal, a confirmé, par de nouveaux décrets, celui du 18 mai 1825.

Nous verrons, dans le chapitre IV, quels ont été les moyens mis en œuvre par le conseil d'État, jusqu'à ce jour, pour asseoir la discipline de la maison de force et de correction sur la triple base de la séquestration, de la punition et de l'amendement des condamnés.

Achevons, en ce moment, de faire connaître les dispositions des lieux.

Les frais de construction, y compris ceux de premier ameublement et d'achat de terrain, se sont élevés à la somme de 348,000 francs de Suisse (chiffre officiel), soit, de France, environ 515,000 francs, pour cent places.

La prison est construite sur le penchant du Jorat, en dehors et tout près de l'enceinte de la ville de Lausanne, en face du lac de Genève, qu'elle domine d'une hauteur d'environ 450 pieds.

La position et la *vue* de la prison sont magnifiques.

Le lac dans son immense étendue, les Alpes dans toute leur splendeur, forment la partie principale de l'admirable panorama qui s'offre aux regards, de la galerie extérieure du premier étage.

Le style du bâtiment n'est ni assez simple, ni assez sévère pour le *sérieux* de sa destination. Il ressemble moins à une prison qu'à un élégant observatoire.

La forme de l'édifice est un vaste parallélogramme de 280 pieds vaudois de longueur sur 70 de large (1), dont la direction est de l'orient à l'occident, de manière que les deux grandes faces regardent directement le nord et le sud.

Il est divisé, ainsi que je l'ai déjà dit, en trois parties distinctes, l'une au centre, et deux sur les côtés. (Voir la planche XXIV.)

L'édifice du milieu, destiné à l'administration, a, outre le rez-de-chaussée, deux étages, décorés à l'extérieur par un double rang d'arcades, d'où l'on peut inspecter l'extérieur de la prison, et surmontés, au centre, par une lanterne ou coupole vitrée qui éclaire un péristyle intérieur carré, à deux étages de galeries, avec deux rampes d'escalier, l'une à droite, l'autre à gauche; les divers appartements s'ouvrent sur ces galeries.

Les deux ailes latérales, destinées aux condamnés des deux sexes, ont chacune un déploiement de 100 pieds; elles sont séparées du bâtiment du centre par des corridors (n° 11 du plan) qui font partie de ce dernier, et qui donnent entrée 1° dans les ateliers au rez-de-chaussée par les portes P; 2° dans le corridor d'inspection n° 23, au premier étage; 3° aux fenêtres d'inspection n° 24; 4° enfin, au même étage, aux galeries ou arcades n° 11 bis, lesquelles aboutissent à l'angle intérieur des quatre cours sur lesquelles elles ont ainsi vue.

Chacune des ailes offre les deux sections dont nous avons parlé. Chaque section est séparée, dans sa longueur, au rez-de-chaussée et à l'étage, par les corridors n°s 11 et 23 du plan.

Un vaste atelier occupe le centre de chacune des quatre sections.

Les cellules des détenus ouvrent dans l'intérieur des ateliers; il y en a une double rangée superposée l'une à l'autre tout autour de chaque atelier.

Le bâtiment entier est entouré d'un mur d'enceinte unique. Ce mur n'avait, dans le principe, que 12 pieds de hauteur; il en a aujourd'hui 18 1/2; il est éloigné de 60 pieds des deux façades principales, et d'une quinzaine de pieds des deux autres. Il circonscrit une enceinte que des murs transversaux divisent en huit cours. Quatre de ces cours, attenantes aux ateliers du rez-de-chaussée, sont affectées spécialement aux détenus des quatre sections. Elles sont fournies d'eau et cultivées en jardins par les détenus, pendant les heures de promenades. L'usage des quatre autres cours est indiqué sur le plan et sur la légende.

(1) Le pied vaudois est de 3 décimètres.

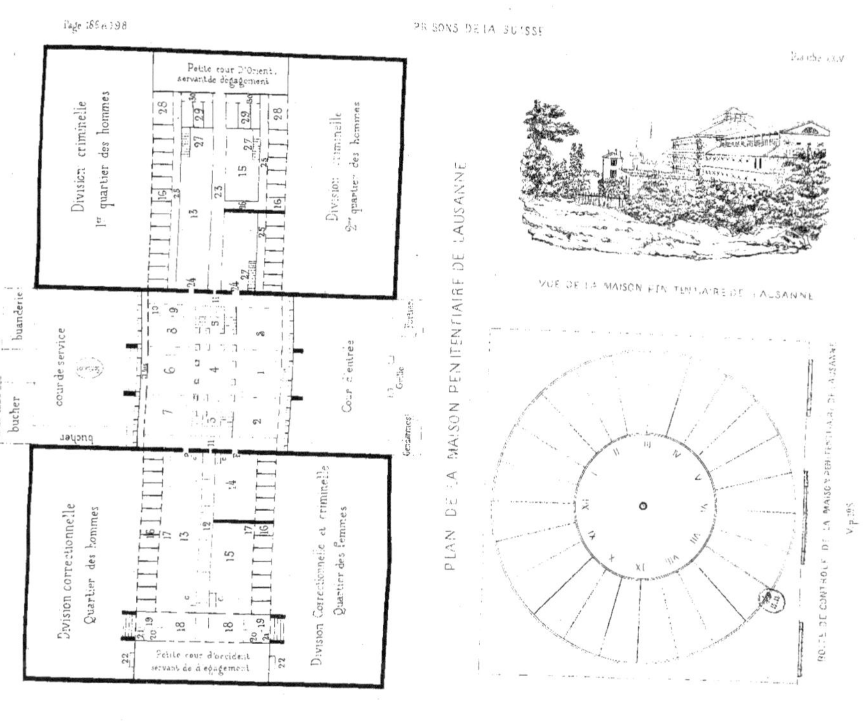
Petite cour D'Orient, servant de dégagement
Division criminelle 1er quartier des hommes
Division criminelle 2me quartier des hommes
buanderie
bucher
cour de service
Cour d'entrée
Gendarmes
Division correctionnelle Quartier des hommes
Division Correctionnelle et criminelle Quartier des Femmes
Petite cour d'occident servant de dégagement
PLAN DE LA MAISON PENITENTIAIRE DE LAUSANNE
VUE DE LA MAISON PENITENTIAIRE DE LAUSANNE
RONDE DE CONTROLE DE LA MAISON PENITENTIAIRE DE LAUSANNE

Le pénitencier de Lausanne est destiné à renfermer les détenus adultes des deux sexes condamnés, dans tout le canton, à plus de trois mois d'emprisonnement ou de reclusion, soit par les tribunaux correctionnels, soit par les tribunaux criminels.

Les condamnations admises s'étendent de trois mois à vingt ans. Il n'y a pas de détention à vie dans le canton de Vaud.

Du 1er mai 1826, date de son ouverture, au 14 octobre 1833, la maison a reçu 499 détenus, dont 226 hommes et 86 femmes, à la division correctionnelle, et 161 hommes et 26 femmes, dans la division criminelle.

La maison comptait, audit jour 14 octobre, 105 détenus en tout.

Le jour de ma première visite au pénitencier de Lausanne, le 17 juillet 1838, le chiffre de la population totale était de 95, répartis ainsi qu'il suit :

Hommes, à la correction, 31; à la force, 50	81
Femmes, à la correction, 10; à la force, 4	14
TOTAL ÉGAL	95

Sur ce nombre, 11 étaient au régime des malades; 2 étaient infirmes par vieillesse; 2 syphilitiques; 1 phthisique, et 1 femme aliénée en traitement : cette femme a une maladie hystérique et une monomanie religieuse antérieures à son incarcération.

Un seul détenu était en punition.

Un seul subissait la quarantaine d'entrée.

Vingt-deux, dont 3 femmes, étaient soumis au régime de la séparation individuelle, pour toute la durée de leur peine.

Les autres travaillaient dans les ateliers, soumis pendant le jour au régime de la réunion silencieuse.

La durée de leur peine est établie ainsi dans le registre d'écrou :

Condamnés de 4 à 10 mois	16 détenus.
de 1 an à 2	37
de 2 ans à 3	17
à 6 ans	6
à 7 ans	2
à 8 ans	4
à 9 ans 10 mois	1
à 11 ans	1
à 12 ans	4
à 14 ans	1
à 15 ans	2
de 16 à 18 ans	2
à 20 ans	2
	95

Le nombre des détentions au-dessous d'un an a été plus considérable du 1er mai 1826 au 1er janvier 1837.

Dans cette période, sur 729 détenus, on en a compté 300, condamnés de 3 à 10 mois, dont 236 hommes et 64 femmes.

Bien que la population moyenne du pénitencier de Lausanne soit supérieure en chiffre à celle du pénitencier de Genève, cependant le nombre des détenus de Lausanne n'est pas, proportionnellement à la population du canton, aussi élevé que dans les cantons de Genève et de Berne.

En fixant à 56 seulement, nombre de ses cellules, le chiffre moyen de la population du pénitencier de Genève; à 350 celui du pénitencier de Berne; et à 100 celui de Lausanne, on obtient la proportion suivante : à Berne, 1 détenu sur 894 habitants; à Genève, 1 détenu sur 956 habitants; à Lausanne, 1 détenu sur 1,780 habitants (calculs de M. Roud).

CHAPITRE II.

RÉGIME ADMINISTRATIF DU PÉNITENCIER DE LAUSANNE.

§. 1er.

COMMISSION ADMINISTRATIVE.

L'administration du pénitencier de Lausanne et des autres prisons de cette ville, est confiée, par le conseil d'État, à une commission spéciale qui réunit dans ses attributions les hospices et les établissements de détention.

Un arrêté du 27 décembre 1834, qui révoque ceux de 1825 et de 1826, a donné à cette commission une organisation toute nouvelle.

Elle se compose aujourd'hui de trois membres seulement, savoir : un membre du conseil d'état, président; un vice-président; un membre du conseil de santé, tous trois nommés par le conseil d'état.

La commission a un secrétaire et un sous-secrétaire; elle est servie par un huissier.

La commission s'assemble à jour fixe; elle a deux séances par semaine, et davantage si les affaires l'exigent.

Elle a sous ses ordres, en ce qui concerne le pénitencier spécialement:

Le pasteur,
Le contrôleur des maisons de détention,
Le médecin,
L'inspecteur.

Le pasteur et le contrôleur sont nommés par le conseil d'État. Ils figurent dans la commission avec voix consultative, lorsqu'il s'agit d'objets de leur office.

Le médecin et l'inspecteur sont aussi nommés par le conseil d'État, mais sur présentation de la commission.

La commission règle les détails du service et des fonctions des employés qu'elle nomme.

Leur nombre et leur salaire sont déterminés par le conseil d'État.

La commission soumet au conseil d'État tout achat d'objets mobiliers dont la valeur dépasse 400 francs.

La commission projette, pour être soumis au conseil d'État, les règlements relatifs au régime intérieur et à la comptabilité de la prison.

Elle dirige et surveille les travaux et les diverses parties des autres services.

Elle fait, chaque trimestre, au département de justice et police, et, chaque année, au conseil d'État, un rapport sur le résultat général de son administration et de son examen.

Enfin, elle visite fréquemment la maison, en corps ou par délégation, pour s'assurer si l'ordre y règne dans toutes les parties, si le service se fait exactement, si les règlements sont ponctuellement exécutés, et si tous les employés remplissent leurs devoirs.

§. 2.

ATTRIBUTIONS DU PASTEUR.

Le pasteur est placé, par l'arrêté de 1834, à la tête des employés supérieurs que le conseil d'État met aux ordres de la commission administrative.

C'est que, dans la pensée du conseil d'État, tout le système pénitentiaire repose sur la réforme morale des condamnés, et que, pour opérer cette réforme, il faut, avant tout, les secours de la religion et le concours de ses ministres.

Aussi, a-t-il investi le pasteur du pénitencier de Lausanne des pouvoirs les plus étendus.

Les attributions qui lui sont conférées par l'arrêté de 1834, jointes à celle de siéger dans la commission avec voix consultative, à l'exclusion de l'inspecteur, qui est l'administrateur immédiat de l'établissement, confèrent au pasteur, indépendamment de ses attributions morales et religieuses, le droit de s'immiscer dans tous les détails du service économique et administratif du pénitencier.

Aussi, rien ne se fait, rien ne s'ordonne, dans le pénitencier, que par ses soins ou par son autorité. Par exemple, c'est par ses ordres que se construit, en ce moment, en l'absence et sans l'avis de l'inspecteur, un parloir convenable qui manquait à la prison.

Cette prépondérance du pouvoir spirituel, ou plutôt cette absorption du pouvoir temporel par le pouvoir spirituel, constitue, en principe, le renversement le plus complet des règles administratives.

Mais, en réalité, il faut le reconnaître, ce désordre constitue l'ordre le plus parfait que j'aie vu dans aucune prison.

C'est que M. le pasteur Roud n'use des pouvoirs administratifs qui lui sont attribués que pour les convertir en instruments de moralisation pour les détenus.

C'est que l'inspecteur, M. Denis, tient moins à son titre d'inspecteur qu'à son titre de chrétien, et que, par-dessus toutes choses, cet homme, éminemment religieux, fait de sa charge une œuvre de salut pour lui-même autant que pour les détenus qui sont confiés à sa surveillance.

C'est que, quand deux cœurs sont animés de la même foi, de la même espérance, de la même charité, il n'y a plus de place en eux pour de petites rivalités d'amour-propre ou de prérogatives.

§ 3.

ATTRIBUTIONS DU CONTRÔLEUR.

Le contrôleur est spécialement chargé de la surveillance immédiate et journalière de la maison pénitentiaire.

Cette surveillance s'étend sur tous les détails du régime économique, sur toutes les parties du service, sur la police et la propreté de l'établissement, sur sa comptabilité, sur les travaux des détenus, etc., etc.

Il ne donne des ordres aux employés que par l'intermédiaire de l'inspecteur.

Le contrôleur ne fait aucun achat sans l'autorisation de la commission.

Il veille, de concert avec l'inspecteur, à ce que les objets achetés soient conformes aux conditions convenues, et à ce que tous ceux qui sont de nature à être portés sur l'inventaire y soient inscrits sans délai.

Il procède, de concert avec le sous-secrétaire de la commission, à la confection des inventaires généraux qui doivent être faits annuellement.

Le contrôleur est chargé de la comptabilité générale de la commission.

Il dirige les livres de comptabilité, qui doivent être tenus par le sous-secrétaire.

Il vise et vérifie tous les livres de comptes de l'inspecteur; il reçoit, à la fin de chaque trimestre, le compte du pécule des détenus et du produit des travaux qui s'exécutent dans la prison, et pour lesquels l'inspecteur tient une caisse séparée.

§ 4.

ATTRIBUTIONS DE L'INSPECTEUR.

D'après la part d'attributions que le conseil d'État a faite à la commission administrative, au pasteur et au contrôleur du pénitencier, il en reste bien peu à l'inspecteur. Cet employé a tout juste celles qu'on n'a pu lui enlever. Ses pouvoirs sont bien plus encore en sous-ordre que ceux du directeur du pénitencier de Genève. Son collègue, du moins, a une apparence de direction; lui, n'en a pas même le nom. La commission administrative *dirige* seule le pénitencier; l'inspecteur n'en a que la garde et la surveillance. Ce n'est, à proprement parler, qu'un gardien en chef, chargé seulement d'exécuter la consigne qu'on lui donne : quant à l'initiative des mesures, il n'en prend aucune; c'est à peine si on lui demande son avis.

Le pasteur et le contrôleur ont entrée au conseil; l'inspecteur en est exclus. Cette position secondaire n'est pas tenable, surtout pour un homme aussi distingué que M. l'inspecteur Denis. Je ne parle pas ici sous l'empire de l'impression de ses plaintes, car il était absent par congé pendant tout le temps que j'ai passé à Lausanne, et j'ai à regretter d'avoir été privé de l'avantage de m'entretenir avec lui avant mon départ. Je parle d'après ce que M. le pasteur Roud m'a dit de sa capacité et de son caractère, et d'après la conviction où je suis de l'indispensable nécessité qu'il y a, pour l'avenir du pénitencier de Lausanne, de pondérer les pouvoirs des agents supérieurs placés à sa tête, et plus justement, et plus administrativement qu'ils ne le sont.

§ 5.

PERSONNEL DES EMPLOYÉS.

Le personnel des employés du pénitencier de Lausanne est composé ainsi qu'il suit :

Un inspecteur, chargé de l'économie et de la police de la maison. Il est logé avec sa famille. Il reçoit, outre le bois nécessaire à sa consommation, 1,200 francs, et de plus 400 francs pour une aide chargée des détails du ménage, qu'il choisit et qu'il nourrit, et dont il est respon-

sable	1,600f (1)
Un employé pour les écritures, qui remplace au besoin l'inspecteur	450
Quatre chefs d'ateliers, dont l'un est maître cordonnier; leur traitement est de 300 fr.	1,200
Deux suppléants, *idem*	600
Un maître tisserand	300
Un cuisinier	300
Un employé pour le service extérieur	240
Deux gouvernantes pour les femmes, à 250 fr.	500
Une suppléante	180
Une cuisinière pour la table des employés	200
N. B. A l'exception de l'inspecteur, qui a son ménage particulier, ces divers employés sont entretenus par la maison.	
Enfin, un portier, qui est en même temps cordonnier : il reçoit les pratiques dans sa loge, prend les mesures et prépare l'ouvrage pour l'atelier; il est logé avec sa famille; il reçoit, outre le bois et la lumière	560
En tout, 16 employés, dont 14 sont nourris	6,130

Des journaliers, hommes et femmes, sont chargés du coupage du bois et des lessives (2).

Le pasteur, dont le presbytère est contigu à l'enceinte extérieure du pénitencier, jouit du même traitement que les autres pasteurs du canton.

Le médecin, qui est en même temps celui de la maison des aliénés, reçoit 600 francs, dont 400 francs sont fournis par la caisse de l'hospice.

Les employés subalternes du pénitencier de Lausanne présentent des garanties de capacité et de moralité qu'on ne rencontre pas dans ceux du pénitencier de Genève. A Lausanne, on les choisit presque exclusivement dans la classe des instituteurs primaires; et cette classe, modeste, religieuse et grave, est une pépinière précieuse où la commission va chercher, non plus de stupides ou infidèles porte clefs, mais des aides capables, moraux et dévoués. Tous les surveillants comprennent l'importance de l'influence directe que leur contact immédiat et journalier avec les détenus peut avoir sur leur esprit et sur leur cœur; aussi, tous sont entourés du respect des prisonniers, autant que de la confiance de l'administration.

Une seule chose manque à l'ordre physique de la prison; c'est que les chefs d'ateliers et les surveillants manquent d'un costume uniforme. Il en est de même à Genève; mais il en est autrement à Berne.

La discipline y gagne beaucoup.

(1) Le franc de Suisse vaut 1 franc 45 centimes de France. Le rappe 1 1/2 centime.

(2) Il pourra paraître étrange que les détenus ne soient pas chargés de ces travaux; mais, pour cela, ils devraient sortir de leurs quartiers, et leur surveillance exigerait une augmentation d'employés dont le traitement excéderait ce que l'on paye aux simples journaliers. Il résulterait, en outre, de la circulation dans le bâtiment du centre, ses cours et les bûchers, les plus graves atteintes au régime pénitentiaire, et c'est ici le point capital. Si l'on veut recueillir les fruits du régime, il faut l'adopter avec toutes ses conséquences. Or, dans un pénitencier tel qu'il doit être pour répondre à son but, le travail des détenus ne doit nullement être regardé comme affaire de spéculation; il n'est qu'un rouage moral. (*Observation de M. Chavannes.*)

§ 6.

TENUE DES ÉCRITURES.

Les rouages administratifs étant beaucoup plus simples à Lausanne qu'à Genève, la tenue des écritures y est aussi moins compliquée.

Elles se bornent, indépendamment des rapports, comptes rendus et inventaires, dont j'ai parlé : à un registre d'écrou, tenu par l'inspecteur; au registre matricule et moral des détenus, tenu par le pasteur; aux registres de comptabilité des ateliers et des services domestiques; enfin à diverses tabelles dont la tenue est prescrite par les règlements.

CHAPITRE III.

RÉGIME DISCIPLINAIRE ET DE POLICE.

§ 1er.

SILENCE; CLASSIFICATIONS; SÉPARATION DE JOUR ET DE NUIT; PHASES DIVERSES DE LA RÉFORME.

Pour bien comprendre les raisons du progrès et de l'état actuel de la discipline, dans le pénitencier de Lausanne, il est indispensable de remonter à l'origine même du pénitencier, et aux premiers pas qu'y a faits la réforme.

Qu'il me soit permis, à cet égard, Monsieur le Ministre, de reproduire ici textuellement l'intéressant récit que m'en a fait M. le pasteur Roud, dans les conversations que nous avons eues ensemble, et dans la longue lettre qu'il a bien voulu m'écrire (1):

« A Lausanne, comme à Genève, une même règle avait été adoptée, dans l'origine simultanée « des deux établissements. Cette règle reposait sur l'admission de ces trois points : isolement « des condamnés, pendant la nuit; réunion silencieuse dans les ateliers, pendant le jour; liberté « de communications dans les cours et dans les réfectoires, pendant les heures consacrées aux « récréations et aux repas. C'était là, dans notre opinion, le *nec plus ultrà* de la réforme.

« On était unanime à reconnaître que le silence absolu était une mesure aussi impraticable « que dangereuse. Ce ne fut pas même sans peine que l'on soumit les correctionnels à la règle « commune.

« Pendant les premières années, on occupait la plupart d'entre eux à cultiver les terres qui « entourent la prison. Quelque imparfait que fût ce système, il produisit pourtant, comparative« ment à celui qu'il avait remplacé, quelques résultats dont on put s'applaudir. Il nous éloignait « déjà si fort de l'ancien régime que nous nous croyions près de la perfection. Mais on reconnut « bientôt qu'il était loin de tenir tout ce qu'il avait d'abord promis. Le chiffre des récidives se main-

(1) Depuis douze ans que le pénitencier de Lausanne est établi, M. Roud n'a cessé de prodiguer ses soins et de consacrer sa vie à la moralisation des condamnés. Personne, mieux que ce digne pasteur, ne peut donc apprécier le fort et le faible des divers systèmes mis en pratique, jusqu'à ce jour, pour arriver à l'accomplissement de cette belle œuvre.

« tint; l'ordre obtenu n'était qu'extérieur; les détenus qu'on croyait amendés étaient précisément « ceux qui l'étaient le moins ; on résolut d'aviser à de nouveaux moyens.

« Le vice radical de notre début était facile à découvrir. Ils se trouvait, avant tout, dans les « communications plus ou moins libres des détenus entre eux, pendant les récréations dans « les cours.

« Ce fut en vue de prévenir ou d'arrêter la circulation des mauvaises idées, aussi bien que « pour rendre l'exercice en plein air plus salutaire à des hommes qui, pour la plupart, avaient « échangé les travaux des champs contre ceux des ateliers d'une prison, que nos préaux furent « convertis en jardins, et que la culture de la terre fut encouragée, par l'abandon que fit la mai-« son de la presque totalité du produit de cette culture, au profit de ceux qui y consacreraient « leurs heures de loisir. Mais un très-petit nombre profita de cette offre; le plus grand nombre « préféra rester à ne rien faire, et à causer, comme par le passé, s'égayant aux récits qu'on se « faisait par groupes, ou aux projets qu'on tramait dans un coin.

« Ces causeries ne pouvaient qu'être très-difficilement surveillées et empêchées, dans nos vastes « préaux-jardins. Les abus des anciennes cours se reproduisaient ici, avec d'autant plus de dan-« ger, qu'on croyait y avoir apporté un meilleur remède. Mais on reconnut bientôt l'inefficacité « de ce remède, et l'on s'occupa d'en rechercher un autre.

« C'est alors qu'on songea, non pas encore à introduire la règle du silence absolu dans les « cours (cette règle rencontrait encore trop d'obstacles à vaincre, dans l'opinion publique et dans « les consciences timorées de la commission), mais à un moyen terme le plus idéal qui se puisse « concevoir. Donc, en 1832, on décida, que les prisonniers se promèneraient et causeraient, « deux à deux seulement, à la file les uns des autres, avec prescription d'une certaine distance « entre chaque couple, et prohibition à chaque couple de causer avec celui qui le précéderait ou « qui le suivrait. On alla plus loin; on établit une espèce de rotation entre les détenus de chaque « couple, de telle sorte, qu'au bout d'un certain temps, chaque prisonnier s'était entretenu avec « tous ses camarades d'atelier, et avait ainsi distillé goutte à goutte pour tous ses camarades, pris « chacun à tour de rôle, tout ce qu'il renfermait de venin dans son cœur. C'était, Monsieur, « comme vous le voyez, moins qu'un remède au mal; c'était un mal plus grand ajouté à tous « les autres.

« Toutefois, l'administration tira quelque profit de cet essai si fâcheux. Personnellement, il me « valut une preuve nouvelle de ce dont je m'apercevais depuis longtemps, à savoir, que tel pri-« sonnier qui était parvenu à en imposer à l'administration, par de belles apparences de repentir, « cachait, sous le masque dont il avait su se couvrir, la dépravation la plus profonde. En feignant, « à mon tour, d'être la dupe de cette hypocrisie, j'obtins, de quelques détenus dont j'étais sûr, la « communication de ces dangereuses confidences faites dans le tête à tête des promenades à deux. « Pour le dire en passant, cette découverte n'a pas peu contribué à fortifier mon éloignement « pour tout système de promotions d'une catégorie dans l'autre, bien convaincu que je suis que « ce n'est qu'un mode d'importation de vices et d'infamie, plus ou moins dissimulés.

« Aussitôt que la commission fut convaincue, à son tour, des résultats déplorables de sa demi-« mesure, elle en prit une autre qui devait nécessairement produire les mêmes effets. Elle dé-« fendit, en effet, la rotation des prisonniers dans les files, mais elle conserva la promenade à « deux. Ainsi accouplés par *moralités*, ou, comme vous le dites si bien, par *immoralités* de

« même espèce, les détenus continuèrent quelque temps encore à circuler en rang dans les cours, « avec la faculté de converser à voix basse, chacun avec le compagnon qui lui avait été assigné.

« Tant il est vrai qu'il est difficile de se dépouiller des langes de la routine et des préjugés!

« Cette nouvelle *école,* dont le souvenir me semble presqu'un rêve aujourd'hui, ne fut pas « plus inutile que la précédente au progrès de la réforme. Elle amena *d'elle-même* l'introduc-« tion de la règle du silence absolu dans les préaux, règle dont l'administration avait eu tant de « peine déjà à décider l'introduction dans les ateliers. Le plus souvent, le compagnon de prome-« nade qu'on donnait à un détenu était précisément le compagnon dont ce détenu voulait le « moins. Aussi, qu'arrivait-il? C'est que la plupart des détenus se promenaient sans se parler, « ou se promenaient seuls, en silence, pendant des mois entiers. Ils aimaient mieux se priver de « cette communication de pensées qu'on leur laissait libre, de ces entretiens *innocents* qu'on « leur ménageait, et que, dans le principe, on avait voulu maintenir comme une *soupape de* « *sûreté* contre les dangers imaginaires de la folie ou du désespoir, que de se prêter aux combi-« naisons ambulatoires de l'administration. Dès lors, tous les doutes cessèrent, et il fut univer-« sellement reconnu, même par les plus incrédules, que la règle du silence absolu, de jour et « de nuit, était une condition essentielle du système pénitentiaire.

« Ce principe une fois adopté, l'administration mit autant de fermeté à le maintenir qu'elle « avait mis d'hésitation à le reconnaître. Il fut donc ordonné que, pendant les heures de récréa-« tion, les détenus se promèneraient un à un, laissant quelques pas de distance entre eux, et que « le silence le plus absolu serait observé, aussi bien à la promenade et au réfectoire, que dans les « ateliers et dans les cellules.

« Mais, hélas! cette règle du silence était une nouvelle déception qui attendait nos efforts et « notre bonne volonté.

« Nous ne tardâmes pas à découvrir que les détenus employaient mille ruses pour l'enfreindre, « et que la surveillance la plus active, et que les punitions les plus sévères étaient impuissantes à « en empêcher.

« Nous reconnûmes aussi que, réunir des hommes en société pour leur interdire l'usage de la « parole, était méconnaître les lois impérieuses de la nature humaine. Si vous reconnaissez que « les communications sont dangereuses entre condamnés (et qui en douterait?) mettez-les dans « l'impossibilité de se voir et de se lier ensemble; construisez une prison pour chaque détenu; « mais ne les réunissez pas dans des préaux et des ateliers communs, pour les charger ensuite « de coups de fouet, comme à Auburn, ou les priver de nourriture ou les mettre au cachot, « comme à Genève, et cela, au moindre mot, au moindre geste, au moindre signe....

« Il en est de la prison comme de la société; il vaut mieux prévenir le mal que de le punir. « Sous ce rapport, le système de Philadelphie est préventif, celui d'Auburn n'est que répressif; « j'aurais presque ajouté qu'il est *provocatif;* car il fait naître des besoins et des désirs naturels « à l'homme, pour punir celui qui succombe à la tentation provoquée d'y satisfaire.

« Dira-t-on qu'aucune communication grave et dangereuse n'est à craindre, entre détenus, avec « la règle rigoureuse et inflexible du silence? Ah! Monsieur, il faut être aveugle pour s'abuser « soi-même ainsi! Pour moi, qui, par la nature de mes fonctions, suis appelé à sonder les consciences, « et qui vis, depuis douze ans, au milieu des prisonniers comme au milieu de ma famille, j'aurais mille « choses à vous apprendre là-dessus. Sans parler ici des communications matériellement consta-« tées, telles que paroles ou gestes surpris, paroles écrites sur cuir, sur fer, sur bois, sur papier,

« sur quelque matière que ce soit, par le génie inventif du prisonnier; sans parler non plus des « moqueries et des dédains qu'un fatal orgueil apporte et propage, en dépit du silence, contre « l'influence des exhortations et des encouragements du chapelain...; qui ne connaît les relations « mystérieuses qui s'établissent entre deux âmes sympathiques? Si une puissance irrésistible rap- « proche les cœurs de deux personnes vertueuses qui se comprennent, mais que les lois de la bien- « séance ou tel autre obstacle empêchent de s'entretenir ensemble par un échange de paroles; s'il leur « suffit de se voir pour se deviner, pour s'entendre, pour se dire intellectuellement mille choses « que la bouche serait impuissante à exprimer; pensez-vous, Monsieur, que cette puissance ins- « tinctive n'existe pas, bien plus forte encore, dans ces âmes perdues et misérables qu'un même « intérêt rapproche, qu'une même pensée du mal anime, et qui se comprennent aussi?. . . .

« Quand je vois combien, avec la surveillance la plus continue, avec le zèle le plus dévoué, la « règle du silence est imparfaite chez nous, où la population si faible de notre prison ne se com- « pose, en grande partie, que de campagnards simples et grossiers, je me demande ce que serait « cette règle, ce qu'elle pourrait être, au milieu des Lacenaire, des Jadin, des Fréchard, et de « tant d'autres *habiles* qui composent la population de vos vastes maisons centrales, et de vos « vastes prisons de Paris!

« Est-ce à dire que les inconvénients et l'insuffisance reconnue de la règle du silence nous « aient fait abandonner cette règle à Lausanne, pour adopter celle de la séparation cellulaire de « jour et de nuit avec travail? Plût à Dieu que cela fût! Mais les distributions locales actuelles « du pénitencier ne le permettent pas. Plus tard, la chose sera possible, ainsi qu'il suffit de vous « en convaincre en jetant les yeux sur le plan. En ce moment, nous faisons ce qu'il nous est pos- « sible de faire.

« Vous avez vu, par l'inspection minutieuse que vous avez faite de toutes les parties de la « prison, que nous n'avons qu'un certain nombre de cellules affectées spécialement à l'isolement « de jour et de nuit des détenus; ce sont les récidivistes qui ont subi une année de détention, et « ceux que nous savons les plus pervers, que nous sommes autorisés à soumettre à ce régime, « depuis 1834. Les autres continuent provisoirement à vivre sous la règle inefficace d'Auburn; « aussi nos récidives se maintiennent-elles dans un *statu quo* désespérant; heureux encore quand « elles n'augmentent pas! Nous en verrions diminuer le nombre, je n'en doute pas, si la règle de « Philadelphie était appropriée à notre pénitencier, avec les modifications qu'elle comporte, et que « nos localités et notre population exigent. En attendant, nous l'appliquons fort imparfaitement à « la classe de condamnés dont je viens de vous parler; je dis imparfaitement, car les détenus soli- « taires y jouissent tous les jours, sauf le dimanche, d'une promenade en plein air dans les cours; « ils y sont conduits par escouade de quatre ou six, et peuvent, comme les autres prisonniers, « mais en leur absence, obtenir la faveur de cultiver un carré de jardin; les dimanches et fêtes, ils « sont conduits régulièrement à tous les offices qui se célèbrent à la chapelle (sauf quelques rares « exceptions), et on ne leur interdit le service religieux en commun (pendant un mois ou deux) « qu'à titre de punition : ils peuvent aussi, de leurs cellules, entendre le mouvement et le bruit « des ateliers, et, jusqu'à un certain point, saisir les paroles qui s'y prononcent. Enfin, une dis- « position du règlement donne à l'administration la faculté de faire cesser l'isolement, lorsqu'elle « le juge nécessaire ou utile; cette faculté a été commandée par la dimension trop petite de nos « cellules, et par la crainte qu'un séjour trop prolongé ne vînt à nuire à la santé des détenus; « heureusement que, jusqu'à ce jour, cette crainte ne s'est pas réalisée. Lorsque le nouveau Code

« pénal sera adopté (et il devra nécessairement l'être au 1er juin 1841, aux termes de la consti-« tution), l'isolement des récidivistes pourra être rendu complet; la distinction entre *la force* et *la* « *correction* aura cessé. Les reclus seront placés à l'une des ailes, et une cour leur sera exclusive-« ment destinée pour y être conduits séparément, c'est-à-dire individuellemant.

« Voilà, Monsieur, le point où nous en sommes, et comment, partis du même point que « Genève, nous sommes arrivés à un système si différent; ce système, pourtant, est bien loin « encore de celui de Philadelphie; mais je pense que nous y arriverons tôt ou tard. Déjà le « principe de la séparation individuelle a fait chez nous de grands progrès; l'opinion publique, « qui s'en alarmait, le voit venir aujourd'hui sans crainte; vous le verrez même posé dans le « projet que je vous ai remis de notre nouveau Code pénal; déjà vous avez vu l'application que « notre Gouvernement en a faite, dans nos chambres d'arrêt de cercles, et dans nos prisons de « district.

« Tout ce qui a été écrit contre le système de Philadelphie n'a point détruit mes convictions; « il les a fortifiées au contraire; je les ai puisées dans une étude pratique et journalière, et dans une « étude sérieuse des diverses théories pénitentiaires.

« Je laisse à décider aux hommes de l'art la question sanitaire; à mon sens, la solution de « cette question ne peut avoir d'autre importance que de donner un peu plus d'air et d'exercice « aux détenus. Mais, sous le point de vue religieux, aussi bien que sous le point de vue légal, je « considère la séparation individuelle comme le seul vrai système, moral et pénal, de toute déten-« tion pénitentiaire. »

Je n'ajouterai rien, Monsieur le Ministre, à cette opinion si claire, si précise, d'un homme aussi modeste qu'éclairé, si ce n'est qu'elle est partagée par les personnes les plus recommandables que j'ai eu l'honneur de voir, à Lausanne, et qui s'occupent plus spécialement de l'importanequestion de la réforme des prisons.

Je citerai, en première ligne, M. le professeur Chavannes, dont le nom se mêle à tout ce qui s'est fait de bon et d'utile, dans son pays, depuis vingt-cinq ans;

M. Jan, conseiller d'État, président de la commission administrative;

M. le docteur Verdeil, membre de la commission;

M. Clavel, contrôleur de la commission;

M. Denis, inspecteur du pénitencier;

M. Pellis, médecin du pénitencier.

En résumé, le régime disciplinaire, suivi aujourd'hui à Lausanne, date de novembre 1834; il consiste en cinq points principaux, qui sont:

1° Travail obligatoire, mais non déterminé en quotité, dans des ateliers communs, pour les condamnés par premier jugement;

2° Reclusion solitaire, avec travail, pour les condamnés en première récidive qui ont subi au moins un an de détention, avec le même pécule que les autres, et trois heures d'exercice en plein air par semaine, ou une demi-heure par jour, le dimanche excepté;

3° Reclusion solitaire, avec travail forcé, pour les condamnés en deuxième et troisième récidives, si la première détention a été d'un an au moins, avec privation de pécule;

4° Reclusion solitaire, sans travail, pendant un temps de trois à douze jours, pour tous les condamnés sans distinction, à leur arrivée dans le pénitencier;

5° Silence absolu partout, et pour tous, le jour comme la nuit.

Ce qui me reste à dire des autres parties du régime intérieur du pénitencier fera connaître les autres moyens employés pour donner à l'emprisonnement le caractère répressif qu'il doit avoir ; car, ainsi que l'a dit M. le conseiller d'état Soulié, « l'emprisonnement ne consiste pas seulement « à priver les détenus de la liberté de leurs personnes, mais bien encore, et surtout, de la liberté « de leurs actions. »

§ 2.

INSPECTION ; MOYENS DE SÛRETÉ ; JETONS DE CONTRÔLE.

Dans son dernier ouvrage sur les *progrès du système pénitentiaire,* M. Ducpetiaux constate qu'à Lausanne « quatre petites trappes, pratiquées dans la paroi des murs du cabinet du directeur, « font successivement apercevoir au visiteur, à travers un grillage très-fin, les différents ateliers « établis dans la prison ; et qu'ainsi le directeur peut, à chaque instant, et sans se déranger, voir « par lui-même la conduite des détenus et inspecter leur travail. »

Cette assertion est évidemment le résultat d'une fausse note, ou d'un faux souvenir ; car s'il existe, entre Genève et Lausanne, une différence essentielle, c'est, qu'à Genève, le plan panoptique du pénitencier permet au directeur de pouvoir surveiller les ateliers, sans sortir de son bureau, au moyen des quatre guichets dont nous avons parlé ; ce que l'absence d'un point central d'inspection empêche l'inspecteur de Lausanne de pouvoir faire. Aussi, l'inspecteur est-il obligé de se déplacer ; mais cette peine est presque compensée, pour celui-ci, par la position beaucoup plus élevée des observatoires secrets, indiqués sous les n°s 23, 24, 25, du plan et de la légende, observatoires qui lui permettent de plonger la vue jusqu'au fond des ateliers et d'en embrasser toutes les parties d'un coup d'œil. On peut ajouter encore que, les portes de toutes les cellules s'ouvrant sur les ateliers, cette disposition facilite beaucoup leur inspection pendant les heures du repos. La simplicité de la distribution générale rend aussi plus aisée la circulation dans le reste du bâtiment, et les corridors et péristyles de la partie centrale destinée à l'administration forment une espèce de *chemin de ronde intérieur,* d'où la vue s'étend sur toutes les cours.

Une précaution excellente est prise, au surplus, pendant la nuit, pour empêcher les détenus de s'évader. Chaque soir, après le coucher des détenus, leurs habits leur sont enlevés par un surveillant, et ne leur sont rendus que le lendemain matin, à l'heure du lever.

De plus, les ateliers, sur lesquels ouvrent les cellules, restent éclairés toute la nuit. Une sentinelle, ayant aux pieds des babouches en laine pour cacher sa marche, circule dans l'intérieur, d'une aile à l'autre, et, par les fenêtres des couloirs, qui s'ouvrent après le coucher des détenus, ses regards plongent dans les ateliers vides et sur les portes des cellules.

Cette double précaution, que l'exhaussement des murs d'enceinte rend aujourd'hui moins nécessaire, n'en est pas moins fort utile, et je la regarde comme bien plus sûre que les barreaux de fer et les verroux.

Toutes les faces du bâtiment, ainsi que les cours, sont éclairées pendant la nuit. Un second factionnaire circule continuellement dans les cours, depuis le coucher des détenus, et, toutes les demi-heures, il parcourt toute l'enceinte extérieure. Les surveillants et le poste des gendarmes se partagent les rondes de nuit, tant à l'intérieur qu'à l'extérieur. Un moyen de contrôle aussi simple qu'ingénieux oblige chaque sentinelle à s'acquitter exactement de son devoir pendant la demi heure qui lui est assignée. Ce moyen consiste en deux boîtes carrées, fermant à clef, et ayant la forme d'un petit tronc d'église; ces boîtes, accrochées aux deux extrémités opposées du chemin de ronde, sont décrochées tous les matins et apportées dans le bureau de l'inspecteur, qui en a seul la clef et qui en fait l'ouverture.

Chaque boîte renferme un mécanisme d'horlogerie qui fait mouvoir horizontalement un cadran placé au-dessus. Ce cadran, sur lequel les heures et les demi-heures sont marquées, absolument comme sur celui d'une horloge, est divisé en vingt-quatre compartiments concentriques, formant autant de petites cases et aboutissant aux vingt-quatres demi-heures marquées sur le cadran. Quand la boîte est fermée, le couvercle présente une petite ouverture semblable à celle d'un tronc, avec cette différence seulement qu'elle n'est pas au milieu. Celle-ci reçoit, au lieu d'aumônes, le jeton que chaque sentinelle est tenue d'y déposer, pendant la demi-heure que dure sa ronde. Ce jeton tombe dans l'une des vingt-quatre petites cases de la boîte, et comme, à chaque demi-heure, le mécanisme fait tourner le cadran de la distance d'une case, il s'ensuit qu'à chaque demi-heure l'ouverture se trouve au-dessus d'une case nouvelle; et comme on sait d'avance que tel surveillant ou tel gendarme doit être de garde, pendant telle demi-heure de la nuit, il s'ensuit que la case trouvée vide, lors de l'ouverture de la boîte, le matin, indique sûrement le nom de celui qui, en ne déposant pas son jeton dans la case pendant le temps voulu, s'est rendu coupable d'infidélité ou de négligence. Je donne le dessin du cadran et des vingt-quatre cases, à côté du plan du pénitencier. (V. Planche 24.)

§ 3.

DISPOSITIONS GÉNÉRALES.

A son arrivée, le condamné, homme ou femme, est baigné, puis revêtu des habits de la maison; après quoi, il est conduit dans une cellule, pour y faire quarantaine, dans un isolement absolu et sans travail.

Cette quarantaine est de trois jours au moins et de douze jours au plus. « Pendant ce temps-« là, dit M. Chavannes, le détenu est laissé à lui-même et aux soins paternels du pasteur, qui « cherche à gagner sa confiance et à l'amener à subir, avec une résignation chrétienne, le juste « châtiment qu'il s'est attiré. »

Cette reclusion d'épreuve subie, le détenu est placé dans l'un des ateliers du quartier auquel il appartient par la nature de sa condamnation, à moins qu'il ne se trouve dans la catégorie de ceux qui, d'après le jugement prononcé, ou le règlement, doivent subir leur peine dans l'isolement; auquel cas, il est placé dans une cellule solitaire, où il couche, travaille et prend ses repas.

La subordination étant le premier devoir des prisonniers, l'administration cherche à les porter à l'obéissance par l'espérance des récompenses et la crainte des châtiments.

Les récompenses sont, indépendamment du *pécule* dont nous parlerons au chapitre du travail, 1° la permission accordée aux détenus d'écrire à leurs parents, d'en recevoir des réponses, et, de loin en loin, des visites; 2° la diminution de la durée de la peine; 3° l'admission à l'école; 4° la culture du jardin.

Dans l'infliction et la gradation des châtiments, on évite tout ce qui pourrait avilir le détenu.

Pour les fautes légères, le détenu est confiné dans sa cellule, ou privé de promenade.

Pour les fautes plus graves, il est renfermé dans ce qu'on appelle, à Lausanne, une *geôle*, laquelle peut être rendue obscure à volonté.

S'il brave cette peine et persiste dans sa révolte, on le place dans un cachot souterrain. Ce cachot remplace la *cage fermée, de forts barreaux en bois à angles aigus*, dont on faisait usage dans les premières années, mais qui n'a pas tardé à être supprimée.

Chacune de ces peines est aggravée par la nourriture au pain et à l'eau, et la longueur du temps est proportionnée à la gravité de la faute et au degré d'endurcissement que montre le détenu.

Quant aux dommages qu'il commet, par malice ou par négligence, ils sont réparés à ses frais et portés sur son compte de pécule.

En cas d'évasion, si le détenu est repris, on lui met aux pieds une chaîne qui lui laisse la liberté de ses mouvements. Cette chaîne, on l'enlève aux malades et à tous ceux dont l'état de santé ne permet pas l'emploi de cette punition.

Avant 1830, tous les prisonniers criminels devaient porter, pendant tout le temps de leur détention, un collier de fer à crochet rivé, et à manche recourbé sortant du col de l'habit comme une longue queue retroussée. Aujourd'hui les condamnés criminellement pour vol ne sont plus soumis à cette peine infamante, et les autres ne la subissent plus que pendant un nombre de mois égal au nombre d'années qu'ils ont à passer dans la prison.

Les reclus solitaires, étant moins exposés à faillir, sont aussi ceux qui, proportionnellement aux autres prisonniers, subissent le moins de punitions.

Ainsi, dans l'année 1836 qui a été la plus chargée, on trouve, dans le quartier criminel, sur 79 détenus, dont 15 reclus solitairement et 64 soumis au régime de la réunion silencieuse, 38 prisonniers qui ont subi une ou plusieurs peines disciplinaires. De ces 38 condamnés punis, 6 seulement étaient récidifs en réclusion solitaire, ce qui fait 40 sur 100 pour les reclus solitaires, et 50 sur 100 pour les autres.

Dans le quartier correctionnel, 38 prisonniers ont également été punis sur 87 détenus, dont 13 reclus solitaires, et 74 soumis au régime de la vie en commun.

De ces 38 condamnés punis, 5 seulement étaient reclus solitairement, ce qui fait 38, 46 sur 100 pour les reclus solitaires, et 44, 59 pour les autres.

Remarquons, en passant, que le tabac est prohibé à Lausanne comme à Genève.

Du reste, les dispositions qui précèdent, de même que celles qui suivent, ne résultent d'aucun règlement écrit; du moins, le seul règlement imprimé qui existe remonte à une époque si éloignée, et les changements qu'il a subis depuis sont si nombreux, qu'il est indispensable d'en rédiger un nouveau. On attend, pour le faire, que le nouveau Code pénal soit promulgué.

CHAPITRE V.

RÉGIME MORAL ET RELIGIEUX.

Ce que j'ai dit de l'atmosphère religieuse du pénitencier de Genève s'applique bien plus encore à celui de Lausanne. Ce n'est pas qu'à Lausanne les deux hommes qui dirigent le pénitencier soient animés de plus de foi que les deux hommes qui dirigent le pénitencier de Genève; ici, comme là, c'est, si je puis le dire, la même intimité d'intelligence et de charité chrétienne; mais, à Genève, il y a un mélange de deux cultes égaux et de philanthropie mondaine qui nuit à l'unité de foi religieuse autant qu'à l'unité de vues et de moyens de réforme.

A Lausanne, au contraire, le protestantisme étant le culte exclusif de la prison, et la moralisation des condamnés n'étant confiée qu'au pasteur, la règle religieuse est, comme la règle disciplinaire, égale et uniforme pour tous, ce qui produit nécessairement, dans l'ordre moral, les mêmes effets que dans l'ordre physique et matériel. Ajoutez que l'inspecteur et le contrôleur sont de la même communion, et que le vice-président de la commission administrative, qui seul est chargé de la surveillance directe de la prison, est ministre du saint Évangile, et vous aurez l'idée de l'ensemble parfait qui préside à tout ce qui se fait, dans la prison, dans l'intérêt moral des détenus. Ajoutez, enfin, que les surveillants, pris dans la classe respectable des instituteurs, sont pénétrés des mêmes principes, et vous reconnaîtrez combien sont vraies ces paroles de l'honorable M. Bérenger : « Depuis le plus modeste employé jusqu'au directeur, le zèle et le dévoue- « ment sont si persévérants, le sentiment religieux se révèle dans les moindres parties du service « avec tant de ferveur, qu'il est impossible que les détenus n'en ressentent pas l'effet le plus « salutaire. »

Le pénitencier de Lausanne est une véritable paroisse dont le conducteur spirituel se donne tout entier à son troupeau.

Le vice-président de la commission administrative décrit, ainsi qu'il suit, la manière dont le régime moral et religieux est organisé dans la prison :

« Une chapelle vaste, propre et disposée de la manière la plus convenable, est destinée au service divin, auquel les hommes et les femmes sont conduits par leurs surveillants dans le plus grand ordre; les quatre divisions occupent des quartiers séparés, et ne peuvent se voir, dans la chapelle, ni se rencontrer, en s'y rendant, en aucune manière. Le culte se célèbre comme dans nos temples; il se compose de la prière, du chant des psaumes, de l'explication de la parole de Dieu, tantôt par des discours réguliers ou sermons, tantôt par des leçons familières sur les vérités et les devoirs de la religion, tantôt par des paraphrases de quelque morceau de l'Écriture.

« Il y a deux services le dimanche et un le jeudi.

« Outre cela, le pasteur se met en rapport immédiat avec chaque détenu; il les visite dans leurs cellules, et saisit toutes les occasions qui se présentent pour les ramener à leurs devoirs et les confirmer dans leurs bonnes dispositions.

« Porteur de paroles de consolation et de paix, il cherche à gagner la confiance des malheureux dont les âmes lui sont remises; il est l'intermédiaire par lequel ils communiquent avec leurs familles et avec la commission, quand ils ont quelque grâce à demander. Lorsqu'ils viennent à s'attirer quelque châtiment, il cherche à leur en faire sentir la justice, en les exhortant à la soumission.

« Comme complément à ce puissant moyen d'amendement, chaque cellule est pourvue des livres saints, de catéchismes, de psautiers; et une petite bibliothèque fait circuler un certain nombre de livres religieux et moraux, ainsi que quelques ouvrages d'une instruction usuelle; l'employé chef donne, en outre, dans les quatre divisions, des leçons de lecture, d'écriture, d'arithmétique, de chant sacré, à ceux des détenus qui, par leur âge, peuvent encore les recevoir avec quelque fruit, qui les désirent, et se montrent, par leur bonne conduite, dignes de cette faveur.

Lorsque, dans le nombre des détenus, il en survient qui professent la religion catholique romaine, M. le curé de la chapelle de Lausanne a la facilité de les voir et de leur donner ses soins; mais le prêtre catholique n'a pas d'autel dans la chapelle de Lausanne, comme le chapelain catholique a le sien dans le pénitencier de Genève.

Les détenus catholiques de Lausanne, dont le nombre s'élève rarement au delà de 6, sont obligés d'assister avec recueillement aux exercices de la chapelle protestante, mais il n'y entendent jamais rien qui puisse blesser leurs croyances particulières.

Ils reçoivent aussi les soins du pasteur de la maison, qui évite scrupuleusement d'aborder avec eux les points sur lesquels les deux communions ne s'accordent pas.

Les dimanches et fêtes, à l'exception des heures passées à la chapelle et à la promenade, la journée se passe dans les cellules, où les détenus peuvent s'occuper, soit à écrire, soit à la lecture des livres de la bibliothèque qu'on fait circuler, soit à celle des saints Évangiles et des ouvrages de piété dont toutes les cellules sont pourvues. Ils reçoivent en outre les visites du pasteur et de l'inspecteur aussi fréquemment que le temps peut le permettre.

Tous les jours, le pasteur fait dans les cellules, aux heures du repos, des visites particulières, en aussi grand nombre qu'il lui est possible.

Il est aidé, dans le quartier des femmes, par des dames charitables, constituées en comité.

Quant à l'école d'instruction élémentaire, elle est ouverte trois jours par semaine dans chaque division.

Les gouvernantes des femmes sont chargées du soin de l'instruction dans leurs divisions respectives

Dans chaque division, un compte moral est ouvert à chaque détenu. Ce compte se compose de tous les détails qui peuvent servir à le faire bien connaître; on y trouve son nom, son âge, les circonstances de son crime, sa peine, etc., etc.; en un mot, le tableau de sa vie pendant toute la durée de sa détention. Ce compte est le premier élément de l'œuvre du patronage.

CHAPITRE VI.

RÉGIME ÉCONOMIQUE.

Le régime économique du pénitencier de Lausanne est fondé sur le principe d'une égalité parfaite entre tous les détenus de chaque division.

Il suit de là qu'aucun détenu ne peut changer son régime, lors même qu'il voudrait en faire les frais.

Le système de *régie* est adopté à Lausanne comme à Genève, et par la même raison, de préférence à *l'entreprise*.

Il embrasse principalement la nourriture, le vêtement et le coucher des détenus.

Nourriture. — Autrefois, la ration de pain était de 24 onces pour les hommes et de 20 onces pour les femmes.

Le détenu était libre de n'en consommer qu'une partie, et la maison lui bonifiait le reste. Par la même raison, il pouvait demander un surcroît de ration qu'il payait avec sa masse.

Aujourd'hui cet usage n'existe plus.

Aujourd'hui, les détenus reçoivent, chaque jour, savoir :

Pain bis de froment pur, 20 onces pour les hommes, et 16 pour les femmes;

Le matin, une soupe aux légumes ;

A midi, des légumes secs ou verts, assaisonnés au beurre, et des pommes de terre bouillies;

Le soir, un soupe comme le matin;

Le dimanche et le jeudi, une demi-livre de viande.

L'eau pure est la seule boisson permise.

Le médecin seul peut apporter quelque changement à ce régime.

Pour ceux des détenus qui ne sont pas reclus solitairement, les repas se prennent en commun, dans une portion de l'atelier servant de réfectoire.

Vêtements. — Outre la chemise, les mouchoirs de cou et de poche, qui sont changés toutes les semaines, l'habillement des hommes consiste dans un bonnet, une veste, un gilet, un pantalon et des guêtres courtes, le tout en laine.

Les détenus correctionnels ont cet habillement d'une seule couleur, la grise. Pour les criminels, il est moitié bleu, moitié gris.

En hiver, tous ont de plus un gilet à manches et des bas de laine. En été, le pantalon est en toile, barrée en travers pour les correctionnels, en long et en travers pour les criminels.

L'habillement des femmes,— outre la chemise et la coiffe, qui est noire pour les correctionnelles et bleu-clair pour les criminelles, outre les mouchoirs de poche et de col, des bas de fil en été et de laine en hiver,—se compose d'une veste et d'une jupe en étoffe de laine de couleur, comme celle des hommes, et une jupe de dessous en toile barrée comme celle des pantalons. En hiver, la jupe de dessous est en laine.

Tous ont des souliers.

Couchage et Blanchissage. — De même qu'à Genève.

Chauffage et Éclairage. — Nous avons parlé de l'éclairage; quant au chauffage, aucun procédé de caléfaction n'existe à Lausanne. Les cellules ne sont point chauffées; elles reçoivent seulement la chaleur des ateliers, qui sont chauffés par des poêles.

CHAPITRE VII.

RÉGIME SANITAIRE ET DE SALUBRITÉ.

Le service sanitaire et de salubrité se fait à Lausanne comme à Genève. La propreté y est égale, et, sous ce rapport, quand on est dans l'une de ces prisons, on se croirait dans l'autre.

Le régime de la prison de Lausanne est loin d'exercer une influence fâcheuse sur la santé des détenus. Tandis qu'à Genève la moyenne annuelle des décès est de 4.89 p. 0/0; elle n'est que de 2.50 p. 0/0 à Lausanne; tandis qu'à Genève il y a eu 15 aliénés en 12 ans, sur une population de 329 détenus, il y en a eu 9 à Lausanne, depuis l'ouverture du pénitencier jusqu'au 1er janvier 1837, sur une population presque double.

CHAPITRE VIII.

TRAVAIL DES DÉTENUS.

L'organisation du travail des détenus est la même à Lausanne qu'à Genève; mais, à la différence des détenus de Genève, le détenu de Lausanne ne peut disposer, pendant la durée de sa détention, pour son usage particulier, d'aucune portion de son pécule. Il peut seulement, avec l'autorisation de la commission, disposer de quelque petite somme pour l'envoyer à sa famille.

Lors de son élargisssement, on ne lui remet que ce qui est absolument nécessaire pour ses premiers besoins. On pourvoit à ce qu'il ne fasse pas un mauvais usage du reste, et, pour cela, on l'envoie au pasteur de la paroisse dans laquelle il annonce vouloir se rendre. Le prisonnier ne peut se plaindre de cette précaution; le pécule n'est pas un droit, mais une faveur.

Le *pécule* du détenu, qui avait d'abord été fixé au tiers, est aujourd'hui de la moitié du produit de son travail.

La moyenne du pécule alloué aux détenus en 1837 a été, dans la division criminelle :

Pour les hommes, de 12 $\frac{73}{100}$ rappes par journée.
Pour les femmes, de 08 $\frac{35}{100}$ d°

Dans la division correctionnelle :

Pour les hommes, de 14 $\frac{18}{100}$
Pour les femmes, de 09 $\frac{92}{100}$.

La somme totale du pécule alloué aux détenus, pendant la même année, s'est élevée à 2,884^f 28^c (1).

Les condamnés à la reclusion solitaire ont des occupations tout à fait sédentaires. Elles se bornent habituellement au tressage de la paille.

Les travaux, dans les ateliers, sont un peu plus variés.

On comptait, le jour de ma visite (juillet 1838):

20 Tisserands;
15 Cordonniers;
3 Fileurs de laine;
20 Ouvriers en paille;
4 Tailleurs d'habits;
2 Menuisiers;
3 Fabricants d'agrafes;
3 Étireurs de crin, bobineurs de fil, etc.;
13 Femmes occupées à la couture et au filage.

(1) Voir la note 1 de la page 191.

CHAPITRE IX.

RECETTES ET DÉPENSES (1).

La dépense générale du pénitencier a été, en 1837, de	36,508f 8r 4.
La recette, résultant du bénéfice sur le travail des détenus, de	3,638 5. 9.
Reste	32,570 2. 5.

En 1836, la dépense a été de 38,574f 6. 9.; elle avait été de 34,312 en 1835.

En retirant de la dépense générale les articles qui n'appartiennent pas aux dépenses annuelles et courantes, et qui peuvent varier plus ou moins d'une année à l'autre, on a pour base du coût moyen de la journée de consommation, pendant l'année 1835, les chapitres suivants :

Nourriture, y compris celle de 14 employés	11,290f	60r
Remèdes	273	95
Linge et habillements	1,411	66
Blanchissage	1,235	10
Chauffage	1,697	86
Éclairage	1,437	91
Objets servant à l'entretien de la propreté	170	00
Meubles et ustensiles	521	30
Matériel du bureau qui a dû être renouvelé en partie	514	53
Divers objets non classés	84	50
Traitement des employés, y compris ceux de MM. le pasteur et le médecin	7,971	24
Total	26,608	65
Dont à déduire la recette des ateliers	4,017	00
Reste	22,591	65

Cette somme de 22,591 francs, répartie sur les 35,688 journées de consommation de la même année, donnerait par journée 63 rappes; mais si, comme cela doit être, on fait supporter aux détenus les journées des employés, le chiffre s'élèvera à 74 rappes (1 franc 7 cent. de France) à fournir par la caisse de l'État.

Les 30,360 journées des 156 détenus qui ont circulé dans la maison, en 1835, équivalent à 83 individus; partant de là, l'entretien d'un détenu, pendant l'année 1835, calculé à raison de 74 rappes par jour, peut donc être évalué à 230 francs, dont 31 $\frac{44}{100}$ rappes (45 cent. de France) pour la nourriture quotidienne.

(1) Voir la note 1 de la page 191.

CHAPITRE X.

EFFETS DU SYSTÈME DE LAUSANNE SUR L'OBSERVATION DU SILENCE DANS LES COURS ET DANS LES ATELIERS.

Ce que j'ai rapporté ci-dessus, pages 192 et suivantes, de la conversation et de la lettre de M. le pasteur Roud, m'a dispensé de faire à Lausanne l'enquête que j'avais faite à Genève sur l'observation du silence.

A Genève, tout le monde me disait que le silence était observé rigoureusement dans les ateliers et dans les cours; voilà pourquoi j'ai fait une enquête.

A Lausanne, au contraire, tout le monde m'a dit que, bien que le silence fût aussi rigoureusement prescrit qu'à Genève, il n'était pas, il ne pouvait pas être plus rigoureusement gardé; et cependant les surveillants offrent plus de garantie de moralité, de fermeté et d'exactitude à Lausanne qu'à Genève! Voilà pourquoi j'ai cru devoir porter mes investigations sur un autre point non moins controversé.

CHAPITRE XI.

EFFETS DU SYSTÈME DE LAUSANNE SUR LE MORAL DES CONDAMNÉS DÉTENUS SOLITAIREMENT.

Vingt-deux condamnés, dont trois femmes, étaient reclus solitairement lors de ma visite; ils étaient en cellule depuis leur entrée dans la prison, et devaient y rester jusqu'à leur sortie. J'ai passé une journée à visiter individuellement une quinzaine de ces détenus. Je les ai choisis moi-même, sur la *seule* indication des registres d'écrou. Voici le résultat sommaire de l'interrogatoire que j'ai fait subir à chacun d'eux :

H......, âgé de 38 ans, détenu solitairement depuis le 22 février 1834; condamné à 6 ans de reclusion, pour vol; avait subi précédemment 15 ans de la même peine; teint pâle, air morose; tresse de la paille; est cordonnier de son état; se plaint de rhumatismes; s'exprime très-facilement.

D. «Comme vous avez été soumis, pendant votre première incarcération, à un régime tout autre que «celui que vous subissez maintenant, vous êtes plus à même qu'un autre de me dire l'impression différente «que vous a fait éprouver cette différence de discipline.»

R. «Lors de mes précédentes détentions, je m'isolais toujours de mes camarades; je préférais la solitude «à la vie commune; je ne parlais jamais à personne; cela tenait à mon caractère. Aujourd'hui que je suis «seul, je me trouve servi suivant mon goût, et, si l'on me mettait au choix de rester comme je suis ou «d'entrer à l'atelier, j'aimerais mieux rester comme je suis : Voilà 4 ans et demi que je vis ainsi seul; j'y «suis tout accoutumé. Cependant, je crois que je m'ennuierais beaucoup, si je ne recevais de temps en temps «la visite du pasteur, de l'inspecteur, du médecin, etc., et si je n'entendais pas le bruit qui se fait à la «porte de ma cellule, dans l'atelier; ce bruit me distrait. J'éprouve quelquefois le besoin de distraire mon «esprit de ses pensées; il y a des nuits où je n'ai pas une minute de repos; ma conscience ne veut pas «rester tranquille; je crois bien que c'est cela qu'on appelle conscience; cependant je ne crois pas me «sentir plus de sentiments religieux dans la solitude que dans l'atelier. C'est si difficile à venir chez des

« gens comme nous !.... Ce qui me chagrine le plus, c'est que je me porte mal; mais ce serait de même « dans l'atelier. »

I....., âgé de 48 ans; détenu solitairement depuis le 2 février 1834; condamné par récidive à 12 ans de fers, pour homicide; teint pâle; air distrait, préoccupé, hagard; idées décousues; mots incohérents.

« Je ne me plais ni dans la solitude, ni dans l'atelier. Ah! mon Dieu, non. J'aimerais bien mieux être « dehors. On ne m'aurait jamais fait cela en France. Je ne suis pas un mauvais sujet. — C'est extraordi- « naire! Vous ne pouvez me tirer d'ici, quoique Français? Alors que me demandez-vous? que me voulez- « vous? Je n'entends rien à ce que vous me dites. — Il n'y a pas de doute que j'ai de la religion! Tout le « monde doit en avoir. — Tout ce que je mange ne vaut rien. Les aliments ne sont pas bons. — Ce que « j'en dis, ce n'est pas pour me plaindre. N'allez pas dire que c'est pour me plaindre; je me trouve assez « bien ici; mais je voudrais être dehors. J'ai fait des supplications; ça n'y fait rien. Vous, qui êtes Français, « est-ce que vous ne pourriez pas me faire sortir d'ici? »

J.......... âgé de 42 ans; détenu solitairement depuis le 15 juin 1837; condamné par récidive à huit ans de reclusion, pour vol; forte constitution; mauvaise figure; mauvais coup d'œil; air défiant.

« Vous me demandez si je m'aimais mieux autrefois dans l'atelier qu'aujourd'hui dans une cellule. Il « n'y a pas grande différence. J'aime quasiment mieux être comme je suis. A quoi sert d'être ensemble « si l'on ne peut causer? J'avais toujours envie de causer, et l'on me punissait pour la moindre parole. « Aujourd'hui je n'ai plus cette envie: j'aime mieux ça. Ce qui me fâche, c'est de ne pas travailler de « mon état de tisserand, comme dans l'atelier. Quant au repentir! pardi! je sais bien que j'ai eu tort. « Que je sois seul on non, ça ne fait rien à la chose. La chose, c'est que je suis pris. Tant pis. Que voulez- « vous! c'est comme ça. Si je vous connaissais, je pourrais vous dire beaucoup de choses; .... mais je « ne sais même pas à qui je parle. »

Alors je dis à J..... qui j'étais, et il s'abandonna à une longue divagation sur son affaire. Je finis par l'interrompre en lui demandant quels étaient les livres que je voyais sur sa planche.

« C'est, me répondit-il avec un demi-sourire, la Bible et Robinson Crusoé. J'aime mieux l'un que « l'autre, ajouta-t-il d'un air d'intention. — Lequel? lui demandai-je. — Robinson, me dit-il. »

M. le pasteur auquel je rendis compte de cette conversation, me dit que cette dernière réponse de J.. était probablement le résultat du dépit qu'il éprouvait d'avoir été exclu de la chapelle.

K....., âgé de 42 ans; condamné à 9 ans 10 mois de reclusion pour homicide sur la personne de sa femme; détenu solitairement depuis le 1er janvier 1837; bonne santé, sourire niais; gâtait l'ouvrage qu'on lui donnait dans l'atelier, était cordonnier de son état; tresse de la paille.

D. « Quelle différence trouvez-vous entre la vie d'atelier et la vie solitaire? »

R. « Ne croyez pas, Monsieur, que j'ai tué ma femme; je n'ai jamais mis la main sur elle, pendant « 17 ans que nous avons été ensemble. Je l'aimais bien, je vous jure; c'est elle qui s'est laissée tomber « elle-même du haut de l'escalier. J'en ai été bien fâché, surtout à cause de mes enfants; mes pauvres « enfants! J'ai trois filles; bien jolies encore! J'ai eu bien du chagrin de les quitter...... »

D. « A quoi pensez-vous le plus souvent dans votre cellule? »

R. « A mes enfants, rien qu'à mes enfants. J'y pensais moins quand j'étais dans l'atelier; aujourd'hui « je ne pense qu'à eux. J'ai encore quatre ans à faire; après ces quatre années, je reverrai mes trois « filles...... »

D. «Lisez-vous souvent la Bible que je vois là?»

R. «Monsieur, est-ce qu'on ne pourrait pas m'amener l'aînée?...»

D. «Votre santé souffre-t-elle du régime que vous suivez?»

R. «Quelquefois je mange bien, quelquefois je n'ai pas d'appétit. On ne peut pas toujours manger: «on a mal aux dents; on n'est pas en train; on réfléchit à je ne sais quoi.... Si vous pouviez seulement «me faire voir les deux petites?...»

D. «Cela ne dépend pas de moi.»

R. «Quand je ne verrais que la petite dernière, je serais content.»

D. «Conduisez-vous bien; soyez résigné; demandez à Dieu la grâce de supporter votre peine avec «courage jusqu'au bout.»

R. «Que Dieu me rende mes enfants!»

L...., né en 1760; détenu solitairement depuis le 9 novembre 1837; condamné par récidive à un an de prison, pour vol; bonne santé; cheveux blancs; air gai, résolu, et quelque peu goguenard.

D. «Quel âge avez-vous?»

R. «78 ans bientôt, mon chevalier. J'ai servi Napoléon pendant *42 ans* (il porte le revers de sa main «droite à son front chauve). Alors c'était le bon temps; meilleur qu'aujourd'hui (il fait semblant de «pousser un soupir). Quoique ça, j'aurais tort de me plaindre. Et, tenez; à vous parler franc, j'ai là les «invalides qu'il me faut. Je ne suis plus bon à rien, ni à prendre, ni à rendre; merci de la retraite! je «ne me suis jamais trouvé plus heureux. Quand on est vieux, on n'aime ni le bruit ni la foule. Je suis «ici tranquillement et sans avoir querelle avec personne;—ce qui me va, car je suis un petit peu tapageur. «Ici, on a mille attentions pour moi; on m'apporte ma soupe, mon pain, mon légume, trois fois par «jour, sans que je le demande. Je suis bien vêtu; je couche dans des draps blancs; je n'ai pas besoin de «travailler pour vivre; je tresse de la paille pour m'amuser. C'est bien doux; je voudrais que ça dure toute «ma vie. J'ai passé bien des hivers avec une *livre de pain de turquie,* lourd comme du plomb, pour tout «potage. Ce qu'il me faudrait, c'est une petite goutte de vin; mais on ne peut pas avoir tout à la «fois. Ce qui m'inquiète à présent, c'est ce que je ferai quand je sortirai. Mais, bah! j'aurai toujours «une ressource; ce sera de revenir,.. ou de me jeter au lac.»

M...., âgé de 38 ans; détenu solitairement depuis le 18 octobre 1837; condamné en cinquième récidive à un an de prison, pour vol; forte constitution; air déterminé; teint brun, marqué de petite vérole; figure plate; gros favoris noirs; a subi sa dernière détention à Genève d'où *on le disait sorti converti*...........

D. «Vous n'aurez passé qu'un an dans la solitude; ce temps n'est pas long.»

R. «Cela est vrai; mais un an en vaut deux quand on est seul. Malgré tout, j'aime mieux ça; on n'a «pas de punitions ni d'injustice à craindre dans sa cellule; on n'a pas de surveillant qui vous épie et qui «a toujours les yeux braqués sur vous; on est libre au moins de ses mouvements; je fais les gestes que «je veux, et je peux regarder autour de moi sans que personne y trouve à redire. Si l'on me disait de «rentrer à l'atelier, je préférerais rester ici. Dans la dernière détention que j'ai subie, j'ai fait 150 jours «de cachot sur deux ans; c'était pour un mot, pour un rien, pour des bêtises, quoi!»

D. «Vous avez commis cinq récidives. Le châtiment que vous avez subi quatre fois avant celui-ci, n'a «donc fait aucune impression sur vous? Tout sentiment religieux est donc éteint dans votre cœur?»

R. «La débauche, le vin, les femmes, tout le tonnerre de Dieu qui me poursuit, sont plus forts que «moi et que toutes les prisons. Je ne renie pas la religion; je ne dis pas que ce qu'on prêche soit faux, et «que ce qu'on lit dans l'évangile ne soit pas vrai; mais je n'y crois pas; et c'est tout comme. On dit qu'il n'y «a que la foi qui nous sauve. Je ne puis donc être sauvé, puisque je n'ai pas la foi.»

D. « A quoi pensez-vous donc, dans les longues heures de vos nuits et de vos jours? »

R. « A quoi je pense! Je ne saurais trop vous le dire. On pense toujours à quelque chose. J'ai cinquante « mille pensées qui me trottent dans la tête : je me dis que j'aurais mieux fait de faire ci et ça; que si c'était « à recommencer, je ferais d'une autre manière. Je compte les jours que j'ai faits ici et ceux qui me restent « encore à y passer. Je fais mille projets pour ma sortie; mais, à vous parler franchement, le bon Dieu « n'entre pour rien dans tout ça. »

N......., âgé de 30 ans; détenu solitairement depuis le 1er mai 1837; condamné par récidive à deux ans de prison; travaille de son métier de tailleur; teint jaunâtre, yeux enfoncés, front saillant; air hypocondriaque.

« Je suis obligé de chasser mes pensées; si je m'y livrais, ça me mènerait au désespoir. Toujours seul! « jamais de distraction! jamais de visite d'un parent, d'un ami! Dans un atelier, on a des camarades; on se « voit, on cause des yeux, on fait des connaissances; on se soulage de ses peines en les mettant toutes en « commun. Tandis que, dans une cellule, on vous laisse là comme un morceau de vieux linge; personne « ne songe à vous ramasser. Le pasteur vient bien quelquefois me voir; mais il vient le plus rarement qu'il « peut, parce que je le reçois mal; je ne puis pas le souffrir. Quand il vient, c'est toujours pour me morigéner; « il n'a jamais que des reproches ou des sermons à vous faire. Si, seulement, c'était dans mon intérêt; mais « c'est dans l'intérêt de la maison; c'est pour ne pas perdre sa place; je me défie de tout ce qui appartient à « l'administration. Si M. le pasteur n'en était pas, je ne dis pas; je lui ouvrirais peut-être mon cœur davantage. « Vous m'avez demandé si la solitude élevait mon âme à Dieu? Non, parce que j'ai toujours dans l'esprit « que les personnes qui m'entourent sont mes ennemis, et qu'elles ne me laissent là que pour me tourmenter. « Je lis bien quelquefois la Bible, et, en la lisant, je me sens bien quelquefois porté à mieux faire; mais il ne « faut qu'une pensée qui vous traverse la tête, pour vous tourner l'esprit et vous décourager. Je suis très- « fier de caractère; quand on a l'air de vouloir m'humilier, alors je me tiens sur mes jambes. Il faut savoir « me prendre; avec de la douceur on fait de moi ce qu'on veut. Pour ce qui est de retourner dans l'atelier, « comme je n'ai plus que huit mois à faire, j'aime tout autant rester ici. Quand je suis sorti d'ici, la pre- « mière fois, j'avais les meilleures dispositions pour rentrer en moi-même et ne plus y revenir. Deux « choses m'en ont empêché; la première, c'est que le tribunal m'a pris mes hardes, mes meubles, tout, « pour payer les frais du procès. Comment donc faire quand on n'a plus rien? La seconde, c'est qu'en « sortant on ne m'a rien donné de mon pécule; on voulait que je le touche dans l'endroit où j'irais; mais moi « je ne voulais pas qu'on sache d'où je venais. Je ne pardonnerai jamais ça au pasteur. »

O....., âgé de 25 ans; détenu solitairement depuis le 31 décembre 1835; condamné par récidive à 3 ans de prison, pour vol de complicité avec la femme O......., sa mère; l'air gai, bien portant; esprit borné; aucun sentiment religieux.

Femme O......., âgée de 53 ans, mère du précédent; détenue solitairement, comme lui, depuis le 31 décembre 1835; petite, vilaine, taciturne, l'air imbécile.

« Vous avez vu mon fils? se porte-t-il bien? Eh bien, tant mieux! — Que voulez-vous? il faut bien « prendre patience. Il y a force. Et puis, on n'est pas si mal ici; oh! mon Dieu, non! — Si je me repens? « oh! c'est bien sûr! je ne manque jamais de prier le bon Dieu. »

Femme P......., âgée de 56 ans, détenue solitairement depuis le 1er septembre 1836; condamnée par récidive à 2 ans de prison, pour avoir prostitué deux de ses filles; air indifférent; gros yeux; figure large; goître.

« Je ne sais pas pourquoi on me tourmente tant; car, enfin, je n'ai fait de mal à personne; mes enfants « sont mes enfants. Je fais ici une détention terrible. C'est bien cruel pour moi d'être ainsi renfermée « toute seule dans un cachot; moi qui étais accoutumée à aller et venir pour mes petites affaires. Dieu de « Dieu! est-il possible! — Vous me demandez si j'ai des sentiments religieux? Pourquoi donc pas? est-ce «que je ne peux pas en avoir tout comme une autre? Je vais à la chapelle, je fais mes prières; M. le pasteur «vient me voir. Dieu merci! j'ai de la religion; ce que je souffre, je le souffre avec patience, et sans m' «plaindre à personne. Dans les commencements, j'ai eu les jambes enflées, mais ça n'a pas duré. J'aurai «de bonnes jambes, dans quelques mois, pour sortir.»

On se sent péniblement affecté, en lisant cette enquête, de voir que tout sentiment religieux est mort dans toutes ces âmes déchues. C'était bien différent à Genève! Mais, à Genève, je n'ai interrogé que les bons; à Lausanne, je n'ai interrogé que les plus mauvais.

CHAPITRE XII.

EFFETS DU SYSTÈME DE LAUSANNE QUANT AU NOMBRE DES RÉCIDIVES.

Le relevé des détenus adultes, entrés, libérés, et rentrés dans le pénitencier de Lausanne, depuis le 1er mai 1826 jusqu'au 1er janvier 1837, donne le résultat suivant :

DURÉE DES CONDAMNATIONS.	NOMRRE DES DÉTENUS.		DONT LIBÉRÉS.		CAS DE RÉCIDIVES.	
	Hommes.	Femmes.	Hommes.	Femmes.	Hommes.	Femmes.
De 2 à 10 mois	236	64	221	61	35	10
De 1 à 2 ans inclus	144	44	133	42	25	8
De 2 à 3 ans inclus	102	35	87	31	12	2
Au-dessus de 3 ans (de 4 à 20).	91	13	62	10	4	1
TOTAL	573	156	503	144	76	21

En résumé, il y a eu, de 1826 à 1837 :

729 entrées,
647 libérations,
97 cas de récidives.

Ainsi, la population totale des récidives serait d'environ 15 p. 100 libérations.

Au-dessous d'un an, la proportion des cas de récidive, hommes et femmes compris, est de 15/95 sur 100 libérations;

De 1 à 2 ans exclusivement, elle s'élève à 18/86;

De 2 à 3 ans inclusivement, elle tombe à 11/86;

Au-dessus de 3 ans, elle n'est plus que de 6/94, et même les récidifs de cette dernière catégorie étaient détenus de l'ancienne prison (1).

(1) Avant l'introduction du système pénitentiaire à Lausanne, le nombre moyen des récidives avait été, pendant 21 ans, de 16 pour 100, soit de 1 sur 6.

Dans une lettre, écrite par l'inspecteur du pénitencier de Lausanne, sous la date du 4 janvier 1838, cet habile administrateur s'exprime ainsi sur la grande question des récidives :

« Il y a plusieurs manières de compter les récidives; il importe avant tout de bien s'entendre « sur ce point. A Lausanne, où nous avons admis pour règle de présenter les résultats sous le « point de vue le moins avantageux, mais aussi le plus vrai, nous ne comptons pas le nombre « des récidifs, mais bien celui des cas de récidives; ce qui est tout à fait différent. Il y a, et il y « aura toujours, dans toute prison, un certain nombre de détenus entièrement dépravés, incorri- « gibles, et qu'il faut s'attendre à voir revenir toujours. Tandis qu'à Genève on ne tient plus « compte de ces prisonniers, lorsqu'ils ont passé la première récidive; à Lausanne, au contraire, « nous les comptons toujours. Les 97 récidives, comptées de 1826 à 1837, sont donc 97 cas de « récidives. Si nous déduisons les doubles et triples récidives, il faudrait de beaucoup abaisser ce « chiffre. On pourrait, sans exagération, le faire descendre à 74 (proportion 11/43 sur 100), « répartis de la manière suivante :

« Trente-huit récidifs (sur 282 libérés) qui avaient subi une première condamnation au-dessous « d'un an (proportion 13/47 sur 100).

« Vingt récidifs d'un an à deux ans moins un jour (sur 175 libérés, proportion 11/43 « sur 100).

« Onze récidifs (sur 118 libérés), après une détention de 2 à 3 ans (proportion 9/32 « sur 100).

« Cinq récidifs (sur 72 libérés), après une détention de plus de 3 années (proportion 6/94 « sur 100).

« Cette explication est absolument nécessaire si l'on veut comparer une prison à l'autre; « autrement, on tomberait dans l'erreur. Il faudrait aussi tenir compte des courtes détentions que « subissent chez nous un grand nombre de condamnés, et qui augmentent d'autant les chances de « récidives. On peut s'en convaincre par le tableau, qui présente, sur 729, nombre total des « détenus, 300 condamnés de 2 à 10 mois, dont 282 libérés, sur lesquels on compte *45 cas « de récidives*.

« Dans la prison de Genève, le nombre des étrangers est dans une proportion presque égale « à celle des indigènes; et comme les premiers sont expulsés du canton, à leur libération, et que « beaucoup de nationaux sont placés hors du territoire de la république, par les soins du « comité de patronage, le nombre des libérés résidant dans le canton de Genève doit y être peu « considérable, et, par là même, les chances de récidives doivent aussi être proportionnelle- « ment beaucoup moindres que chez nous, où nous ne comptons d'étrangers que le sixième de « la population totale, où peu de nationaux s'expatrient, et où d'ailleurs la surveillance de la « police sur les étrangers est peu sévère, puisque plusieurs libérés, expulsés du canton, y sont « rentrés et y ont commis de nouveaux délits.

« Maintenant, vous voulez savoir quelle influence exercent sur le nombre des récidives les « changements apportés dans le régime disciplinaire de l'établissement, et spécialement, si, « depuis que le système de la reclusion solitaire a été adopté pour les prisonniers en récidive, « le nombre de ceux-ci a diminué. Il ne serait pas exact de dire qu'il en est ainsi, puisque chaque « année le nombre des cas de récidive tend malheureusement à s'élever davantage (1); mais

(1) En 1832, la moyenne des récidives a été de 18 pour 100;
En 1835, le nombre des récidifs a été de 16 sur 84 entrés, soit 1/5;

cela tient, je le crois fermement, à des causes tout à fait étrangères au régime disciplinaire auquel les récidifs sont soumis dans notre maison. Le nombre des condamnés à moins d'un an forme plus des 3/7 de la population totale des détenus. C'est dans cette catégorie que se trouvent les rechutes les plus fréquentes; et comme la reclusion solitaire n'est pas d'abord prononcée contre ces récidifs, il en résulte que ce n'est qu'à la troisième faute que le système d'intimidation peut leur être appliqué; c'est-à-dire lorsqu'ils sont arrivés à un degré de perversité tel que l'amendement est devenu presque impossible. L'augmentation progressive du nombre des récidives tient essentiellement à ces trois causes : *Détentions trop courtes; pécule trop élevé; régime physique et alimentaire trop excellent.*

« Pour constater si ce système de la reclusion solitaire est réellement efficace, il faut l'étudier par les détenus auxquels il a été appliqué. Or, c'est ce que nous ne sommes pas encore en mesure de faire.

« Voici pourtant le tableau des récidifs qui, depuis l'adoption du nouveau régime, ont été reclus solitairement jusqu'au 1er janvier 1837*:

« Au-dessous d'un an.........	6 hommes 3 femmes.........	9
« D'un an à 2 ans exclusivement.	12 hommes 4 femmes.........	16
« De 2 à 3 ans.............	5 hommes.................	5
« Au-dessus de 3 ans.........	1 homme..................	1
	« TOTAL GÉNÉRAL......	31

« De ces 31 condamnés, 26 ont déjà été libérés jusqu'à ce jour (4 février 1838). Sur ces 26 libérés, il en est rentré quelques-uns (8, dont 7 hommes et 1 femme, ce qui fait environ 30/76 pour 100); mais on ne pouvait que s'y attendre, parce que la reclusion n'a pas été pour eux d'une assez longue durée, et que le système d'intimidation n'était pas dans la première année aussi développé qu'il l'est aujourd'hui. Au surplus, ce n'est pas sur quelques cas particuliers qu'on peut asseoir une opinion sur le plus ou moins de mérite d'un système. Le temps et une plus longue expérience sont ici nécessaires. Ce qu'on peut affirmer, dès ce moment, c'est que, à nombre égal, la proportion des cas de récidive, entre ceux auxquels la peine de l'isolement a été appliquée, et ceux qui ne l'ont pas encore subie, est beaucoup moindre. »

Depuis cette lettre, 17 autres reclus solitaires sont sortis du pénitencier. Une seule rentrée avait eu lieu le jour de ma visite, 17 juillet 1838.

* En 1836, on a signalé 20 cas de récidive;

En 1837, on a eu à en déplorer 30. A aucune époque, depuis la création de l'établissement, on n'avait eu un chiffre aussi élevé. Le dernier compte rendu de l'administration du conseil d'état contient, à ce sujet, les réflexions suivantes :

« La moyenne générale des récidives est de 20 pour 100; mais, en divisant la population par catégories de détentions longues et courtes, on voit que la moyenne des récidives est de 18 à 24 sur 100 pour les individus condamnés à moins d'une année jusqu'à deux ans, tandis que cette moyenne n'est que de $7 \frac{90}{100}$ pour les individus qui ont subi une détention de trois ans et plus. Du reste, on comprend tous les jours davantage la nécessité de placer les récidifs sous un régime plus sévère.

Dans un Mémoire présenté à la Société vaudoise, le 24 avril 1834, M. Roud, pasteur du pénitencier de Lausanne, fait observer que « les délits des récidifs sont en général moins graves que celui qui les a fait condamner la première fois. La prison, dit-il, n'a pu les corriger; mais on dirait qu'elle les a rendus moins audacieux dans le crime et plus sensibles au châtiment. »

CHAPITRE XIII.

COMITÉS DE PATRONAGE.

Primitivement, le compte moral, dont nous avons parlé à la fin du chapitre v, était continué par la commission administrative du pénitencier, après l'élargissement des libérés qui restaient dans le canton. Mais, en conséquence d'observations faites dans le sein du grand conseil, on a trouvé que l'état de la législation ne permettait pas ce genre de surveillance, qui, bien que morale, aurait pu être comparée à une surveillance de police. C'est pourquoi la commission administrative ne s'occupe plus des prisonniers, dès qu'ils sont sortis de prison. Seulement, un comité de patronage travaille à les placer et à les suivre; mais il agit privativement et n'a aucun rapport officiel avec l'administration.

Voici en quels termes M. Chavannes rend compte de l'origine du patronage dans le canton de Vaud:

(*Séance de la Société vaudoise du 21 septembre 1836*).

« La première proposition d'un patronage pour les détenus libérés fut émise, il y a neuf ans, « dans la *Feuille du canton de Vaud* (Voyez année 14ᵉ de ce journal, page 380). Elle eut « d'abord quelque succès; mais diverses circonstances ne permirent pas de lui donner tout le « développement dont elle aurait pu être susceptible; elle finit par être en quelque sorte aban- « donnée. Plus tard, la *Société d'utilité publique* fut invitée, par l'un de ses membres, à s'en « occuper sérieusement. (Voyez le mémoire intitulé: *Du patronage des détenus libérés, par « M. Roud, pasteur de la maison pénitentiaire, 1834.*) Une commission fut chargée d'exa- « miner cette intéressante question, et de voir jusqu'à quel point la société d'utilité publique « pourrait la faire entrer dans la sphère de son activité. Un projet fut présenté; mais, après mûre « réflexion, on trouva que la société ne pouvait guère prendre l'initiative, et que le patronage « devait plutôt être l'objet d'une association particulière. Cette manière de voir a pris faveur. Une « société, composée de personnes charitables, hommes et femmes, s'est formée dans le but de « s'occuper activement des détenus sortant du pénitencier, ou de la prison centrale, et des jeunes dé- « linquants placés dans la maison de discipline; elle ne s'est pas annoncée au public par un pro- « gramme pompeux, par un règlement divisé en titres et chapitres; mais, travaillant en silence, « elle cherche à poser les bases d'un établissement durable, et à l'asseoir de manière à en assurer le « succès. »

Depuis ce rapport, la Société de patronage s'est fondue dans la *Société évangélique de Lausanne.* Aujourd'hui, le patronage est exercé par un comité de chaque sexe, pris dans le sein de la société évangélique.

Le comité d'hommes n'est en exercice que depuis le mois de mars 1837; le comité des dames existe depuis plus de deux ans.

« Notre œuvre est encore naissante et fort peu développée, » lit-on dans le procès-verbal de la seconde réunion annuelle publique de la société évangélique de Lausanne, tenue au temple de Saint-Laurent le 1ᵉʳ août 1837; « mais elle tend à s'accroître indéfiniment, puisque chaque amène, l'un portant l'autre, l'élargissement de 4 à 6 détenus. Elle a donc besoin du concours d'un grand nombre de disciples de celui qui appelle à lui ceux qui sont perdus, afin de sauver. Nous ne doutons pas que nos frères ne viennent à notre aide; car notre but intéresse toute personne qui connaît le prix des âmes. Le patronage se lie intimement à l'éducation ...que; il ne serait peut-être plus nécessaire si celle-ci atteignait son but.

...coup de détenus, on le croira sans peine, et nous avous eu occasion de l'apprendre, ...mmencé par être des enfants négligés par leurs parents ou des orphelins; ils se sont ... vagabondage, à la mendicité, et ils ont fini par dérober. Plusieurs ont été des enfants ... par leurs communes, fléau que le Gouvernement et la charité particulière ont déjà tra... extirper. Oh! puissent les efforts de tous les amis du Christ se réunir de plus en plus ...mbattre le mal sous toutes ses formes; pour le combattre par la vérité avec la charité. ... le Seigneur Jésus être lui-même notre patron à tous! Nous en avons tous besoin. ...que croit en lui est sous sa garde et ne sera point confus. »

...constatés dans le premier rapport des deux comités m'ont paru trop restreints et ...concluants pour trouver leur place ici. J'attendrai, si vous le trouvez bon, Monsieur le ... que le second rapport soit publié. On le rédige en ce moment. M. le pasteur Roud ... de me l'adresser, dès qu'il l'aurait à sa disposition.

...hors, ou plutôt, à côté de la commission administrative du pénitencier et des deux co... patronage, vient de se fonder une société nouvelle pour l'amélioration des prisons, dans ... de Vaud. Cette société s'est définitivement constituée le 24 mai 1837. Sa dernière ... du 17 janvier 1838. Elle se réunit deux fois par an, et son conseil une fois par

... encore rien publié sur ses travaux. Je ne connais d'elle que le registre de ses délibéra... son président a bien voulu me communiquer et qui porte, en tête de la première séance: ... *de Dieu, amen.*

...le ces mots, parce qu'ils résument à eux seuls toute la pensée de l'œuvre des pri... que la conçoivent, à Lausanne, tous les citoyens qui s'y dévouent; de même que ... du premier rapport du comité de patronage: *Jette ton pain sur la surface des eaux; ...sieurs jours, tu le retrouveras*, résument la pensée de ceux qui travaillent à cette ... patience et de charité chrétienne.

...it, tout se fait, à Lausanne, du point de vue religieux, du point de vue évangélique. ... qui fait voir si en petit, à ceux qui peuvent s'élever jusque-là, les grands efforts ...lanthropie pour asseoir la réforme morale des condamnés sur une autre base, ou ... sur la même base, sans avoir dans le cœur la foi qui y croit.

3.

CANTON DE BERNE.

(Système agricole.)

CHAPITRE Ier.

OBSERVATIONS PRÉLIMINAIRES SUR LA CONSTITUTION, LES MŒURS ET LE MODE DE RENDRE LA JUSTICE DANS LE CANTON DE BERNE.

Le canton de Berne est le plus riche et le plus populeux des vingt-deux cantons de la Suisse. Sa population actuelle est d'environ 330,000 âmes, dont 20,000, dit-on, dans la ville chef-lieu, 10,000 dans la banlieue, et 300,000 dans le reste du canton.

Sa superficie est de 327 lieues carrées.

A l'exception des 50,000 habitants de l'ancien évêché de Bâle, qui sont catholiques et qui parlent français, toute la population de ce canton appartient à la communion protestante et parle allemand.

Depuis la révolution de 1831, le gouvernement est une république démocratique; elle était aristocratique auparavant.

La souveraineté est exercée par un *grand conseil* composé de 240 membres, dont 200 sont élus par les colléges électoraux, et 40 par ces deux cents. Le grand conseil est présidé par un de ses membres, auquel on donne le nom de landammann.

Le grand conseil élit dans son sein un conseil exécutif ou conseil d'état, composé d'un avoyer, président, et de seize membres.

Seize autres membres sont élus annuellement par le grand conseil en dehors de son sein, pour assister les membres du conseil exécutif, avec les mêmes droits qu'eux.

Au conseil exécutif sont subordonnés, pour les travaux préparatoires et pour l'exécution de ses ordres, sept *départements* élus par le grand conseil.

Le département de justice et police est le troisième. Le département de l'intérieur le second.

L'administration des communes, des paroisses et des bourgeoisies, rentre dans les attributions du département de l'intérieur.

La poursuite et la répression des crimes appartient au département de justice et police.

Pour cela, le canton est divisé en vingt-huit districts, subdivisés en arrondissements.

Chaque district et ses arrondissements se composent d'un certain nombre de communes et paroisses.

A la tête de chaque district est placé un préfet, élu par le grand conseil, et à la tête de chaque arrondissement communal, un lieutenant de préfet, nommé par le préfet, sur une liste de deux candidats présentés par les communes.

Dans chaque district, est un tribunal de première instance, composé d'un juge président, de quatre juges assesseurs et de deux juges suppléants.

On désigne le président sous le seul nom de juge.

Le président est nommé par le grand conseil; les autres juges par le collége électoral du ressort. Leurs fonctions durent six ans; ils sont rééligibles.

Au-dessus des vingt-huit tribunaux de district est une cour d'appel unique composée d'un président, nommé pour cinq ans; de dix juges, nommés pour quinze ans, en trois séries; et de quatre juges suppléants, — tous nommés par le grand conseil.

Il est adjoint à la cour d'appel un procureur général en qualité d'accusateur public.

Cette cour est la cour suprême de la république. Elle prononce, en dernier ressort, sur toutes les affaires litigieuses qui sont portées devant elle. Elle juge, en instance suprême, toutes les contraventions et tous les délits qui dépasssent la compétence des autorités judiciaires inférieures, et enfin tous les crimes sans exception.

Lorsqu'il s'agit d'un crime ou délit grave, il est demandé à l'accusé s'il veut se défendre en première instance ou seulement devant la cour d'appel.

Lorsqu'il s'agit d'un crime qui peut entraîner la peine de mort, les quatre juges suppléants prennent part aux délibérations et au vote.

Les tribunaux de district jugent, en première instance, toutes les affaires litigieuses qui ne sont pas expressément enlevées à leurs attributions, et, sans appel, celles que la loi soumet à leur compétence. Ils jugent de la même manière les délits. Ils jugent enfin, en première instance, tous les crimes, jusqu'à ce qu'il ait été établi des tribunaux criminels spéciaux, ainsi que la constitution permet d'en établir, au nombre de six au plus, pour toute la république.

Point de jury; point de juge d'instruction; pas d'autre ministère public que le procureur général près la cour d'appel.

Ce sont les préfets et les lieutenants de préfets qui font l'office de nos procureurs du roi et de nos juges d'instruction.

Eux seuls sont chargés de ce qu'on appelle l'*information préliminaire,* soit d'office, soit sur dénonciation, soit sur rumeur publique.

Eux seuls ordonnent les visites domiciliaires, et l'arrestation des prévenus.

Le prévenu est interrogé dans les vingt-quatre heures.

L'information préliminaire achevée, le préfet adresse au président du tribunal de district les pièces de la procédure avec les objets saisis, et met à sa disposition les personnes arrêtées, pour commencer l'*information spéciale.*

Lorsque le crime ou délit n'emporte que les peines d'amende, d'emprisonnement ou d'absence forcée, l'information préliminaire est faite aussi sommairement que possible. La dénonciation faite d'office par une personne assermentée, ou l'information préliminaire du lieutenant de préfet, suffit pour autoriser le préfet à renvoyer l'affaire au président du tribunal, sans enquête ultérieure.

Une fois saisi de l'affaire, le président a le même droit que le préfet pour les enquêtes, les arrestations, les visites domiciliaires, etc.; il dispose à cet effet des agents de police de l'État.

Dès que l'information spéciale du président est close, il commet un des membres du tribunal de district pour rédiger l'acte d'accusation, dans lequel les faits résultant de la procédure sont exposés, et qui conclut à la peine prononcée par la loi.

Le président est investi par la loi de pouvoirs plus étendus. Ainsi, les fautes commises contre les mœurs ou en matière de police correctionnelle, et qui ne doivent pas être poursuivies d'office, telles que les contraventions peu graves, les procédés inconvenants envers des fonctionnaires, etc., sont punies par le juge seul, après une information sommaire préalable.

Il peut être interjeté appel, devant la cour d'appel, des jugements rendus par le juge président, et qui infligent une amende qui excède vingt francs ou un emprisonnement correctionnel pour plus de quarante-huit heures.

Pareillement, il peut être interjeté appel des jugements émanés du tribunal de district, et qui prononcent une amende qui dépasse cent francs ou un emprisonnement correctionnel pour un terme d'au delà de dix jours.

Le code pénal encore en vigueur, dans le canton de Berne, est le code de la république Helvétique de 1799.

Ce code est calqué sur les dispositions combinées du code pénal de 1791 et du code des délits et des peines de brumaire an IV, dispositions qui ont été modifiées par un grand nombre de lois partielles postérieures.

Celle du 11 avril 1832 porte: Article 39. « Jusqu'à l'introduction du code pénal, il ne « devra être infligé aucune peine de mort aggravée, ni la peine de la fustigation ou de la « marque. »

Article 30. « La cour d'appel pourra, dans les cas où elle prononce une reclusion, avoir « égard à la durée de la détention du coupable antérieure au jugement. »

Le gouvernement bernois s'occupe, en ce moment, de la rédaction d'un nouveau code criminel et d'un code de procédure pénale. En attendant, les enquêtes préliminaires sont faites conformément à l'instruction du 5 août 1803 pour les grands baillifs, remplacés par les préfets.

Deux lois du 3 septembre 1831 ont réglé les attributions des préfets et des lieutenants de préfets, ainsi que l'organisation des autorités judiciaires. C'est de ces lois et instructions, que la chancellerie a mis une obligeance extrême à me communiquer, et que M. le professeur Schnell en a mis autant à m'expliquer, que j'ai extrait, en partie, les notes qui précèdent. Malheureusement je ne puis donner aucun renseignement sur leurs résultats.

Bien qu'aux termes de la constitution, les langues allemande et française soient déclarées nationales, les actes et documents publics sont tous écrits en allemand; le texte allemand est seul officiel. C'est ce qui m'empêche, Monsieur le Ministre, de pouvoir vous faire part des documents précieux que renferme le compte rendu général que l'ancien gouvernement bernois a fait de son administration, après la révolution de 1831.

J'éprouve le même embarras pour les comptes de l'administration de la justice criminelle, que la cour d'appel a adressés depuis, annuellement, au conseil exécutif. Ces comptes rendus sont en allemand. Ne connaissant pas cette langue, il m'eût fallu les faire traduire; ce travail eût été trop difficile et trop long; j'ai dû y renoncer. J'y suppléerai, autant que possible, dans le chapitre II, en donnant la statistique des crimes et délits, tels qu'ils sont constatés dans le registre d'écrou de la maison pénitentiaire de Berne.

J'y suppléerais bien également, peut-être, par quelques remarques sur la moralité du canton; mais ces remarques m'entraîneraient trop loin. Je me bornerai à dire qu'aujourd'hui, moins que jamais, cette république ne justifie l'axiome que les mœurs sont plus nécessaires dans une république que dans une monarchie, et que les hommes remarquables par leurs lumières et leurs vertus, que Berne a de tout temps produits, réunissent leurs efforts communs pour opposer une digue au débordement des mauvaises passions. Parmi eux, se présente, en première ligne, M. de Fellemberg, que l'institut d'Hofwill a rendu si célèbre.

Cet institut, fondé en 1789, a donné une direction nouvelle à l'éducation populaire. Le canton de Berne étant essentiellement agricole, il fallait donner aux enfants du peuple une éducation agricole. C'est ce qu'a fait M. de Fellemberg.

L'exemple de M. de Fellemberg, s'enrichissant lui-même en enrichissant la science agronomique et l'éducation populaire de procédés inconnus avant lui, devait nécessairement produire ses fruits. Aussi s'élèvent de toutes parts, dans le canton, des écoles rurales, où l'agriculture est le premier objet de l'enseignement.

Une école normale d'instituteurs agronomes vient de se former à Berne.

A Soumiswald, une école agronomique de garçons est entretenue par des paysans, sous la direction de M. Jestcherin. Une école de même nature est entretenue par des patriciens à Boltigen; une autre est établie à l'Engi, pour de jeunes filles.

En 1832, une société s'est organisée à Berne sous le titre de *Société des amis de l'éducation populaire chrétienne*. Cette société a déjà doté le pays de plusieurs écoles où l'agriculture est mêlée à l'enseignement élémentaire. On cite entre autres l'école de Bettwyl, près de Berthoud, pour les garçons; une seconde école à Langnaud, dans l'Ementhaal, aussi pour des garçons, et l'école de Bremgarten, pour des filles.

Cette application de l'enseignement agronomique à l'enseignement primaire, dans les écoles, présente, pour la moralisation et le bien-être du peuple, des avantages trop évidents pour que le gouvernement n'ait pas cherché à faire produire les mêmes avantages à l'enseignement pénitentiaire, dans les prisons.

C'est pourquoi la prison de Berne a été conçue dans la pensée de cette réforme, réforme qui reçoit de jour en jour plus de développements, et qui présente, en ce moment, le premier exemple d'un système pénitentiaire fondé sur la culture des champs. Je suis heureux, monsieur le ministre, d'avoir à vous faire connaître l'organisation de ce système, et les fruits qu'on a recueillis de ses premiers essais.

CHAPITRE II.

DES DIVERS DEGRÉS D'EMPRISONNEMENT ET DES DIVERSES SORTES DE PRISONS DANS LE CANTON DE BERNE.

§ 1er.

MAISONS D'ARRÊT ET DE JUSTICE.

Les maisons d'arrêt et de justice sont au nombre de 28 dans tout le canton; il y en a une près du tribunal de chaque district.

Je n'ai visité que celle de Berne. M. le préfet Rochi, qui en a la surveillance, et qui a bien voulu me donner la permission d'y entrer, m'a dit que c'était la plus belle.

Elle est située sur la place du marché, dans une tour appelée *tour des prisons*. A gauche de sa porte d'entrée est une large pierre ronde, incrustée dans la muraille, et surmontée d'une grosse boucle en fer; c'est là qu'on attache les individus condamnés à l'exposition.

Cette prison peut contenir 30 prévenus. Tous passent leur temps dans la plus complète oisiveté; ils couchent ordinairement deux dans le même lit. Leur nourriture est très-bonne; on la fait venir d'une auberge voisine; le prix moyen est de 9 sous de France par jour. Les chambres et les dortoirs sont chauffés; il n'y a pas de cour; les sexes sont séparés. Je n'ai noté qu'une bonne chose dans ma visite; c'est que la chambre d'instruction est dans la prison même. En y regardant de bien près, on trouve de bonnes choses partout, même dans les institutions les plus vicieuses.

§ 2.

PRISONS POUR PEINES.

Les maisons d'arrêt servent de maisons de correction pour les condamnés à un emprisonnement dont la durée est de moins de trois mois.

A Berne, ces condamnés subissent leur peine dans une prison spéciale, appelée *Prison extérieure*. Cette maison, dont les bâtiments sont fort anciens et en fort mauvais état, renferme aussi les vagabonds, les passants, et les prévenus qui n'ont pas de place à la maison d'arrêt. On y suit le même régime qu'à la Tour. Sa population moyenne est quotidiennement de 30 détenus, hommes et femmes.

Tous les autres condamnés du canton sont répartis entre deux *maisons centrales,* dont l'une est à Berne (le pénitencier) et l'autre à Porentruy.

La maison centrale de Porentruy est une prison de force et de correction, destinée à recevoir la même sorte de condamnés que la maison de force et de correction de Berne. Sa population moyenne est, par jour, de 50 à 70 détenus des deux sexes; son régime intérieur est celui de la prison de Fribourg.

Toutes ces prisons ne sont bonnes qu'à démolir. Je ne sais si le canton de Berne se disposera bientôt à les reconstruire. Quand on a ses trésors, il suffit de vouloir pour pouvoir. Rien n'annonce en ce moment qu'il veuille.

PÉNITENCIER DE BERNE.

La maison pénitentiaire de Berne est, comme celle de Lausanne, divisée en deux sections distinctes, l'une de la *force,* l'autre de la *correction,* et chaque section partagée en deux quartiers, l'un pour les hommes, l'autre pour les femmes. Il n'y a pas de quartier distinct pour les jeunes détenus. Mais, à la différence du pénitencier de Lausanne, celui de Berne admet, dans chaque section et dans chaque quartier, le système des classifications, et partage les détenus en trois classes: classe d'*épreuve*, classe de *bons*, classe de *mauvais;* cette dernière est subdivisée en récidivistes et non récidivistes.

La prison est destinée à recevoir 400 détenus environ. Sa population moyenne est actuellement de 300 à 330.

Voici de quels éléments se composait cette population au 1er janvier 1838 :

Hommes	235
Femmes	80
TOTAL	315

Condamnés à vie	1
de 21 à 30 ans de fers	1
de 11 à 21 *idem*	13
de 6 à 10 *idem*	30
de 3 mois à 5 ans	270
TOTAL	315

1re classe.—Épreuve	80	dont 15 à la Force.
2e Améliorés	64	dont 23 *idem*.
4e Mauvais	161	dont 62 *idem*.
TOTAL	315	

Agés de 15 à 20 ans	23	dont 2 à la Force.
de 21 à 25 ans	47	dont 16 *idem*.
de 26 à 31 ans	66	dont 17 *idem*.
de 31 à 40 ans	96	dont 33 *idem*.
de 41 à 50 ans	55	dont 22 *idem*.
au-dessus de 50 ans	28	dont 10 *idem*.
TOTAL	315	

Les détenus qui composent la population du pénitencier de Berne sont donc des condamnés, correctionnellement ou criminellement, depuis trois mois de prison jusqu'aux travaux forcés à vie. Ils sont répartis, dans les deux sections et dans les deux quartiers de la prison, selon leur sexe et la nature de leur condamnation, et suivant la classe à laquelle ils appartiennent.

Les constructions de la prison se prêtent à ces diverses combinaisons; elles ont été entreprises et exécutées dans ce but.

Cette prison a trois étages, non compris le rez-de-chaussée et le soubassement; elle a été achevée en 1832, et a coûté 800,000 francs de France. Elle se compose de quatre pavillons reliés entre eux par deux ailes au moyen d'un bâtiment central formant façade d'entrée, auquel elles aboutissent d'un côté. Le plan ci-joint, et le texte explicatif qui l'accompagne, feront mieux connaître que je ne pourrais le faire les diverses parties de ce vaste établissement. Ce que je puis dire, c'est qu'il ne ressemble nullement à une prison ; on le prendrait pour un vaste et bel hôtel; son architecture est grandiose quoique simple; ses pierres dures sont magnifiques. Il fait façade sur trois rues, sans mur d'enceinte ni chemin de ronde. Les persiennes en fer, qui empêchent les détenus de voir au dehors, ressemblent aux persiennes des fenêtres voisines. Il en est de même des grilles et des barreaux de fer, peints en gris.

Bien que la disposition des lieux ne permette pas au directeur d'exercer une surveillance aussi continue, aussi facile, aussi directe que celle du pénitencier de Genève, cependant l'architecte a ménagé des trous d'inspection qui permettent au directeur de voir, sans être vu, dans l'intérieur des ateliers et des réfectoires. Des chambres de surveillants, attenant aux dortoirs, permettent aussi d'avoir l'œil sur les détenus pendant la nuit.

CHAPITRE III.

RÉGIME ADMINISTRATIF DU PÉNITENCIER DE BERNE.

Les préfets ont l'administration des prisons de leurs districts. Le pénitencier seul est en dehors de leur surveillance; il est administré par un directeur, que nomme le grand conseil, sous la haute surveillance du conseil d'État qui, à cet effet, délègue ses pouvoirs à une section du département de justice et police, composée de cinq membres, savoir : un président, conseiller d'État; un vice-président, *idem ;* et trois membres élus par ledit conseil.

La section de police visite fréquemment la prison, soit en corps, soit par un ou deux de ses membres. Les détenus qui ont à se plaindre, soit du directeur, soit des employés de la maison, ont le droit de demander à être interrogés; alors on les conduit à la police, où ils font leur déclaration, en l'absence des personnes qu'elle peut concerner. Les prisonniers abusent d'autant plus de cette faculté, qu'ils ne sont jamais punis quand leur dénonciation est trouvée fausse.

Nulle autre commission, nul autre comité ne s'occupe de l'intérieur de la prison. Elle n'en est pas moins bien administrée pour cela.

Le directeur est chargé de la police et de l'administration du pénitencier. Il a sous ses ordres un contrôleur, spécialement chargé de la comptabilité. L'un et l'autre sont tenus de fournir une caution de 12,000 francs; c'est-à-dire de présenter un citoyen solvable qui réponde, pour chacun d'eux, de cette somme.

Je n'ai pu vérifier la tenue de leurs écritures, attendu que tous leurs registres sont écrits en allemand.

Ces registres sont beaucoup moins nombreux que ceux de Genève : ils m'ont paru à jour et parfaitement en ordre.

Voici la désignation et le salaire des divers employés qui composent le personnel de la prison :

1	Directeur, nommé par le grand conseil	3,000 00 fr. de France.
1	Contrôleur chargé de la comptabilité	2,400 00
1	Chapelain	2,400 00
1	Médecin	1,300 00
	Ces trois derniers nommés par le conseil d'État.	
1	Maître d'école nommé par le département de l'instruction publique.	875 00
1	Aumônier catholique	150 09
1	Substitut du contrôleur	900 00
	Ces deux derniers nommés par la section de police.	
1	Ménagère nommée *id.*	400 00
1	Premier surveillant nommé par la section de police, sur la présentation du directeur	900 00
8	Chefs d'atelier (le nombre varie)	300 00
24	Surveillants (hommes)	250 00
10	*Idem* (femmes), dont 2 cuisinières	180 00

Tous ces derniers employés sont nommés par le directeur qui les punit ou les révoque à sa volonté. Le nombre varie suivant les besoins.

Le directeur est logé et chauffé. Il en est de même de la ménagère, des chefs d'atelier et des surveillants qui, de plus, sont nourris et blanchis.

L'article 19 de la constitution portant qu'aucune fonction civile n'est conférée que pour un temps limité, ou à condition d'une confirmation périodique, le directeur est nommé pour six ans.

Les gardiens sont engagés pour quatre ans. Ils doivent subir quatre mois d'épreuve avant que l'engagement ne devienne définitif de la part du directeur.

Le vicieux système des détenus auxiliaires est en usage dans le pénitencier de Berne. On les apppelle *sous-gardes*. On les choisit dans la classe des bons, et dans la catégorie des petits délits. Ils sont au nombre de 16, dont 12 hommes et 4 femmes. Ils aident à la surveillance et au maintien de l'ordre et de la propreté dans les dortoirs, dans les réfectoires, dans les cours, dans les ateliers. Ils n'ont pas de paye pécuniaire. Ils reçoivent seulement une seconde ration de vin le jeudi, avec l'espoir d'obtenir plus tôt la remise d'une partie de leur peine. Les autres prisonniers les détestent.

Le contrôleur a calculé qu'à Berne il y a 1 surveillant pour 9 détenus; à Lausanne 1 sur 6; à Genève 1 sur 4 1/2, non compris les détenus auxiliaires.

Le directeur prétend que, sans détenus auxiliaires, il lui serait impossible de maintenir la loi du silence, à moins qu'on ne les remplaçât par des employés libres, ce qui deviendrait très-coûteux.

CHAPITRE IV.

RÉGIME DISCIPLINAIRE ET DE POLICE.

§ 1er.

ORDRE GÉNÉRAL.

La simplicité des rouages administratifs de la prison aide puissamment au maintien de sa discipline.

Je n'ai vu, nulle part, une discipline plus parfaite; nulle part, plus d'ordre et de propreté; nulle part, plus d'obéissance et de respect. C'est qu'indépendamment de ce qu'une volonté unique préside à tout ce qui se fait dans la maison, cette volonté est celle d'un homme qui réunit aux vertus du cœur un physique imposant, une grande rectitude d'esprit et une grande énergie de caractère. Lorsqu'on sait, en outre, que cet homme appartient à une classe sociale élevée; qu'il a exercé longtemps les fonctions de lieutenant criminel et de préfet; qu'il a de la fortune; qu'il tient son titre et ses pouvoirs du conseil souverain, on comprend aisément l'influence que M. d'Ernst de Rabenthal exerce dans la prison qu'il dirige depuis dix ans, et la haute estime dont il jouit dans le monde.

En choisissant un tel homme, et en lui déléguant de tels pouvoirs, le grand conseil de Berne me paraît être le premier gouvernement, non-seulement de la Suisse, mais de l'Europe, qui ait rempli la première condition d'existence de tout système pénitentiaire, quel que soit le nom, quelle que soit la forme que ce système adopte, à savoir : une volonté unique, ne relevant que d'un pouvoir unique, et ayant à la fois la moralité, la capacité et la liberté d'agir.

Ce n'est pas, au surplus, la première leçon que la république de Berne ait donnée aux états voisins, ou éloignés, qui lui dénient le droit d'appeler sa prison *pénitentiaire.* Il y a longtemps qu'elle est préoccupée de la réforme de ses prisons; et, avant même que ces états songeassent à la réforme des leurs, elle adoptait, pour les siennes, des règles qu'on lui a empruntées depuis, sans l'avouer, ou sans le savoir.

Un court exposé de l'origine du pénitencier de Berne en fournira la preuve.

Ce pénitencier a remplacé l'ancienne *maison de force,* dite *maison des sonnettes,* sur l'emplacement de laquelle il est construit. L'époque du premier établissement de la *maison des sonnettes* remonte à l'année 1615. De 1624 à 1631 on trouve déjà, concernant cette prison, des règlements détaillés, mais imparfaits à beaucoup d'égards. A cette époque, on enfermait dans la même maison, des criminels, des mendiants, des vagabonds, des filles de mauvaise vie, sans aucune distinction de la nature de l'offense. Dans la suite, ces règlements subirent divers changements. Une ordonnance de 1758 prescrivit la séparation des diverses sortes de détenus, et, pour opérer cette séparation, on construisit, à côté de la maison de force des sonnettes, un autre bâtiment auquel on donna le nom de *maison de correction extérieure,* et qui fut destinée à renfermer des détenus coupables de délits moins graves. Cette maison existe encore aujourd'hui; j'en ai déjà parlé.

C'est pour suppléer à l'insuffisance de ces règlements que le conseil souverain de la république donna sa sanction, provisoirement, le 3 mai 1783, et, définitivement, le 1er novembre 1788, au règlement qui porte cette dernière date.

Ce règlement est un monument de sagesse, de sévérité philosophique et de philanthropie éclairée, malgré les vestiges de barbarie dont plusieurs de ses dispositions sont encore empreintes, et qui trouvent leur explication dans les traditions reçues, dans les usages du peuple, et dans les mœurs du temps dont elles n'étaient que l'expression. Il a reçu de nombreuses modifications, surtout depuis que, par suite des progrès de la civilisation et des progrès correspondants du crime, la maison de force étant devenue insuffisante, l'habile architecte Osterrieth a été chargé, en 1828, de construire la prison actuelle pour une population de 400 détenus (1), et pour une somme de 800,000 francs. Ce règlement est encore aujourd'hui la seule règle écrite qui soit dans le pénitencier. Je ferai connaître celles de ses dispositions qui sont encore en vigueur, au fur et à mesure que j'aurai besoin de les invoquer pour constater l'état actuel de la discipline intérieure de la prison.

A Berne, tout citoyen est soldat; cet esprit militaire est l'âme de la discipline de la prison.

Tous les surveillants portent l'uniforme comme dans les prisons de la Hollande, comme dans

(1) Au mois d'août 1783, la maison de force des Sonnettes contenait 106 hommes et 42 femmes: total, 148; et la maison extérieure (de correction), 21 hommes et 26 femmes: total, 47. En novembre 1788, ces deux maisons contenaient, savoir : la première, 126 hommes et 48 femmes: total, 174; et la seconde, 56 hommes et 48 femmes; total, 104. D'où il suit que la population totale des deux maisons a été,

En 1783, de.................... 195
En 1788, de.................... 278

Aujourd'hui, la seule maison de force en contient de 350 à 400; la maison de correction extérieure, 30: la maison centrale de Porentruy, de 50 à 70.

nos maisons centrales. Ils sont toujours armés d'un sabre : ils ont, au besoin, une carabine à leur disposition.

Les relations des surveillants avec le directeur, et leur attitude devant lui, sont celles d'un soldat devant son capitaine. Les ordres sont donnés comme une consigne militaire.

La première obéissance exigée est celle du surveillant; il doit l'exemple aux détenus; s'il y manquait, il serait immédiatement renvoyé. La discipline sévère maintenue parmi les gardiens est le premier mobile de celle qu'ils maintiennent parmi les détenus; cette discipline supplée aux murs d'enceinte et aux chemins de ronde, dont est dépourvue la garde extérieure de la maison; elle y supplée si bien, qu'il n'y a pas d'évasion à Berne.

Il n'y en a pas même dans les champs où les détenus travaillent à l'air libre, sous la garde de surveillants armés.

Les devoirs des différents employés de la prison sont parfaitement résumés dans l'ordonnance générale qui termine le règlement de 1788. En voici quelques passages :

« Le premier devoir de chacun de ceux qui gèrent quelque emploi ou font quelque service « dans la maison est de mener une vie et une conduite sobres, régulières et chrétiennes, comme « aussi d'être fidèle et obéissant au pouvoir souverain et à leurs supérieurs, et toujours prêts à « exécuter leurs ordres, sans aucun refus, ni murmure, ni opposition quelconque, ainsi qu'il « convient à tout loyal et intègre serviteur.

« Ils suivront leurs instructions exactement et au plus près de leur conscience.

« Ils procureront l'avantage de la maison et en détourneront le dommage, etc., etc. »

A l'égard des détenus, le même règlement porte : « qu'avant toute chose, l'on doit veiller à « ce que les détenus se maintiennent propres, etc. »

Ce n'est plus dans les chambres de travail que les détenus se lavent aujourd'hui, mais dans une galerie qui longe et précède chaque dortoir. Une table est scellée à cet effet dans la muraille : chaque détenu y dépose le matin sa cuvette et son pot à eau ; un essuie-main est suspendu devant chacun d'eux. Les détenus qui couchent dans des cellules ne sont pas obligés d'en sortir pour se laver; chaque cellule est pourvue de tout ce qu'il faut pour cela.

Afin d'empêcher les liaisons dangereuses et les complots, les détenus changent fréquemment de cellules et de dortoirs.

Quand un détenu va aux latrines, il est toujours accompagné d'un auxiliaire *sous-garde* qui ne le perd pas de vue un instant.

Les latrines sont sans odeur et entretenues dans un parfait état de propreté.

Des fontaines sont établies au bout de chaque corridor.

Il y a des crachoirs à chaque pallier des escaliers, aussi bien que dans les réfectoires, dans les dortoirs, dans les ateliers; on n'aperçoit pas la moindre ordure sur le carreau; pas la moindre tache sur les murailles, blanches comme neige; partout règne une propreté merveilleuse.

La surveillance du quartier des femmes est exclusivement confiée à des femmes.

Les repas ont lieu dans les réfectoires; le sommeil, dans des cellules isolées ou dans des dortoirs communs; le travail, dans des ateliers ou en plein champ; le repos et les récréations, dans des cours ou préaux pavés.

Les récréations consistent uniquement dans une promenade silencieuse que les détenus de chaque division font dans la cour, circulairement et à la file les uns des autres, sous la direction et la surveillance d'un gardien. Ce système de promenade silencieuse a commencé par être pratiqué à Berne; Genève et Lausanne n'ont fait que l'imiter.

Le règlement de 1788 graduait ainsi qu'il suit les punitions à infliger aux détenus, en cas d'infraction à ses défenses :

« Les fautes des détenus contre la décence et la discipline doivent être immédiatement punies « par les gardiens, quoiqu'avec ménagement et sans outre-passer les bornes de la raison. Il n'est « pas permis à un gardien de donner par fois au delà de trois ou quatre coups au plus, de sa « propre autorité.

« Les fautes légères, celles de l'oisiveté, de la désobéissance et autres de ce genre, seront « punies par la privation de la viande et du vin, ainsi que par la défense de travailler hors de la « maison (balayage des rues, etc.). Les fautes plus graves seront punies par une détention plus « étroite, ou en mettant le coupable aux fers, ou enfin par les verges ou par des coups de nerf « de bœuf, d'après les ordres des seigneurs directeurs. »

Plus loin on lit :

« Le second inspecteur ou gardien n'inflige de son autorité privée aucune peine arbitraire, à « l'exception toutefois d'une couple de coups de nerf de bœuf, pour des fautes non graves. »

Ce régime pénitentiaire, qu'on suit dans tous les pénitenciers d'Amérique soumis à la règle d'Auburn, a été abandonné à Berne en 1831. Tout châtiment corporel est banni du pénitencier depuis lors. Aujourd'hui, les seules punitions admises sont :

Le pain et l'eau; — la cellule solitaire; — la cellule ténébreuse; — le cachot; — les fers.

Le directeur peut seul infliger ces divers châtiments pour toutes les fautes qui ne rentrent pas dans la catégorie des crimes ou des délits. Pour ces fautes et autres cas graves, il en réfère à la section de police.

Lorsqu'un condamné est mis en punition, dans une cellule de force, et qu'on lui porte sa nourriture ou qu'on entre dans sa cellule pour le visiter, un surveillant se tient à la porte avec sa carabine en joue dirigée de son côté. On prend cette précaution terrible depuis qu'un condamné aux fers a étranglé, dans sa cellule, le gardien qui était allé seul lui porter sa ration de vivres.

La crainte des châtiments corporels n'agissant plus sur l'esprit des détenus, on cherche à agir sur eux par l'espoir des récompenses; aussi les grâces sont-elles nombreuses dans le pénitencier de Berne. Les autres récompenses sont : le pécule; — la viande et le vin, le dimanche; — la permission de se procurer, le dimanche, divers comestibles, ou autres objets autorisés; — le passage d'une classe dans l'autre; — l'enlèvement des fers; — enfin l'autorisation de travailler au dehors.

Les condamnés par récidive sont traités plus rigoureusement que les autres; quand on les punit, c'est toujours plus sévèrement; on leur laisse leurs fers pendant toute la durée de leur détention; on les occupe aux travaux les plus rudes; le droit de recourir en grâce leur est interdit, etc.

§ 2.

CLASSIFICATIONS.

Le système de classification *par moralités*, qu'on nous dit d'invention nouvelle, n'est pas nouveau dans la république de Berne. Le règlement de 1788 porte à ce sujet: « Les détenus de

... force sont divisés en trois classes : *bons, — médiocres —* et *mauvais.* » Cette ...tion est celle qui fractionne la population du pénitencier de la république dans chacune ... grandes divisions qui le composent, car le pénitencier admet d'autres catégories que ... moralités; il admet encore, avant tout, les catégories de la loi, c'est-à-dire la dis... ...male que la loi a établie entre les condamnés pour crimes et les condamnés pour ...

...te, les classifications par moralités, admises en principe dans le pénitentier de Berne, ... réalité, soumises à tous les inconvénients dont l'expérience a démontré les abus et ... dans toutes les prisons où ce système est mis en pratique. L'esprit net et droit de ... ne lui permet pas d'en douter; aussi est-il, de tous ses collègues de Suisse et d'Eu... comme lui, ont pu se convaincre de l'inanité de ce système, le plus ardent partisan ... pour but de classer par individualités les immoralités qu'aucun système du monde ... jamais à classer par moralités.

...dant que la sous-répartition par classes des détenus d'une même division soit reconnue ... qu'elle est impuissante, le directeur du pénitencier de Berne s'applique de ... à la rendre la plus efficace possible.

..., dans tout le pénitencier, que 13 dortoirs communs, et 112 cellules de nuit, non ...0 cellules de force et 3 cachots. Le directeur répartit comme il peut, dans les cellules, ... détenus qu'il juge les plus dangereux; il place dans les dortoirs les vieillards, les pères ... et les détenus les plus tranquilles.

...ai jamais rien vu de plus propre et de mieux rangé que ces dortoirs. Les lits sont faits ... soin et une égalité de symétrie vraiment extraordinaire, surtout les lits des hommes, qui ...rtent évidemment, sous ce rapport, sur ceux des dortoirs des femmes.

... dortoirs sont éclairés et surveillés toute la nuit.

... jour, les détenus de chaque division passent leur temps, suivant les heures fixées, dans ...eliers, dans les réfectoires et dans les préaux qui leur sont affectés. (Voir la planche 25 ... légende.)

... signe distinctif des condamnés aux fers est, à Berne comme à Lausanne, l'ancien collier ... par Howard. Les femmes de la force portent le collier comme les hommes, mais rare... ... chaînes, si ce n'est pas punition spéciale.

... termes de leur sentence, les condamnés à la force devraient porter les fers pendant toute ... de leur emprisonnement; mais, de même qu'à Lausanne, on ne les leur laisse qu'au... ... mois qu'ils ont à passer d'années dans la prison. Les récidifs seuls les portent toujours.

... la classe des bons, les forçats sont exemptés des fers, à moins qu'ils ne soient en ...

§ 3.

SILENCE.

...lence encore est une vieille institution à Berne. Le règlement de 1788 le prescrit en ... endroits; il défend surtout les conversations à voix basse.

...dant les repas, personne ne doit parler : à quoi un inspecteur, qui doit toujours être ...nt, est tenu d'avoir l'œil.

« Pendant le travail, il ne sera point permis aux détenus de parler inutilement haut et encore « moins à voix basse.

« Partout ailleurs, il leur est défendu d'avoir ensemble conversations à voix basse ou sus- « pecte..... »

Aujourd'hui, bien plus encore qu'autrefois, la règle du silence absolu est de prescription rigoureuse dans le pénitencier de Berne. Les détenus comme les surveillants doivent l'observer toujours et partout, même pendant la promenade.

Il paraît que cette règle pèse plus encore aux surveillants qu'aux détenus; c'est une rigueur à laquelle on peut se soumettre quand elle est imposée comme peine méritée; la chose est plus difficile quand celui qu'on condamne à la subir est un employé libre qui n'a rien fait pour en partager le fardeau avec des coupables.

Il est une autre règle prescrite à Berne aussi rigoureusement que celle du silence, c'est celle qui défend le rire aux détenus. Le rire est une distraction et une manifestation extérieure de la joie du cœur; on ne doit permettre ni l'un ni l'autre dans une prison où tout est grave, sévère, pénal, et où l'on n'attend l'amendement du coupable que de l'expiation de la faute commise, et du repentir qui n'est que douleur.

CHAPITRE V.

RÉGIME MORAL ET RELIGIEUX.

L'éducation intellectuelle des détenus est, pour le moins, aussi soignée à Berne qu'à Lausanne et à Genève. Tous les détenus qui sont jugés capables ou avoir besoin d'en profiter sont obligés de suivre l'école. Il y a deux leçons, de 11 heures à midi et demi, les mardi et jeudi de chaque semaine. On y enseigne la lecture, l'écriture, l'arithmétique et le chant des psaumes. J'ai assisté à une leçon de chant. Quatre détenus chantaient en chœur; j'ai bien entendu alors que j'étais dans la Suisse allemande; il n'y a que des gosiers allemands qui puissent faire sortir des sons si doux, si graves, si harmonieux, à travers les grilles d'une prison.

Le dimanche, il y a aussi école après le sermon du soir.

Le dimanche est le jour le plus difficile à passer, à Berne, comme dans les autres pénitenciers soumis à la règle de Genève ou d'Auburn. Ce jour-là, les détenus se lèvent une heure plus tard et se couchent une heure plus tôt. Avant et après les deux offices de la chapelle, les détenus, las de circuler silencieusement dans les cours, se retirent aux réfectoires, soit pour qu'on leur fasse une lecture, soit pour écrire à leur parents, soit pour chanter des psaumes en chœur, soit enfin pour assister à la leçon du soir.

Les catholiques, qui sont au nombre de dix ou douze, entendent la messe et le sermon le dimanche. Ils se confessent et communient les jours de fête. Un autel portatif est dans la chapelle; il sert aux cérémonies religieuses du prêtre catholique.

La chapelle, placée au second étage du bâtiment central, est parfaitement disposée pour que chaque division y entre par des entrées séparées, et pour que chaque catégorie de détenus y reçoive l'instruction religieuse, sans pouvoir se parler ni se voir, quoique tous en vue du prédicateur.

Il y a dans le pénitencier une petite bibliothèque composée de bons livres à l'usage des détenus. Presque tous les détenus savent lire et écrire.

Le ministre protestant fait chaque jour sa tournée dans la maison et s'entretient alternativement avec tous les détenus. Outre les deux offices du dimanche, les protestants ont un troisième office, le jeudi.

La prière précède et termine chaque repas des détenus; elle suit toujours leur lever comme elle accompagne toujours leur coucher. Les détenus prient haut; du moins, l'un d'eux prie haut pour tous. La prière en commun, bien accentuée, lentement prononcée, profondément sortie du cœur, est une des impressions morales auxquelles on résiste le moins. Ce n'est pas l'absence du sermon qui fait obstacle, parfois, dans mon esprit à l'adoption du système de l'emprisonnement individuel, mais bien l'absence de la prière en commun et à haute voix.

Il n'existe pas encore, dans le pénitencier de Berne, de compte moral ouvert pour chaque détenu. Le nouveau pasteur, M. Fellemberg, s'occupe d'une grande statistique à ce sujet. Ce jeune ministre, plein de piété et de savoir, se dévoue avec zèle à l'œuvre qui vient de lui être confiée. L'expérience seule lui manque; mais c'est une chose qui lui manquera moins chaque jour. Quand on est pénétré de l'esprit qui l'anime, les vides se remplissent vite, les tâches les plus longues deviennent faciles, et les obstacles ne sont qu'un stimulant de plus.

Ce qu'il y a d'heureux pour lui, c'est qu'il a rencontré, dans le directeur de la prison, ce que ses collègues de Genève et de Lausanne ont eu le bonheur de rencontrer dans les directeurs de ces deux établissements,—un chrétien, plus encore qu'un administrateur, et un chrétien ayant une foi vive et non une foi morte, —c'est-à-dire une foi qui fait vivre conformément à ce qu'on croit.

CHAPITRE VI.

RÉGIME ÉCONOMIQUE.

La direction fait les achats de denrées nécessaires à la consommation de la prison. Le pain, le vin et la viande sont fournis par un adjudicataire.

Nourriture. Le règlement de 1788 avait posé en principe que les détenus devaient être mieux ou moins bien nourris, selon le gain ou l'évaluation de leur travail. A cet effet, les détenus étaient divisés en cinq classes. La première comprenait ceux qui, par opiniâtreté, ne travaillaient pas : ceux-ci devaient être tenus au pain et à l'eau; les autres recevaient plus, selon qu'ils gagnaient 45, 61, 69 ou 84 *baches* par mois. (Le *bache* vaut 3 sous de France.)

Aujourd'hui, tous les détenus, sans distinction, même les récidifs, ont droit à une nourriture égale. Ils font trois repas par jour. Ils reçoivent :

A déjeûner : trois fois par semaine, une soupe et une bouillie au gruau d'avoine; quatre fois, une forte soupe aux pommes de terre.

A dîner : une soupe et un plat de légumes; en outre, dix onces de viande désossée, le jeudi et le dimanche. La soupe est à la viande, deux fois par semaine.

A souper : une chopine de lait écrémé et une forte portion de pommes de terre bouillies.

Outre le pain des soupes, chaque détenu reçoit 3/4 de livre de pain bis blanc.

En outre, les hommes reçoivent, le dimanche, une demi-chopine de vin et les femmes une demi-chopine de café au lait.

Vêtements. A peu de choses près comme à Lausanne. Le linge n'est pas numéroté. Il passe indistinctement d'un détenu à l'autre; on renouvelle les vêtements au fur et à mesure qu'ils sont usés.

Coucher et ustensiles de propreté. Les détenus couchent chacun dans un lit de bois. Chaque lit, soit dans les cellules, soit dans les dortoirs, est garni d'un matelas et d'un oreiller en bourre, d'une paire de draps renouvelée tous les mois, et de deux couvertures en hiver.

Auprès de chaque lit, dans les dortoirs comme dans les cellules, sont les meubles et ustensiles suivants : une petite table, un tabouret, une planche-dressoir, une cuvette, un pot à eau, un pot de nuit, une brosse, un peigne, un essuie-main et une chaise percée.

Chauffage, blanchissage. Toutes les parties de la maison, les ateliers, les cellules, les dortoirs, le réfectoire, etc., sont chauffés au moyen d'un calorifère où l'on ne brûle que de la tourbe ou de la sciure de bois. La chaleur donnée est de 12 à 15 degrés de Réaumur. Ce chauffage ne revient qu'à 6 francs par jour pour tout l'établissement. L'appareil est fort compliqué.

Le blanchissage se fait par les femmes détenues. On lave à la cendre; jamais le linge des détenus n'est passé au savon.

CHAPITRE VII.

RÉGIME SANITAIRE ET DE SALUBRITÉ.

Le service sanitaire de la maison est confié à un médecin et à un chirurgien. Les médicaments sont pris chez les pharmaciens de la ville. Le médecin actuel est M. le docteur Beat Schnell, que je regrette vivement de n'avoir pu rencontrer au pénitencier lors des visites que j'y ai faites à diverses reprises. Les maladies *feintes* sont la maladie principale de la prison. Il n'y avait que six hommes à l'infirmerie lors de ma visite et sept femmes, dont deux nouvellement accouchées.

Le régime sanitaire du pénitencier de Berne est parfait, grâce à l'exquise propreté qui règne dans toutes les parties de l'établissement, aux bains fréquents qu'on fait prendre aux détenus, aux travaux agricoles auxquels un grand nombre prend part, à l'excellente ventilation qui est établie dans toutes les saisons, et à l'atmosphère chaude qui est maintenue l'hiver, au moyen du calorifère, dans les ateliers, dans les dortoirs, dans les réfectoires, dans les cellules; enfin à la régularité de l'ordre et de la discipline, qui est aussi, plus qu'on ne pense, un des meilleurs principes d'hygiène.

D'après les notes tenues par le directeur, le nombre des malades s'élève à 5 p. 0/0 du nombre total des détenus. Le nombre des décès est annuellement de 2 1/2 p. 0/0 ou de 1 sur 40. Quant aux cas de folie, cinq cas seulement se sont déclarés dans le pénitencier depuis dix ans qu'il est établi.

CHAPITRE VIII.

TRAVAIL DES DÉTENUS.

TRAVAUX AGRICOLES. TRAVAUX INDUSTRIELS.

Autrefois, le travail des détenus de la maison de force de Berne consistait principalement dans le balayage des rues de la ville. Ce travail étant supprimé depuis très-peu de temps, et cette suppression étant loin d'être approuvée par tout le monde, je crois utile de faire connaître les prescriptions du règlement à ce sujet. Le règlement de 1788, exécuté en cette partie jusqu'en 1827, portait :

« Tous les jours ouvriers, le matin et le soir, le premier inspecteur (surveillant) doit faire un « tour dans la ville et recommander aux sous-inspecteurs de faire enlever tout ce qu'il aura « trouvé de décombres, de boues ou d'autres immondices; il ordonnera en général tout ce qui « peut contribuer à maintenir la propreté de la ville; mais il ne fera employer à ce travail que « le nombre nécessaire de détenus, selon la teneur du règlement, et tour à tour.

« Ceux qui travaillent hors de la maison en sortiront le matin, plus tôt ou plus tard, selon la « saison; et l'on observera qu'ils soient toujours précédés d'un ou de deux inspecteurs (surveil- « lants) avec les femmes et avec les hommes d'une complexion plus faible, lesquels cependant, « dans leur travail, seront constamment tenus séparés les uns des autres. Afin que ce travail se « fasse avec d'autant plus de célérité, ceux qui précéderont la charrette assembleront par tas les « décombres, tandis qu'on enchaînera les autres à la charrette, laquelle ils précéderont toujours « à une certaine distance, afin qu'elle ne soit pas obligée de s'arrêter. A toutes ces charrettes on « n'enchaînera que des hommes, et l'on aura soin que les mêmes détenus ne soient pas toujours « enchaînés à la même charrette, mais qu'on les change alternativement, et que ceux qui y sont « condamnés pour leur vie, soient toujours mêlés et confondus avec les autres.

« Sous peine d'être cassés de leur emploi, les inspecteurs ne permettront point aux détenus « de boire dans des caves ou sur les rues; ce dont ils s'abstiendront également eux-mêmes. Ils ne « souffriront pas non plus que les détenus achètent ou vendent quoi que ce soit, et ils ne leur « feront rien parvenir à l'insu de l'intendant (directeur).

« Ils conduiront et astreindront assidûment au travail, selon l'ordre prescrit, les détenus qui « leur auront été confiés. A cet effet, ils ne permettront pas que les charrettes s'arrêtent plus de « temps qu'il ne sera absolument nécessaire pour les charger ou les décharger, ni que les détenus « se reposent dans les endroits écartés où se transportent les immondices, ou que quelqu'un leur « parle pendant qu'ils travaillent. Ils doivent éviter aussi de travailler eux-mêmes avec les détenus, « ainsi que cela avait lieu précédemment.

« Pendant le travail, ils tiendront toujours, autant qu'il sera possible, les hommes et les femmes « séparés les uns des autres.

« Après ce travail, qui ne doit durer le matin que jusqu'à onze heures, on conduira les détenus « à la maison, pour qu'ils y puissent participer à l'instruction religieuse.

« L'après-midi, on fera faire les mêmes ouvrages, et de la même manière, à ceux qui auront « été occupés le matin dans l'intérieur de la maison.

« Ces travaux doivent durer en été jusqu'à 6 heures au plus tard, et en hiver jusqu'à la nuit.

« L'après-midi, lorsque les détenus en reviennent, ils ont une heure de repos et goûtent; ils « vaquent ensuite, comme tous les autres, aux travaux de la maison.

« Lorsqu'ils sont employés hors de la ville, outre le sabre que les inspecteurs portent au côté, « ils sont munis encore d'un fusil chargé à grosse dragée, et sont autorisés à faire feu sur les « fugitifs. »

Quelque dégradant que paraisse ce travail des rues, on aurait tort de croire qu'il fût infligé comme peine aux détenus; tous les détenus au contraire se disputaient la faveur d'y être admis. Je me sers du mot *faveur* à dessein; car l'enlèvement des boues était rangé par le règlement au nombre des récompenses, et l'une des punitions les plus sévères était d'en être privé. Les directeurs notaient ceux des détenus qui devaient être constamment enfermés.

On aurait tort de croire également que la vue de ces boueurs attelés fût un spectacle triste ou hideux pour le peuple de Berne; le peuple y était accoutumé; la chose s'était toujours faite ainsi. Je tiens de l'un des citoyens les plus libéraux et les plus distingués de la république, que le peuple, loin de trouver cette mesure barbare, traita au contraire d'inhumaine celle qui la supprima, et beaucoup de gens pensèrent de même, qui appartiennent à la classe de ceux qui opérèrent cette suppression, plutôt parce quelle était contraire aux lumières du siècle que parce qu'elle l'était réellement à la morale publique.

Quoi qu'il en soit, les rues de Berne cessèrent d'être balayées et ses immondices enlevées par des détenus, à partir du 1er janvier 1827.

Mais le travail des détenus au dehors était tellement dans les habitudes nationales, qu'au travail dans les rues on substitua le travail sur les grandes routes. J'ai déjà parlé de ce genre de travail en parlant des détenus de Fribourg.

La magnifique route d'Allemagne, les belles routes de Neufchâtel, de l'Oberland, etc., ont été en partie confectionnées par des détenus. Les détenus travaillent quelquefois à sept ou huit lieues de la prison. On louait une maison où ils passaient la nuit, sous la garde de surveillants armés. On ne cite aucun cas d'évasion.

Une ordonnance récente a prohibé le travail des détenus sur les routes, par les mêmes raisons qui avaient fait supprimer précédemment le travail dans les rues. Mais le peuple blâma énergiquement encore cette mesure, et, cette fois, presque tout le monde fut du parti du peuple. Du moins, l'ordonnance dont je parle, n'étant point émanée du grand conseil, tomba pour ainsi dire en désuétude avant d'avoir été mise à exécution, et, aujourd'hui comme auparavant, les détenus sont employés aux travaux des routes; seulement, ils y sont employés moins fréquemment, et en moins grand nombre, parce que le parfait état dans lequel se trouvent maintenant les routes n'exige plus que des travaux d'entretien.

Mais le travail véritablement important, véritablement digne d'attention, qui fait du système de Berne un système nouveau et tout à fait à part, c'est la culture des terres, introduite dans le régime de la prison comme élément de réforme morale.

Il y a deux manières d'occuper les détenus à la culture des terres : l'administration les loue à des particuliers ou les fait travailler pour son compte.

Le premier mode est simple et de facile exécution. Un cultivateur qui a besoin de 10, de 20, de 30 hommes pour le labourage de ses terres, ou pour leur ensemencement, ou pour leur défrichement, ou pour leur récolte, etc., en fait la demande au directeur, qui les envoie au lieu indiqué, avec un surveillant pour dix ou douze détenus Le soir, ils rentrent coucher à la prison,

Le prix de journée est communément de six *baches* en hiver et de sept *baches* en été (le bache vaut 3 sous de France). Ce prix est versé par le cultivateur dans la caisse de la prison.

Le travail chez les particuliers consiste le plus souvent à battre en grange, à arracher les pommes de terre, et à sarcler les champs. On évite de mettre les détenus en rapport avec les ouvriers libres. Ils sont toujours gardés à vue par un surveillant.

Les condamnés aux travaux forcés ne travaillent jamais comme journaliers chez les particuliers.

Le second mode de travail est plus compliqué, quoique exécuté avec une simplicité parfaite. L'administration a pris à bail 80 arpents de terre arable (40,000 pieds carrés pour un arpent) situés en divers endroits à peu de distance de la ville. Le champ le plus éloigné n'est qu'à une demi-heure de la prison. Le directeur est chargé de faire exploiter ces terres par les détenus, comme le ferait un régisseur de ferme. Ces terres sont mises en culture comme le reste des terres du pays. On y cultive des céréales, des pommes de terre, des plantes légumineuses, du lin, du trèfle, du sainfoin et autres graminées. L'assolement est par quart. Tous les champs étaient ensemencés quand je les ai parcourus. Pas un n'était en jachère; pas un n'était infecté d'herbes parasites; le sarclage était admirablement fait; tous promettaient la plus abondante récolte.

Le produit de cette exploitation est en partie consommé dans la maison ; le surplus est vendu.

Lorsque la saison des travaux des champs est venue, tous les détenus qui doivent y être employés partent le matin après déjeuner et rentrent le soir pour souper, par escouades de dix ou douze. Un gardien armé d'un sabre et d'une carabine conduit chaque escouade. Ils dînent dans les champs. Le directeur et les gardiens, qui doivent avoir des notions d'agriculture, indiquent la besogne à faire et dirigent les travaux.

Les correctionnels sont sans fers. Les forçats portent le collier ou la chaîne; on les attache au char qui porte les outils, les semences ou les récoltes, pendant la route. On n'envoie aux champs que les condamnés les plus raisonnables, et ceux qui donnent le plus de sécurité au directeur. Les forçats ne sont jamais enchaînés deux par deux. Il y en a même qui sont libres de tous liens; cela dépend de la confiance qu'ils inspirent. Les gardiens peuvent tirer sur les fugitifs. Jamais personne ne fuit.

Les femmes ne travaillent jamais avec les hommes. Le silence le plus absolu est prescrit à l'extérieur comme à l'intérieur de la prison.

C'est une grande faveur pour les condamnés que d'être employés aux travaux de l'agriculture. Tous les condamnés ambitionnent de l'obtenir. On emploie de préférence les détenus qui, avant leur condamnation, étaient fermiers, jardiniers, laboureurs, etc.

Le nombre des condamnés occupés aux champs varie suivant les saisons, la nature des terrains, le genre de culture, etc., etc. Il y en a quelquefois 100, quelquefois 30 seulement ou moins encore.

Quand toutes les terres sont ensemencées, arrive la saison morte; alors on emploie tous les bras disponibles à l'exploitation d'une tourbière qui appartient à l'administration, et que l'administration fait exploiter pour son compte. Cette tourbière est située au milieu d'un bois, à une lieue et demie de la ville; 40 détenus y étaient occupés le jour de ma visite.

Le produit des travaux agricoles est le plus élevé et le plus net des travaux en usage dans le pénitencier; aussi se propose-t-on de donner à cet heureux essai toute l'extension qu'il pourra comporter. Dans quelques années, les travaux d'atelier ne seront plus qu'exceptionnels dans la prison.

J'ai recherché avec soin quel était le produit annuel des travaux agricoles des condamnés de Berne depuis plusieurs années : 1830 a été l'année la plus forte en détenus et aussi la plus productive. Les hommes et les femmes ont gagné moyennement 3 francs par jour.

Les gains ont été moins élevés dans le cours des années suivantes.

L'année 1835 est celle qui m'a paru pouvoir être prise pour base des évaluations des années antérieures et subséquentes.

Les dépenses d'exploitation se sont élevées, pour ladite année, à 5,950 francs de France, répartis ainsi qu'il suit :

Ferme des terres	2,570f
Semences	1,260
Achat de fumier	1,300
Charrois	450
Dépenses diverses	370
TOTAL de la dépense	5,950

Le nombre des journées employées pour l'exploitation des terres, pendant la même année 1835, a été :

Pour les hommes, de	3,277 journées.
Pour les femmes, de	2,051 *idem.*
TOTAL des journées	5,328

Le produit des récoltes pendant la même année a été, y compris la consommation des prisonniers et des gardiens, de 13,820 francs.

D'où il résulte que la recette a excédé la dépense d'une somme de 7,870 francs.

Cet excédant a été gagné par les 5,328 journées de travail ci-dessus. Ce qui fait un gain moyen de 1 franc 50 centimes par jour et par tête, hommes et femmes ensemble.

Le produit des travaux industriels est loin d'être aussi avantageux.

Voici quel était l'état général des travaux et la répartition des condamnés, tant dans les champs que dans les ateliers, le jour de ma visite.

OBJETS.	HOMMES.	FEMMES.	TOTAL.	OBSERVATIONS.
Filature	43	13	56	
Tissage	48	"	48	
Menuisiers	10	"	10	
Cordonniers	13	"	13	
Tailleurs	6	"	6	
Couturières	"	4	4	
Tordeurs de fil	11	"	11	
Agrafes	15	"	15	
Faiseurs de brosses	1	"	1	
Services divers dans la maison	6	6	12	
Employés aux écritures du bureau	2	"	2	
Agriculteurs pour le compte de l'administration	"	24	24	
Idem pour le compte d'autrui	30	"	30	
Employés à la tourbe	"	"	"	Tous les détenus non occupés aux travaux ci-dessus.

On travaille à la lumière dans les ateliers.

Les travaux industriels sont, comme les travaux agricoles, mis en régie par l'administration, soit pour son propre compte, soit pour le compte d'autrui. Les objets fabriqués pour le compte de l'administration sont mis en vente dans une boutique; ceux qui se font pour le compte des particuliers sont livrés selon les commandes, aux prix fixés par le directeur.

Les gardiens sont en même temps maîtres-ouvriers. Les surveillantes des femmes dirigent aussi les travaux dans les ateliers de femmes.

La durée moyenne du travail est de onze heures par jour pour chaque détenu.

Le règlement de 1788 admettait en principe que l'entretien du détenu ne devait demeurer à la charge de l'État qu'autant que le détenu n'aurait pas le moyen de le payer. C'est pourquoi tout détenu qui était en état de payer son entretien, soit en entier, soit en partie, était astreint à remettre, chaque année, à l'intendant 32 *crones* (120 francs), ou ce qu'il était à même de fournir. Le même principe est encore admis aujourd'hui; il diffère seulement quant au mode d'application. Aujourd'hui, en effet, il faut que chaque détenu gagne d'abord 5 baches ou 15 sous de France, par jour, au profit de l'administration, avant d'avoir droit à quoi que ce soit sur le produit de son travail. Le prélèvement des 5 baches étant opéré sur ce produit, le surplus est divisé en deux parts, l'une pour l'administration, l'autre pour le détenu. La part revenant au détenu n'est jamais un droit; c'est pour cela qu'elle n'est jamais fixe: tantôt elle est du tiers, tantôt elle est de la moitié, à la volonté du directeur. A quelque somme qu'elle monte, la part accordée au détenu sur le produit de son travail est mise en dépôt pour lui composer une masse de réserve à sa sortie. Malgré ces prélèvements et ces restrictions, il y a des détenus qui gagnent jusqu'à 120 francs de pécule par an. On ne connaît pas à Berne l'usage du denier de poche. Si le détenu a quelque achat à faire, pendant la durée de sa peine, il en obtient la permission du directeur, et le prix en est prélevé sur sa masse de réserve.

Il n'y a pas de cantine dans le pénitencier de Berne; seulement, le samedi de chaque semaine, les détenus qui se sont bien conduits et qui doivent avoir quelque douceur le dimanche, se font inscrire sur une liste; le garde-magasin leur fournit ce que le directeur leur a permis d'acheter. Le prix de ces petites fournitures est également pris sur la masse de réserve, le détenu n'ayant jamais d'argent en main.

Comme vous le voyez, Monsieur le Ministre, le pénitencier de Berne est plus avancé que ceux de Lausanne et de Genève sous le rapport du salaire des condamnés. Le principe qu'il a adopté est plus juste et plus moral que celui des pénitenciers américains, qui font du travail des détenus la propriété exclusive de l'État. Le principe de Berne est celui qui se rapproche le plus du système que j'ai développé, dans mon ouvrage, *de la Réforme des prisons en France*, et qui consiste dans l'application de cette règle, que la *totalité* du produit du travail des détenus leur appartient, à la charge par eux de rembourser à l'État la *totalité* des avances d'entretien qu'il leur a faites.

CHAPITRE IX.

RECETTES ET DÉPENSES.

Je n'ai pu me procurer l'état des recettes et dépenses du pénitencier de Berne que pour l'année 1835.

Voici le résumé de cet état :

Dépenses.

Administration et menus frais	22,200 fr. de France.
Entretien des prisonniers	57,000
Culte	1,000
Pécule des prisonniers	1,500
TOTAL	81,700

Recettes.

Produits des travaux agricoles et industriels	45,000
Partant, la somme à la charge de l'État est de	36,700

La moyenne de la dépense des détenus est, par jour et par tête, de 45 centimes, déduction faite du prix du travail.

CHAPITRE X.

EFFETS DU SYSTÈME DE BERNE QUANT AUX RÉCIDIVES ET A L'OBSERVATION DU SILENCE.

Indépendamment des causes qui exercent une influence plus ou moins directe sur le nombre des récidives, il en est une qu'on perd souvent de vue dans les statistiques comparatives de peuple à peuple; c'est que le nombre des récidives varie dans un pays suivant celui des crimes tarifés dans son code. Ainsi, par exemple, à Lausanne et à Berne, on punit comme crimes ou délits la prostitution, la fornication, la non déclaration de grossesse, la paternité illégitime, et autres offenses qui ne sont pas classées comme tels dans nos lois. Et comme ces offenses sont nombreuses et punies ordinairement d'un emprisonnement de courte durée, il s'ensuit que les récidives de ces mêmes offenses sont plus nombreuses, à proportion, que les récidives d'un autre état dont la législation pénale ne connaît pas ces offenses.

A Berne, pendant l'année 1836, il est entré dans le pénitencier 197 condamnés, savoir : à la force, 22, et à la correction, 175. Sur ce nombre de 197, il y avait 38 récidives, dont 9 à la force et 29 à la correction; ce qui établit une proportion de 40 sur 0/0 pour la force, et de 16 4/7 sur 0/0 pour la correction.

En 1837, le total des entrées a été de 216, dont 39 à la force et 177 à la correction. Sur ce nombre, il y avait 33 récidives, dont 7 femmes et 26 hommes, ce qui établit une moyenne proportionnelle de 15 3/8 récidivistes sur 100 détenus. Cette moyenne était de 16 pour 100 en 1832.

Quant aux effets du système de Berne sur l'observation du silence, je crois inutile de constater ici les infractions qui y sont commises autrement qu'en invoquant le témoignage du directeur du pénitencier.

Malgré la sévérité des prescriptions et des châtiments, la règle est journellement enfreinte. Ainsi, M. d'Ernst, convaincu de l'inutilité de ses efforts, non-seulement pour maintenir cette règle, mais pour faire produire à la peine les effets moraux qu'on en doit attendre, est-il un des partisans les plus prononcés de tout système qui a pour but de séparer complétement les détenus entre eux, pendant le jour et pendant la nuit. M. d'Ernst est à la tête du pénitencier, depuis dix ans, et, depuis vingt-huit ans, il s'est occupé de prisons dans les différentes fonctions qu'il a exercées. M. Güder, contrôleur du pénitencier, est de la même opinion que M. d'Ernst. Cette opinion est partagée, en dehors de la prison, notamment par M. le professeur Schnell, l'un des citoyens les plus éclairés et les plus influents de la ville de Berne; mais elle est rejetée par le médecin de la maison et par le jeune ministre; tous deux penchent pour la règle d'Auburn. Le jeune ministre est à son début dans la carrière des prisons.

CHAPITRE XI.

PATRONAGE DES LIBÉRÉS.

Berne a de nombreux établissements de bienfaisance. Elle a l'hôpital de Lille pour le peuple et le grand hôpital pour les bourgeois. Elle a deux hospices d'orphelins, l'un pour les garçons et l'autre pour les filles. Elle a un institut de jeunes aveugles et deux instituts de sourds-muets. Elle a un hôpital pour les femmes en couches et un autre pour la retraite des vieux domestiques. Elle a enfin, indépendamment des instituts agricoles dont j'ai parlé, plusieurs hospices et refuges de pauvres enfants disséminés dans le canton.

De plus, Berne ne connaît ni les loteries, ni les maisons de jeu, ni les maisons autorisées de prostitution; je voudrais pouvoir ajouter ni les maisons tolérées de débauche.......

Elle n'a également ni dépôts de mendicité, ni dépôts d'enfants trouvés.

Mais ce qui lui manque le plus, c'est une institution de patronage pour les détenus libérés. Loin de les recueillir, à leur sortie de prison, Berne chasse, à perpétuité, de ses murs, tout forçat libéré qui demeurait dans la ville au moment de sa condamnation. Les autres condamnés libérés sont conduits par la gendarmerie aux chefs-lieux de leurs communes respectives. Là, on les abandonne à eux-mêmes, à leurs parents, et à la grâce de Dieu, avec le petit pécule qu'ils ont amassé.

Toutefois, on laisse en liberté, aux portes de la ville, ceux qui justifient de leur bonne conduite, par le certificat que le directeur délivre à tous les détenus, le jour de leur sortie de prison. Les étrangers sont conduits aux frontières.

Le besoin d'un patronage se fait moins sentir à Berne qu'ailleurs, parce que le préjugé qui repousse les libérés s'y fait moins sentir. Un libéré n'y est pas toujours un *paria;* il trouve le plus souvent accueil au milieu des siens; et, quand il se conduit bien, on oublie ordinairement d'où il sort.

Cependant, le nombre des récidives atteste que le patronage aurait beaucoup à faire à Berne. M. d'Ernst en est convaincu, et si tous ses concitoyens l'étaient comme lui, on verrait bientôt, à Berne, un comité fonctionnant avec zèle, avec fruit, comme celui de Genève, comme celui de Lausanne.

Mais, la philanthropie qui a fait abolir l'usage du travail dans les rues, et des châtiments corporels dans les prisons, — la philanthropie, qui a amélioré la condition physique des coupables au point de faire envie aux honnêtes gens, s'est arrêtée là dans son œuvre. Cependant elle n'aura rien fait, tant que le détenu ne trouvera pas de main secourable à sa sortie de prison. C'est moins dans la prison qu'en dehors de la prison que son sort est vraiment digne d'intérêt. Point de pitié pour lui, pendant qu'il expie son crime; — la loi et la morale publique le défendent; — mais pitié, pitié pour lui, après que son crime est expié; — ce n'est pas seulement prudence; c'est justice.

RÉSUMÉ.

En terminant ici, Monsieur le Ministre, la longue tâche que j'avais à remplir, qu'il me soit permis de jeter un coup d'œil d'ensemble sur les faits principaux qui se trouvent épars dans ce travail, et de résumer, en peu de mots, les conclusions qui en ressortent.

ANGLETERRE ET ÉCOSSE.

De tous les pays de l'Europe, l'Angleterre est celui qui a fait les sacrifices d'argent les plus considérables pour la reconstruction de ses prisons. Malheureusement, ces sacrifices mêmes sont devenus l'obstacle le plus sérieux qu'ait à rencontrer la réforme. Cependant on présume assez du génie *utilitaire* de la nation anglaise pour croire que, dès qu'il sera démontré que le système légal actuel, non-seulement n'atteint pas le but qu'on se proposait, mais conduit directement et inévitablemen à un résultat tout contraire, les comtés n'hésiteront pas à démolir leurs *bridewels* superbes, pour en construire de nouveaux d'après le système qui semble prédominer, comme le meilleur, dans la pensée du Gouvernement, — celui de l'emprisonnement individuel. Mais, pour arriver à cette démonstration, et, par suite, au changement de système qu'elle devra produire, le Gouvernement rencontrera bien des résistances; et bien des années s'écouleront encore, peut-être, avant qu'il parvienne à les vaincre (1). Du reste, soit qu'elle persiste dans le système actuel, soit qu'elle en adopte un autre, l'Angleterre ne pourra nous servir de point de comparaison, aussi longtemps que la peine d'emprisonnement y sera d'aussi courte durée. (V. p. 81.)

Le seul enseignement que nous puissions retirer de l'étude comparative de la discipline des prisons anglaises, est celui qui résulte, quant au travail des détenus, du système des détentions à court terme, combiné avec le système de l'emprisonnement individuel. Dans les prisons communes, le prisonnier qui n'est condamné à y rester que quelques mois ne peut, pendant ce court espace de temps, ni exercer, ni apprendre aucun métier productif. Dans les prisons, au contraire, où le système de la séparation individuelle est pratiqué, le prisonnier est forcément porté, et devient merveilleusement habile au travail manuel, même au travail qu'il ne connaît pas, quelque courte que soit la durée de sa détention.

(1) J'apprends que le bill dont j'ai parlé page 75, et dont la première lecture avait été autorisée, le 27 avril 1838, a été rejeté, à la seconde lecture, par la chambre des lords. Le bill sur le pénitencier des jeunes détenus (page 38) a seul été converti en loi. L'acte du parlement porte la date des 1re et 2e années du règne de Victoria, ch. 82 (10 août 1838).

La maison de correction de Glasgow, en Écosse, justifie ce fait par un exemple remarquable. Depuis dix-sept ans, cette prison est régie d'après le système de la séparation individuelle; depuis sept ans, cette prison est la *seule*, de toutes les prisons de la Grande-Bretagne, qui couvre ses dépenses d'entretien avec le seul produit de l'industrie individuelle de ses détenus. Et pourtant, la moyenne de la durée des détentions, dans cette prison, n'excède pas soixante jours; et la santé des prisonniers y est meilleure qu'en aucune autre; et le chiffre des récidives n'y redoute aucune comparaison.

Ces résultats témoignent péremptoirement de la bonté du système qui les produit; aussi, tous les hommes d'expérience et de progrès s'en emparent-ils, pour prouver l'urgence et l'utilité de l'adoption du principe de la séparation individuelle, dans toutes les prisons de l'Angleterre (1). En attendant que ce principe passe dans la loi, le gouvernement s'applique à le faire prévaloir administrativement, dans toutes les mesures qu'il autorise ou qu'il prescrit.

Le gouvernement s'occupe d'une autre réforme non moins grave, celle qui consiste à organiser une *Constablerie* payée, pour la police générale du royaume, et à placer les libérés sous le contrôle de cette police, en les soumettant à des règles qu'il est d'autant plus curieux de faire connaître, en France, qu'elles sont empruntées, comme remède et comme progrès, au Code pénal de l'Empire.

HOLLANDE ET BELGIQUE.

Les prisons de la Hollande et de la Belgique appartenant à une origine commune, il n'est pas sans intérêt de rappeler en quoi elles diffèrent ou se ressemblent, depuis la division politique des deux royaumes.

Sous le rapport des *constructions*, les maisons centrales de la Belgique sont infiniment supérieures aux maisons centrales de la Hollande, en ce sens qu'elles sont plus vastes, plus aérées, plus saines, plus neuves, mieux bâties, mieux distribuées, mieux appropriées à leur destination, surtout celle de Gand. Mais, ainsi que je l'ai dit, si le système de toutes ces prisons, même des meilleures, est reconnu vicieux, et si, plus tard, on veut le remplacer par un système reconnu seul bon, les bâtiments qui crouleront seront alors plus près du bon système que les bâtiments qui seront debout; sous ce rapport donc, la Belgique peut se trouver de cent ans en arrière de la Hollande. Quant aux bâtiments des maisons d'arrêt et de justice, ils sont tous également à reconstruire dans les deux pays.

Sous le rapport du *régime économique* et de l'organisation des *travaux*, la Hollande et la Belgique ont poussé les améliorations physiques si loin, que la peine légale a totalement disparu de leurs prisons; que le régime qu'on y suit n'établit d'autre différence, entre les divers degrés des crimes, que celle qui résulte de l'affectation spéciale de bâtiments distincts à une certaine classe de condamnés; que, pour tout le reste, les condamnés aux travaux forcés sont aussi bien traités que les condamnés à la reclusion, et ces derniers que les correctionnels; que même, en Belgique, on a réservé aux plus grands criminels la maison la plus propre, la plus saine, la mieux distribuée, — celle de Gand; qu'enfin, dans toutes ces prisons, le bien-être du coupable, comparé à la misère de bien des honnêtes gens, y constitue à la fois une récompense pour les crimes commis, et une prime d'encouragement pour les crimes à commettre. En cela, la Belgique

(1) Aux témoignages que j'ai cités, dans le cours de ce rapport, il faut ajouter celui des deux organes les plus avancés de la presse anglaise, *la Revue de Londres* et *la Revue d'Édimbourg*.

ne se montre que trop l'émule de la Hollande, et il serait difficile de dire laquelle des deux l'emporte sur l'autre ; leurs récidives marchent de pair, comme les revenus de leurs ateliers.

Sous le rapport des *améliorations morales,* la Hollande l'emporte sur la Belgique en plusieurs points.

D'abord, elle a deux maisons spéciales pour les femmes condamnées : l'une, pour les criminelles, l'autre, pour les correctionnelles, sans compter le quartier spécial affecté aux jeunes filles. Cette amélioration, réalisée depuis plusieurs années en Hollande, n'est encore en Belgique qu'à l'état de projet ; du moins le pénitencier projeté est à peine commencé.

En second lieu, la Hollande possède une maison spéciale de jeunes détenus, et des fonds sont faits pour la remplacer prochainement par une meilleure. La Belgique n'a, pour ses jeunes détenus, qu'un quartier mal isolé d'une prison commune, et rien, dans les allocations de son budget, n'annonce que cette réforme, la première de toutes, soit à la veille de s'effectuer.

En troisième lieu, la Hollande possède, depuis quinze ans, une société active, riche, dont la charité chrétienne est le premier lien, et ayant des ramifications dans tout le royaume, pour l'amélioration morale des prisonniers. La Belgique n'a que depuis deux ans une société de patronage sans subventions, sans souscriptions, et qui ne fonctionne pas.

Mais la Belgique l'emporte sur la Hollande en deux autres points : — L'intérieur de ses quartiers de femmes est surveillé par des femmes. L'intérieur des maisons de femmes, en Hollande, est encore gardé par des hommes. — Le transport des prévenus et des condamnés s'opère, en Belgique, au moyen de voitures fermées, mesure de décence et d'humanité que n'a pas encore adoptée la Hollande.

Sous le rapport du *système cellulaire,* la Belgique a fait établir, dans plusieurs de ses prisons, surtout à Gand, un grand nombre de cellules de nuit, dont sont dépourvues toutes les prisons de la Hollande. Mais la Hollande, comme la Belgique, a d'immenses dortoirs ; et, du moment où ses détenus sont réunis le jour, comme en Belgique, dans des ateliers, dans des réfectoires, dans des préaux communs, les cellules de nuit de la Belgique ne constituent, en définitive, en sa faveur, qu'un avantage contesté, et dont l'administration de ses prisons elle-même reconnaît l'insuffisance, à bien des égards.

Enfin, sous le rapport du système de la *séparation individuelle de jour et de nuit,* — la Hollande, d'un côté, paraît plus avancée que la Belgique, en ce qui touche les prévenus et les accusés, puisque son gouvernement a formellement et officiellement recommandé l'application de ce système à cette classe de détenus, ce que ne paraît pas avoir fait le gouvernement belge. — Mais, d'un autre côté, la Belgique est plus avancée que la Hollande en ce qui touche les condamnés, puisqu'elle a construit, dans la prison de Gand, un quartier d'exception où le système de la séparation sera appliqué à trente-six prisonniers choisis dans cette classe, mesure que la Hollande ne paraît pas disposée à essayer.

D'un autre côté encore, l'opinion publique, en Belgique, semble progresser en faveur du système de la séparation ; — du moins j'ai rencontré, dans l'administration et dans le monde, un grand nombre de ses partisans. En Hollande, au contraire, je n'ai trouvé personne, ni dans l'administration, ni dans le monde, qui se montrât favorable à ce système, si ce n'est pour les prévenus et les accusés. A l'égard de cette classe de prisonniers, on reconnaît généralement les avantages du système ; à l'égard des condamnés, on les nie ; on va plus loin : on n'est frappé que de ses dangers. Mais, les objections qu'on fait, ce n'est ni par esprit d'opposition, ni par intérêt, ni

...de persistance dans des idées précédemment conçues et systématiquement arrêtées; ...hollandais ne se laisse pas prévenir ainsi; il attend les impressions, il ne va pas au devant; ...mande encore moins; quand il est convaincu, c'est que logiquement il doit l'être. L'opi...blique, en Hollande, est lente à se prononcer sur toutes choses; elle est surtout expec...ur les innovations hasardeuses ou qui n'ont pas encore de sanction; lorsqu'elle prend ...ur une cause, c'est que cette cause est à peu près gagnée. Elle calcule toujours, et ne se ...me jamais; l'enthousiasme, en Hollande, n'est jamais que de la raison. Voilà pourquoi ses ...s sont si lents, mais si sûrs.

SUISSE.

...nt aux prisons de la Suisse, celles des cantons de Berne, de Genève et de Vaud présen...s points de comparaison et de dissemblance qu'il est surtout important de rappeler.

...anton de Vaud est, sans contredit, l'état le plus avancé dans la voie de la réforme péniten...puisque, seul dans toute la Suisse, seul même dans toute l'Europe, il a réalisé un plan de ...e applicable à *toutes* ses prisons, et qu'à l'heure qu'il est, *toutes* ses maisons d'arrêt sont ...ites ou réédifiées de telle sorte que tous les prévenus et tous les condamnés y sont sépa... uns des autres, aussi bien le jour que la nuit.

...pénitencier de Lausanne, en particulier, présente d'autres avantages qu'on ne rencontre ...ns celui de Genève. Ainsi, à Lausanne comme à Berne, les femmes participent aux bien... de la réforme pénitentiaire; elles en sont exclues à Genève.

...Lausanne, les jeunes détenus ont une maison de discipline à part; à Genève et à Berne, ils ...t confondus, dans le pénitencier, avec les condamnés adultes.

...Lausanne, les surveillants sont pris dans la classe des instituteurs : garantie de savoir et de ...alité que sont loin d'offrir ceux de Genève et de Berne.

A Genève, les rouages administratifs sont multiples et compliqués; ils le sont beaucoup moins ...ausanne; ils sont d'une simplicité parfaite à Berne.

A Lausanne, l'influence du pasteur est prépondérante; à Genève, elle est effacée par celle ...comité moral; à Berne, elle est subordonnée à celle du directeur.

A Berne, c'est le conseil souverain qui nomme le directeur; à Genève, c'est le conseil d'État; ...usanne, c'est la commission administrative.

Il n'y a, à proprement parler, de directeur qu'à Berne. Celui de Genève ne l'est que de fait; ... de Lausanne ne l'est pas même de nom.

Quelle que soit l'origine et l'étendue de leurs pouvoirs, les trois directeurs de Genève, de ...sanne et de Berne, sont également capables, également moraux, également religieux; il en ... de même des chapelains ou aumôniers. Sous ce triple rapport, les trois pénitenciers sont égaux; ... le sont encore sous le rapport de la bonne tenue et de la propreté.

Mais Berne l'emporte sous le rapport de l'ordre, de la discipline, de la subordination, de ...issance.

Le silence est également prescrit dans les trois pénitenciers; mais la galerie centrale et le ...océdé acoustique de Genève en rendent le maintien plus facile et plus sûr qu'à Berne et à ...usanne.

A Genève, une moitié du produit des travaux industriels des détenus appartient à l'État, l'autre moitié aux détenus, dont un quart pour leur masse de réserve et un quart pour leur denier de poche. A Lausanne, le *pécule* du détenu est également de la moitié du produit de son travail, mais il ne peut disposer d'aucune partie de ce pécule pendant la durée de sa détention. A Berne, le détenu est obligé de gagner 15 sous de France par jour pour l'administration, avant d'avoir droit à quoi que ce soit sur le produit de son travail; encore ce n'est pas à titre de droit, mais de faveur, qu'il touche une portion de ce qu'il gagne en sus des 15 sous, portion qui n'est jamais fixe et qui varie au gré du directeur.

A Genève, la moyenne de la dépense des détenus est, par jour et par tête, de 1 franc 30 centimes; elle est de 1 franc 7 centimes à Lausanne; elle est de 45 centimes seulement à Berne.

Genève a adopté le système d'Auburn; Lausanne fait un essai partiel de celui de Philadelphie; Berne a créé le système agricole.

Le système de Genève punit peu; celui de Lausanne punit plus; celui de Berne punit beaucoup moins.

Le pénitencier de Genève a coûté 295,790 francs de France, pour 60 détenus; celui de Lausanne 515,000 francs, pour 100 condamnés; celui de Berne 800,000 francs, pour 400 prisonniers.

A Lausanne et à Genève, tous les détenus couchent dans des cellules séparées; à Berne, un grand nombre couchent dans des dortoirs.

Dans les trois pénitenciers, les infirmeries sont communes aux détenus des diverses classes.

Le système des classifications par nature de délits et par moralités est établi à Genève et à Berne; Lausanne n'admet pas d'autres classifications que celles de la loi.

Berne admet des condamnés depuis trois mois d'emprisonnement; Lausanne n'en admet pas au-dessous de six mois; Genève n'en admet plus au-dessous d'une année.

A Genève, il y a eu 15 aliénés en 12 ans, sur une population de 329; il y en a eu 9 à Lausanne, depuis l'ouverture du pénitencier jusqu'au 1er janvier 1837, sur une population presque double; il y en a eu 5 à Berne en 10 ans, sur une population plus que triple.

A Genève, la moyenne des journées de maladie est de 10/18; à Lausanne, elle est de 4; à Berne elle est de 5 pour 100 du nombre total des détenus.

A Genève, le nombre des décès est annuellement de 4/89 pour 100, ou 1 sur 30; à Lausanne, il est de 2/50 pour 100; à Berne, il est de 2 1/2 pour 100, ou de 1 sur 40.

Quant aux récidives, elles sont dans la proportion de 16 pour 100 environ à Genève et à Berne, et de 15 pour 100 à Lausanne.

Quant aux crimes, on compte à Berne, 1 détenu sur 894 habitants; à Genève, 1 détenu sur 956 habitants; à Lausanne, 1 détenu sur 1,780 habitants.

En définitive, ces résultats n'accusent aucune supériorité bien tranchée du système de l'un des trois pénitenciers sur les deux autres.

En définitive, les trois systèmes se formulent par la règle du silence, règle qui ne s'observe rigoureusement dans aucun d'eux.

Ce que l'on peut induire de plus net des enquêtes auxquelles je me suis livré sur ce point, c'est que, s'il est vrai de dire que la règle du silence est souvent enfreinte, il est vrai de dire aussi qu'elle ne l'est que difficilement, par signes, par écrit ou par quelques mots interrompus ou prononcés à la dérobée, et qu'en tout cas cette règle s'observe assez pour empêcher les longues conversations verbales des détenus entre eux.

Sous ce rapport, la règle du silence, lors même que le silence n'est pas absolu, apporte quelque obstacle à la contagion morale des prisons communes.

Mais il est un autre mal que cette règle est impuissante à empêcher, lors même qu'elle serait exécutée dans son sens le plus strict et le plus absolu. Je veux parler des liaisons qui se forment, en dépit d'elle, entre les détenus, pendant leur séjour dans la prison, et les reconnaissances que les détenus font les uns des autres après leur mise en liberté. Ce mal, le plus grave de tous, à mes yeux, a les conséquences les plus funestes à Paris, à Londres, partout où se trouve un grand centre de population. Mais existe-t-il avec la même intensité, — à Berne, où les forçats libérés sont exclus à perpétuité de l'enceinte de la ville? — à Genève, dont les détenus, étrangers pour la plupart, retournent dans leurs pays respectifs après leur libération? — à Lausanne, où la population prisonnière se compose, en majeure partie, de paysans qui se disséminent dans les campagnes du pays de Vaud, dès que la clef des champs leur est rendue?

Cette triple question m'a généralement été faite, en Suisse, toutes les fois que j'ai parlé du danger des reconnaissances après la sortie de prison.

Le fait est que ce danger est moins grand dans les circonstances particulières qu'offrent Genève, Berne et Lausanne. Mais s'il est peu grave pour ces trois cantons en particulier, il peut l'être et il l'est nécessairement pour les cantons voisins et pour les pays étrangers où se réfugient les libérés qui en sortent.

Placez, en effet, dans le pénitencier de Genève, Fossard et Drouillet, Lacenaire et Avril, Fréchard et Jadin, et mille autres qui leur ressemblent, et qui n'attendent que la même occasion de s'associer pour les mêmes coups; soumettez ces *bons* prisonniers (car tous les scélérats de leur trempe sont toujours d'excellents prisonniers, doux, soumis, silencieux, portés sur les états de grâce); soumettez-les, dis-je, pendant plusieurs années, à la règle absolue du silence, faites que pas un mot ne puisse s'échapper de leurs bouches, et que, par ce moyen, aucune conversation ne puisse s'établir entre eux pendant le cours de leur détention; eh bien! malgré toutes ces précautions, et par cela seul qu'ils se seront trouvés réunis dans un même atelier, dans un même réfectoire, dans un même préau, ils auront trouvé mille occasions de s'entendre, de s'apprécier, de se connaître et de se retrouver au-dehors. Pour moi, le danger de la vie commune des détenus vient moins de la bouche que des yeux; pour moi, le danger est moins dans les paroles corruptrices qu'échangent entre eux des gens qui n'ont plus à se corrompre que dans l'intelligence de regards sympathiques, qui recrutent des associés pour le temps de la sortie, et qui savent ensuite où les retrouver, dans le monde, lorsque l'occasion est venue d'utiliser leur connaissance; pour moi, les neuf dixièmes des récidives atroces qui nous épouvantent, depuis quelque temps, et qui ont leur cause dans le vice du régime des prisons, n'ont pas d'autre cause que celle-là.

C'est pourquoi, préoccupé que je suis depuis longtemps des maux incalculables qui naissent pour la société des liaisons que contractent, et même de la simple connaissance que font les prisonniers entre eux pendant la durée de leur détention, je me suis appliqué de bonne foi, et avec toute l'ardeur de mes convictions, à rechercher le moyen de trancher le fil de ces liaisons, de ces connaissances fatales; et c'est ainsi que je me suis trouvé logiquement amené à conclure que le meilleur système est nécessairement celui qui rend ces liaisons et cette connaissance le plus sûrement impossibles.

Dans l'état actuel de la science expérimentale des prisons, le système suivi par le pénitencier de Cherry-Hill, à Philadelphie, me paraît celui qui approche le plus de la solution du problème. Mais ce pénitencier est encore loin de formuler le système de l'emprisonnement individuel tel que je le conçois, tel que le conçoivent le mieux les inspecteurs anglais, tel enfin qu'il est appelé à clore, tôt ou tard, les discussions pénitentiaires qui s'agitent, en Europe et aux États-Unis, depuis tantôt un demi-siècle. Jusque-là, le système le moins mauvais sera, sans aucun doute, celui qui formulera le plus approximativement le principe de la séparation individuelle des détenus entre eux.

Sous ce rapport, Lausanne est plus près de la vérité que Genève; mais les efforts que fait Genève, depuis plusieurs années, pour renforcer sa discipline du double principe de la classification des moins coupables, et de la séquestration des plus pervers, est un grand pas de fait vers celui de la séparation individuelle.

Le système des classifications par moralités n'est même, au fond, qu'un argument de plus en faveur du système des classifications par individualités. L'un croit nécessaire de grouper les diverses moralités par masses, persuadé du danger qu'il y aurait à les laisser toutes indistinctement confondues entre elles. L'autre croit nécessaire de séparer toutes ces immoralités par tête, convaincu que le contact d'une seule d'entre elles suffit pour empêcher la réforme de toutes les autres. Ces deux systèmes procèdent donc d'un même principe, celui de la nécessité reconnue d'empêcher la contagion morale des détenus, en les isolant. Seulement, l'un croit pouvoir se contenter de l'isolement moral de la cellule de nuit et du silence de jour, tandis que l'autre croit ne pouvoir se passer de l'isolement, physique et moral à la fois, de la cellule individuelle de jour et de nuit. L'un est une *fiction*, l'autre est une *réalité*. Mais la *fiction* de l'un est un hommage rendu à la *réalité* de l'autre.

Je suis avec respect,

MONSIEUR LE MINISTRE,

Votre très-humble et très-obéissant serviteur,

MOREAU-CHRISTOPHE.

APPENDICE.

NOTES ET PIÈCES JUSTIFICATIVES.

Ire PARTIE. — ANGLETERRE ET ÉCOSSE.

N° I.

Lettre de M. le comte DE MONTALIVET, *ministre de l'intérieur, donnant mission à M.* MOREAU-CHRISTOPHE *de visiter les principales prisons de l'Angleterre, de l'Écosse, de la Hollande, de la Belgique et de la Suisse.* (V. page 1 du Rapport).

N° II.

Nomenclature et tarif des offenses et des peines, en Angleterre. (Voir Rapport, page 4.)

A. Offenses contre Dieu et la Religion.

1. *Blasphème.* — Amende et emprisonnement ou châtiment corporel.

2. *Outrages à l'église établie.* — Pour la première fois, amende de 100 marcs; pour la deuxième, amende de 400 marcs; pour la troisième, confiscation de tous les biens meubles et emprisonnement pour la vie.

3. *Non conformité.* — Amende de 1 schelling à 100 livres.

4. *Imprécations et jurements profanes.* — Amende de 1 schelling à 10 livres.

5. *Impostures religieuses.* — Prison, pilori, travaux forcés.

6. *Simonie.* — Privation des bénéfices, des dignités, etc.

7. *Rupture du sabbat.* — Amende de 3 schellings à 200 livres, confiscation des marchandises exposées, etc.

B. Offenses contre la loi des nations.

1. *Violation des saufs-conduits, passe-ports, etc., et actes d'hostilité contre des étrangers amis.* — Restitution, amende, dommages-intérêts.

2. *Violation des droits des ambassadeurs.* — Emprisonnement, peines corporelles arbitraires.

3. *Piraterie.* — Mêmes peines que pour les *félonies.*

4. *Trahison.* — Le coupable est traîné sur une claie jusqu'au lieu de l'exécution; là, il est pendu jusqu'à ce que mort s'ensuive; sa tête est séparée du tronc, et son corps, divisé en quatre quartiers, est mis à la disposition de Sa Majesté; ses biens sont confisqués, son sang est déclaré corrompu, ses enfants déshérités, etc.

C. Offenses contre les prérogatives du Roi et contre le Gouvernement.

1. *Fausse monnaie.* — Déportation à vie; déportation pour sept ans au moins; emprisonnement de six mois à quatre ans; confinement solitaire; travail forcé, etc.; le tout, suivant les cas et selon la volonté de la cour.

2. *Service à l'étranger.* — Amende et emprisonnement, ou l'une des deux peines seulement, à la discrétion de la cour.

3. *Dissipation des effets militaires et autres fournitures du Roi.* — Déportation à vie ou pour au moins sept ans, ou simple emprisonnement avec ou sans travail forcé.

4. *Destruction ou usage illégal des marques du Roi.* — Mêmes peines que pour la *félonie.*

5. *Désertion des armées du Roi.* — Idem.

6. *Excitation à la révolte.* — Idem.

7. *Non révélation d'une félonie* (*misprision*). — Si le non révélateur est un officier public, un an et un jour d'emprisonnement; s'il n'est pas officier public, emprisonnement discrétionnaire au-dessous d'un an; dans les deux cas, amende et rançon, selon le bon plaisir du Roi.

8. *Recèlement d'un trésor trouvé.* — Amende et prison.

9. *Malversation des fonds publics.* — Bannissement, emprisonnement, amende, incapacité perpétuelle.

10. *Mépris des prérogatives de la couronne.* — Amende et prison.

11. *Offenses contre la personne du Roi.* — Amende et prison, et punitions corporelles infamantes.

12. *Mépris du titre du Roi.* — Amende et emprisonnement, et, en certains cas, confiscation des biens meubles.

13. *Refus ou négligence de prêter serment de fidélité, de suprématie et d'abjuration.* — Démission *ipso facto* des places, emplois et dignités pour lesquels le serment est prescrit, et, en cas d'entrée en fonction sans prestation de serment, dégradation civique et amende de 500 livres.

14. *Offenses contre les cours de justice du Roi.* — Perte de la main droite; détention perpétuelle; confiscation des biens meubles et des revenus des biens immeubles pendant la vie du condamné.

15. *Trafic des charges publiques.* — Mêmes peines que pour les *misdemeanors*.

16. *Prestation d'un serment illégal.* — Déportation pour sept ans.

17. *Affiliation à des sociétés illégales.* — Même peine.

18. *Impression et publication de journaux contrairement à la loi.* — Amende de 20 à 100 livres pour chaque contravention, suivant le cas.

D. Offenses contre la justice publique.

1. *Vol ou altération des registres.* — Déportation pour sept ans, ou toute autre peine d'amende ou d'emprisonnement, qu'il plaît à la cour de prononcer.

2. *Falsification des procédures.* — Déportation.

3. *Empêchement apporté à l'exécution d'une poursuite légale.* — Déportation pour sept ans, ou emprisonnement pour deux ans, avec ou sans travail forcé, selon le cas et la volonté des juges.

4. *Évasion.* — L'évadé est condamné à l'amende et à la prison. Quant au gardien, il est condamné à la même peine que le coupable, s'il y a connivence de sa part; s'il y a seulement négligence, le gardien est condamné à l'amende.

5. *Bris de prison par le prisonnier.* — Même peine que celle subie.

6. *Délivrance d'un prisonnier.* — Même peine que celle infligée au condamné.

7. *Retour du lieu de déportation avant l'expiration de la peine.* — La mort.

8. *Acceptation d'une récompense pour faire retrouver des objets volés, sans dénoncer le voleur à la justice.* — Déportation à vie ou pour sept ans, ou emprisonnement pour quatre ans, avec coups de fouet distribués une, deux ou trois fois, publiquement ou en secret, si le coupable est un homme, et si la cour juge à propos d'infliger ce supplément de peine.

9. *Offre d'une récompense pour retour d'objets volés.* — Cette offre constitue un délit passible d'une amende de 50 livres, si elle est consignée dans un avertissement public, et si elle est faite en de tels termes qu'on doive en induire que le voleur ne sera ni inquiété ni recherché.

10. *Composition pour la cessation de poursuites ou d'informations judiciaires, en matière de félonies.* — Amende de 10 livres, exposition pendant deux heures au pilori.

11. *Common barratry (excitation habituelle aux querelles et aux procès.)* — Amende et emprisonnement.

12. *Maintenance (intervention officieuse pour aider de sa bourse à soutenir un procès.)* — Amende et emprisonnement.

13. *Champerty (part prise dans le gain d'une cause moyennant une part d'avances dans les frais).* — Idem.

14. *Conspiracy (association de deux ou plusieurs individus pour nuire à un autre).* — Idem.

15. *Accusation ou menace d'accusation d'un crime, en vue de se faire donner de l'argent.* — Peine infligée aux voleurs.

16. *Parjure.* — Déportation, ou emprisonnement pour sept ans, avec pilori ou travail forcé.

17. *Subornation.* — Amende et emprisonnement.

18. *Embracery (influence tentée sur le jury).* — Même peine.

19. *Négligence des officiers de justice.* — Même peine.

20. *Oppression par les juges et les magistrats.* — Même peine, et confiscation de l'office.

21. *Extorsion.* — Mêmes peines.

22. *Désobéissance à l'ordre d'un magistrat.* — Amende et prison.

E. Offenses contre la paix publique.

1. *Réunions séditieuses de douze personnes et*

plus, et refus de se disperser après la proclamation. — Punis comme *félonie.*

2. *Démolition des constructions et des machines.* — La mort.

3. *Envoi de lettres menaçantes.* — Déportation ou emprisonnement pour sept ans, à la discrétion de la cour.

4. *Batteries.* — Amende et prison.

5. *Tumulte, vacarme, assemblées illégales.* — Amende et prison.

6. *Pétitions tumultueuses.* — Amende ne pouvant excéder 100 liv., emprisonnement de six mois au plus.

7. *Prise de possession et détention violente de terres.* — Amende et prison.

8. *Port d'armes dangereuses et inusitées.* — Confiscation des armes et emprisonnement.

9. *Fausses nouvelles.* — Amende et emprisonnement.

10. *Fausses prophéties.* — Amende et prison, et, en cas de récidive, confiscation de tous les biens meubles et détention perpétuelle.

11. *Cartels.* — Amende et prison.

12. *Libelles.* — Amende et prison.

F. Offenses contre le commerce public.

1. *Contrebande.* — Amende et prison.

2. *Banqueroute frauduleuse.* — Déportation pour la vie ou pour sept ans au moins, ou emprisonnement pour sept ans au moins, avec ou sans travail forcé.

3. *Usure.* — Amende et emprisonnement.

4. *Obtention frauduleuse de la propriété d'autrui.* — Mêmes peines.

5. *Achat anticipé des marchandises portées aux marchés.* — Mêmes peines.

6. *Regratterie.* — Mêmes peines.

7. *Accaparements.* — Mêmes peines.

8. *Monopoles.* — Dommages et intérêts.

9. *Hausse forcée du prix des denrées, etc.* — Amende et emprisonnement.

10. *Intervention illégale entre les ouvriers et les maîtres.* — Emprisonnement de trois mois au plus, avec ou sans travail forcé.

11. *Agression pour l'empêchement ou le préjudice du commerce.* — Emprisonnement de deux ans au plus, et amende, si la cour le juge convenable.

G. Offenses contre la santé publique et la police.

1. *Violation des actes sur la peste et les quarantaines.* — Le fouet ou la potence, selon l'état sanitaire du contrevenant.

2. *Vente de denrées malsaines.* — Amende et emprisonnement.

3. *Mariages clandestins et irréguliers.* — Déportation pour quatorze ans.

4. *Bigamie.* — Déportation pour sept ans, ou emprisonnement pour deux ans, avec ou sans travail forcé.

5. *Nuisances communes.* — Amende et emprisonnement.

6. *Oisiveté, dérèglements, vagabondage, etc.* — Emprisonnement de un à trois mois, et, en cas de récidive, emprisonnement d'un an, avec travail forcé et coups de fouet.

7. *Jeu.* — Amende et emprisonnement.

8. *Ivrognerie.* — Amende de 5 schellings au profit des pauvres, et, en cas de récidive, cautionnement de 10 liv. pour garantie de la bonne conduite ultérieure du coupable.

9. *Libertinage, indécences.* — Amende et emprisonnement.

10. *Cruauté envers les animaux.* — Amende de 10 s. à 5 l., et, en cas de non payement, emprisonnement de trois mois au plus.

11. *Refus d'un service public.* — Amende et emprisonnement.

12. *Enlèvement des corps morts.* — Mêmes peines.

13. *Offenses relatives au jeu.* — Amende de 20 livres.

H. Offenses contre les personnes.

1. *Homicide.* — Homicide volontaire non prémédité (*manslaughter*), déportation à vie, ou pour sept ans, ou simple emprisonnement de quatre ans, avec ou sans travail forcé, ou amende, le tout à la discrétion de la cour. — Homicide volontaire prémédité (*murder*). La mort.

2. *Suicide.* — Confiscation, et enterrement du corps du suicidé dans le cimetière ordinaire, mais sans aucune cérémonie religieuse.

3. *Mutilation d'un membre, etc.* — Peine de la *félonie.*

4. *Blessures occasionnées par les voitures publiques.* — Peine du *misdemeanor.*

5. *Naissance d'un enfant tenu caché.* — Peine du *misdemeanor.*

6. *Sodomie* et *bestialité.* — La mort.

7. *Viol.* — La mort.

8. *Connaissance charnelle d'une jeune fille âgée de moins de dix ans.* — La mort.

9. *Connaissance charnelle d'une jeune fille âgée de plus de dix ans et moins de douze.* — Peine du *misdemeanor.*

10. *Rapt en vue de profiter d'un héritage, etc.* — Peine de la *félonie.*

11. *Enlèvement d'une fille au-dessous de seize ans.* — Peine du *misdemeanor.*

12. *Vol d'un enfant au-dessous de dix ans.* — Peine de la *félonie.*

13. *Attaques, batteries, blessures.* — Peine du *misdemeanor.*

I. Offenses contre la propriété.

1. *Incendie* (*arson*). — Peine de la *félonie.*

2. *Effraction nocturne* (*burglary*). — Même peine.

3. *Vol, larcin* (*larceny, robbery*). — Le simple larcin ou simple vol, non accompagné d'autres circonstances criminelles, est puni, à la discrétion de la cour, de la déportation pour sept ans, ou de l'emprisonnement pour deux ans au plus, ou avec addition de la peine du fouet. — Le larcin mixte ou composé, qui renferme aussi la circonstance aggravante d'avoir commis le vol dans la maison ou sur la personne d'autrui, est puni de mort.

4. *Dommages malicieux* (*malicious mischief*). — Compensation pécuniaire.

5. *Faux.* — Peine de la *félonie.*

Bentham définit ainsi les offenses : « Quand la peine s'élève à un certain degré, l'offense s'appelle *félonie;* quand la peine descend au-dessous, l'offense s'appelle *misdemeanor.* On ne pourrait, dit-il, sans entrer dans des détails infinis, donner des offenses une définition légale plus précise. »

J'ai dit, pages 13, 15 et 25 du Rapport, quelle part avait, dans le jugement des affaires criminelles, la juridiction de la paix. Cette part prend de jour en jour un tel accroissement qu'aujourd'hui, le nombre des individus condamnés par sentence sommaire est beaucoup plus considérable que celui des individus condamnés par les cours d'assises ou les sessions. Sur 87,245 criminels qui ont séjourné dans les diverses prisons d'Angleterre, pendant l'année 1836, plus de 53,270, ou plus de 60 p. 0/0, ont été condamnés sommairement par les juges de paix.

Les emprisonnements prononcés aux assises et aux sessions, pendant le cours de l'année dernière, n'ont pas dépassé le chiffre de 20,984 : de sorte que tous les individus qui ont subi la peine d'emprisonnement, en sus de ce nombre, ont été condamnés sans l'intervention du jury.

Cette immense et progressive extension donnée à l'institution des juges de paix, loin d'alarmer l'opinion libérale, en Angleterre, ne fait que mettre en évidence les avantages qu'en retire le pays, et la nécessité d'en élargir encore le cercle. « Puisque la juridiction sommaire des magistrats (1), disent les rédacteurs de la *Revue d'Édimbourg*, a pu s'exercer jusqu'ici, dans l'étendue actuelle de ses attributions, sans porter aucun préjudice apparent à l'institution du jugement par jurés, nous ne comprendrions pas qu'il y eût grand inconvénient à l'agrandir encore un peu plus. La police de la métropole retirerait, particulièrement, un grand avantage de cette nouvelle extension (2). »

Après avoir donné les raisons de cette opinion, les mêmes écrivains signalent, comme un des inconvénients les plus graves de la procédure criminelle anglaise, l'absence d'*informeurs* autorisés (V. le rapport, p. 19), et démontrent, par suite, la nécessité de la création d'un *prosécuteur* public, chargé spécialement de la poursuite et de la répression des crimes. Ils démontrent également les vices de l'institution du grand jury. (V. tom. CXXXIV, n° de janvier 1838, p. 376 et suiv.)

N° III.

Série chronologique des lois anglaises sur les prisons.

1re année du règne d'Édouard III, chap. 7. Acte relatif aux geôliers.

4, Édouard III, chap. 10. Acte relatif aux shériffs et aux geôliers.

7, Jacques Ier, chap. 4. Acte pour l'exécution de divers lois et statuts rendus contre les coquins, va-

(1) *Magistrats* et *juges de paix* sont deux appellations synonymes, dans le langage des lois anglaises.

(2) Le nombre des individus détenus dans les diverses prisons de la métropole paraît avoir été de 35,000, non compris les débiteurs, pendant l'année 1836, déduction faite d'environ 10,000 individus, transférés d'une prison dans l'autre, pendant la même année, et faisant double emploi ; reste 25,000 criminels découverts dans l'année. En portant à 1,600,000 le chiffre de la population de la métropole, il en résulte que 1 individu sur 64 est écroué comme criminel.

gabonds, mendiants valides et autres personnes de mauvaise condition, et pour la tenue des maisons de correction, les appointements et l'autorité des gouverneurs, et aux comptes à rendre aux magistrats.

19, Charles II, chap. 2. Acte pour les secours à accorder aux prisonniers pauvres, et pour leur procurer de l'ouvrage.

22 et 23, Charles II, chap. 20. Acte pour l'élargissement des pauvres prisonniers pour dettes.

11 et 12, Guillaume III, chap. 19. Acte pour autoriser les juges de paix à faire construire et réparer les prisons de leurs comtés respectifs.

6, Georges Ier, chap. 9. Acte qui confirme le précédent.

2, Georges II, chap. 22. Acte sur l'emprisonnement des débiteurs.

14, Georges II, chap. 23. Acte pour suppléer à l'insuffisance ou au défaut de lois relatives à la construction, à la réparation, à l'élargissement et au régime des maisons de correction, ainsi qu'au traitement des vagabonds de passage.

16, Georges II, chap. 31. Acte pour déterminer les peines applicables aux personnes qui aideront, à l'avenir, ou qui assisteront les prisonniers dans leurs tentatives d'évasions d'une prison légale.

17, Georges II, chap. 5. Acte pour amender et rendre plus efficaces les lois antérieures relatives aux mendiants, vagabonds et autres mauvaises gens, ainsi qu'à leur emprisonnement dans les maisons de correction.

24, Georges II, chap. 40. Acte pour réprimer l'introduction dans les prisons des liqueurs et autres spiritueux.

32, Georges II, chap. 28. Acte relatif aux vivres à fournir aux prisonniers pour dettes, et aux registres à tenir dans les prisons.

13, Georges III, chapitre 58. Acte pour la célébration de l'office divin dans les prisons.

14, Georges III, chap. 59. Acte pour préserver la santé des détenus dans les prisons, et pour empêcher les maladies de prison.

19, Georges III, chap. 74. Acte pour expliquer et amender les lois relatives à la déportation et à l'emprisonnement.

22, Georges III, chap. 64. Acte pour amender et rendre plus efficaces les lois relatives à la discipline des prisons.

22, Georges III, statut 2, chap. 54 et 55. Acte pour expliquer plusieurs actes antérieurs relatifs aux maisons de correction.

29, Georges III, chap. 67. Acte pour rendre plus efficace l'exécution des lois relatives aux maisons d'arrêt.

31, Georges III, chap. 46. Acte pour une meilleure administration des maisons d'arrêt et autres lieux d'emprisonnement.

34, Georges III, chap. 84 (7 juin 1794). Acte pour l'érection d'une maison pénitentiaire.

46, George III, chap. 28. Acte relatif aux pontons.

52, Georges III, chap. 44 (20 avril 1812). Acte pour l'administration de Milbank.

56, Georges III, chap. 63 (22 juin 1816). Acte sur le même sujet.

55, Georges III, chap. 48. Acte pour augmenter les pouvoirs et les attributions des chapelains dans les prisons.

58, Georges III, chap. 32. Acte relatif aux salaires des chapelains officiant dans les maisons de correction.

59, Georges III, chap. 136 (13 juillet 1819). Acte pour une meilleure administration du pénitencier de Milbank.

4, Georges IV, chap. 64 (10 juillet 1823). Acte pour consolider et amender les lois antérieures relatives aux constructions, aux réparations et au régime intérieur des maisons d'arrêt et des maisons de correction. (Cet acte contient 78 articles ou paragraphes; c'est le plus important et le plus détaillé qui ait été rendu sur la discipline des prisons.)

4, Georges IV, chap. 82. Acte pour autoriser le retrait temporaire des condamnés du pénitencier de Milbank.

5, Georges IV, chap. 12 (23 mars 1824). Acte pour faciliter, dans certains comtés et subdivisions de comtés, l'exécution de l'acte du 10 juillet 1823.

5, George IV, chap. 19. Acte pour autoriser la rentrée au pénitencier des condamnés qui en avaient été retirés.

5, George IV, chap. 84. Acte sur la déportation.

5, George IV, chap. 85 (21 juin 1824). Acte pour amender l'acte du 10 juillet 1823 et pour établir une nouvelle classification et de nouvelles règles dans l'intérieur des prisons.

7 et 8, Georges IV, chap. 33 (21 juin 1827). Acte pour établir de nouvelles règles pour l'administration du pénitencier de Milbank.

5 et 6, Guillaume IV, chap. 38 (25 août 1835)

Acte pour établir une plus grande uniformité dans l'administration des diverses prisons de l'Angleterre et du pays de Galles, et pour instituer des inspecteurs de prisons dans la Grande-Bretagne.

7, Guillaume IV, chap. 13 (8 juin 1837). Acte pour amender les actes antérieurs relatifs au régime disciplinaire du pénitencier de Milbank.

1 et 2, Victoria, chap. 82 (10 août 1838). Acte pour l'érection d'un pénitencier de jeunes détenus dans l'île de Wight.

Si le parlement s'est montré plein de sollicitude pour tout ce qui a rapport au régime des prisons de l'Angleterre, cette sollicitude a été la même pour ce qui touche au régime des prisons de l'Écosse.

En effet, quatre statuts du parlement écossais rendus dans les années 1487, 1597, 1617 et 1696, et six autres statuts rendus par le parlement de la Grande-Bretagne dans la 11me année de Georges Ier, 20me de Georges II, 59me de Georges III, 6me et 10me de Georges IV, et 5me et 6me de Guillaume IV, tous relatifs à l'administration et à la discipline des prisons de l'Écosse, témoignent de l'intérêt du gouvernement pour cette partie du Royaume-Uni.

De plus, un bill présenté à la chambre des communes par M. Fox Maule, lord avocat, et par l'honorable lord John Russel, pour l'amélioration de la discipline des prisons de l'Écosse, a été imprimé, par ordre de la chambre, avec les amendements de la commission, le 23 juin 1837, et sera probablement converti en loi dans le cours de la session de cette année.

N° IV.

Anno quinto Georgii IV, regis.

Chapitre 85. — *Acte amendant un acte de la session dernière du parlement relatif à la construction, à la réparation et à l'agrandissement de certaines maisons d'arrêt et maisons de correction, et aux informations à prendre sur l'état de toutes les autres prisons d'Angleterre et du pays de Galles.* [21 juin 1824.] — (Voir Rapport, p. 21.)

1. Attendu qu'un acte a été passé dans la session dernière du parlement, intitulé : *Acte pour consolider et amender les lois relatives à la construction, à la réparation et au règlement de certaines maisons d'arrêt et maisons de correction d'Angleterre et du pays de Galles;* et attendu qu'il est urgent que ledit acte soit amendé, dans quelques-unes de ses dispositions, et qu'il soit pourvu aux moyens de constater l'état des autres prisons d'Angleterre et du pays de Galles, il est ordonné, par son excellentissime majesté le Roi, de l'avis et du consentement des lords spirituels et temporels, et des communes, assemblés en ce parlement, et par leur autorisation, que les juges de paix, ou seulement deux d'entre eux, ou toutes autres personnes ayant l'administration ou la direction de toute maison d'arrêt ou maison de correction, dans toute cité, ville, bourg, havre et leurs dépendances, auront la faculté de traiter avec les juges de paix ayant sous leur autorité et dans leur juridiction toute maison d'arrêt ou maison de correction de comté, arrondissement ou subdivision de comté, dans le ressort desquels lesdits cité, ville, bourg, havre et leurs dépendances se trouvent placés ou auxquels ils sont adjacents, ou seulement avec deux d'entre eux, pour la garde et l'entretien, dans lesdites prisons, de tous prisonniers qui y auront été envoyés desdits cité, ville, bourg, havre et leurs dépendances, à condition que nulle convention ne sera consentie par aucun juge de paix de comté, arrondissement ou subdivision, sans qu'une ordonnance à cet effet n'ait été rendue à une des assises générales ou trimestrielles, ni par aucun juge ou autres personnes ayant l'administration de la prison desdits cité, ville, bourg, havre ou leurs dépendances, sans qu'une ordonnance à cet effet n'ait été rendue aux assises d'iceux; et toute convention susdésignée pourra être conclue soit à perpétuité, ou limitée à un certain nombre d'années, comme les parties l'entendront; et durant cette convention, tout prisonnier qui voudrait d'ailleurs être renfermé dans la maison d'arrêt ou maison de correction de la cité, ville, bourg, havre ou leurs dépendances, parties contractantes, pourra être légalement remis ou transporté et renfermé dans la maison d'arrêt ou maison de correction qui le ou la recevra sous l'empire de ladite convention; et tous prisonniers ainsi renfermés d'après convention, soit avant, soit après jugement, seront assujettis en tout et pour toutes choses, aux mêmes règles et règlements que s'ils y avaient été renfermés par un des juges du comté, arrondissement ou subdivision; et s'ils ont été emprisonnés avant jugement, lesdits prisonniers seront jugeables et jugés dans la même forme que si leurs délits eussent été commis dans un endroit du comté, arrondissement ou subdivision, hors de la cité, ville, bourg, havre ou leurs dépendances, d'où lesdits prisonniers proviendront;

sauf seulement que, si la maison d'arrêt ou maison de correction qui recevra ainsi, d'après convention, un prisonnier détenu pour être jugé, est située dans le rayon de deux milles du siége ordinaire de la justice, pour la cité, ville, bourg, havre ou leurs dépendances, dans la circonscription desquels le délit dont ce prisonnier sera accusé, sera déclaré avoir été commis, on aura la faculté de juger le prisonnier dans la forme accoutumée, et les magistrats ou autres officiers de justice desdits cité, ville, bourg, havre, ou leurs dépendances, pourront ordonner la translation pour jugement dudit prisonnier, et de faire tous autres actes nécessaires pour ledit jugement, ou en conséquence d'icelui.

2. (Cet article est relatif aux *dépenses en vertu d'une convention,* et au jugement par arbitres des contestations qui peuvent s'ensuivre.)

3 (Cet article dispose que, pendant la durée de la convention, les villes, cités, etc., parties contractantes, ne sont pas obligées de se pourvoir d'une prison.)

4, 5 et 6. (Ces articles disposent que les magistrats sont autorisés à emprunter pour bâtir des prisons nouvelles au lieu d'en reconstruire d'anciennes; que les sommes à payer en vertu d'une convention seront prélevées de la même manière que celles relatives à la construction et reconstruction des prisons; que l'argent emprunté pour la construction des prisons, etc., sera remboursé aux villes, etc.)

7, 8 et 9. (Ces articles disposent que les magistrats feront un rapport au ministre sur l'état des conventions relatives aux prisons; que copie du règlement de chaque prison et un état conforme au modèle annexé seront envoyés au ministre secrétaire d'état; qu'un rapport sur le personnel des employés subalternes, et l'augmentation ou la diminution d'icelui, sera transmis au ministre secrétaire d'état par le président des sessions trimestrielles.)

10. Et attendu que, dans quelques autres comtés et autres lieux auxquels s'étend ledit acte précité, il peut n'être pas nécessaire, en raison du petit nombre de prisonniers qui y sont ordinairement renfermés, de pourvoir à la totalité des quartiers et préaux requis par icelui, mais qu'il est nécessaire de pourvoir à ce que, dans toutes les prisons, certains moyens de classification soient adoptés; il est en outre ordonné que, dans toute prison à laquelle s'étend ledit acte précité, excepté celles de Canterbury, Lichfield et Lincoln, des dispositions seront faites, au moins, pour la classification suivante:

Dans toutes lesdites maisons d'arrêt, les prisonniers, hommes et femmes, seront renfermés dans des quartiers ou parties de la prison séparés. Les hommes seront divisés en cinq classes: la première comprendra les prisonniers pour dettes et les défaillants en matière civile; la seconde et la troisième comprendront les condamnés qui pourront être rangés dans l'une ou l'autre de ces deux classes, de la manière que les magistrats visiteurs le jugeront à propos, d'après les renseignements qu'ils obtiendront sur la conduite et les mœurs des prisonniers et sur la nature des délits; la quatrième et la cinquième comprendront les prévenus ou accusés qui pourront être également rangés dans l'une ou l'autre de ces deux classes, comme les magistrats visiteurs le jugeront à propos, d'après le témoignage qui sera pareillement rendu des mœurs et de la conduite des prisonniers, et la nature du délit.

Les femmes seront divisées en trois classes, au moins: la première comprendra les prisonnières pour dettes et les défaillantes en matière civile; la seconde, les condamnés; la troisième, les prévenus ou accusés.

Dans toutes lesdites maisons de correction, les prisonniers, hommes et femmes, seront également renfermés dans des quartiers ou parties de la maison séparés. Les hommes seront divisés en cinq classes: la première et la seconde comprendront les condamnés qui pourront être rangés dans l'une ou l'autre de ces deux classes, comme les magistrats visiteurs le jugeront convenable, en ayant égard à la réputation et à la conduite des prisonniers et à la nature du délit; la troisième et la quatrième comprendront les accusés dans toutes celles de ces maisons correctionnelles où de tels prisonniers sont reçus; lesdits prisonniers pourront être rangés dans l'une ou l'autre de ces deux classes, comme les magistrats le jugeront à propos, en ayant égard, ainsi qu'il est dit ci-dessus, à la réputation et à la conduite des prisonniers, et à la nature du délit; la cinquième comprendra les vagabonds.

Dans les lieux où la maison d'arrêt et la maison de correction sont réunies, les hommes seront divisés en six classes au moins: la première comprendra les prisonniers pour dettes et les défaillants en matière civile; la seconde et la troisième comprendront les condamnés; la quatrième et la cinquième comprendront les accusés, l'une ou l'autre de ces classes devant être assignée auxdits condamnés et accusés, comme les magistrats visiteurs le jugeront convenable, en ayant toujours égard aux mœurs et à la conduite des prisonniers, et à la nature du délit; la sixième comprendra les vagabonds.

Dans chacune desdites maisons de correction, les femmes seront divisées en trois classes : la première et la seconde comprendront les condamnées, lesquelles condamnées seront rangées dans l'une ou l'autre de ces classes, comme les magistrats visiteurs le jugeront à propos, en ayant égard à leurs mœurs et à leur conduite, et à la nature du délit : l'une ou l'autre de ces deux classes sera assignée aux vagabonds, comme les magistrats visiteurs, dans leur sagesse, le jugeront à propos.

11. Et attendu que, dans quelques comtés du pays de Galles, les quartiers et préaux exigés par ledit acte précité et par le présent acte ne sont pas indispensables au classement requis des prisonniers, il est, en conséquence et en outre, ordonné que, si la cour des assises trimestrielles d'un comté du pays de Galles adresse, dans le courant de la présente année, aux lords du conseil privé de Sa Majesté, une requête établissant le chiffre total des prisonniers renfermés dans la maison d'arrêt commune et dans la maison ou les maisons de correction dudit comté, dans le cours des sept dernières années, avec les causes respectives de leur emprisonnement, de manière à montrer dans laquelle des classes prescrites par ledit acte précité, ou par le présent acte, chacun desdits prisonniers aurait été compris, et designant pareillement l'époque de chacune desdites sept années, à laquelle ont été renfermés le plus grand nombre de prisonniers dans ladite maison d'arrêt et dans lesdites maisons ou maisons de correction, et rendant un compte général et détaillé de la situation actuelle de ladite maison d'arrêt et desdites maisons ou maisons de correction, avec un devis des dépenses qu'occasionnerait l'agrandissement de ladite maison d'arrêt ou de ladite maison de correction spécifiée dans la requête, d'une étendue suffisante pour admettre le nombre de quartiers et de préaux exigé par ledit acte ou par le présent acte; faisant connaître la contribution du comté pour chacune desdites sept années, et réclamant la suppression d'un certain nombre de quartiers ou autres distributions exigés par ledit acte, ou par le présent acte, lesquels, dans l'état actuel dudit comté, pourront paraître à ladite cour sans nécessité, il sera loisible auxdits lords du conseil privé de prendre ladite requête en considération, et de rendre, sur le rapport d'icelle et s'ils le jugent convenable, une ordonnance déterminant comment et jusqu'à quel point il sera nécessaire pour ledit comté de se conformer aux dispositions dudit acte et du présent acte, et adoptant à cet égard tels règlements qu'ils jugeront convenables; et ledit comté, au moyen de l'exécution fidèle de ladite ordonnance, ne pourra être accusé ni poursuivi pour ne s'être pas conformé entièrement audit acte et au présent acte, en ce qui concerne l'étendue de ses prisons et des quartiers qui la composent ou les divisions qui devraient s'y trouver; et ce, nonobstant toute disposition contraire dudit acte précité ou du présent acte.

12. Et il est en outre ordonné que toute personne renfermée dans une des prisons auxquelles s'étend ledit acte précité, pour refus de payement d'amendes encourues en vertu des lois de finances, pourra être rangée dans la classe des condamnés à laquelle il a été assigné un quartier séparé par icelui, comme les magistrats visiteurs, dans leur sagesse, le jugeront à propos, en ayant égard à la réputation du prisonnier ou de la prisonnière, et à sa conduite dans la prison; et les motifs qui auront fait assigner à de tels prisonniers la classe particulière des condamnés, seront exposés aux assises trimestrielles par les magistrats visiteurs.

13. Et il est en outre ordonné que, dans toute prison où il ne se trouvera qu'un seul prisonnier ou une seule prisonnière appartenant à l'une des classes spécifiées dans ledit acte ou dans le présent acte, ledit prisonnier ou ladite prisonnière pourra, de son consentement, être assimilé à toute autre classe de prisonniers du même sexe que les magistrats visiteurs, dans leur sagesse, jugeront à propos de déterminer.

14. Et attendu que, par ledit acte précité, il est ordonné, quand la maison d'arrêt et la maison de correction sont enclos des mêmes murs, qu'il sera fait déclaration et vérification de la partie ou des parties du bâtiment considérées comme maison d'arrêt, et de celles considérées comme maison de correction, il est en outre ordonné que, nonobstant toute disposition contenue dans ledit acte, il pourra être loisible aux juges, lors de leurs assises générales ou trimestrielles, de déclarer, en pareil cas, que les diverses parties du bâtiment appropriées à la chapelle et aux salles des malades ou infirmeries, seront communes à la maison d'arrêt et à la maison de correction, et que, dans ce cas, une double série de quartiers ne sera pas nécessaire.

15. Et il est en outre ordonné que nulle disposition contenue dans ledit acte précité, ou dans le présent acte, n'obligera aucune cité, ville, bourg,

havre ou leurs dépendances, d'établir dans leur maison d'arrêt ou maison de correction, des distributions particulières pour une classe de prisonniers qui n'y pouvaient être légalement renfermés antérieurement à la promulgation dudit acte précité ; et que pareillement nulle disposition contenue dans ledit acte précité, ou dans le présent acte, ne pourra changer ou concerner les obligations d'aucuns corps politiques ou municipaux, ni d'aucuns habitants de paroisse, ville, ou lieu quelconque, ni d'aucuns individus engagés par statuts, teneure, coutume, prescription ou usance, à réparer ou à contribuer à la réparation d'une prison, ou à entretenir ou à contribuer à l'entretien des prisonniers renfermés dans une prison, ou à payer ou à contribuer à payer toutes dépenses quelles qu'elles soient concernant une prison ; mais que toutes lesdites charges resteront obligatoires pour les parties comme si ledit acte précité et le présent acte eussent été nuls et non-avenus.

16. Et attendu que, par ledit acte précité, il était loisible à un ou plusieurs juges visiteurs, ou aux juges visiteurs de toute prison à laquelle icelui s'étendait, d'autoriser, par ordonnance écrite, l'emploi de prisonniers en état d'accusation, et de leur consentement, aux travaux spécifiés dans icelui, il est en outre ordonné et déclaré, que le consentement de tout prisonnier sera librement donné, et ne sera point arraché ou obtenu par privation ou menaces de privation de telle ou de telle autre commodité de la prison ; et que nul prisonnier, avant le jugement et sous aucun prétexte, ne pourra être employé au tread-wheel, soit avec ou sans son consentement.

17. Et attendu que des doutes se sont élevés à l'égard des prisonniers en état d'accusation et incapables de s'entretenir autrement que par leur emploi à quelques-uns des ouvrages ou des travaux de la prison, s'ils avaient droit aux rations de vivres de ladite prison, alors qu'ils n'étaient pas requis pour cet emploi, il est en outre ordonné et déclaré qu'il sera accordé auxdits prisonniers des vivres en quantité suffisante pour la conservation de leur santé, sans qu'ils soient obligés à aucune espèce d'ouvrage ou de travail, comme condition de leur subsistance ; et que le salaire ou portion de salaire qui pourrait être due auxdits prisonniers par le gardien de la prison, en conséquence d'une ordonnance rendue par un juge ou des juges visiteurs de ladite prison, pour l'emploi, de leur consentement, desdits prisonniers, leur sera payée, comme l'aura prescrit ladite ordonnance, en sus des vivres accordés, et sans aucun retranchement desdits vivres en raison dudit payement.

18. (Dispositions relatives aux terrains communaux dont l'acquisition deviendrait nécessaire.)

19. (Avertissement à signifier à l'occupant.)

20. (Les juges sont autorisés à emprunter sur hypothèque, pour construction ou réparation des prisons, etc.)

21. (Amendement de la disposition relative à l'arbitrage.)

22. Et attendu qu'il est à désirer que des moyens plus efficaces soient fournis aux prisonniers libérés pour les mettre à même de retourner au lieu de leur demeure, il est, en conséquence, ordonné que, lorsqu'un prisonnier libéré demandera qu'il lui soit fourni les moyens de retourner au lieu de sa demeure, il pourra être loisible à deux des juges visiteurs de la prison, sur la demande dudit prisonnier, de procéder à son interrogatoire par écrit et sur serment dudit prisonnier, ou de la prisonnière, relativement au lieu réel de sa dernière demeure ; et, d'après ledit interrogatoire ou toute autre preuve que lesdits juges visiteurs pourront se procurer, il sera loisible auxdits juges d'accorder, s'ils le jugent à propos, audit prisonnier, ou à ladite prisonnière, les moyens de retourner au lieu réel de sa dernière demeure, de la manière ci-après spécifiée.

23. Et il est en outre ordonné qu'il sera loisible aux juges de paix de tout comté, arrondissement ou subdivision, d'Angleterre, à leurs assises générales ou sessions trimestrielles, d'ordonner que des passeports seront gravés sur planches de cuivre, ou bien imprimés dans la forme et suivant le modèle annexé au présent acte, portant les armes de Sa Majesté et scellés du sceau du comté ou de tout autre sceau confectionné pour cet objet ; et que lesdits juges pourront ordonner l'envoi d'iceux aux geôliers des différentes prisons de leurs comtés, arrondissements ou subdivisions respectives, pour usage en être fait par les juges visiteurs de chacune desdites prisons, toutes les fois qu'un prisonnier ou des prisonniers libérés ou sur le point d'être libérés de ladite prison en feront la demande ; et lesdits juges visiteurs, s'ils le trouvent expédient, après avoir pris les motifs en considération, rempliront les blancs de chacun desdits passeports et le certifieront, et ils traceront un itinéraire dans la colonne réservée à cet effet, pour chaque prisonnier, et pour l'enfant ou les enfants, s'il en existe, dudit prisonnier, spécifiant le lieu où ledit prisonnier et lesdits enfant ou enfants se rend ou se rendent, et le temps auquel (excepté les cas de

maladie ou d'accidents inévitables) ledit passe-port est limité, afin que ledit prisonnier puisse recevoir les secours autorisés par le présent acte, lesquels n'excéderont pas un penny et demi (trois sous) par mille par chaque prisonnier ou prisonnière, et un penny (deux sous) par mille pour chaque enfant qui, pour cause de nourriture ou sans autre soutien, aurait été emprisonné avec ledit prisonnier ou ladite prisonnière.

24. (Les contrôleurs des pauvres payeront aux prisonniers une certaine portion sur la présentation de leur passe-port.)

25. (Le trésorier du comté remboursera aux contrôleurs l'argent qu'ils auront avancé.)

26. (Les prisonniers libérés remettront leur passe-port au dernier endroit où des secours leur auront été donnés.)

27. Et il est en outre ordonné qu'aucune des dispositions contenues dans le présent acte ne s'étendra à l'hôpital royal de Bethlehem ni à la prison du *King's-Bench*, ni à *Fleet-Prison*, ni à la prison de Marshalsea ou cours du palais, ni au pénitencier général de Milbank, ni au pénitencier de Glocester.

N° V.

Années 5 et 6 du règne de Guillaume IV.

CHAPITRE XXXVIII. — *Acte pour établir une plus grande uniformité dans l'administration des diverses prisons de l'Angleterre et du pays de Galles, et pour instituer des inspecteurs de prisons dans la Grande-Bretagne* [25 août 1835]. — (Rapport, page 21.)

1. Attendu que, d'après les lois maintenant en vigueur, les règlements faits pour l'administration de certaines prisons et pour les attributions des employés de ces prisons, doivent être soumis préalablement, à Londres et dans le comté de Middlessex, à deux grands-juges (*chief justices*), et partout ailleurs, à certains juges désignés par la loi, et qu'ils ne peuvent être exécutoires qu'après avoir été revêtus de leur approbation, il est ordonné par sa très-excellente Majesté le roi, de l'avis et avec le consentement et l'autorité des lords spirituels et temporels, et des communes, réunis en parlement, que pour ces règlements, après le vote du présent acte, aucune autre approbation ne sera nécessaire que celle déterminée ci-après.

2. En conséquence, il est ordonné que tous les règlements qui seront faits, après le vote du présent acte, par la cour du lord-maire et des aldermen de la cité de Londres, par les juges de paix ou autres autorités, quelles qu'elles soient, suivant le pouvoir qui leur en est donné par la loi, pour l'administration de toutes les prisons de l'Angleterre et du pays de Galles, ou pour les attributions des officiers employés dans ces prisons, seront soumis à l'approbation de l'un des principaux secrétaires d'État de Sa Majesté, lequel pourra également, s'il le juge convenable, changer et modifier ces règlements, ou y ajouter des dispositions nouvelles, et signer un certificat ou une déclaration constatant que ces règlements, tels qu'ils lui ont été soumis, ou tels qu'il les a modifiés, sont devenus exécutoires; et après que cette déclaration aura été signée, ces règlements, ainsi approuvés ou modifiés, seront obligatoires pour les shérifs et autres personnes, sans qu'aucune autre approbation soit nécessaire. — Il est en outre entendu qu'aucun règlement, excepté dans les cas prévus ci-après, fait, après le vote du présent acte, pour l'administration des prisons et les attributions et les fonctions des employés de ces prisons, ne pourra être rendu exécutoire qu'après qu'une déclaration aura été régulièrement souscrite, de la manière exprimée ci-dessus, par l'un des principaux secrétaires d'État de Sa Majesté.

3. Attendu qu'il est résulté un grand inconvénient et une dépense considérable de la coutume de faire conduire à la maison d'arrêt commune du comté, les personnes accusées de crimes ou délits, qui doivent être jugées aux assises ou aux sessions, tenues à des distances éloignées de ladite maison d'arrêt, et qu'il convient, en conséquence, que la loi soit changée et amendée; pour remédier à cet inconvénient, il est arrêté qu'à partir du présent acte, il sera légal pour tous juges de paix ou *coroners*, agissant dans l'étendue de leurs juridictions, en Angleterre et dans le pays de Galles, de faire détenir préventivement, dans toute maison de correction, située près du lieu où les assises ou sessions doivent être tenues, tous les accusés de crimes ou délits qui devront être jugés auxdites assises ou sessions; et toutes les fois que des accusés seront écroués dans une de ces maisons de correction pour être jugés aux assises ou sessions, le gardien de ces maisons de correction devra délivrer aux juges des assises ou aux magistrats des sessions, une liste de tous les prisonniers à sa garde, détenus pour être jugés auxdites assises ou sessions,

de la même manière que le shériff du comté serait tenu par la loi de le faire, si ces prisonniers avaient été écroués dans la maison d'arrêt commune du comté.

4. Et il est en outre arrêté, que toutes les fois qu'un accusé aura été déclaré coupable devant une cour d'assises ou de sessions, d'un crime emportant condamnation à la peine de mort, de la déportation ou de l'emprisonnement, il sera légal pour cette cour de le faire écrouer dans telle maison de correction établie pour le comté qu'elle jugera convenable. Dans le cas de condamnation à la peine de mort, il sera pourvu à l'exécution de la sentence par le shériff du comté; et dans le cas de condamnation à la déportation, les pouvoirs, autorisations et provisions fixés par les précédents actes du parlement, en faveur des shériffs et geôliers, pour le transport des condamnés, sont étendus et donnés aux directeurs ou gardiens des maisons de correction où lesdits condamnés sont détenus.

5. Et il est arrêté que le *premier novembre* de chaque année, au plus tard, les greffiers de paix de chaque comté, district ou division de comté, en Angleterre et dans le pays de Galles, les huissiers de chaque session, et les chefs-magistrats de chaque cité, ville, bourg, port ou commune, en Angleterre et dans le pays de Galles, où il existe une prison quelconque, devront transmettre à l'un des principaux secrétaires d'État de sa Majesté une copie de tous les règlements en vigueur à la date du 25 septembre précédent, pour l'administration de chaque prison appartenant à leur comté, district, cité, ville, port ou commune, ainsi qu'une copie des dispositions additionnelles dont ils proposeront l'adoption pour ces mêmes prisons; et il sera légal pour ledit secrétaire d'Etat, de modifier et changer les règlements dont une copie lui aura été adressée conformément au présent acte, et d'y ajouter les dispositions qu'il jugera convenables, et en outre de souscrire un certificat ou déclaration attestant que ces règlements, tels qu'ils lui auront été transmis, ou tels qu'ils auront été modifiés et augmentés par lui, doivent être rendus exécutoires. Ces règlements, avec leurs dispositions additionnelles ou modifications, ainsi certifiés, seront obligatoires pour les shériffs et toutes autres personnes; et les greffiers de paix pour chaque comté, district ou division de comté, en Angleterre et dans le pays de Galles, et les magistrats principaux de chaque cité, ville, bourg, port ou commune, sont requis, par le présent acte, de produire à la cour des sessions trimestrielles, tenue après le 25 septembre de chaque année, pour leurs comtés, districts ou divisions de comtés, cités, villes, bourgs, ports ou communes, et ce, le premier jour de ces sessions, de semblables copies des règlements en vigueur à la date du 25 septembre de chaque année, pour l'administration de leurs prisons respectives.

6. Et il est en outre arrêté que, dans le cas d'omission ou de négligence de la part de tout greffier de paix, ou de sessions, ou magistrat, etc., principal de cité, ville, bourg, port ou commune, dans la transmission prescrite par le présent acte à l'un des principaux secrétaires d'État de Sa Majesté, de la copie des règlements en vigueur pour l'administration d'une prison quelconque, il sera légal pour l'un des principaux secrétaires d'État de Sa Majesté, après le 1er décembre de chaque année, de *certifier* tels règlemens qu'il jugera nécessaires pour l'administration de cette prison; et les règlements ainsi certifiés par ce secrétaire d'état seront dès lors obligatoires pour les shériffs et toutes autres personnes, et seront les seuls en vigueur pour le gouvernement intérieur de ladite prison.

7. Il est aussi arrêté qu'il sera légal, pour un des principaux secrétaires d'État de Sa Majesté, d'instituer et nommer un nombre suffisant de personnes capables, lesquelles, en tout cas, ne pourront excéder le nombre de cinq, pour visiter et inspecter, ensemble ou séparément, chaque maison d'arrêt, maison de correction, pénitencier, ou autre prison et lieu quelconque destiné à la détention des prisonniers, dans toute l'étendue du royaume-uni de la Grande-Bretagne. Chaque inspecteur, ainsi nommé, sera autorisé à examiner toute personne exerçant une fonction quelconque, ou recevant un salaire ou traitement, dans toute maison d'arrêt, maison de correction, pénitencier ou autre prison; à se faire représenter et à examiner tous les livres et papiers, et à s'enquérir de toutes les matières qui se rapportent à l'administration desdites prisons. Chaque inspecteur, ainsi nommé, devra, le 1er février de chaque année, au plus tard, rédiger par écrit un rapport séparé et distinct sur l'état de chaque maison d'arrêt, maison de correction, pénitencier ou prison qu'il aura visitée, et le transmettre à l'un des principaux secrétaires d'État de Sa Majesté. Une copie de chacun de ces rapports sera soumise aux deux chambres du parlement dans les quatorze jours qui suivront le 1er février, si elles sont alors assemblées; et si les chambres du parlement ne sont pas alors assemblées,

ce dépôt aura lieu dans les quatorze jours qui suivront la première réunion après le 1er février.

8. Toute personne qui, avec connaissance de cause et avec intention, cherchera à entraver les inspecteurs ainsi nommés dans l'exercice des fonctions qui leur sont attribuées par le présent acte, sera traduite devant un juge de paix, et après conviction, condamné à une amende de 20 livres sterling pour chaque offense; à défaut de payement de ladite amende, immédiatement ou dans le délai fixé par le juge de paix, le délinquant sera condamné à un emprisonnement qui n'excédera pas un mois.

9. Il sera légal pour le juge de paix, sur une plainte à lui rendue pour tout délit de cette nature, de délivrer une sommation pour la comparution du délinquant devant lui.

10. Il sera légal pour tout principal secrétaire d'État de Sa Majesté, de visiter et d'inspecter, ou d'autoriser par écrit toute personne à visiter et inspecter toute prison ou pénitencier, ou maison de détention, dans l'étendue du royaume-uni de la Grande-Bretagne, dans toutes les circonstances où ledit secrétaire d'état le jugera convenable.

11. Sa Majesté aura le droit, en donnant un ordre par écrit, signifié par l'un de ses principaux secrétaires d'état, de faire transporter toute personne emprisonnée, en Angleterre et dans le pays de Galles, en vertu d'une sentence d'une des cours du royaume ou de toute autorité compétente, de la prison où ladite personne sera détenue, dans toute autre prison ou pénitencier de Sa Majesté, en Angleterre et dans le pays de Galles, pour y être détenue pendant la durée de sa condamnation.

12. Tout détenu, dont le terme de l'emprisonnement expirera un dimanche, aura droit à être libéré et mis en liberté le samedi précédent; et le gouverneur, gardien ou tout autre officier de la prison, ayant la garde dudit prisonnier, est autorisé par le présent acte à libérer le prisonnier le samedi, veille du jour de l'expiration de la peine.

13. Et attendu que par un acte passé dans les années 4 et 5 du règne de Sa Majesté, intitulé : « Acte pour établir une nouvelle cour pour le « jugement des crimes et délits commis dans la « métropole et les environs » il a été arrêté, entre autres dispositions, qu'il sera légal pour Sa Majesté, en donnant un ordre par écrit, notifié de même par l'un des principaux secrétaires d'État, de prescrire que toute personne condamnée à l'emprisonnement par toute cour ou autorité compétente, pour un délit commis hors des limites fixées par cet acte, et qui, après avoir été soumise à la visite d'un chirurgien ou d'un apothicaire expérimenté, paraîtra exempte de toute maladie putride ou contagieuse, et en état d'être transportée, soit transférée au pénitencier de Milbank, pour y être détenue pendant la durée de sa peine; et attendu qu'il est convenable de donner un semblable pouvoir pour transporter au pénitencier les personnes condamnées par toute cour ou autorité compétente, pour les délits commis dans les limites dudit acte, aussi bien que pour les délits commis hors de ces limites, il est arrêté qu'il sera légal pour Sa Majesté, en donnant un ordre écrit, notifié aussi par écrit par un de ses principaux secrétaires d'État, de prescrire que toute personne condamnée par une cour quelconque ou autre autorité à l'emprisonnement et au travail forcé, pour délit commis dans les limites fixées par l'acte ci-dessus mentionné, et qui, après avoir été examinée par un chirurgien ou apothicaire expérimenté, paraîtra exempte de toute maladie putride ou contagieuse, et en état d'être déplacée, soit transférée au pénitencier de Milbank, pour y être détenue pendant la durée de sa peine.

14. Il est de plus arrêté que toutes les dispositions et prévisions exprimées et contenues dans les actes passés pour le gouvernement intérieur du pénitencier général à *Milbank*, et tous les pouvoirs conférés par ces actes pour le confinement, l'emploi et la direction des condamnés y détenus, seront applicables à toutes les personnes transférées de toute autre prison dans ledit pénitencier, en vertu du présent acte ou de l'acte susrelaté.

15. Et attendu que, par un acte passé dans la 59e année du règne de Sa Majesté Georges III, intitulé : « Acte pour améliorer le gouvernement du « pénitencier général, à Milbank », il a été stipulé, entre autres, qu'il pourra être détenu à la fois dans ce pénitencier, sous l'approbation d'un des principaux secrétaires d'État, jusqu'à concurrence de 600 condamnés mâles et 400 femmes, pour y être emprisonnés, employés et dirigés suivant les prévisions de cet acte; et attendu qu'il paraît convenable d'augmenter le nombre des prisonniers mâles qui peuvent y être détenus, il est, en conséquence, arrêté qu'il pourra être à la fois détenu dans ledit pénitencier, sous l'autorité d'un des principaux secrétaires d'État, jusqu'à concurrence de 800 condamnés mâles, pour y être emprisonnés, employés et dirigés suivant les prévisions de l'acte précité, et d'un acte précédent qui y est mentionné.

16. Le présent acte pourra être amendé, modifié

ou rapporté, par tout autre acte passé dans la présente session du parlement.

N° VI.

Opinion de l'attorney et du solliciteur général sur l'introduction légale du système de la séparation individuelle dans les prisons. (Rapport, p. 73).

Whitehall, 9 août 1837.

Messieurs, lord John Russel ayant jugé à propos de demander l'opinion de l'attorney et du solliciteur général, sur la question de savoir si le secrétaire d'État peut *légalement* sanctionner des règlements faits pour la séparation individuelle des prisonniers, je suis chargé, par sa seigneurie, de vous informer qu'ils ont exprimé l'opinion suivante, savoir : que, conformément à la 2e section du 38e acte des années 5 et 6 du règne de Guillaume IV, le secrétaire d'État a le pouvoir de sanctionner les règlements soumis à son approbation pour établir la séparation individuelle des prisonniers, et qu'il peut légalement modifier tout règlement soumis à son approbation, pour y introduire, s'il le juge convenable, des dispositions relatives à ladite séparation.

Je suis chargé, de plus, de vous faire connaître que, d'après l'opinion des officiers de loi de la couronne, il n'y a rien dans le 64e acte de l'an IV du règne de Georges IV qui s'oppose à l'exercice de cette autorité de la part du secrétaire d'État.

J'ai l'honneur d'être, Messieurs, votre obéissant serviteur.

S. M. PHILLIPPS,
Sous-secrétaire d'état.

MM. Crawford et Russel,
inspecteurs des prisons.

N° VII.

Instructions du secrétaire d'état aux inspecteurs des prisons de la Grande-Bretagne. (Rapport, p. 48).

Whitehall, 16 octobre 1835.

Après avoir examiné avec soin quelles devraient être les attributions des inspecteurs des prisons, j'ai cru devoir vous assigner le district de
comprenant comtés

Je vous adresse la liste des prisons qui existent dans ce district, suivant les rapports qui ont été soumis au parlement; mais il y a quelques raisons de croire que plusieurs maisons de détention, telles que prisons pour dettes ou maisons temporaires d'arrêt, n'ont pas été comprises dans ces rapports.

Vous devez, en conséquence, vous assurer de l'existence *de toutes les prisons* établies dans votre district, afin qu'aux termes de l'acte du parlement, « toutes les geôles, maisons de détention et de correction, pénitenciers et prisons, ou bâtiments employés pour le confinement de prisonniers, » quelque petits qu'ils soient ou quelque rare que soit leur usage, soient soumis à votre inspection et compris dans vos rapports.

En examinant les diverses prisons que vous visiterez, il sera convenable de porter votre attention sur chaque partie de leur administration et de leur discipline intérieure, et, plus spécialement, que vous recherchiez la nature et les effets des arrangements existant relativement aux objets ci-après :

1° La construction, l'emplacement et le voisinage de la prison; sa sécurité; les moyens de séparation, la facilité d'inspecter les prisonniers, la propreté, la ventilation, l'exemption d'humidité, la température et les dimensions des principales parties de chaque bâtiment, et spécialement des dortoirs et des cellules habitées la nuit.

2° La santé des prisonniers, leur propreté personnelle, l'espèce, la quantité et la qualité de leurs aliments, la nature des vêtements et l'espèce de lits donnés aux divers prisonniers, tels que prisonniers pour dettes, prévenus et condamnés, en distinguant les deux sexes; l'effet de l'emprisonnement sur leur système physique; les arrangements faits pour les malades; les plaintes les plus communes et la moyenne des maladies et de la mortalité.

3° La manière dont sont traités les prévenus; comment ils communiquent entre eux; s'ils sont oisifs; dans le cas contraire, la nature de leurs occupations; s'il leur est permis de recevoir les visites de leurs amis et de leurs conseils, à quelles heures et sous quelles restrictions.

4° Le traitement des prisonniers pour dettes; s'ils sont restreints au régime de subsistance de la prison; leur conduite en général; sous quelles restrictions il leur est permis de recevoir les visites de leurs amis; s'ils assistent au service divin.

5° *Femmes.* Si les règles 2, 3, et 7 section 10 de l'acte 64, rendu dans la quatrième année du règne de George IV, prescrivant que les prisonniers femelles soient sous la direction *d'une matrone*, et surveillées ou servies exclusivement par des femmes, sont rigoureusement exécutées; quelle est la nature de leurs occupations.

6° *La discipline correctionnelle des prisonniers.* En quoi elle consiste pour les hommes et les femmes; quel degré de séparation existe individuellement entre les prisonniers des deux sexes; combien d'heures par jour il sont tenus de travailler, et quelle est la nature des travaux auxquels ils sont soumis. Si le travail leur semble une punition ou une alléviation de leur emprisonnement; s'il y a un tread-wheel, à quel degré de vitesse il marche, quels sont les moyens pris pour régler et constater ses mouvements, et à quel but sa rotation est appliquée. L'interdiction pour les prisonniers de voir leurs amis ou de recevoir de leurs nouvelles.

7° *L'instruction des prisonniers.* Suivant leur position de prévenus ou condamnés, mâles ou femelles; l'état commun de leur instruction quand ils arrivent à la prison; le nombre proportionnel de ceux qui savent lire; les heures consacrées à l'instruction morale et religieuse et au service divin; par qui l'instruction est dirigée, et quels en sont les effets apparents. L'aumônier a-t-il d'autres fonctions à remplir et quelles sont-elles? réside-t-il dans la prison ou dans le voisinage? y a-t-il un maître d'école? la personne qui exerce ces fonctions est-elle un prisonnier?

8° *Les punitions administrées dans la prison.* Quelles sont les fautes les plus communes, l'espèce, la durée et l'effet des punitions? Les dimensions des cachots réservés pour les récalcitrants? les moyens de ventilation, etc. Dans le cas de punition corporelle, quel est l'instrument employé, l'étendue de la peine; par qui et en présence de qui elle est administrée?

9° *Employés de la prison, mâles et femelles.* Leur nombre, leurs salaires et appointements, leur conduite, leur capacité apparente; leur est-il permis de vendre aucun article aux prisonniers; le nombre des prisonniers employés dans l'intérieur de l'établissement; leur rémunération et leurs priviléges.

10° *Système de la comptabilité.* Registre pour constater la conduite des prisonniers; comptabilité relative aux divers articles de dépense, c'est-à-dire nourriture, habillements, lits, salaires, chauffage, blanchissage, etc.; total de la dépense par prisonnier.

11° *Effet de l'emprisonnement.* Sur la population criminelle du voisinage; sur la conduite de ceux qui sont en prison, qu'ils soient mâles, femelles, prévenus, condamnés ou prisonniers pour dettes; sur les habitudes de ceux qui sont mis en liberté; sur le nombre des récidives; sur les moyens employés pour envoyer à leurs paroisses ceux qui sortent dans un état de dénûment, ou de venir autrement à leurs secours.

12° *Divers objets.* S'il y a dans la prison aucune personne ayant perdu la raison; combien de temps elle a été privée de sa liberté; les raisons données pour la retenir; si une allocation est donnée en aucun cas en remplacement de la ration journalière; si le tabac, sous aucune forme, est permis; comment sont occupées les chambres *de jour*.

Votre attention doit se diriger spécialement vers les actes maintenant en vigueur pour l'administration des prisons en Angleterre et dans le pays de Galles, c'est-à-dire le 64ᵉ chapitre de l'an 4 du règne de Georges IV, et le chapitre 81 de l'an 6 du même règne. Vous devez constater jusqu'à quel point les dispostions de la loi sont exécutées, ou les raisons données pour leur non exécution.

Les prisons établies sous les juridictions locales et l'autorité des corporations, doivent être soumises à un examen particulier, à l'exception des dix-sept prisons de cette espèce comprises dans l'état annexé à l'acte 64 de l'an 4 du règne de Georges IV, elles sont toutes soumises aux dispositions de l'acte 85 de l'an 5 du même règne, qui ayant en vue seulement le règlement des prisons secondaires, est peu conforme à un bon système de prison centrale.

Cependant quelque défectueuse que soit la loi pour l'administration des prisons locales, elle a été fort négligée, et l'état de ces prisons est tel qu'il est de la plus haute importance de les faire rentrer sans le moindre délai dans le système de discipline en vigueur dans les prisons des comtés.

Il serait à désirer que les magistrats instructeurs s'arrangeassent de manière à envoyer les prévenus dans les prisons des comtés, au lieu de les placer dans leurs mauvaises prisons locales.

Après avoir examiné chacune de ces maisons d'arrêt, vous me ferez connaître si, dans vos opinions, on peut la soumettre à la discipline des prisons des comtés, ou s'il est dans l'intention des magistrats locaux de faire des arrangements avec ceux du comté pour l'entretien de leurs prisonniers.

Il importe que le plan de chaque prison soit déposé au bureau de la secrétairerie d'État. Par les actes des années 4 et 5 du règne de Georges IV, les juges de paix sont tenus de transmettre des copies de ces plans et de ceux de tous les changements qui peuvent être successivement introduits dans la construction de chaque prison. Même dans le cas des prisons de comté, les dispositions de la loi à cet égard n'ont pas été toujours régulièrement suivies; mais pour les maisons d'arrêt, établies sous les juridictions locales, l'envoi des plans a été entièrement négligé. Vous saisirez toutes les occasions qui s'offriront à vous pour appeler sur cet objet l'attention des juges de paix, et pour leur faire sentir l'avantage qui peut résulter aussi de l'envoi à la secrétairerie d'état des dessins des additions ou améliorations proposées, avant de conclure les arrangements relatifs à leur construction.

Il est à désirer que les officiers des prisons ne connaissent pas d'avance l'époque à laquelle votre visite aura lieu.

Il importe que vous assistiez, dans le temps de votre visite, au service divin, et que vous soyez témoin de l'instruction morale et religieuse donnée aux prisonniers.

Il est aussi convenable que vous inspectiez les prisonniers pendant les heures consacrées au travail et aux repas, et que vous visitiez les cellules destinées aux réfractaires, partout où il y en aura d'occupées. Vous aurez aussi à visiter la prison la nuit, quand les prisonniers seront rentrés dans leurs dortoirs et cellules.

Il est bon que vous sachiez que votre autorité s'étend à l'inspection de chaque partie de la prison, à l'examen des employés et des prisonniers, et des livres et papiers dont vous jugerez convenable de demander la production. Dans l'exercice de ces fonctions *d'inspection*, vous vous garderez scrupuleusement d'exercer aucune autorité sur les employés, ou d'intervenir dans l'administration de la prison. Cependant vous donnerez votre avis et prêterez votre assistance au besoin aux juges visiteurs, au directeur, à l'aumônier, toutes les fois qu'ils vous consulteront sur quelque branche que ce soit de la discipline de la prison; et vous les assurerez qu'en s'adressant à la secrétairerie d'État, ils obtiendront toujours les informations qui pourront de temps en temps leur être nécessaires.

Je vous prie de me présenter, aussitôt que possible, un rapport complet sur l'état et la discipline des diverses prisons comprises dans votre district, afin qu'il puisse être soumis au parlement.

Je suis, Monsieur, votre obéissant serviteur,

J. RUSSELL.

N° VIII.

Circulaire adressée par le secrétaire d'état de l'intérieur aux juges de paix assemblés en session trimestrielle, et aux magistrats. (Rapport, p. 73.)

Whitehall, le 15 août 1837.

Messieurs, le volume que j'ai l'honneur de vous adresser contient des extraits du deuxième rapport des inspecteurs des prisons du district de l'intérieur. Vous trouverez plusieurs plans de maison d'arrêt et de correction, pour un nombre de quatre à cinq cents prisonniers. Vous observerez qu'ils sont tracés dans l'hypothèse de la reclusion des prisonniers dans des cellules particulières.

Je crois d'abord, Messieurs, devoir vous soumettre les raisons qui m'ont fait partager l'opinion émise par les inspecteurs, que les nouvelles prisons à construire devraient l'être d'après le principe de la reclusion séparée.

Le système qui, dans ces dernières années, a été le plus généralement adopté pour prévenir la contagion du vice, repose sur le double principe de la séparation pendant la nuit et de l'observation du plus strict silence pendant le travail. Mais ce moyen est sujet à plusieurs inconvénients.

1° Il nécessite des punitions fréquentes. Vous observerez que, dans le rapport sur la prison de Coldbath-Fields, et dans celui sur la maison de correction de Wakefield, contenu dans le rapport de l'inspecteur du district nord, ces punitions sont non-seulement très-nombreuses, mais encore d'un genre très-vexatoire : cela seul est une objection suffisante contre ce système, qui, variant les peines suivant les cas, comporte essentiellement l'arbitraire, et qui, plus sévère que le juge, aggrave la sentence prononcée par de nouvelles punitions.

2° Deux causes contribuent à entretenir les esprits dans une irritation continuelle : d'un côté, l'obligation d'observer strictement la règle de la maison; de l'autre, les peines qui suivent l'infraction à cette règle. En effet, les détenus, qui devraient être autant que possible réduits à un état calme et en quelque sorte de soumission passive, afin qu'ils puissent méditer à loisir sur leur vie criminelle et se repentir de leur conduite passée, réunis en société, pouvant communiquer librement ensemble, sont comme placés dans un état perpétuel de guerre contre les autorités, et sortent de prison bien plutôt aigris que soumis par la punition qu'ils ont subie.

3° La privation d'une partie de la nourriture ordinaire est une des punitions le plus en usage, bien que les effets en soient nuisibles à la santé des détenus et qu'elle ne les empêche pas de retomber dans la même faute.

Ce système ne peut être maintenu sans une active surveillance exercée par de nombreux gardiens; d'où il résulte qu'on se trouve dans la nécessité de choisir ces gardiens parmi les détenus. Il arrive ainsi qu'un individu convaincu d'un crime, dégradé par une sentence d'emprisonnement, se trouve tout à coup placé dans une situation qui lui donne du pouvoir et de l'autorité, et qui doit le faire considérer comme digne de confiance et d'égards.

Outre cette choquante anomalie, si contraire aux saines notions que nous avons de la discipline qui doit régir une prison, le moyen dont nous venons de parler produit des résultats plus funestes par les intrigues qu'il fait naître et le favoritisme qui en résulte. Chaque prisonnier est en effet avide d'obtenir l'emploi de gardien, pour répandre ses faveurs sur ceux avec lesquels il est le plus intimement lié.

Ces raisons, et beaucoup d'autres encore, me font croire que, si ce système (que j'appellerai «du silence») était strictement exécuté, il produirait beaucoup de mal; mais il y a réellement fort peu de maisons où l'activité et la vigilance du gouverneur soient parvenues à faire observer le règlement à la lettre; et dans celles où l'on y est parvenu, le bruit et le désordre ont fait place à la plus grande dépravation.

Je désire vivement voir le système de la séparation des détenus adopté dans toutes les nouvelles prisons, et, autant qu'il se pourrait, dans les anciennes; mais il faut bien se garder, lorsqu'on le mettra en pratique, de confondre l'emprisonnement séparé avec l'emprisonnement solitaire.

On entend généralement par emprisonnement solitaire la reclusion dans une cellule sombre et étroite, où le détenu est sans occupation; il ne reçoit, pour toute nourriture, que du pain et de l'eau. Mais l'emprisonnement séparé, tel qu'il est proposé par MM. les inspecteurs, c'est la reclusion dans des chambres spacieuses, aérées, claires, bien chauffées, avec une instruction morale et religieuse, un travail régulier, et les visites journalières du chapelain et des employés de la prison, ainsi que des personnes chargées d'instruire les prisonniers.

Je crois inutile d'ajouter que ce serait très-mal éprouver ce système que de le mettre en pratique là où il n'existe aucun moyen d'établir des cellules particulières d'une dimension convenable et bien aérées, ou si on laissait les détenus, ainsi confinés, sans travail et sans instruction d'aucune espèce, réfléchir sur leur triste situation.

Partout où les précautions que je viens d'indiquer pourront être observées avec attention, il n'y a aucune raison de douter que, si elles sont infructueuses pour ramener dans des voies meilleures les détenus endurcis au crime, elles ne réussissent à faire rentrer dans le sentier de la vertu les jeunes criminels, et ceux que le hasard ou les circonstances seules ont rendus tels, toutes les fois que leur conduite antérieure offrira la preuve que leur crime n'est pas le résultat de mauvaises dispositions enracinées dans leur cœur.

D'après le système encore généralement suivi, la prison est, pour ces criminels, une école où l'infraction aux lois est enseignée avec une sorte de perfection, et où tout sentiment de honte est détruit, chez les prisonniers, par le nombre et l'audace de leurs compagnons de crimes. D'après le système de reclusion séparée, les criminels dont il s'agit, étant complétement séparés les uns des autres, auraient les moyens de se repentir de leur crime, et, à l'expiration de leur peine, ne seraient pas exposés à être recherchés et reconnus par les libérés qui auraient été détenus dans la même prison qu'eux.

Je prie, en outre, messieurs les magistrats d'apporter une attention toute particulière aux passages qui traitent de la nécessité d'appliquer le système de l'emprisonnement séparé aux *prévenus*, et qui tracent les principes généraux qui doivent servir de base à la construction et à la distribution des prisons d'après le système dont je viens d'avoir l'honneur de les entretenir.

J'ai l'honneur, etc.

J. RUSSEL.

IIe PARTIE. — HOLLANDE.

No I.

Statistique criminelle de la Hollande. — (Voir Rapport, p. 90.)

I. — Nombre des condamnés détenus dans les grandes prisons pendant le cours de l'année 1836..... 3,195

Indigènes	2,837	3,195
Étrangers	358	
Mariés	817	3,195
Célibataires	2,378	
Hommes	2,880	3,105
Femmes	315	
Agés au-dessous de 10 ans	4	3,195
de 10 à 12	10	
de 12 à 15	43	
de 15 à 18	127	
de 18 à 20	195	
de 20 à 25	719	
de 25 à 30	618	
de 30 à 35	516	
de 35 à 40	412	
de 40 à 50	383	
de 50 à 60	135	
Au-dessus de 60 ans	33	

II. — Condamnés pour crimes et délits.

A. *Contre la chose publique.*

Attentat à la sûreté extérieure de l'État	19
Idem à la sûreté intérieure	3
Fausse monnaie, etc., etc	8
Faux en écriture publique et privée	48
Faux dans les passe-ports, etc., etc	4
Soustractions par les dépositaires publics	3
Résistance à l'autorité publique	27
Évasion de détenus et recèlement de criminels	2
Vagabondage et mendicité	12
Infractions à des lois spéciales	1
TOTAL	127

B. *Contre les personnes.*

Meurtre, assassinat, attentat à la vie	27
Infanticide	11
Blessures et coups volontaires	1
Homicide et blessures involontaires	171
Menaces	30
Attentat aux mœurs	55
A reporter	295
Report	295
Bigamie	1
Vol d'enfant	1
Enlèvement de mineurs	1
Violation de sépulture	1
Faux témoignage	5
Injures, calomnies	17
TOTAL	321

C. *Contre les propriétés.*

Vols	1,906
Banqueroute et escroquerie	92
Abus de confiance	67
Incendie, destruction, etc	20
TOTAL	2,085

D. *Délits militaires.*

Désertion	506
Embauchage	5
Brigandage	3
Insubordination	137
TOTAL	651

E. *Détenus en vertu de l'art. 66 du code pénal*.... 11

TOTAL des condamnés pour crimes et délits... 3,195

III. — Nature et durée des peines criminelles.

Condamnés à une reclusion de moins d'un an	26
1 an à 2	135
2 à 5	402
5 à 10	678
10 à 15	148
15 à 20	33
plus de 20 ans	10
TOTAL	1,432

Condamnés à mort dont la peine a été commuée en reclusion.... 43

Condamnés pour récidives : 1re récidive	263	328
2e récidive	56	
3e récidive	9	

Condamnés ayant à subir une peine correctionnelle à l'expiration de leur reclusion.... 40

IV. — Nature et durée des peines correctionnelles.

Condamnés à un emprisonnement de moins d'un mois.	1
1 à 6 mois....	11
6 à 12........	12
1 an à 2.......	230
2 à 3........	133
3 à 4........	134
4 à 5........	158
5 à 10........	100
10 à 20........	2
Total......	781

Condamnés pour récidives : 1re récidive...	90	
2e récidive....	116	304
8e récidive....	98	

Condamnés ayant subi précédemment la peine de la reclusion..................................	160

V. — Nature et durée des peines militaires.

Condamnés à une détention de 6 mois à 1 an......	2
1 an à 2 ans........	3
2 ans à 3 ans.......	5
Total......	10

Condamnés à un emprisonnement de 1 à 2 ans......	30
2 à 3.........	33
3 à 4.........	13
4 à 5.........	3
5 à 10........	14
Total......	93

Condamnés aux peines ci-dessus, avec dégradation militaire....................................	67
Condamnés à la *brouette* (1) pour 1 an à 3........	94
3 à 6...........	432
6 à 10..........	20
10 ans et plus....	290
Total......	836

Condamnés à mort, dont la peine a été commuée en celle de la *brouette* (1)......................	141

(1) La peine de la brouette n'existe que de nom ; elle est toujours convertie en détention, accompagnée souvent de la flétrissure. Quant aux soldats condamnés pour délits purement militaires, le roi fait assez fréquemment usage du droit de grâce en leur faveur, en leur permettant de s'engager pour un nombre d'années déterminé dans les troupes des possessions d'outre-mer.

N° II.

Extrait du règlement du 11 décembre 1822 sur l'organisation et le traitement du personnel des prisons de la Hollande. — (Voir Rapport, p. 96.)

Art. 17. Les commandants et les adjoints seront choisis, autant que possible, parmi les officiers pensionnés qui auront les qualités nécessaires pour remplir ces fonctions ; ils jouiront, en sus de leurs pensions, d'un supplément d'appointement qui sera proportionné à leur rang et au montant de leurs pensions, et sera fixé pour chacun d'eux séparément.

Le traitement des autres fonctionnaires et employés des prisons est fixé comme il suit :

§ 1. *Employés pour le service intérieur et domestique des* prisons pour peines *d'une population de plus de 1,000 détenus.*

Les premiers commis........	600fl
Les seconds commis.........	400
Le ministre du culte protestant.	500
L'aumônier catholique.......	500
Les instituteurs.............	400
Les portiers...	300
Les gardiens de 1re classe.....	240
Idem de 2e classe............	180
Les maîtres boulangers.......	250
Les lingères................	200
Les jardiniers..............	200

§ 2. *Employés pour le service intérieur et domestique des* prisons pour peines *d'une population de 1,000 détenus et au-dessous.*

Les commis.................	500fl
Le ministre du culte protestant.	400
L'aumônier catholique.......	400
Les instituteurs.............	350
Les portiers.................	300
Les gardiens de 1re classe....	240
Idem de 2e classe............	180
Les maîtres boulangers.......	250
Les lingères................	150
Les jardiniers..............	200

§ 3. *Employés pour le service intérieur et domestique des* maisons de sûreté civile et militaire.

Le ministre du culte protestant.	100fl
L'aumônier catholique.......	100
Les geôliers.................	700
Les gardiens de 1re classe....	300
Idem de 2e classe...........	200

Les mêmes traitements seront accordés aux employés de la maison réunie d'arrêt et de justice à Amsterdam, ainsi qu'à ceux des maisons réunies d'arrêt et prévôtale à Harlem et à Utrecht.

§ 4. *Employés pour le service intérieur et domestique des* maisons d'arrêt *dont la population sera de 20 détenus et plus.*

Les geôliers	460fl
Les gardiens	250

§ 5. *Employés pour le service intérienr et domestique des* maisons d'arrêt *dont la population sera de plus de 10 détenus, mais moindre de 20,*

Les geôliers	350fl
Les gardiens	250

§ 6. *Employés pour le service intérieur et domestique dans les* maisons d'arrêt *dont la population s'élèvera ordinairement à moins de 10 détenus.*

Les geôliers	300fl

§ 7. *Employés pour la direction et la surveillance du travail dans les* prisons pour peines *appropriées pour une population de plus de 1,000 détenus.*

Directeurs des travaux	2,400fl
Premiers commis	800
Seconds commis	600
Écrivains	200
Gardes-magasin	600
Aides-gardes-magasin	400
Contre-maîtres	700
Employés	250

§ 8. *Employés pour la direction et la surveillance du travail dans les* prisons pour peines *appropriées pour une population de 1,000 détenus et au-dessous.*

Directeurs des travaux	1,800fl
Les premiers commis	600
Les seconds commis	500
Les écrivains	200
Gardes-magasin	500
Aides-gardes-magasin	350
Contre-maîtres	600
Employés	250

Art. 18. Les employés pour le service intérieur et domestique dans les prisons pour peines, dans les maisons de sûreté civile et militaire, et dans les maisons d'arrêt, seront, à l'exception des ministres chargés du service religieux, convenablement logés dans ces prisons.

Art. 19. Les portiers, les gardiens et tous les autres agents subalternes du service intérieur et domestique des prisons pour peines, ainsi que les gardiens dans les maisons de sûreté civile et militaire, dans la maison réunie d'arrêt et de justice à Amsterdam et dans les maisons réunies d'arrêt et prévôtales à Harlem et à Utrecht, recevront chaque jour, en sus de leurs gages, de la part de l'administration, une ration de pain et autres vivres, de la manière qui sera déterminée ultérieurement lors de l'organisation du personnel, qui sera proposée par les colléges de régents ou commissions d'administration, conformément à ce qui sera prescrit à l'article 28 ci-après.

Art. 20. Tous les employés du service intérieur et domestique des prisons pour peines, et, par conséquent, le commandant ainsi que les employés subalternes, pourront, en cas de maladie, être soignés aux frais de l'administration et en recevoir les médicaments nécessaires, en se soumettant à tout ce qui sera prescrit relativement au service sanitaire de l'établissement.

Art. 21. Lors de l'organisation du personnel, dont il est parlé ci-après à l'article 28, il sera également proposé de quelle manière il sera pourvu à l'habillement et à l'équipement des portiers et gardiens des prisons pour peines; le tout leur sera fourni aux frais de l'État.

Art. 22. Dans les cas où les ministres chargés du service religieux dans les prisons pour peines, ainsi que les employés pour la direction et la surveillance du travail, pourront être logés convenablement dans lesdites prisons, sans que cela nuise au service, ils auront la faculté de pouvoir en profiter, moyennant la déduction d'un douzième de leur traitement.

Art. 23. Les employés qui seront logés dans les prisons, conformément à l'article 18, ne pourront réclamer d'autres appointements ou rétributions que ceux qui leur sont expressément alloués aux articles précédents.

N° III.

Etat réglant les heures de travail dans les grandes Prisons de la Hollande. — (Rapport, p. 101.)

DÉSIGNATION des DIFFÉRENTES ÉPOQUES.	FIXATION DES HEURES POUR			
	le travail.		le repos (1/2h.)	
	Heures du matin.	Heures du soir.	Heures du matin.	Heures du soir.
Du 1er jusques y compris le 15 janvier.....	8	4 1/2	//	//
— 16.................. 31 *idem*......	7 1/2	4 1/2	//	//
— 1er.................. 15 février.....	7 1/2	5	//	//
— 16.................. 31 *idem*.......	7	5 1/2	//	//
— 1er.................. 15 mars.......	6 1/2	5 1/2	//	//
— 16.................. 31 *idem*.......	6	6	8	//
— 1er.................. 15 avril.......	5 1/2	6 1/2	8	4
— 16.................. 30 *idem*.......	5	7	8	4
— 1er.................. 15 mai........	5	8	8	4
— 16.................. 15 août.......	5	8 1/2	8	4
— 15.................. 31 *idem*.......	5	8	8	4
— 1er.................. 15 septembre...	5 1/2	7	8	4
— 15.................. 30 *idem*.......	5	6	8	4
— 1er.................. 15 octobre.....	6 1/2	6	//	//
— 15.................. 31 *idem*.......	6 1/2	5 1/2	//	//
— 1er.................. 15 novembre...	7	5	//	//
— 16.................. 30 *idem*.......	7 1/2	4 1/2	//	//
— 1er.................. 31 décembre...	8	4 1/2	//	//

N° IV.

Nomenclature des registres tenus pour la comptabilité des travaux. — (Voir Rapport, page 102.)

1re série.

1° *Mémorial* ou *brouillon*, dans lequel doit être inscrit succinctement et au moment de l'opération tout ce qui a rapport à la recette, remise ou expédition d'objets, et dans lequel doivent également être annotées les opérations des magasiniers et des contre-maîtres.

2° *Livre journal*, base de toute la comptabilité, servant à inscrire les comptes particuliers de chaque personne et de chaque chose, afin de pouvoir les transporter au grand livre dans leurs rapports convenables et sans erreurs.

3° *Grand livre*, renfermant le compte courant de chaque personne ou de chaque chose qui, au journal, se trouve débitée ou créditée.

4° *Compte général*, indiquant dans un seul état le cours entier des choses et opérations pendant l'époque pour laquelle il est dressé.

2e série.

1° *Livre de factures d'achat*, servant à inscrire toutes les factures d'achat des matières premières, ustensiles, outils, etc.

2° *Livre de factures des ventes*, dans lequel doivent être portées toutes les expéditions et fournitures qui se font, soit au département de la direction générale, soit à d'autres prisons, sans oublier la prison où est située la fabrication, et qui, par conséquent, se livre à elle-même.

3° *Livre copie de lettres*, pour l'inscription de la correspondance.

4° *Registre des salaires.*

5° *Contrôle des masses*, extrait des comptes courants.

6° *Registre d'exportation*, pour les objets qu'on expédie au dehors, et dont on doit détacher un billet de sortie (talon) sans lequel le portier ne les laisserait pas passer.

3e série.

1° *Contrôle de l'argent* appartenant aux masses des détenus, extrait des listes de payement.

2° *Compte courant* des détenus.

3° *Contrôle* ou *liste nominative* des ouvriers.

4° *État mensuel* indiquant la situation des masses.

5° *Livret de poche* ou de travail de chaque détenu.

4e série (tenue par les contre-maîtres).

1° *État* des objets reçus de la fabrication.

2° *État* des objets remis au magasinier.

3° *Livres accessoires* délivrés aux détenus, tels que :

Le livret de travail des *bobineurs de fil;*

Le livret de travail des *pareurs;*

Le registre du travail des *tisserands ;*

Le livret de travail des *fileurs;*

Le livret de travail des *débrouilleurs de fil;*

Le livre d'inscription des dépenses faites pour *navettes;*

Le livre pour *l'inspection* de la division des ciseaux, cordes, etc. ;

Livre pour inscriptions des *pertes* faites dans les *matières premières;*

Livre pour *fournitures d'outils;*

Livre pour *retenues diverses*, etc., etc.

4° *Livre de fabrication* ou reddition générale du compte des contre-maîtres.

5e série (tenue par les garde-magasins).

1° *Registre du magasin* destiné à charger toutes les différentes sortes de fabrication, confectionnement et main-d'œuvre de tous les objets reçus en magasin, et à décharger chaque compte pour les objets délivrés sur *récépissé.*

2° *Registre des outils*, ustensiles et autres besoins de la fabrication.

3° *Livre-inventaire* des matières brutes, fabriquées ou confectionnées.

6e série (tenue par les portiers.)

1° *Registre* à souche des objets *importés* ou *entrants.*

2° *Registre* à souche des objets *exportés* ou *sortants.*

7e série.

1° *Contrôle* ou liste nominative des *prisonniers employés.*

2° *Registre* ou *liste de conduite* de tous les détenus travailleurs.

Tous les livres et registres ci-dessus mentionnés sont divisés en plusieurs colonnes indiquant la nature, l'état, le prix de chaque objet, etc., etc., avec les noms, numéros d'ordre et dates qui se rapportent à l'objet même du livre, etc., etc.

Il y a, en outre, dans le bureau du directeur des travaux, une quantité énorme de tableaux, de résumés, d'états journaliers, mensuels, hebdomadaires, etc., etc., à tenir et à fournir sur feuilles volantes.

N° V.

Recettes et Dépenses des grandes Prisons de la Hollande. — (V. Rapport, page 103.)

Les seuls documents que j'aie reçus du ministère de l'intérieur sont les deux tableaux qui suivent :

Tableau indicatif des Frais d'entretien et d'administration des grandes Prisons pour peines, en 1835 et 1836.

Les sommes portées ici sont en florins et cents de Hollande.

ANNÉES.	FRAIS de NOURRITURE.		FRAIS D'HABILLEMENT et de couchage.		AUTRES FRAIS d'entretien, etc.		TRAITEMENT des employés.		TOTAL des FRAIS.		CHIFFRE moyen de la population.	FRAIS PAR TÊTE et par jour.
1	2		3		4		5		6		7	8
1835...........	115,941	48	34,185	77^{5}	46,405	28^{5}	35,575	6^{5}	234,107	60^{5}	2,322	27,62
1836...........	122,709	38	32,386	42	41,036	16	39,231	86	235,363	82	2,395	26,92

Tableau du Produit des cantines pendant l'année 1836, et des Primes accordées sur ce produit aux détenus des grandes Prisons pour peines.

PRISONS.	1er SEMESTRE 1836.				2e SEMESTRE 1836.				OBSERVATIONS.
	PRODUIT des cantines.		PRIMES.		PRODUIT des cantines.		PRIMES.		
1	2		3		4		5		6
Hoorn...............	3,316	76	600	//	3,775	51	650	//	Les primes ne sont accordées que sur le bénéfice net du produit des cantines; le chiffre porté dans les colonnes 2 et 4 est celui du produit brut de la vente, sans déduction des frais d'achat des comestibles.
Leyden..............	4,543	52^{5}	633	//	4,966	67	602	//	
Woerden............	2,853	35	508	70	3,162	98^{5}	721	09	
Gouda...............	2,467	48	295	//	2,946	12	325	//	
Rotterdam...........	274	88^{5}	//	//	259	12^{5}	//	//	
Leeuwarden..........	3,344	25	600	//	3,878	73	600	//	
TOTAL......	16,800	25	2,636	70	18,989	14	2,898	09	

PRODUIT DES TRAVAUX.

Je pensais qu'aux deux tableaux ci-dessus on joindrait celui des produits des travaux des détenus; mais il paraît que le chiffre en est tenu caché, du moins il n'est connu dans aucune prison. Je ne puis, dès lors, présenter l'état comparatif des bénéfices pécuniaires obtenus par la régie des travaux industriels des prisonniers. Voici pourtant quelques notes qui pourront aider à apprécier ces bénéfices : je les ai prises, en grande partie, dans le Voyage en Hollande de M. Ramon de la Sagra. Du reste, l'organisation des travaux des prisons étant la même en Hollande qu'en Belgique, ce que j'ai dit ci-dessus, pages 130 et 131, peut suppléer aux renseignements qui manquent ici.

Leeuwarden. — Le travail des condamnés de cette prison consiste principalement dans la manipulation de la laine. Les fournitures qui sortent chaque année de ses ateliers s'élèvent à 14,000 mètres de drap 8/4; 2,000 de tiretaine; 8,000 paires de bas; plus de 3,000 mouchoirs; environ 4,000 livres de fil; 9,000 pièces d'habillement pour les troupes, etc. Les métiers de tissage de drap ne confectionneront pas moins de 18,000 mètres d'étoffe cette année.

Le montant des effets fabriqués annuellement dans la prison s'est élevé successivement, prix de *revient*,

En 1833.... ..... à 56,967 florins.
1834. .... à 72,215
1835.. .... à 89,053
1836........... à 95,968
1837........... à 98,356

Ce qui donne, pour terme moyen, 82,710 florins par an; somme qui, divisée par le chiffre moyen des détenus de ces cinq années, donne pour résultat 150 florins, produit du travail individuel calculé par tête de détenu. Ces produits ont été en augmentant, d'année en année, depuis 100 florins par individu, quotient de 1835, jusqu'à 173 florins, quotient de 1837.

La prison a payé pour frais de main-d'œuvre, par chacune des années précitées, de 20,000 à 23,000 florins. Les retenues faites sur cette somme, conformément aux règlements, ont été, en minimum, de 13,472 florins, en 1833; et, en maximum, de 15,214 florins, en 1836. Le reste appartient aux prisonniers.

Hoorn. — Cette prison, en 1837, a livré 899 pièces de toile fabriquée, formant ensemble un total de 45,711 aunes. Cette fourniture a été évaluée à 113,716 florins. On a payé, pour ce travail, 17,048 florins de salaires journaliers, dont la moitié seulement aux prisonniers, par suite de la retenue des 5/10 prélevée par l'État. Supposant que le nombre permanent des écroués donne, pour terme moyen, 400, il résulte que chaque individu a produit 284 florins. La somme distribuée en récompense sur les produits de la cantine s'est élevée à 1,200 florins.

Leyde. — Pendant l'année 1837, on a confectionné, dans cette prison militaire, 40,000 paires de souliers et brodequins; 80,000 pièces d'uniforme pour les troupes, capotes, casaques, pantalons, etc. Le prix de ce travail s'est élevé à 31,250 florins, sur lequel l'État a perçu 6/10 : on n'a donc remis aux prisonniers que 4/10. La somme distribuée en récompense, dans cette même année, a été de 1,560 florins.

Woerden. — Les produits fabriqués pendant l'année 1837 ont été de 117,068 mètres de cotonnade, 40,718 de calicot et 260 de coton. La somme payée pour salaires s'est élevée, pour 83,253 journées de travail, à 22,285 florins, dont l'administration a retenu 14,806 florins. On emploie 150 métiers à tisser la percale et les cotonnades de grande largeur, 26 pour les calicots. Le terme moyen de la besogne que fait chaque détenu employé à ces métiers, est par semaine, de 22 mètres et demi de cotonnade large, et du double pour les calicots.

N° VI.

Tableau comparatif du nombre de malades et de décédés dans les grandes Prisons pour peines, pendant deux années. — (V. Rapport, page 103.)

PRISONS.	ANNÉE 1836.			ANNÉE 1837.		
	NOMBRE DE			NOMBRE DE		
	prisonniers.	journées de malades.	décédés.	prisonniers.	journées de malades.	décédés.
1	2	3	4	5	6	7
Hoorn	659	894	17	753	1,250	22
Leyden	939	1,219	27	905	994	28
Woerden	372	602	3	458	511	4
Rotterdam	167	110	2	183	98	»
Leeuwarden	713	1,071	24	743	1,135	30
TOTAL	2,850	3,896	73	3,042	3,988	84

Observations. — Le service de santé, dans la prison de Gouda, n'ayant été organisé jusqu'ici que d'une manière provisoire, cette maison n'est pas comprise dans le rapport général sur le service sanitaire, administré partout ailleurs par les officiers de santé des garnisons.

Le rapport du nombre de décédés au nombre de malades traités, s'est élevé en 1836, à 1 74; en 1837, à 1 60, pour toutes les prisons du royaume ensemble.

Le prix du traitement par tête et par jour, y compris les médicaments, est revenu à 82 centimes en 1836, et à 83 centimes en 1837; de même pour toutes les prisons du royaume ensemble.

Quant à la nature des maladies qui règnent habituellement dans les prisons, on remarque la *phthisie pulmonaire*, des *obstructions*, des *fièvres*. — A Hoorn, sur les 27 décès qui ont eu lieu en 1837 et dans les trois premiers mois de 1838, 15 ont été la suite de la phthisie pulmonaire. — A Leyde, sur 164 décès, de 1833 à 1838, 77 détenus sont morts de la poitrine. — A Woerden, sur un total de 33 décès, à partir de l'année 1834, jusqu'au milieu de 1838, on en a compté 17 occasionnés pareillement par des affections de poitrine.

La proportion des décès est de 1 sur 38 dans la population libre.

N° VII.

Extrait de la lettre de son Excellence le ministre de l'intérieur à M. le conseiller d'État, gouverneur de la province de Gueldre, sur la séparation individuelle des prévenus. — (Voir rapport, p. 106). La Haye, 12 septembre 1837.

....

Je saisis cette occasion, M. le gouverneur, pour vous communiquer quelques observations à l'égard de la division intérieure des maisons de sûreté civile et militaire et des maisons d'arrêt, et il me serait agréable de voir, non-seulement à présent, relativement à la prison d'*Arnhem*, mais aussi plus tard, par rapport aux autres prisons de votre province, les colléges de régents agir, autant que possible, dans le sens de ces observations, chaque fois qu'il y aura lieu.

On n'a eu que trop peu d'égard, jusqu'ici, à l'utilité de *placer séparément* chaque prisonnier non encore condamné : cependant, il est dur, et quelquefois pernicieux pour un innocent (et chaque *prévenu* peut l'être) d'être obligé de rester des semaines ou des mois entiers en compagnie de gens qui, peut-être, sont la honte de la société.

Suivant l'usage actuel, tous les prévenus se trouvent réunis dans une même chambre, à l'exception des complices, que l'on ne sépare que dans l'intérêt et pendant la durée de l'*instruction;* encore est-on forcé souvent, à cause des localités, d'en placer ensemble avec des prisonniers frappés déjà de condamnation, ce qui est tout à fait contraire à la loi.

Les nombreux inconvénients qui résultent de cet état de choses, ont démontré la nécessité de multiplier autant que possible le nombre des petites chambres ou cellules dans les maisons dont il est question ici, et d'obtenir par là le moyen de pouvoir toujours placer séparément chaque prévenu. — Il sera nécessaire de songer à ceci, à chaque réparation qu'il s'agira de faire; il serait même très à désirer qu'on pût également placer séparément les condamnés dans les petites prisons, où la force des choses s'oppose au maintien de l'ordre et de la discipline, qui distinguent les grandes prisons pour peine.

Cette séparation, qui peut n'être pas sans inconvénients dans les prisons pour longues peines, ne peut en présenter aucun dans les prisons dont il s'agit; d'ailleurs elle offre un moyen efficace de tenir les prévenus, réputés innocents, hors du contact quelquefois si nuisible et toujours si pernicieux des autres; en même temps qu'elle donne la facilité de rendre plus sensible aux condamnés pour de légers délits la courte peine qu'ils y subissent.

Je ne doute pas, M. le gouverneur, que les colléges de régents de votre province ne s'empressent de réunir leurs efforts pour concourir à atteindre le but qu'on se propose, et qu'en conséquence, si la nécessité se faisait sentir d'une réparation dans les maisons confiées à leur surveillance, ils n'eussent égard aux idées que je viens de développer, afin qu'aucune réparation ne se fasse que sous le point de vue essentiel de la multiplication si désirable des chambres ou cellules séparées.

Le ministre de l'intérieur,

Signé DE KOCK.

IIe PARTIE. — BELGIQUE.

N° I.

Organisation de l'administration centrale des prisons en Belgique. (Voir le Rapport, p. 123.)

Administrateur. M. Charles Soudain de Niederwerth.

Ce fonctionnaire a la direction exclusive des bureaux des prisons et des établissements de bienfaisance dont se compose la division.

Traitement 8,000 francs.

Inspecteur général. M. Édouard Ducpétiaux.

Il visite trois fois par an toutes les maisons de détention, de sûreté et d'arrêt, les dépôts de mendicité, les établissements de bienfaisance de toute nature et les colonies agricoles

Il signale à l'administration les abus qu'il a découverts pendant ses inspections, et lui indique les améliorations dont il croit les divers établissements susceptibles. Hors des époques consacrées à ses tournées, il prête ses services à l'administrateur. Ses attributions à l'égard de ce dernier sont toutes consultatives, tandis qu'à l'égard des établissements précités elles sont toutes d'inspection et de surveillance. (Arrêté du 29 novembre 1830).

Traitement, 6,350 francs.

Contrôleur de la comptabilité des ateliers des prisons. M. Jordan.

Outre la vérification des pièces comptables relatives aux opérations des ateliers établis dans les maisons centrales de détention, cet employé est tenu (arrêté royal du 19 octobre 1834) d'étendre son contrôle sur la confection de tous les objets qui s'y fabriquent et sur les matières premières conservées dans les magasins de chaque direction des travaux. Quand il n'est pas en mission (et il ne peut y aller que sur l'ordre du ministre ou de l'administrateur), le contrôleur remplit à l'administration centrale les fonctions de premier commis au bureau des travaux. (Voir plus loin.) Il n'est rétribué que du chef de ces dernières fonctions; mais il touche une indemnité pour frais de route et de séjour, après chaque tournée.

Bureau des prisons. Chef, un commis de 2e classe: au traitement de 2,400 francs.

Un commis de 4e classe, au traitement de 1,500 fr.

Bureau des travaux. Un commis de 1re classe, 3,000 francs : M. Jordan; c'est le contrôleur dont il est parlé ci-dessus.

Un commis de 3e classe, 1,800 francs.

Cabinet. Un commis rédacteur de 2e classe, au traitement de 2,400 francs, remplit auprès de M. l'administrateur des fonctions analogues à celles de secrétaire.

Un huissier de salle, au traitement de 1,000 fr., est attaché à cette administration.

N° II.

Premier arrêté royal, déterminant l'uniforme des employés des prisons. —(Rapport, page 124.)

LÉOPOLD, Roi des Belges,

A tous présents et à venir, salut.

Considérant que les arrêtés royaux du 11 décembre 1822, n° 156, et du 12 mai 1826, n° 128, qui prescrivent des mesures pour l'habillement et l'armement des portiers et gardiens dans les *prisons pour peines*, ne contiennent aucune disposition relativement à l'uniforme des commandants et adjoints commandants de ces prisons;

Considérant que la plupart des commissions administratives chargées de la surveillance des maisons de sûreté civiles et militaires, ont représenté, à différentes reprises, les avantages qui résulteraient, pour la sûreté et la discipline, de déterminer un uniforme et des marques distinctives pour les directeurs et les gardiens, portiers ou porte-clefs dans ces prisons secondaires;

Sur le rapport de notre ministre de la justice,

Nous avons arrêté et arrêtons:

ARTICLE 1er. L'uniforme des commandants des maisons de force, de reclusion, de correction et de détention (à moins qu'ayant été militaires ils n'aient été autorisés à continuer à porter les insignes de leur grade), est déterminé comme suit:

Habit long, bleu de roi, boutonné droit par une rangée de neuf boutons plats de métal blanc portant un *lion au milieu*, et autour, pour légende : *service des prisons;* collet droit évasé et parement de drap écarlate ornés, dans toute leur longueur, de deux galons d'argent de 35 millimètres, à distance l'un de l'autre de 10 millimètres; pattes en long dans les plis de la poche; passe-poils écarlates au pourtour de l'habit et aux retroussis; pantalon bleu de roi, avec une bande en argent de 35 millimètres, tombant sur la botte; col noir; chapeau en feutre fin, ganse et glands à grosses torsades en argent.

Épée modèle de l'armée, avec dragonne en argent, du rang de major, et, s'ils ont été revêtus d'un grade militaire plus élevé, celle de ce grade.

2. L'uniforme des adjoints commandants (à moins qu'ayant été militaires ils n'aient été autorisés à continuer à porter les insignes de leur grade) sera semblable, quant à l'habit, à celui des commandants; portera aussi même épée; col noir, le pantalon avec trois passe-poils écarlates au lieu de bande; chapeau en feutre fin, avec ganse à torsades d'argent sans glands; la dragonne modèle des sous-lieutenants de la garde civique; au collet et aux parements un seul galon de 35 millimètres.

3. Les dispositions de l'article qui précède sont applicables aux directeurs des maisons de sûreté civiles et militaires établies dans les chefs-lieux des provinces.

4. Les gardiens et guichetiers ou porte-clefs dans les prisons mentionnées à l'article 3 porteront l'uniforme de drap bleu avec parements et collet de drap écarlate, déterminé par les arrêtés existants pour les employés du même rang dans les maisons centrales, et il y sera pourvu de la même manière.

5. Les employés désignés aux articles 1, 2 et 3, pourront porter, en petite tenue, un surtout croisé en drap bleu à deux rangs de boutons d'uniforme, avec passe-poils écarlates au collet, aux parements et aux poches.

De plus, les commandants un bonnet de police orné d'un galon d'argent de 30 millimètres de large.

Les adjoints commandants et les directeurs des maisons de sûreté, un bonnet de police avec un galon d'argent de 10 millimètres.

6. Par modification aux arrêtés du 8 août 1823 et 12 mai 1826, le schako remplacera le chapeau à trois coins, et les bottines lacées seront substituées aux souliers et guêtres, dans l'uniforme des gardiens et guichetiers ou porte-clefs.

Ils porteront, pendant les mois d'été, des pantalons de toile blanche.

7. La première mise de l'uniforme, de l'armement et de l'équipement de ces employés, sera faite aux frais du trésor; quant à leur renouvellement et à leur entretien, il y sera pourvu à l'aide d'une masse d'habillement.

Un règlement pour la comptabilité de la masse de chaque gardien, sera arrêté par les soins de notre ministre de la justice, chargé également de fixer les modèles, les prix et la durée des effets qui leur seront nécessaires.

8. Les employés des prisons ne pourront quitter l'uniforme, ou au moins la petite tenue, dans l'exercice de leurs fonctions.

Notre ministre de la justice est chargé de l'exécution du présent arrêté, dont il sera donné connaissance à notre ministre de la guerre, pour information.

Donné à Bruxelles, le 12 juillet 1835.

Signé LÉOPOLD.

Par le Roi :

Le ministre de la justice,

Signé A.-N.-J. ERNEST.

Deuxième arrêté royal, modifiant l'uniforme des employés des prisons.

LÉOPOLD, Roi des Belges,

A tous présents et à venir, salut.

Sur la proposition de notre ministre de la justice,

Nous avons arrêté et arrêtons :

ARTICLE 1er. L'uniforme déterminé par notre arrêté du 12 juillet dernier, pour les commandants et adjoints commandants des prisons pour peines, et les directeurs des maisons de sûreté, qui ne sont pas autorisés à porter les insignes militaires, est modifié comme suit :

Au lieu de galons d'argent au collet et aux parements, ils porteront, savoir :

1° Les commandants, le collet et les parements bordés d'une baguette de quatre millimètres avec frisure à petites feuilles, et ornés, dans toute leur longueur, d'une bordure formée d'une guirlande d'olivier entrelacée d'une chaîne : le tout en argent et conformément au dessin ci-annexé;

2° Les adjoints commandants et directeurs des maisons de sûreté, le collet et les parements bordés d'une simple baguette de quatre millimètres, sans frisure ni feuilles, et ornés, *à chaque extrémité seulement*, d'une bordure formée d'une branche d'olivier entrelacée d'une chaîne : le tout aussi en argent et d'après le dessin ci-annexé.

2. Les directeurs des maisons de sûreté civiles et militaires, ainsi que les adjoints commandants des prisons pour peines, sont autorisés à porter la dragonne modèle des lieutenants de la garde civique, au lieu de celle des sous-lieutenants.

Notre ministre de la justice est chargé de l'exécution du présent arrêté, dont il sera donné connaissance, pour information, à notre ministre de la guerre.

Donné à Bruxelles, le 14 septembre 1835.

Signé LÉOPOLD.

Par le Roi :

Le ministre de la justice,

Signé A.-N.-J. ERNEST.

N° III.

Arrêté qui supprime les salaires et les primes, et les remplace par des gratifications. (Voir Rapport, p. 130.)

LÉOPOLD, Roi des Belges, etc.

Attendu que les articles 15 et 16 du Code pénal, en prescrivant l'emploi des condamnés aux *travaux forcés*, aux travaux les plus pénibles, ne leur réserve aucune part du produit de ces travaux; que l'article 21 du même Code, en permettant d'attribuer une partie du produit de leur travail aux condamnés à la reclusion, laisse au gouvernement la faculté de régler la distribution de cette part, et ne donne aucun droit à cet égard aux condamnés; que l'article 41 du Code pénal, tout en accordant la jouissance immédiate, pendant leur emprisonnement, d'une partie du produit de leur travail, aux condamnés pour délits correctionnels, subordonne néanmoins cette faveur à la condition qu'ils auront mérité *quelques adoucissements*; finalement, que le Code pénal militaire ne contient aucune disposition spéciale à ce sujet à l'égard des détenus militaires;

Considérant qu'il résulte de l'ensemble de ces dispositions qu'il n'est aucune catégorie de détenus astreints au travail à qui la loi attribue le droit de toucher un salaire, le salaire étant le prix *dû* à l'ouvrier libre, et d'ailleurs l'unique ressource à l'aide de laquelle il pourvoit à sa subsistance, tandis que les détenus reçoivent la nourriture et les vêtements aux frais de l'État;

Considérant que le système actuel des récompenses accordées aux détenus, à titre de *salaire et de primes d'encouragement*, n'est propre qu'à faire naître en eux une fausse idée de leur position et donne lieu à de graves abus;

Considérant qu'il importe néanmoins d'encourager dans les détenus l'habitude du travail, de leur fournir l'occasion d'apprécier les avantages qui y sont attachés, et de les mettre à même de se procurer des moyens d'existence à l'époque de leur mise en liberté;

Sur la proposition de notre ministre de la justice, nous avons arrêté et arrêtons :

Article 1er. A partir du 1er janvier 1836, il ne sera plus payé de *salaire* ni de *primes* aux condamnés détenus dans les maisons de force, de reclusion, de détention et de correction. Il ne pourra leur être accordé que des *gratifications* proportionnées à la quantité et à la nature du travail auquel ils seront employés.

2. Ces gratifications seront réglées d'après les bases déterminées, pour chaque catégorie de détenus, par notre arrêté du 22 décembre 1832 (1), et d'après une échelle proportionnelle dont le taux, fixé par le tarif général établi en vertu de cet arrêté, sera le *minimum*.

Notre ministre de la justice déterminera ultérieurement le *maximum* jusqu'auquel pourront être portées ces majorations, qui seront prélevées sur les mêmes fonds que les gratifications.

3. L'assiduité, le zèle, les progrès et la bonne conduite pourront valoir aux détenus une majoration (augmentation) de gratification, calculée sur le montant de la somme totale mensuelle obtenue au taux du minimum.

4. Pour fixer la distribution des majorations, les directeurs détermineront, autant que possible, une tâche moyenne par mois pour les détenus travaillant à la pièce; pour les détenus travaillant à la journée,

(1) D'après cet arrêté, il est accordé :

1° Aux condamnés correctionnels, tant militaires que civils, après déduction des 5/10es réservés, sur le prix de leur travail au profit du trésor, pour denier de poche, 2/5es et demi de l'excédant, et une part égale pour leur masse de sortie;

2° Aux condamnés à la reclusion et aux militaires détenus dans une maison de détention militaire, après déduction des 6/10es réservés, sur le prix de leur travail, au profit du trésor, 3/5es de l'excédant pour denier de poche, et 2/5es pour leur masse de sortie;

3° Aux condamnés aux travaux forcés et aux militaires qui ne peuvent être réhabilités, après déduction des 7/10es au profit de l'État, 3/5es de l'excédant pour denier de poche, et 2/5es pour leur masse de sortie.

il y aura des distributions de notes. Ceux qui auront dépassé la tâche fixée, ou qui auront mérité une bonne note, pourvu qu'ils se soient en même temps comportés d'une manière convenable, seront seuls admis à la répartition des majorations.

5. La division en argent de poche et en masse de réserve aura lieu pour la majoration comme pour la gratification simple, et également d'après les bases établies par notre arrêté du 22 décembre 1832.

Cette règle sera étendue aux majorations accordées par les sous-traitants, en vertu des arrangements particuliers conclus ou à conclure avec eux.

Cette division ne s'opérera toutefois qu'après déduction, sur le montant des gratifications, des sommes dues par les détenus, du chef de livraisons et réparations d'outils, de perte de matières premières, de fautes dans le travail, etc.

6. A partir du 1er janvier de l'exercice 1836, les listes de gratifications seront dressées par mois, au lieu de l'être par semaine. A la fin de chaque mois, la part obtenue par le détenu pendant le mois précédent, pour lui servir d'argent de poche, sera divisée par quarts ou par cinquièmes, et lui sera remise dans cette proportion, de semaine en semaine, pendant le mois courant.

7. L'impôt des majorations devra figurer, ainsi que celui des gratifications, dans les comptes généraux annuels des directions des travaux.

8. Toutes les dispositions contraires à celles qui précèdent sont abrogées.

Notre ministre de la justice est chargé de l'exécution du présent arrêté.

Les détenus seront, à cet effet, divisés en trois classes :

1° Ceux qui se seront distingués, tant sous le rapport du travail que sous le rapport de la conduite, recevront seuls le maximum de la majoration;

2° Le taux de la majoration sera de 15 p. 0/0 pour les détenus qui se seront montrés également actifs et rangés, mais néanmoins à un moindre degré que les précédents;

3° Il sera de 10 p. 0/0 seulement pour la troisième classe, celle des détenus qui auront obtenu des notes favorables dans le courant du mois.

3. Les listes de travail et de conduite, tenues par les commandants et les directeurs des travaux dans chaque prison, seront rédigées conformément aux dispositions qui précèdent et aux classifications indiquées dans le présent arrêté. Il ne sera accordé aucune majoration sans que l'une et l'autre de ces listes aient été scrupuleusement consultées.

4. Les commandants, pour ce qui concerne les détenus employés au service domestique; les directeurs, pour ce qui concerne les détenus occupés dans les ateliers, présenteront, à la fin de chaque mois, à la sanction de la commission administrative de l'établissement, leurs propositions relativement aux majorations qu'il y a lieu d'accorder.

La commission déléguera un de ses membres pour s'occuper de leur examen immédiat.

5. L'on se conformera, pour la liquidation des états de payement et pour leur envoi à l'administration centrale, aux règles usitées jusqu'ici pour la comptabilité des salaires.

N° IV.

Dispositions ministérielles relatives aux majorations des gratifications accordées aux détenus pour encouragement. (Voir Rapport, p. 130.)

Le ministre de la justice,

Vu l'arrêté royal du 28 de ce mois, n° 494,

Arrête :

Article 1er. Les majorations que pourront valoir aux détenus leur assiduité au travail, leur zèle, leur progrès et leur bonne conduite, ne pourront dépasser un maximum de 20 p. 0/0 sur le montant total de la gratification obtenue pendant le mois.

2. Le taux de la majoration, pour chaque détenu, sera déterminé d'après les règles posées dans les articles 3 et 4 de l'arrêté ci-dessus.

N° V.

Arrêté relatif à l'exercice du droit de grâce, à l'égard des détenus dans les grandes prisons [Juillet 1831.] — (Rapport, page 134.)

AU NOM DU PEUPLE BELGE.

Nous, baron Surlet de Chokier, régent de la Belgique,

Considérant qu'il importe de régulariser et d'éclairer l'exercice du droit de grâce, en ce qui concerne les condamnés qui subissent leur peine dans les grandes prisons, de manière à faire concourir efficacement ce droit à l'un des principaux buts de la peine : *la réformation des détenus;*

Sur la proposition des ministres de la justice et de l'intérieur,

Avons arrêté et arrêtons :

ARTICLE 1er. La bonne conduite des prisonniers pourra donner lieu à réduire la durée de leur détention.

2. A la suite de l'extrait des jugements ou arrêts envoyés à la maison de détention, où les condamnés doivent subir leur peine, le commissaire du gouvernement mentionnera s'ils ont déjà été repris, ou même seulement poursuivis par la justice; il joindra à cette mention les renseignements qui seraient à sa connaissance sur la conduite antérieure des condamnés.

3. Il sera tenu, dans chaque grande prison, un registre intitulé : *Répertoire de la conduite des prisonniers*, qui comprendra non-seulement les renseignements envoyés par le commissaire du gouvernement, mais encore toutes les autres indications que l'on pourra juger convenable d'y consigner. A la suite de ces renseignements, et à partir du premier jour de la captivité du condamné, on fera mention dans ce répertoire, sous des chefs distincts, soit des actes d'une conduite méritoire, soit des fautes qu'il aurait commises, ou des punitions qu'il aurait encourues.

Rien ne sera inscrit dans ces répertoires qu'avec l'approbation des commissions administratives.

4. Les principaux employés dans chaque grande prison, le commandant, le directeur des travaux, l'aumônier, l'instituteur, le médecin, et, dans les prisons des femmes, la surveillante en chef et l'institutrice, tiendront chacun un registre particulier de la conduite des détenus, indiquant jour par jour ce qui est à leur charge ou à leur décharge.

5. Ces registres particuliers, ainsi que les listes des punitions infligées en vertu des règlements existants, seront présentés aux commissions administratives chaque fois qu'elles le requerront.

6. Les membres de ces commissions s'attacheront, autant que possible, à vérifier les faits allégués, et à recueillir de leur côté tous les renseignements qu'ils pourront croire utiles. A cet effet, un tronc sera placé dans chaque prison pour recevoir les réclamations des prisonniers. La clef du tronc sera entre les mains d'un membre de la commission.

7. Les résultats de l'examen de la conduite de chaque détenu seront consignés dans le répertoire. C'est sur ces résultats que les membres des commissions motiveront les propositions de grâce.

8. Les réductions de peine ne seront accordées que conditionnellement, et de manière à ce que les détenus qui n'auraient pas continué à se bien conduire, puissent être privés de tout ou partie des bénéfices des réductions accordées précédemment.

9. Les propositions de grâces à accorder et de privation des réductions de peines obtenues seront faites tous les quatre mois, au commencement de janvier, de mai et de septembre. Elles seront accompagnées des extraits du répertoire concernant les détenus qui y seront compris, et de toutes les autres indications utiles qu'on aura pu recueillir sur leur compte.

10. Ces propositions ne comprendront que les détenus qui auront subi au moins le tiers de leur peine, ou au moins sept années de détention pour ce qui concerne les condamnés à perpétuité.

Il ne pourra être fait exception à cette règle que dans certains cas extraordinaires.

11. Ces propositions seront envoyées au ministre de la justice qui en conférera, s'il y a lieu, avec l'inspecteur général des prisons. Ce fonctionnaire assistera d'ailleurs, aussi souvent que faire se pourra, aux délibérations des commissions sur cet objet.

12. Les décisions prises relativement aux propositions faites par les commissions seront lues dans les prisons.

13. Tout prisonnier libéré pour bonne conduite recevra un certificat motivé de sa libération.

14. Tout arrêté accordant remise ou commutation de peine à un condamné, détenu dans l'une des grandes prisons, sera envoyé, pour être mis à exécution, à la commission administrative de cette prison, par l'intermédiaire de l'administrateur des prisons et des établissements de bienfaisance.

15. Toutes dispositions contraires au présent arrêté sont abrogées.

Les ministres de la justice et de l'intérieur sont chargés, chacun en ce qui le concerne, de l'exécution du présent arrêté, qui sera inséré au *Bulletin officiel*.

E. SURLET DE CHOKIER.

Par le Régent :

Le Ministre de la justice, BARTHÉLEMY.

N° VI.

Instruction pour la tenue des registres de comptabilité morale A et B. (Rapport, page 134.)

REGISTRE *A*.

Les colonnes du registre A seront remplies sans retard par les soins du commandant; l'on y transportera les indications insérées dans les registres actuels. Les nouveaux renseignements demandés, ceux relatifs à la position sociale du condamné avant sa captivité, à son caractère, son crime, sa profession, son instruction, etc., pourront donner lieu à une enquête pour les détenus existants dans l'établissement : à l'avenir, ils seront consignés au registre A, à l'arrivée de chaque condamné.

A cet effet, les procureurs du roi seront tenus de transmettre aux commissions administratives des prisons où seront envoyés les condamnés pour y subir leur peine les renseignements qu'ils auront pu recueillir sur leurs antécédents.

Même invitation sera faite, par circulaire, aux communes, lieu de naissance ou de dernier domicile des détenus.

Toutes ces indications, résumées et recueillies dans le registre A, pourront être mises les unes à la suite des autres; chaque page servira aussi pour 4, 5, 6 ou un plus grand nombre de détenus.

Indépendamment du numéro du détenu, dans la première colonne de ce registre, on fera encore mention du folio du registre B, où l'on aura ouvert son compte courant.

REGISTRE *B*.

Rien ne sera inscrit dans le registre B sans l'approbation de la commission administrative.

Chaque détenu y aura un compte ouvert; l'espace qu'il y occupera sera calculé sur la durée de sa captivité.

Le condamné à plus de 5 ans aura deux pages, à moins de 5 ans une page, et même une demi-page et un quart de page, s'il n'est condamné qu'à un an ou 6 mois.

Les examens de la conduite des prisonniers se feront six fois par an, tous les deux mois.

Avec un employé zélé et intelligent pour la tenue des registres de comptabilité morale, le travail de la commission ou des commissaires délégués chargés des examens équivaudra à peu près à l'ancienne besogne.

A l'époque de chaque examen, ces commissaires se feront représenter les registres des employés; ils les parcourront, et après les avoir comparés, il les approuveront s'il y a lieu.

S'il se trouvait que les notes ou renseignements consignés par les employés sur leurs registres particuliers fussent contradictoires, les commissaires pourront provoquer une enquête à l'effet de s'éclairer par eux-mêmes sur le compte de tel ou tel détenu.

Pour faciliter les recherches des commissaires, il sera indispensable de joindre à chaque registre particulier d'employé, un indicateur qui les mette en rapport avec les registres généraux.

Les notes approuvées seront résumées et transcrites au compte courant de chaque détenu au registre B, par les soins de l'employé spécialement chargé de ce travail.

Indépendamment des registres particuliers de conduite, les commissaires se feront également représenter les registres de punition et ceux dans lesquels seront indiqués le montant des masses de sortie et les primes accordées à chaque détenu. On en fera le résumé et la transcription au répertoire, de même que pour les notes de conduite.

La vérification et le contrôle des transcriptions s'opéreront naturellement lors des examens pour les propositions de grâces, examens qui doivent se baser sur les indications recueillies et consignées au répertoire général.

Pour faciliter leur tâche, les commissaires délégués pourront encore, comme cela s'est pratiqué jusqu'ici, faire extraire des registres particuliers et noter sur des listes spéciales et sommaires les détenus qui, soit en bien, soit en mal, méritent d'attirer plus particulièrement leur attention.

L'adoption de formules déterminées pour indiquer les divers degrés de bonne ou mauvaise conduite, pourrait peut-être aussi servir à simplifier le travail des examens et des transcriptions.

Quant à la tenue des registres particuliers de chaque employé principal, il serait impossible d'établir, à cet égard, une règle générale et un modèle unique. Il suffira le plus souvent d'un registre à trois colonnes dans lequel on inscrira le numéro, le nom du détenu et la note recueillie sur sa conduite ou son application.

Il semble, au premier abord, que la tenue de ces registres nécessitera un temps considérable; il n'en est rien cependant. Il y a trois classes de prisonniers : ceux qui font mal, ceux qui font bien, et ceux qui ne font ni bien ni mal. Ce n'est qu'à ces deux premières classes que les registres seront consacrés; de sorte qu'on n'y consignera pas journellement des notes sur chaque prisonnier : on se contentera d'y mentionner ceux qui, soit en bien, soit en mal, devront être signalés sous l'un ou l'autre de ces rapports.

Mais si les employés ne doivent pas s'occuper du

travail minutieux et souvent impossible de recueillir journellement des notes sur tous les détenus, ils s'attacheront néanmoins à se former une opinion sur chacun d'eux, de manière à pouvoir résumer cette opinion toutes les semaines, tous les quinze jours ou tous les mois, sur leurs registres particuliers.

La tenue des registres particuliers de conduite, contribuera à faire apprécier le zèle et la capacité de chaque employé.

En tête du compte ouvert à chaque détenu, on mentionnera son nom et le folio du registre A ou indicateur, où seront inscrits les premiers renseignements recueillis sur son compte.

Comme il importe que la commission et l'administration se fassent une idée première sur le caractère et la conduite des détenus avant la mise à exécution du nouvel arrêté sur les grâces, le commandant de la maison résumera les notes bonnes et mauvaises recueillies jusqu'ici sur chaque détenu, les punitions encourues, etc.; ce travail, présenté à la commission au commencement du mois de janvier prochain, époque fixée pour le premier examen, sera, après son approbation, transcrit au compte ouvert à chaque détenu dans le registre B, colonne des observations de la commission et de l'inspecteur général des prisons, etc.

Le commandant se rappellera qu'aux termes des premières instructions données à cet effet, l'arrêté du 13 juillet dernier sur les grâces, doit être affiché dans les réfectoires de la prison et lu aux détenus quatre dimanches de suite.

Pareille lecture sera faite à chaque condamné qui entrera.

Un tronc sera placé dans chaque quartier ou division pour recevoir les réclamations des prisonniers; ce tronc sera dépouillé au moins deux fois par semaine, par les soins du commissaire du mois ou du secrétaire de la commission.

A l'avenir, toute requête en grâce adressée par un détenu ne sera plus regardée que comme simple renseignement, et devra être déposée comme telle dans le tronc destiné à recevoir les réclamations.

Comme il y a tout lieu de croire que les détenus hollandais seront incessamment transférés en Hollande, il ne sera pas nécessaire de les inscrire dans les nouveaux répertoires; on pourra, en attendant le transfert, suivre à leur égard l'ancienne marche.

Il en sera de même des détenus militaires, qui ne tarderont pas à être envoyés dans la prison centrale d'Alost.

Il est arrêté en principe que les détenus condamnés aux travaux forcés seront réunis à Gand, les condamnés à la reclusion à Vilvorde, et que les femmes détenues seront classées dans un pénitencier séparé.

On aura, autant que possible, égard à ce projet de classification dans la tenue des registres de comptabilité morale.

Ainsi on séparera dans les registres A les hommes des femmes, et les condamnés à la reclusion des condamnés aux travaux forcés : s'il est possible même, on tiendra ce registre en trois cahiers à Gand et à Vilvorde, de manière à classer séparément les condamnés aux travaux forcés, les condamnés à la reclusion et les femmes détenues.

Les comptes de ces trois catégories de détenus seront ouverts dans des volumes séparés du registre B, de manière à ce que, dans le cas de transfert, le volume puisse suivre la catégorie déplacée.

La division pour les femmes, d'après la nature de leurs délits et de leur condamnation, n'est pas indispensable, puisque, dans tous les cas, elles seront réunies dans le même pénitencier.

La circulaire adressée aux autorités communales par la commission administrative de la prison de Gand pourra être communiquée aux autres commissions, comme un excellent modèle à imiter.

L'Inspecteur général des prisons et des établissements de bienfaisance,

Signé Ed. Ducpétiaux.

Modèle du registre *A*. — *Comptabilité morale. — Indicateur.*

Numéro.	Nom.	Prénoms.	Age.	Lieu de naissance.	Etat de célibataire, d'homme marié ou de veuf, avec le nombre d'enfants.	Par quel tribunal il a été condamné.	Peine encourue.	Date du jugement ou de l'arrêt.	Commutation ou réduction de peine obtenue avant l'entrée en prison.	Date du commencement de la peine.	Fin de la peine.	Détails succincts sur le délit, sur le caractère connu du condamné à l'époque de sa condamnation.	Mention s'il est en état de récidive, et s'il a été gracié précédemment.	Profession.	Degré d'instruction.	Division dans laquelle il a été placé à son entrée en prison.	Métier auquel il a été employé.	Observations.

Modèle du registre *B.* — *Comptabilité morale.*

Date.	Religion, instruction.	Travail.	Actes d'une conduite méritoire.	Récompenses accordées.	Montant de la masse de sortie.	Fautes reprochées.	Punitions prononcées.	Passage d'une division dans une autre.	Observations de la commission et de l'inspecteur général des prisons.	Propositions de la commission.	Réductions de peines obtenues conditionnellement.	Grâces conditionnelles retirées pour inconduite.	Libération entière, motivée.

N° VII.

Arrêté sur le patronage, et loi sur la surveillance des libérés. (Rapport, page 139.)

RAPPORT AU ROI.

Sire,

....

La tâche que s'est imposée le gouvernement ne serait qu'à moitié accomplie, s'il se bornait à se mettre en mesure d'atteindre le libéré et de sévir contre lui dans le cas où il commettrait quelque nouveau crime. Il importe, avant tout, de prévenir ce crime en arrachant le détenu à l'abandon et à l'ignominie qui ne l'attendent que trop souvent à sa sortie de prison. Ce n'est, en quelque sorte, qu'après avoir détruit ou au moins affaibli le préjugé qui repousse et flétrit encore le condamné libéré, que l'on acquerra le droit de lui demander un compte sévère de l'usage qu'il aura fait de la liberté qui lui aura été rendue.

Déjà des instructions adressées aux gouverneurs des provinces ont appelé leur attention sur la nécessité de veiller spécialement aux intérêts des condamnés libérés, d'aviser aux moyens de leur procurer du travail, et d'exercer, enfin, à leur égard, un patronage officieux et bienveillant. L'empressement avec lequel ces hauts fonctionnaires ont donné suite à ces instructions, et les assurances de concours qu'ils ont reçues des autorités et des personnes auxquelles ils se sont adressés pour les seconder, témoignent assez de l'utilité et de l'importance des mesures proposées. Le projet que j'ai l'honneur de proposer à Votre Majesté, aura pour résultat de coordonner ces efforts louables en assurant leur continuité.

En règle générale, il confie le patronage des condamnés libérés aux commissions administratives des prisons pour peines, et aux colléges des régents des maisons d'arrêt et de justice. Ces commissions et ces colléges sont organisés, ils sont sous l'action du gouvernement; les nouvelles fonctions qu'on leur donne sont en rapport avec celles qu'ils exercent déjà aujourd'hui; ils sont en relation avec les condamnés pendant que ceux-ci subissent leur peine; ils seront, par là même, plus aptes que tout autre corps à veiller aux intérêts des condamnés, lorsque ceux-ci seront rentrés dans la société.

Mais comme il arrivera fréquemment que les libérés n'habiteront pas dans les lieux où se trouvent les colléges dont il s'agit, le projet d'arrêté attribue aux gouverneurs le soin de proposer l'établissement de comités de patronage ou la nomination de patrons dans les chefs-lieux de districts et de cantons où il n'y aurait pas de prisons pour peines, ni de maisons d'arrêt et de justice, et même dans les communes rurales lorsqu'ils en apercevront la nécessité. Les gouverneurs baseront ces propositions sur les convenances des localités. Ainsi, dans tel endroit, leur choix tombera sur le bureau de bienfaisance; dans tel autre, sur l'administration communale; dans d'autres enfin, sur le juge de paix, le bourgmestre ou le curé. Ce choix sera, dans tous les cas, déterminé par les garanties de zèle et de concours que lui offrira tel collége ou tel individu, de manière qu'il soit possible d'imprimer à la nouvelle institution cette action uniforme, active, éclairée, qui seule peut en assurer le succès.

C'est à ces colléges et à ces patrons officieux que l'administration fera remettre le montant des masses des détenus sortants. Ceux-ci, à leur arrivée dans les lieux qu'ils auront choisis pour résidence, s'adresseront aux colléges et aux patrons qui régleront, d'accord avec eux, l'emploi des épargnes faites pendant le séjour en prison. Une partie de ces épargnes, remise successivement de semaine en semaine aux détenus, fournira à ceux-ci les moyens de subsister jusqu'à ce qu'ils aient réussi à trouver du travail; l'autre partie pourra servir à leur acheter des outils, des matières premières, etc. Dépensée comme elle l'est le plus souvent aujourd'hui, sans discernement, sans économie, pour satisfaire de honteuses passions, la masse de sortie remise au libéré est plutôt un inconvénient qu'un avantage, une occasion de vice et de crime qu'un moyen de retour à la vertu.

Ce patronage bienveillant est particulièrement désirable pour les jeunes libérés.

L'administration s'est efforcé d'améliorer autant que possible leur position en prison; elle les a séparés des condamnés adultes; elle leur fait faire l'apprentissage de métiers utiles, et prend un soin tout particulier de leur instruction intellectuelle et de leur éducation religieuse et morale. Mais où est la garantie que tous ces efforts et ces soins ne seront pas perdus au sortir de la prison? Qui maintiendra et fortifiera dans la bonne voie ces jeunes gens rendus aux séductions et aux liaisons qui les ont conduits au désordre et au crime? Et faut-il s'étonner si, malgré leur captivité, plusieurs d'entre eux s'exposent de nouveau aux rigueurs de la justice? C'est particulièrement après leur mise en liberté qu'il importe de tendre une main secourable aux jeunes libérés, soit en les visitant dans leurs familles, soit en les plaçant en apprentissage, soit en les mettant à même de compléter l'instruction qu'ils auront reçue et d'exercer la profession qu'ils auront apprise dans la prison. Les colléges et les patrons se chargeront de ce soin.

Le projet soumis à Votre Majesté prévoit l'institution de comités de dames qui seraient spécialement chargées du patronage des femmes libérées, et qui seraient, en outre, invitées à étendre leur sollicitude sur les détenues dans les prisons. Qui mieux, en effet, que des dames pieuses et charitables, saura accueillir les personnes de leur sexe après l'expiration de leur peine, leur tracer la route qu'elles auront à suivre, et les prémunir contre le danger des récidives? L'institution des comités de dames, dans un grand nombre de prisons d'Angleterre a été suivi des résultats les plus satisfaisants; elle se combinerait parfaitement avec la proposition que j'ai eu l'honneur de faire récemment à Votre Majesté, d'étendre aux prisons secondaires la disposition qui confie la surveillance des femmes détenues à des personnes de leur sexe. Cet appel, adressé à la charité et à la religion, en faveur d'une institution destinée à féconder le repentir et à relever l'infortune, ne pourra manquer de trouver de l'écho en Belgique.

Le Ministre de la justice,

A.-N.-J. Ernst.

Arrêté sur le patronage des libérés.

LÉOPOLD, Roi des Belges,

A tous présents et à venir, salut.

Sur le rapport de notre ministre de la justice,

Nous avons arrêté et arrêtons :

Article 1er. Les commissions administratives des prisons pour peines, et les colléges des régents des maisons d'arrêt et de justice, sont respectivement chargés du patronage des condamnés libérés résidant dans les villes où ils sont établis.

2. Ce patronage aura pour but de préserver les condamnés libérés des dangers de la récidive, en leur facilitant les moyens de se procurer une occupation productive.

3. Cette tâche sera particulièrement attribuée, pour ce qui concerne les commissions administratives des prisons, aux sous-comités formés dans leur sein, pour s'occuper des propositions de grâces et de la surveillance de la comptabilité morale.

Elle devra également faire l'objet des attributions d'une section spéciale des colléges des régents des autres prisons.

4. Ces différents colléges pourront, au besoin, requérir l'aide de commissions secondaires ou de membres auxiliaires, dont la nomination aura lieu sur leur proposition, d'après le mode prescrit pour la formation des commissions principales elles-mêmes par les arrêtés existants. Ils pourront aussi réclamer l'assistance des dames charitables en faveur des femmes libérées.

5. Les gouverneurs des provinces proposeront au gouvernement l'établissement de comités de patronage et la nomination de patrons dans les chefs-lieux de districts et de cantons où il n'y aurait pas de colléges des prisons, et même dans les communes rurales, lorsqu'ils en reconnaîtront l'utilité. Ces comités ou ces patrons exerceront leur pa-

tronage sur les condamnés libérés, résidant dans le canton ou la commune où ils seront établis.

6. Les condamnés détenus dans les prisons pour peines désigneront, un mois au moins avant leur sortie, le lieu où ils se proposent d'établir leur résidence.

La commision administrative de l'établissement donnera avis à la commission, au collége, au comité ou au patron du lieu indiqué, par l'intermédiaire du gouverneur de la province, de l'arrivée des libérés, et lui communiquera tous les renseignements qui pourront lui être utiles.

7. Les condamnés libérés recevront, sur leur masse de réserve, la somme nécessaire pour se rendre au lieu de leur destination; le surplus sera transmis aux colléges ou aux personnes chargées du patronage, qui en règleront l'emploi de la manière la plus conforme à l'intérêt des ayants droit. Ce pécule pourra être destiné à l'achat d'outils, de matières premières, ou sera remis successivement par parties, de semaine en semaine, aux libérés, jusqu'à ce que ceux-ci aient été mis à même de se passer de la tutelle établie en leur faveur.

8. Le certificat que le condamné recevra à sa sortie de prison, conformément à l'article 13 de l'arrêté du 13 juillet 1831 (*Bulletin officiel*, n° 177), devra être représenté par lui au collége ou à la personne au patronage desquels il aura recours.

9. Les gouverneurs des provinces surveilleront avec une constante sollicitude l'exécution des dispositions qui précèdent. Ils transmettront chaque année, à notre ministre de la justice, un rapport détaillé sur le résultat des travaux des différents colléges et des patrons chargés de veiller aux intérêts des condamnés libérés des deux sexes.

Notre ministre de la justice est chargé de l'exécution du présent arrêté, qui sera inséré au *Bulletin officiel*.

Donné à Bruxelles, le 4 décembre 1835.

LÉOPOLD.

Par le Roi :

Le Ministre de la justice, A.-N.-J. Ernst.

Loi sur la surveillance des condamnés libérés.

LÉOPOLD, Roi des Belges,

A tous présents et à venir, salut.

Nous avons, de commun accord avec les chambres, décrété, et nous ordonnons ce qui suit :

Article 1er. Les coupables condamnés aux travaux forcés à temps, à la réclusion ou au bannissement, pourront être placés, par l'arrêt de condamnation, sous la surveillance spéciale de la police, pendant cinq ans au moins, et vingt au plus.

S'ils commettent un nouveau crime, ils pourront être placés pendant toute leur vie sous cette surveillance.

2. Les coupables condamnés pour l'un des délits prévus par les articles 246, 306, 307, 311 § 2, 334, 443, 401, 405, 406, 407, 408 et 444 du Code pénal, ainsi que par les articles 2 et 3 de la loi du 29 février 1832, pourront être placés, par l'arrêt ou le jugement, sous la surveillance spéciale de la police, pendant deux ans au moins, et cinq ans au plus.

Pourront être mis sous la même surveillance les chefs et moteurs des délits prévus par les articles 415 et 416 du Code pénal, et les condamnés à un emprisonnement au-delà de six mois, dans le cas de l'article 445 du même Code.

Il en sera de même à l'égard de ceux qui, quoique accusés d'un crime, ne seront, par application de l'arrêté-loi du 9 septembre 1814, condamnés qu'à une peine correctionnelle.

Ceux qui, ayant été condamnés à une des peines prévues par le paragraphe premier de l'article 1er, ou pour l'un des crimes ou délits désignés dans le présent article, commettraient ensuite un de ces crimes ou délits, pourront être mis sous la même surveillance, pendant cinq ans au moins et dix ans au plus.

3. L'effet du renvoi sous la surveillance spéciale de la police sera de donner au gouvernement le droit de déterminer certains lieux dans lesquels il sera interdit au condamné de paraître après qu'il aura subi sa peine. Le condamné déclarera, avant sa mise en liberté, le lieu où il veut fixer sa résidence : il recevra une feuille de route réglant l'itinéraire dont il ne pourra s'écarter, et la durée de son séjour dans chaque lieu de passage. Il sera tenu de se présenter, dans les vingt-quatre heures de son arrivée, devant le fonctionnaire désigné dans sa feuille de route. Il ne pourra changer de résidence sans avoir indiqué, trois jours à l'avance, le lieu qu'il se propose d'aller habiter, à ce fonctionnaire, qui lui remettra une nouvelle feuille de route.

4. L'individu mis sous la surveillance spéciale de la police, qui contreviendra aux dispositions de

l'article précédent, sera condamné à un emprisonnement qui n'excédera pas deux ans. En cas de récidive, l'emprisonnement pourra être porté à cinq ans.

Mandons et ordonnons que les présentes, revêtues du sceau de l'État, insérées au *Bulletin officiel*, soient adressées aux cours, tribunaux et aux autorités administratives, pour qu'ils les observent et fassent observer comme loi du royaume.

Donné à Bruxelles, le 31 décembre 1836.

LÉOPOLD.

Par le Roi :

Le Ministre de la justice, A.-N.-J. ERNST.

IVe PARTIE. — SUISSE.

GENÈVE.

No Ier.

Lettre qui refuse à M. MOREAU-CHRISTOPHE l'entrée de la maison de détention. — (Rapport, p. 147.) Genève, le 12 juillet 1838.

Monsieur, M. Cramer-Audéoud a eu l'honneur de vous dire qu'il n'était pas accordé d'autorisation pour visiter la *maison de détention*. Ce qu'il vous a dit, Monsieur, j'ai l'honneur de vous le confirmer, tout en éprouvant un véritable regret d'être appelé à le faire. Je voudrais que cette prison fût telle, qu'elle pût, comme la *maison pénitentiaire*, être visitée avec profit; il m'eût été agréable de vous la faire voir dans tous ses détails.

J'ai l'honneur d'être, etc.

Le conseiller d'État, inspecteur de la maison de détention,

RILLIET-PICTET.

A M. MOREAU-CHRISTOPHE, inspecteur général des prisons de France.

No II.

Nomenclature des registres tenus dans le pénitencier de Genève. — (Rapport, p. 152.)

I. *Registres* servant à établir la *statistique de la prison*. Il y en a trois, savoir : le *registre d'écrou des détenus*; 2° le *livre détaillé de l'emploi du temps*, jour par jour, de chacun des prisonniers; 3° le livre de la sortie des détenus hors de la prison, avec des notes sur ce qu'ils font après leur libération.

II. *Registres de la comptabilité du ménage*, au nombre de trois, savoir : 1° un *livre de population et de rations*, contenant par mois le nombre des employés et les noms des détenus, avec l'indication, pour chaque jour du mois, de la nourriture reçue par chacun d'eux, ou *ordinaire*, ou *au pain et à l'eau*, ou *réduite d'un repas*, ou du régime des malades déterminé par le médecin; 2° un registre de sorties des denrées du magasin d'approvisionnement; 3° un registre de l'entrée des denrées et de la quantité des achats.

III. *Registres de la comptabilité générale de l'entretien* de la maison, tenus en partie double, au nombre de cinq, je crois.

IV. *Registres de la comptabilité générale de la section de travail*, entièrement distincte de la précédente. Ces registres, tenus pareillement en partie double, sont aussi, je crois, au nombre de cinq.

V. *Registres de la comptabilité du pécule* des prisonniers, et de l'emploi de la portion qui en est disponible, au nombre de deux.

VI. *Registres du médecin*, aussi au nombre de deux.

VII. *Registres* servant à constater l'*état moral* de la prison, savoir : 1° un *journal*, tenu par le directeur, de la conduite bonne ou mauvaise des détenus; 2° un registre de *compte moral*, contenant la copie exacte des rapports faits tous les mois par les chefs d'atelier sur chacun des hommes de leur division, et indiquant ce qu'ils pensent de leurs dispositions et de leur caractère, d'après une observation exacte et impartiale de leur conduite; 3° un registre contenant encore un *compte ouvert* à chaque prisonnier pour les *lectures volontaires* qu'ils font des ouvrages de la bibliothèque de la prison, et qui peut servir d'indications sur leurs dispositions morales; 4° *répertoire de la conduite des prisonniers.* Ce registre, où chaque prisonnier a un compte ouvert, est divisé en six colonnes : *service divin, culte et instruction; actes d'une conduite méritoire;* —

travail, fautes, reproches, etc., *punitions prononcées et subies; — observations et résultats.* Dans la sixième colonne, outre les notes sur les recours en grâce et les sorties de la prison, MM. les conseillers inspecteurs y inscrivent, tous les quatre mois, le jugement moral qu'ils portent sur la conduite de chaque prisonnier.

VIII. *Registres des commissions.*

1° Deux registres tenus par la *commission administrative*, l'un pour la rédaction des procès-verbaux de ses séances, l'autre pour le compte général qu'elle doit rendre au conseil d'état à la fin de chaque année comptable;

2° Deux registres tenus par *le comité moral*, savoir : un pour les procès-verbaux de ses séances, et un pour la comptabilité morale des détenus; ce dernier registre n'est encore qu'en projet;

3° Registre de la *commission de recours*, tenu par le greffier de la cour criminelle, pour l'inscription des délibérations de ladite commission;

4° Registre des *visiteurs honoraires*, spécialement destiné à recevoir leurs observations lors de chaque visite.

En tout, 30 registres; un registre pour deux détenus.

N° III.

Analyse du règlement du 16 mai 1833 et des arrêtés modificatifs postérieurs.—(Voir Rapport, p. 152.)

1re DIVISION.

Quartier criminel et de récidives.—*A*.

Tout prisonnier arrivant dans ce quartier est, suivant sa condamnation et les circonstances dans lesquelles il se trouve, détenu dans une cellule solitaire, pendant un temps qui ne peut être moindre d'un mois, ni excéder trois mois; quinze jours au plus, sur ce temps, sont passés sans travail, et le reste avec travail.

Tout prisonnier admis à la faveur du travail en commun, et qui ne s'y conduit pas d'une manière parfaitement régulière et satisfaisante sous ce rapport spécial, est remis en cellule solitaire, avec travail obligatoire, pour un temps qui ne peut, une première fois, excéder un mois, et qui peut, en cas de récidive, aller jusqu'à trois mois.

Les prisonniers de cette division font leurs repas dans leurs cellules et y restent pendant une partie des heures du repos. Lorsque le temps le permet, il leur est accordé, deux ou trois fois par semaine, une heure de promenade silencieuse et solitaire, ou du travail en plein air.

Ils ne peuvent jouir d'aucune partie du quart disponible provenant de leur travail, que pour se procurer le pain accordé dans la prison, des fournitures d'écriture, ou de petits ouvrages, ou pour envoyer des secours à leurs familles, le tout sur l'autorisation du directeur de la prison.

Dans l'atelier de cette division, il n'est permis que les travaux les plus simples, tels que triage de drogues, tressage de paille, cardage et filage de laine et de coton : toute industrie de tailleur, cordonnier ou tisserand y est interdite.

Les infractions aux lois et règlements concernant le régime de la prison sont punies avec plus de sévérité dans cette division que dans les autres.

Les dimanches et jours de fêtes, les prisonniers ne sortent des cellules, outre le temps des services religieux, de la lecture à la chapelle et de la leçon, que trois heures destinées à faire l'exercice autorisé, à lire ou écrire, ou à s'occuper d'ouvrages en carton ou en grains : le tout dans le plus grand silence et dans la partie de l'atelier où se donnent les leçons.

Les prisonniers de cette division ne peuvent recevoir qu'une visite de leurs parents tous les deux mois, sauf permission spéciale des inspecteurs. Ils ne peuvent non plus leur écrire ou en recevoir des lettres, sans la permission et l'inspection du directeur.

2e DIVISION.

Quartier criminel et d'exceptions.—*B*.

A l'entrée de chaque prisonnier dans cette division, il passe huit à quinze jours en reclusion solitaire et silencieuse dans sa cellule, s'il est condamné criminellement, et cinq à dix jours seulement s'il ne subit qu'un emprisonnement correctionnel.

Après l'un des trois repas, suivant la saison, les prisonniers criminels peuvent être conduits dans leurs cellules, pour y achever en silence le temps du repos.

Pendant les deux autres repas, pour les condamnés criminellement, et pendant les trois repas, pour les condamnés correctionnellement, ainsi que pendant les heures libres, les dimanches et les jours de fêtes, les uns et les autres observent un silence absolu, soit dans le réfectoire, soit dans la cour. Ils ne peuvent se promener dans la cour qu'isolément : si le temps exige que le repos se passe au réfectoire, ils doivent lire ou écrire, ou s'occuper de petits ouvrages permis par le directeur; ceux qui ne se conforment pas à ces règles sont conduits dans les cellules. La totalité des prisonniers passe toujours leur repos soit dans la cour, soit dans le réfectoire, afin qu'ils puissent être surveillés. Toute espèce de jeu est interdite.

Les prisonniers ne peuvent jouir de leur quart disponible que pour se procurer du pain pareil à celui de la distribution, pour des fournitures d'écriture ou de petits ouvrages, ou pour des secours à envoyer à leurs familles.

Les dimanches et jours de fêtes, ils restent dans leurs cellules depuis le premier service religieux jusqu'à midi, et de deux à quatre heures, sauf les heures de services religieux, de lectures et de leçons.

Les condamnés criminellement ne peuvent recevoir qu'une visite toutes les six semaines, de la part de leurs parents, et ils ne peuvent non plus leur écrire ou en recevoir des lettres sans la permission et l'inspection du directeur. Les condamnés correctionnellement peuvent recevoir une visite toutes les trois semaines et correspondre avec leurs familles, sous la surveillance du directeur.

3e DIVISION.

Quartier correctionnel et d'exceptions.—C.

Ceux des prisonniers de cette division qui arrivent, en entrant dans la prison, passent de quatre à huit jours en *détention solitaire et silencieuse*, avant d'être admis au travail.

Les prisonniers de cette division ne peuvent jouir de leur quart disponible que pour se procurer du pain pareil à celui qui leur est accordé, du fromage ordinaire, de la conserve de genièvre, des fournitures pour écrire, cartonner, ou faire d'autres petits ouvrages permis dans les heures de repos; ils peuvent aussi en disposer pour des secours à leurs familles.

Pendant les heures de repos et les heures libres, le dimanche et les jours de fêtes, les prisonniers sont tous dans le réfectoire ou dans la cour, selon que le directeur le juge convenable.

Si le repos a lieu dans la cour, les prisonniers ne peuvent s'y promener qu'isolément; et s'ils sont obligés de rester au réfectoire, ils doivent toujours y être occupés à lire, écrire, ou à faire quelqu'un des petits ouvrages qui leur sont permis, sous peine d'être reconduits immédiatement dans leurs cellules; ils sont astreints à observer un silence absolu dans l'un et l'autre cas. (Changement apporté par arrêté du conseil d'état du 27 juin 1834.)

Le dimanche et les jours de fêtes, les prisonniers de cette division restent dans leurs cellules depuis le moment du premier service religieux jusqu'à midi, sauf les heures de ces services.

Les condamnés criminellement de cette division peuvent recevoir une visite par mois de ceux de leurs parents qui viennent les visiter, et les condamnés correctionnellement peuvent en recevoir deux par mois. Les uns et les autres peuvent correspondre avec leurs familles, sous la surveillance du directeur.

4e DIVISION.

Quartier des jeunes gens et des améliorés.— D.

Les prisonniers, en arrivant dans la prison, passent, avant d'être admis au travail, trois jours en détention solitaire et silencieuse, s'ils sont en premier jugement, et huit jours s'ils sont en récidive.

Les prisonniers de cette divison qui ne sont pas dans la classe des jeunes gens peuvent appliquer le quart disponible de leur travail à se procurer, 1° du pain pareil à celui de la distribution; 2° du fromage ordinaire; 3° des fruits verts du pays, avec la permission du médecin; 4° de la conserve de genièvre; 5° des fournitures pour écrire, cartonner, *ou faire de petits ouvrages permis pendant les heures de repos. Ils peuvent aussi, comme dans les autres divisions, envoyer des secours à leurs familles.*

Les jeunes gens ne peuvent disposer de leur quart disponible que pour se procurer du pain, des fournitures pour écrire ou faire de petits ouvrages, et pour envoyer des secours à leurs familles.

Pendant les heures de repos et les heures libres, les dimanches et les jours de fêtes, les prisonniers sont tous ou dans le réfectoire, ou dans la cour, selon que le juge convenable le directeur. Si le repos a lieu dans la cour, ceux des jeunes gens qui ne se promènent pas isolément et en silence, ou qui ne sont pas occupés au jardin existant dans cette division, se tiennent constamment avec l'employé gardien, et peuvent faire avec lui une conversation à demi-voix.

Les autres détenus se promènent ensemble ou séparément, et peuvent aussi s'entretenir entre eux à demi-voix. Si le repos a lieu dans le réfectoire, les jeunes gens doivent être occupés à lire, à écrire, ou à faire quelque chose d'utile, mais en silence. (Changement adopté par arrêté du conseil d'état du 27 juillet 1835.)

Le dimanche et les jours de fêtes, les prisonniers de cette division, non dans la catégorie des jeunes gens, peuvent, avec la permission du directeur, rester dans leurs cellules jusqu'à l'heure de la soupe du matin, et tous y sont ensuite reconduits, depuis le moment du premier service religieux jusqu'à midi, sauf les heures de ces services.

Les prisonniers hommes de cette division peuvent recevoir deux visites par mois de leurs parents, et correspondre avec eux sous la surveillance du directeur; les jeunes gens ne peuvent recevoir qu'une visite par mois de cette nature, et ne peuvent écrire à leurs parents qu'avec la permission du directeur.

N° IV.

Tableau des Moyennes de population, de punition et d'état sanitaire de la Prison pénitentiaire de Genève. — (V. Rapport, page 160.)

ANNÉES.	MOYENNE DE POPULATION DE DÉTENUS PAR JOUR.						MOYENNE DE PUNITION DES DÉTENUS.			ÉTAT SANITAIRE.		TOTAL DES DÉCÈS et des évasions de l'année.	
	DÉTENTION correctionnelle.			Moyenne sur le total ci-contre de détention de jeunes gens condamnés au-dessous de 16 ans	Condamnés criminellement.	TOTAL, soit moyenne de l'année.	SUR 100 JOURNÉES de détention.			SUR 100 JOURNÉES de détenus.			
	Au-dessous d'un an.	d'un an et au-dessus.	TOTAL des détentions correctionnelles.				Cellule solitaire.	Cellule ténébreuse.	Journées au pain et à l'eau.	Indisposition vraie ou supposée dans les cellules	Journées de maladie à l'infirmerie	Décès.	Évasions.
	100e	100e	100e	100e	100e	100e	100e	100e	100e	100e	100e		
1826.	3 09	11 52	14 61	5 34	21 69	(1) 36 30	6 22	1 14	(3) 1 75	(4) 2 81	(5) 3 60	2	〃
1827.	5 62	16 65	22 27	8 48	25 42	47 69	2 54	31	63	1 20	52	〃	〃
1828.	6 18	17 54	23 72	7 36	25 64	49 36	1 40	22	50	99	75	〃	〃
1829.	4 02	18 21	22 23	5 85	27 50	49 73	1 48	50	79	1 08	1 89	2	〃
1830.	5 10	24 42	29 52	4 80	29 78	(2) 59 30	2 37	46	1 11	1 08	1 35	1	〃
1831.	3 41	25 58	28 99	3 26	27 24	56 23	1 47	09	43	46	1 41	1	〃
1832.	3 75	24 91	28 66	2 28	26 00	54 66	2 28	21	64	1 11	2 01	1	〃
1833.	30	33 64	33 94	4 46	30 26	64 20	3 04	39	1 45	1 01	1 03	1	〃
1834.	〃	24 55	24 55	2 83	37 89	62 44	4 30	35	1 52	1 40	1 60	3	〃
1835.	〃	15 86	15 86	2 88	44 99	60 85	2 85	27	1 07	1 62	1 68	1	〃
1836.	〃	15 93	15 93	1 26	44 89	60 82	2 56	20	68	1 13	4 87	2	〃
1837.	10	16 92	17 02	1 84	43 96	60 98	2 40	05	46	80	4 80	3	〃
1838.	〃	〃	〃	〃	〃	〃	〃	〃	〃	〃	〃	〃	〃

(1) La différence considérable de la moyenne de 1826 avec celle des années suivantes provient de ce que, lors de la translation dans la prison pénitentiaire, le 10 octobre 1825, 17 condamnés restèrent dans la maison de détention par disposition transitoire de la loi, et alors le nombre total des condamnés à trois mois au moins était de 46.

(2) L'augmentation de la moyenne, depuis cette année, doit être attribuée, d'abord, au rigoureux hiver de 1829 à 1830, qui a entraîné un assez grand nombre de crimes et de délits contre les propriétés, ainsi qu'à différentes circonstances qui ont été la suite des événements de 1830. Depuis lors, Genève a vu, comme tous les autres États du monde civilisé, augmenter la population de ses prisons par l'accroissement du nombre des crimes et des délits attribué à différentes causes, et principalement à l'état de paix et à l'augmentation de la fortune publique; le chiffre total aurait continué à être progressif, depuis 1834, sans une mesure administrative d'après laquelle on a laissé provisoirement dans la maison de détention tous les condamnés au-dessous d'un an et une partie de ceux de un à deux ans.

(3) La grande différence dans les chiffres des punitions de la première année et de toutes les suivantes tient essentiellement aux difficultés du premier moment de la transition d'un régime très-relâché à un régime plus sévère; tout comme l'élévation nouvelle de ces chiffres, depuis 1833, a été la conséquence du nouveau régime disciplinaire adopté cette année-là.

(4) La même observation que ci-dessus pourrait être faite pour la première année de cette colonne, parce que la mutinerie se cache souvent sous l'apparence de l'indisposition. Dès lors ce nombre, qui a peu varié, représente bien réellement les légères indispositions journalières qui ne reçoivent pas de soins médicaux.

(5) Les différences annuelles, dans le chiffre de cette colonne, sont expliquées par la colonne suivante, les décès n'ayant lieu ordinairement qu'à la suite d'un séjour plus ou moins prolongé à l'infirmerie.

N° V.

Tableau des Moyennes de Dépenses de la Prison pénitentiaire de Genève. — (V. Rapport, page 166.)

ANNÉES.	MOYENNE DE LA NOURRITURE. SANS FRAIS de manutention. Nourriture des prisonniers.		AVEC LES FRAIS de manutention. Nourriture des prisonniers.		NOURRITURE des prisonniers et employés, avec les frais de manutention à la charge des journées de prison.	MOYENNE des frais de blanchissage des prisonniers.	MOYENNE des frais d'infirmerie.	MOYENNE de l'entretien du mobilier.	MOYENNE de l'entretien des vêtements et du linge.	MOYENNE pour frais de traitement des employés.	MOYENNE pour frais généraux.	TOTAL de ces moyennes réunies, soit de la dépense d'entretien par journée de détention.	DEMI du travail augmentée du bénéfice pour solde au bilan annuel, à déduire de la dépense totale.	SOLDE de la dépense par journée de détention.
	des prisonniers.	des employés.	des prisonniers.	des employés.										
	fr. c.	fr. c.	fr. c.	fr. c.	fr. c.	fr. c.	fr. c.	fr. c.	fr. c.	fr. c.	fr. c.	fr. c.	fr. c.	fr. c.
1826.	″ 38	″ 90	″ 44	1 02	″ 61	″ 5	″ 4	″ 1	″ 05	″ 49	″ 29	1 54	″ 12	1 42
1827.	″ 37	″ 91	″ 41	″ 96	″ 55	″ 6	″ 2	″ 3	″ 12	″ 41	″ 20	1 39	″ 22	1 17
1828.	″ 41	″ 93	″ 45	″ 95	″ 59	″ 6	″ 3	″ 6	″ 13	″ 37	″ 74	1 38	″ 26	1 12
1829.	″ 39	″ 86	″ 43	″ 90	″ 60	″ 6	″ 4	″ 6	″ 13	″ 38	″ 15	1 42	″ 28	1 14
1830.	″ 45	″ 92	″ 49	″ 96	″ 64	″ 7	″ 2	″ 2	″ 15	″ 31	″ 14	1 35	″ 26	1 09
1831.	″ 49	″ 96	″ 53	1 00	″ 66	″ 7	″ 2	″ 3	″ 10	″ 33	″ 19	1 40	″ 29	1 11
1832.	″ 47	″ 96	″ 51	1 00	″ 67	″ 7	″ 2	″ 3	″ 14	″ 33	″ 19	1 45	″ 31	1 14
1833.	″ 43	″ 91	″ 46	″ 95	″ 61	″ 6	″ 2	″ 4	″ 13	″ 31	″ 15	1 32	″ 17	1 15
1834.	″ 33	″ 82	″ 36	″ 85	″ 48	″ 5	″ 3	″ 3	″ 09	″ 32	″ 14	1 14	″ 26	″ 88
1835.	″ 31	″ 80	″ 34	″ 83	″ 46	″ 6	″ 3	″ 3	″ 10	″ 32	″ 18	1 18	″ 30	″ 88
1836.	″ 34	″ 85	″ 38	″ 89	″ 52	″ 5	″ 4	″ 2	″ 09	″ 32	″ 15	1 19	″ 27	″ 92
1837.	″ 35	″ 88	″ 40	″ 91	(1) ″ 54	″ 6	″ 4	″ 3	″ 14	″ 31	″ 18	1 30	″ 23	(2) 1 07

(1) La quantité et la qualité de la nourriture ont toujours été les mêmes depuis la première année, en sorte que la différence dans le prix des journées, sous ce rapport, ne tient qu'aux variations dans celui des denrées, sauf, pour la première année, qu'une rigoureuse économie n'avait pu être encore apportée dans cette partie du service.

(2) Il ne faut pas perdre de vue que ce *solde de dépense*, encore si élevé, et qui ne pourra jamais être *considérablement réduit*, est inévitable dans une prison pénitentiaire établie sur une aussi petite échelle, parce que tous les chapitres de dépense sont plus considérables qu'ils ne le seraient, proportion gardée, dans un grand établissement; particulièrement les frais de nourriture et de traitement des employés, ainsi que les frais généraux qui, en moyenne, chargent de 67 centimes chaque journée de détention, pourraient être à peu près les mêmes pour un chiffre de détenus beaucoup plus considérable et tout au moins double de ce qu'il est à Genève.

N° VI.

Tableau des Récidives dans la Prison pénitentiaire de Genève. — (V. Rapport, page 174.)

ANNÉES.	NOMBRE DES INDIVIDUS SORTIS. CONDAMNÉS CORRECTIONNELLEMENT. Jeunes gens condamnés au-dessous de l'âge de 16 ans.	Condamnés à moins d'un an.	Condamnés à un an et au-dessus.	TOTAL de ces trois catégories.	Condamnés criminellement.	TOTAL des sorties.	NOMBRE DES INDIVIDUS RENTRÉS. DE CEUX PRIMITIVEMENT CONDAMNÉS. Au-dessous de l'âge de 16 ans.	Correctionnellement à moins d'un an.	Correctionnellement à un an et au-dessus.	TOTAL des récidives de ces trois catégories.	Criminellement.	TOTAL général des récidives.
1826. 1827. 1828. 1829. 1830. 1831. 1832. 1833. 1834.	27	69	95	191	56	247	6	11	18	35	10	45
1835. 1836. 1837.		″	30	32	35	67	″	1	4	5	″	5

LAUSANNE.

N° I.

Statistique criminelle du canton de Vaud, de 1803 à 1826. — (V. Rapport, page 181)

A. Tableau comparatif des 23 années divisées en cinq périodes.

JUGEMENTS.	1er juillet 1803 au 1er mai 1806.	1er mai 1806 au 1er mai 1811.	1er mai 1811 au 1er mai 1816.	1er mai 1816 au 1er mai 1821.	1er mai 1821 au 1er mai 1826.	TOTAL.
A mort	2	1	//	5	1	9
A la détention criminelle	74	104	113	143	58	492
——— correctionnelle	52	189	219	305	239	1,004
Dans les prisons de districts	2	53	42	54	39	190
Dans la maison de discipline	1	9	7	3	2	22
A d'autres peines	24	76	65	35	43	243
Contumaces	42	70	91	50	40	293
Total	197	502	537	595	422	2,253
Libérés en payant les frais	16	87	62	60	59	
——— sans frais	25	133	137	115	75	
Avec adjudication de dépens	8	3	15	3	21	
Total	49	223	214	178	155	819
Total des accusés	//	//	//	//	//	3,072
N. B. Les détentions correctionnelles de 3 mois et au-dessous ont été de	13	87	70	132	99	401

Dans le nombre total ci-dessus de 3,072 on compte :

Hommes .... 2,494.
Femmes .... 578.
Indigènes .... 2,391.
Étrangers .... 681.

B. Tableau comparatif des moyennes annuelles des cinq périodes.

ANNÉES.	PROCÈS.	DÉLITS.	ACCUSÉS.	CONDAMNÉS.	LIBÉRÉS.	RÉCIDIVES	CONTUMACES.
1803 à 1806	57	56	87	55	17	//	15
1806 à 1811	85	84	145	86	45	9	14
1811 à 1816	103	100	150	89	43	18	18
1816 à 1821	110	98	155	109	36	25	18
1821 à 1826	83	74	115	76	31	22	8

C. Tableau indiquant la moyenne individuelle du temps des condamnations à la détention.

	A la force.			A la correction.	
1re période	4 ans	1 mois	17 jours.	12 mois	10 jours.
2e période	3	5	18	9	8
3e période	3	5	10	5	2
4e période	3	8	23	8	16
5e période	4	6	23	4	18
Sur l'ensemble des 23 ans	3	9	2	7	6

D. Tableau indiquant la proportion des criminels aux correctionnels, pendant les cinq périodes.

De 1803 à 1806, sur 100 condamnés il y a eu	41 corrections.
De 1806 à 1811	39
De 1811 à 1816	66
De 1816 à 1821	68
De 1821 à 1826	80
Sur l'ensemble des 23 ans	67

E. Tableau du nombre et de la nature des crimes et délits pendant le cours des 23 années ci-dessus.

1° Crimes et délits contre l'ordre public	376
2° ——— contre les personnes	224
3° ——— contre les propriétés	1,914
Total	1,314

Cette classification est celle du Code pénal français de 1791, encore en vigueur dans le canton de Vaud.

Les chiffres qui l'établissent font voir que les crimes *contre les propriétés* ont été, pendant l'espace de temps dont il s'agit, en nombre bien plus que double de celui des crimes *contre les personnes*. Il faut dire cependant que cette supériorité serait moins marquée si l'on faisait rentrer dans la seconde division le plus grand nombre des délits qui s'y rattachent plus ou moins, et qui se trouvent compris dans la première, tels que les faits de violence contre des fonctionnaires, au nombre de 42; les batteries, charivaris, etc., au nombre de 35; les attentats entre parents, au nombre de 30; enfin les outrages à la pudeur, au nombre de 134.

Mais ces divers chiffres réunis ne s'élèveraient pas encore assez haut pour établir la balance entre les offenses *contre les personnes* et les offenses *contre les propriétés*.

Le chiffre des outrages à la pudeur est assez notable pour qu'on s'y arrête.

Ses éléments sont :

Prostitutions	71	134
Récidives d'enfants illégitimes	13	
Fornication	7	
Outrages à la pudeur du sexe	10	
Offenses aux mœurs	7	
Fausse accusation en paternité	2	
Crime contre nature	1	
Inceste	3	
Bigamie	6	
Adultère	12	
Mariages illicites	2	

On voit par ce tableau que plusieurs offenses aux mœurs qui ne sont passibles d'aucune peine ailleurs constituent des délits dans le canton de Vaud. Par exemple, la prostitution, que nos lois tolèrent, est rigoureusement réprimée dans ce canton. Il en est de même de la simple fornication. Je ferai remarquer à ce sujet que le chiffre 7 ne présente nullement l'état des choses, mais seulement les cas graves. La peine de la fornication, établie par les anciennes lois consistoriales, et maintenue par le code correctionnel de 1805, est appliquée aux deux parties dans presque tous les cas d'adjudication d'enfants naturels dont le nombre est annuellement de 200 ; mais comme la pénalité n'est ici qu'un point accessoire de la question civile, on comprend que l'on n'ait pas transmis tous ces jugements au dépôt central.

Il en est de même des cas de récidives d'enfants illégitimes et de quelques autres.

Quant aux âges qui prennent une plus ou moins grande part dans la somme des crimes et délits énumérés dans les tableaux précédents, le rapport de la commission n'en constate pas la moyenne. Il énonce seulement que la plupart des détenus criminels et correctionnels sont des hommes ou des femmes dans la force de l'âge; qu'il est des pères et des mères de familles, des célibataires de l'un et l'autre sexe, et parfois des vieillards; mais tout cela dans une proportion qui varie d'un an à l'autre, et dont on n'eût pu donner le mouvement d'une manière exacte sans un travail considérable.

N°s II et III.

Statistique de la criminalité dans le canton de Vaud, de 1826 à 1838. — (Voir Rapport, page 181).

Il eût été important de pouvoir donner ici le mouvement de la criminalité depuis l'année 1826, à laquelle s'arrête le travail de la commission, jusqu'à 1838, époque de la mise en vigueur du nouveau Code de procédure pénale; mais il m'a été impossible de combler la lacune que laisse le défaut de renseignements précis à ce sujet entre les deux époques, autrement que par les deux documents suivants :

1° Dans un mémoire présenté à la société vaudoise d'utilité publique, le 24 avril 1834, par M. Roud, chapelain du pénitencier de Lausanne, on voit qu'à l'exception de la période de 1816 à 1821, aucune époque, depuis 1803, ne présente une moyenne annuelle aussi élevée que celle des années 1832 et 1833.

2° Il résulte du compte rendu de l'administration du conseil d'État, pendant l'année 1837, que le nombre des délits a encore augmenté de 1836 à cette dernière année;

Que le nombre des causes jugées pendant cet exercice a été de 294 : c'est 21 de plus qu'en 1836;

Que, sur ce nombre, 95 ont été portées devant le tribunal d'appel : c'est 29 de plus qu'en 1836. *La moyenne des causes portées en appel dans les dix dernières années est de 92;*

Que les vols continuent à former plus du tiers des délits ; et c'est parmi eux que se trouvent presque tous les récidifs.

Quant au nombre et à l'origine des accusés, dans les 294 causes jugées pendant l'année 1837, le nombre des accusés a été de 437 (10 de plus qu'en 1836).

Sur ce nombre, on compte :

341 Vaudois (2 de moins qu'en 1836);
69 Suisses non Vaudois (18 de plus qu'en 1836);
27 étrangers à la Suisse (6 de moins qu'en 1836).

Quant au sexe, on compte :

390 hommes (2 de plus qu'en 1836);
47 femmes (8 de plus qu'en 1836).

Le nombre des récidives est de 46.

Celui des condamnés à la force est de 38 (20 de plus qu'en 1836).

Ces condamnations proviennent beaucoup de récidives de vol.

Le nombre total des condamnés est de 4 de plus qu'en 1836.

FIN DES PIÈCES JUSTIFICATIVES.

PLANS.

LÉGENDE.

PRISONS DE L'ANGLETERRE ET DE L'ÉCOSSE.

PLANCHE I. — Rapport, p. 32.

PRISON DE WESTMINSTER.

Nos 1, 2 et 3. Loge, chambre à coucher et magasin du portier.
4. Bureau du greffier.
5 et 6. Bureau du gouverneur.
7. Dépôt des registres.
8 et 9. Chambres d'admission.
10. Chambres d'examen.
11. Chambres de bains.
12. Cours pour les galeux.
13. Chambres des morts.
14. Passages.
15. Cellules de réception.
16. Chambre de désinfection.
17. Dépôt des vêtements des prisonniers.
18. *Idem.* de la prison.
19. Magasins.
20. Atelier de menuiserie.
21. Cuisine.
22. Dépôt des ustensiles de propreté.
23. Magasin.
24. Panneterie.
25. Buanderie.
26. Laverie.
27. Séchoir.
28. Cellules et chambres de nuit.
29. Chambres de jour.
30. Lavoirs.
31. Latrines et urinoires.
32. Parloirs entre les deux grilles.
33. Préaux.

PLANCHE II. — Rapport, p. 31.

MAISON DE CORRECTION DE COLDBATH-FIELDS.

On n'a pas jugé utile de faire lithographier le plan de cette prison.

PLANCHE III. — Rapport, p. 36.

PÉNITENCIER DE MILBANK.

Nos 1. Entrée principale. A droite et à gauche sont : le logement du portier, la chambre de réception, la chambre de bain, etc.
2. Écuries et remises du gouverneur.
3. Guichet d'entrée.
4. Cours des services.
5. Cuisines.
6. Magasins et chambre des morts.
7. Boulangerie.
8. Lavoir et buanderie.
9. Économe.
10. Matrone.
11. Gouverneur.
12. Médecin.
13. Chapelain.
14. Directeur des travaux.
15. Moulin à farine.
16. Tours extérieurs.
17. Tours d'inspection.
18. Pompe.
19. Moulin à blé.
20. Préaux.
21. Parloirs.
22. Chapelle.

PLANCHE IV. — Rapport, p. 36.

INTÉRIEUR D'UNE CELLULE À MILBANK.

Même observation que pour la planche II.

PLANCHE IV bis. — Rapport. p. 27.

PRISON DE NEWGATE.

Même observation.

PHANCHE V. — Rapport, p. 39.

PÉNITENCIER DES JEUNES DÉTENUS.

Même observation.

PLANCHE VI. — Rapport, p. 27.

MAISON D'ARRÊT DE YORK.

Nos 1. Grande porte cochère.
2. Porte d'entrée et loge du portier à côté.
3. Tour de Clifford, bâtie par Guillaume le Conquérant.
4. Entrée de la prison. Bâtiment d'administration. Greffe.
5. *Galerie circulaire découverte entre le bâtiment d'administration et les huit cours et compartiments de la prison. Chaque cour aboutit à la galerie par une grille* (1).
6. Prison des débiteurs.
7. Cours.
8. Jardins.
9. Palais de justice pour la tenue des assises et des sessions.

PLANCHE VII. — Rapport, p. 68.

BRIDEWELL D'ÉDIMBOURG.

Nos 1. Bâtiment d'administration. Greffe, etc.
2. *Cours et jardins.*
3. *Guichet d'entrée.* Escaliers des étages.
4. Tour centrale d'inspection.
5. Espace vide, couvert et éclairé par un toit en vitrages. Chaire du prédicateur au milieu. Le prêtre est vu et entendu de tous les prisonniers et de tous les étages, au moyen de la grille en forme de persiennes, qui éclaire chaque atelier, etc.
6. Ateliers ou chambres de travail.
7. Corridor intermédiaire.
8. *Cellules de nuit.*
9. Latrines.
10. Chemin de ronde.
A. Emplacement du *tread-mill,* dont il est question p. 69 du rapport.

PLANCHE VIII. — Rapport, p. 64.

BRIDEWELL DE GLASGOW.

Nos 1. Porte cochère d'entrée.
2. Loge du portier.
3. Cellules d'arrivé.
4. Bain.
5. Bâtiment d'administration.
6. Ailes du bâtiment cellulaire pour les hommes.
7. Aile nouvelle actuellement en construction.
7 *bis.* Aile projetée.
8. Cuisine.
9. Magasins. Logement des gardiens.
10. Prison des femmes. Sera démolie après l'achèvement du n° 7.
11. *Magasins. Lingerie.* Buanderie. Séchoir à la vapeur

PLANCHE IX. — Rapport, p. 61.

TREAD-MILL DU PÉNITENCIER DE GLOUCESTER.

A. Roue cylindrique à marches pour 20 condamnés, de chaque côté du bâtiment central.

B. Grande roue du tread-mill, de 8 pieds de diamètre.

I. Cercles enveloppant la meule du moulin.

K. Petites roues servant, l'une à faire monter les sacs à l'étage supérieur, l'autre à tourner le moulin à grains.

L. Moulin à grains.

M. Roue pour le moulin à bluter.

P. Huche.

Q. Manivelle pour enlever les sacs.

R. Volant servant de contre-poids au *tread-wheel,* quand il n'y a pas de blé à moudre.

S. Boulets servant à régulariser les mouvements du *wheel.*

T. Éventails.

PLANCHE X. — Rapport, p. 59.

TREAD-HAND-WHEEL DE PETWORTH.

Ce *tread-wheel* est suffisamment décrit dans le rapport. — La même feuille contient la planche XIII.

PLANCHE XI. — Rapport, p. 59.

CRANK-MILL À COMPARTIMENTS.

Même observation qu'à la planche X.

PLANCHE XII. — Rapport, p. 60.

ERGOMÈTRE.

Même observation qu'à la planche X.

(1) Il y a dans le texte du rapport, page 27, lignes 9 et 10, une erreur qu'il faut rectifier ainsi qu'il suit : Chaque cour a 110 pieds anglais de long sur 50 pieds de large, à celle de ses extrémités qui est opposée à la grille, et 10 pieds à son extrémité la plus étroite.

PLANCHE XIII (voir planche X). — Rapport, p. 59 et 61.

RÉGULATEUR HYDRAULIQUE.

Même observation qu'à la planche X.

PLANCHE XIV. — Rapport, p. 58.

CRANK-MILL SOLITAIRE.

Même observation qu'à la planche X.

PLANCHE XV. — Rapport, p. 24.

STATION DE POLICE À CELLULES SÉPARÉES.

Même observation qu'à la planche II.

PLANCHE XVI. — Rapport, p. 76.

PRISON MODÈLE DU LIEUTENANT SIBLY.

Le plan s'explique de lui-même.

PLANCHE XVII. — Rapport, p. 75.

CHAPELLE CELLULAIRE.

1. Chambre du chapelain.
2. Pupitre ou chaire.
3. Passage d'entrée pour les prisonniers.
4. Écrans.

Nota. La couverture de chaque rangée de cellules, sert de plateforme pour entrer dans les cellules de la rangée supérieure.

PLANCHE XVIII. — Rapport, p. 76.

PENTAGONES DU PÉNITENCIER DE MILBANK, appropriés au système de la séparation.

On n'a pas jugé utile de faire lithographier ce plan.

PLANCHE XVIII *bis*. — Rapport, p. 76.

NOUVELLES CELLULES D'APRÈS LE MÊME SYSTÈME.

Même observation.

PLANCHE XIX. — Rapport, p. 76.

WATER-CLOSET DESDITES CELLULES.

Même observation.

PLANCHE XX. — Rapport, p. 50.

LIT D'INFIRMERIE.

Même observation.

PRISONS DE LA BELGIQUE.

PLANCHE XXI. — Rapport, page 120.

MAISON DE FORCE DE GAND.

(Le rez-de-chaussée compte pour un étage.

A. Cour d'entrée.

1. Entrée principale.
2. Corps-de-garde.
3. Loge du portier.
4. Au-dessus de l'entrée, salle du conseil.
5. Logement du commandant.
6. Logement du directeur.
7. Cours particulières.
8. Corridor des cellules de punition et de quarantaine.
9. Cellules d'isolement absolu.
10. Au-dessus des cellules, ateliers du premier quartier.
11. Jardin.
12. Trottoirs.
13. Chemin pavé conduisant à la cour centrale.
14. Latrines.

B. Cour centrale.

1. Entrées des quartiers fermées par deux portes, au milieu desquelles est suspendue une herse.
2. Cantines des quartiers, ayant leur entrée sur la cour centrale et une ouverture grillée sur les cours intérieures.
3. Parloir.
4. Magasins.
5. Logements d'employés.
6. Chapelle convertie en magasin.
7. Corps-de-garde.
8. Latrines.
9. Débrouillerie de fil.

C. Premier quartier.

1. Corridor longeant les cellules de nuit, et éclairé par des arcades ouvertes sur la cour; quatre étages.
2. Réfectoire servant d'école et de chapelle.
3. Chapelle.

4. Latrines.
5. Ateliers.

Le bâtiment de face à trois étages. Les nos 2, 3, 4 et 5 composent le second; le premier se compose de caves et d'ateliers, et le troisième, d'un atelier de toute la longueur du bâtiment.

D. Deuxième quartier.

Même légende que pour le quartier *C.*

E. Troisième quartier.

Même légende que pour le quartier *C*, seulement les cellules en blanc et en gris sont projetées. Les barres noires indiquent les séparations *actuelles* des dortoirs.

F. Quatrième quartier.

1. Ateliers.
2. Dépendances de la cuisine.
3 et 4. Corridors et cellules de nuit.
5. Latrines.
6. Boulangerie.
7. Cuisine.

Aux étages supérieurs sont des ateliers, des magasins, un réfectoire et des dortoirs qu'on se propose de convertir en cellules.

G. Infirmerie.

1. Cuisine.
2. Magasin du pharmacien.
3 et 4. Salles d'infirmerie.
5. Latrines.
6. Galerie couverte.
7. Salles de dissection.
8. Salle de pansement.

Au deuxième étage, pharmacie; salles d'infirmerie, etc.

H. Quartier des femmes.

1. Magasin.
2. Ateliers.
3. Buanderie.
4. Vestibule.
5. Latrines.
6. Salle d'infirmerie.
7. Réfectoire.
8. Chapelle.

Le bâtiment a trois étages, au deuxième et au troisième sont des ateliers et des dortoirs.

I. Maison d'arrêt et de justice de la province.

1. Galerie couverte en avant des bâtiments.
1, 1, 1. Cours pavées.
2. Corridors.
3. Dortoirs.
4. Latrines.
5. Porte d'entrée principale à l'extérieur.
6. Loge du portier, logements d'employés.
7. Dépendances de la cantine.
8. Cantine.
9. Parloir.
10. École.
11. Réfectoire.
12. *Bureau du greffe.*

AA. Prévenus et condamnés militaires.
BB. Prévenus et condamnés civils de toutes classes.
CC. Détenus pour dettes.
DD. Passagers.
EE. Sous-officiers en punition et prévention.
FF. Division des femmes de toutes classes.
GG. Détenus pour dettes.
HH. Enfants prévenus.
II. Accusés criminels.
JJ. Accusés correctionnels.
KK. Accusés correctionnels.

Les bâtiments ont trois étages; au deuxième sont des dortoirs; la chapelle; la salle du conseil de guerre, etc.; au troisième des magasins et des chambres de pistole.

J. Quartier d'exception.

La partie teinte en gris est projetée; celle en noir est seule achevée.

1. Corridor ou galerie vitrée.
2. Autel.
3. Cellules de jour et de nuit.
4. Cours pavées contiguës aux cellules.
5. Latrines dans l'angle de chaque cour.
6. Magasin.
7. Calorifère.
8. Logements d'employés.

Indications générales.

a. Cours pavées ou préaux.
b. Colonnes portant des réverbères.
c. Pompes.
d. Pompe à incendie.
e. Escaliers, figures rayées de toutes formes.

f. Conduit d'eau.

g. Conduit d'eau.

h. Bassin.

ij. Conduits d'eau.

k. Égouts marqués sur le plan par de petits carrés noirs.

l. Bassin des femmes.

m. Chemin de ronde.

n. Portes du chemin de ronde.

o. Chemin public.

p. Pont.

q. Canal de Bruges.

PRISONS DE LA SUISSE.

PLANCHE XXII. — Rapport, p. 148.

MAISON PÉNITENTIAIRE DE GENÈVE.

Rez-de-Chaussée.

Nos 1. Porche.
2. Vestibule.
3. Portier.
4. Corps-de-garde.
5. Galerie d'inspection et bureau du directeur.
6. Petite cour d'isolement.
7. Petite cour pour la cuisine.
8. Chemin de ronde.
9. Réfectoires.
10. Ateliers.
11. Escaliers des condamnés.
12. Latrines.
13. Cours ou préaux.
14. Cellules ténébreuses.
15. Corridors.
16. Courants d'air.
17. Grille séparative.
18. Guichets d'inspection.
19. Escaliers descendant à la cuisine.
20. Fenêtres d'inspection pour les cours.

Second étage.

Nos 1. Infirmerie.
2. Chapelle.
3. Chambre de l'infirmier.
4. Succursale de l'infirmerie.
5. Salle de la commission administrative.
5. *bis*. Chambres de domestiques.
6. Sacristie.
6 *bis*. Magasin.
7. Escalier du comble.
8. Galerie et passage de la chapelle et de l'infirmerie.
9. Chambre des chefs d'ateliers.
10. Cellules au nombre de six par rangée. Elles sont aujourd'hui au nombre de sept.
11. Corridors.
12. Escaliers des cellules.
13. Latrines.
14. Galerie des chefs d'atelier.
15. Rideau.

PLANCHE XXIII. — *Rapport*, p. 136.

GUICHETS DE LA GALERIE CENTRALE D'INSPECTION DU PÉNITENCIER DE GENÈVE.

Nos 1. Pochon pour transporter de petits objets dans les ateliers.
2. Cordon de sonnette communiquant au corps-de-garde.
3 et 4. Tableaux présentant sur des cartes mobiles les noms des prisonniers employés dans chaque atelier.
5. Guichet d'inspection fermé, mais dont la rondelle qui recouvre la lunette est levée.
6. Guichet d'inspection ouvert.
7. Fils de sonnettes allant des ateliers, dans la galerie centrale et au corps-de-garde. Les cordons sont dans les ateliers.
8. Cordon de sonnette communiquant dans la cuisine.
9. Cordon de sonnette communiquant dans le quartier *A*.

10. Cordon de sonnette communiquant dans le quartier *B*.

11. Cornet acoustique pour les communications *silencieuses* du directeur avec les employés.

PLANCHE XXIV. — Rapport, p. 186.

MAISON PÉNITENTIAIRE DE LAUSANNE.

Rez-de-chaussée du bâtiment du centre.

Nº 1. Vestibule.

2 et 3. Bureau, greffe, magasin.

4. Péristyle intérieur.

5. Escalier montant au 1er étage.

6 et 7. Cuisine et magasin de denrées.

8 et 9. Réfectoire des employés et office.

10. Latrines.

11. Grands corridors qui séparent le bâtiment du centre des deux ailes, et donnent entrée dans les ateliers par les portes *p*.

11 *bis*. Galeries ou arcades extérieures.

Rez-de-chaussée des ailes.

Nºs 12. *Grand corridor qui forme la séparation de la division de chaque aile; il ne sert pas de passage; il est divisé en compartiments qui forment autant de petits magasins; aux deux extrémités sont les foyers des calorifères*, c. c. c.

13 et 14. Ateliers des hommes.

15. Atelier des femmes.

16. Cellules dont les fenêtres donnent sur la cour, et les portes sur le couloir à claire voie 17, qui les sépare de l'atelier.

18. Infirmerie.

19. Passage pour aller à la cour.

20 et 21. Latrines.

22. Fontaine.

Etage des ailes.

Nºs 23. *Grand corridor percé de fenêtres plongeant dans l'intérieur des ateliers.*

24. *Fenêtres d'inspection.*

25 et 26. Galerie sur laquelle s'ouvrent les cellules de l'étage.

27. Escaliers pour monter des ateliers auxdites cellules.

28. Chambres d'employés.

29. Geôles.

30. Couloirs des geôles.

PLANCHE XXV. — Rapport, p. 219 et 225.

MAISON PÉNITENTIAIRE DE BERNE.

On a jugé inutile de faire lithographier le plan de ce pénitencier.

FIN DE L'APPENDICE.

TABLE ALPHABÉTIQUE.

NOTA. Les chiffres indiquent les pages du Rapport.

A

B

C

D

E

F

G

N

O

P

Q

R

S

T

U

FIN.

ERRATA.

Page 20, ligne 35, au lieu de *varrant-act*, lisez *vagrant act*.
Page 27, ligne 10. Voir la note de la page 286.
Page 71, ligne 2, au lieu de *puisqu'il faut*, lisez *puis, qu'il faut*.
Page 75, ligne 20, au lieu de *nourrirure*, lisez *nourriture*.
Page 135, ligne 7, au lieu de *chapelles de prisons*, lisez *des prisons*.
Page 146, ligne 2, au lieu de *nne*, lisez *une*.
Page 164, 2e ligne de la note, au lieu de *79*, lisez *78*.
Page 180, ligne 6, au lieu de *le smembres*, lisez *les membres*.
Page 180, ligne 21, au lieu de *résident*, lisez *résidant*.
Page 196, ligne 24, au lieu de *importane*, lisez *importante*.
Page 200, ligne 2, au lieu de *cultes égaux*, lisez *cultes dissidents*.
Page 203, ligne 18, au lieu de *28e*, lisez *28r*.
Page 208, ligne 4, au lieu de *faits*, lisez *fais*.
Page 213, titre, au lieu de *procédure criminelle*, lisez *patronage des libérés*.
Page 213, ligne 2, au lieu de *celui*, lisez *Celui*.
Page 241, ligne 10, au lieu de *après, leur libération?* lisez *après leur libération?*